高等院校会计专
GAODENG YUANXIAO KUAIJI ZHU

财务报表分析

CAIWU BAOBIAO FENXI

主 编／张 燕 李俊梅

副主编／马 玲 吕晓鹏 赵志华

重庆大学出版社

内容简介

本书所构建的财务报表分析框架的逻辑为:以财务信息为起点,以各类分析方法为工具,以满足利益相关者的决策需求为目标。本书分为基础篇、能力篇和综合评价篇三部分内容:第一部分基础篇包括四章内容,第一章介绍财务分析概论,第二章着重介绍企业财务报表分析基础,第三章介绍财务报表分析方法,第四章介绍经营分析框架;第二部分能力篇包括第五章至第八章,主要阐述四大财务能力分析即偿债能力分析、营运能力分析、盈利能力分析以及发展能力分析;第三部分综合评价篇包括两章内容,第九章介绍企业综合分析与业绩评价方法,第十章介绍企业价值分析内容。

图书在版编目(CIP)数据

财务报表分析 / 张燕,李俊梅主编 .-- 重庆:重庆大学出版社,2023.1.

高等院校会计专业本科系列教材

ISBN 978-7-5689-3675-0

Ⅰ.①财… Ⅱ.①张…②李… Ⅲ.①会计报表—会计分析—高等学校—教材 Ⅳ.①F231.5

中国版本图书馆 CIP 数据核字(2022)第 242036 号

财务报表分析

主　编:张　燕　李俊梅
副主编:马　玲　吕晓鹏　赵志华
策划编辑:尚东亮

责任编辑:尚东亮　　版式设计:尚东亮
责任校对:谢　芳　责任印制:张　策

*

重庆大学出版社出版发行
出版人:饶帮华
社址:重庆市沙坪坝区大学城西路 21 号
邮编:401331
电话:(023)88617190 88617185(中小学)
传真:(023)88617186 88617166
网址:http://www.cqup.com.cn
邮箱:fxk@ cqup.com.cn(营销中心)
全国新华书店经销
重庆华数印务有限公司印刷

开本:787mm × 1092mm　1/16　印张:20.25　字数:470 千
2023 年 1 月第 1 版　　2023 年 1 月第 1 次印刷
印数:1—3 000
ISBN 978-7-5689-3675-0　定价:55.00 元

前言

在数字经济时代,财务报表分析已经成为会计、审计、财务管理、金融等专业人员的必备技能。对于企业管理者而言,了解和读懂财务报表也是其必备的工作技能。企业的投资者、债权人、管理者、社会中介机构、政府职能部门等都需要了解企业。财务信息是了解企业最为重要的渠道,它是对企业财务状况、经营成果和现金流量的综合、系统、全面、连续的反映。财务报表分析可以帮助决策者解读财务信息,准确把握与自身决策密切相关的问题。本书的目的就在于让读者掌握财务分析的基本程序、主要内容、财务分析的常用方法,使读者不仅能读懂财务信息,还能利用企业财务数据,运用财务报表分析方法,帮助自己做出科学合理的决策。

本书内容分为如下三编:

第一编是基础编,对应第一至四章,主要内容包括财务报表分析概论、财务报表分析基础、财务报表分析方法、经营分析框架等。

第二编是能力编,对应第五至八章,主要内容包括偿债能力分析、营运能力分析、盈利能力分析和发展能力分析等。

第三编是综合评价编,对应第九和十章,主要内容包括企业综合分析与业绩评价、企业价值分析等。

本书是高等院校应用型特色教材,适合会计、审计、财务管理、金融类专业的学生学习使用,也可供各级会计师事务所、企业事业单位内部机构的会计人员培训使用。对会计报表分析工作感兴趣的其他专业人员,特别是财务会计专业人员、银行信贷部门工作人员,亦可在工作中参考。

本书由张燕博士(石河子大学)、李俊梅博士(新疆职业大学)担任主编,设计整体结构,由张燕拟定编写提纲,教材编写内容分工为:第一章和第二章,由张燕负责编写;第三章和第四章,由赵志华(石河子大学)负责编写;第五章和第七章,由李俊梅负责编写;第六章和第八章,由吕晓鹏高级会计师(新疆水利水电勘测研究设计院有限责任公司)负责编写;第九章和第十章,由马玲(石河子大学)负责编写。初稿完成后,各章作者之间交叉审稿,由张燕和李俊梅审阅定稿。对以上编者的辛勤工作,在此表示由衷的感谢。

由于编者水平有限,难免存在不足和错误之处,敬请读者批评指正。

编　者

2022年8月

目录

第一章 财务报表分析概论

学习目标

通过本章的学习,应该了解财务报表的起源与演进过程;掌握财务报表分析的概念、目的与分析主体;理解财务报表分析的框架以及财务报表分析的程序和财务报表分析在企业内部和外部的具体应用。

引导案例

表1-1 格力电器2021年年报中主要会计数据和财务指标

项目	2021年年末	2020年年末	本年末比上年末增减	2019年年末
总资产(元)	319 598 183 780.38	279 217 923 628.27	14.46%	282 972 157 415.28
归属于上市公司股东的净资产(元)	103 651 654 599.87	115 190 211 206.76	−10.02%	110 153 573 282.67
	2021 年	2020 年	本年比上年增减	2019 年
营业收入	187 868 874 892.71	168 199 204 404.53	11.69%	198 153 027 540.35
归属于上市公司股东的净利润(元)	23 063 732 372.62	22 175 108 137.32	4.01%	24 696 641 368.84
归属于上市公司股东的扣除非经常性损益的净利润(元)	21 850 050 895.31	20 285 816 036.00	7.71%	24 171 511 911.32
经营活动产生的现金流量净额(元)	1 894 363 258.72	19 238 637 309.16	−90.15%	27 893 714 093.59
基本每股收益(元/股)	4.04	3.71	8.89%	4.11
稀释每股收益(元/股)	4.04	3.71	8.89%	4.11
加权平均净资产收益率	21.34%	18.88%	2.46%	25.72%

资料来源:格力电器(000651)2021年年度报告。

思考：

(1)上市公司的年报都列示了"主要会计数据和财务指标"这一部分的数据，表中的主要会计数据和财务指标各代表什么含义？

(2)归属于上市公司股东的净利润和扣除非经常性损益的净利润有何区别？分析的意义何在？

(3)营业收入规模的涨跌意味着什么？

(4)上市公司的盈利能力分析有哪些代表性指标？如何全面客观地评价企业的盈利能力？总资产收益率和净资产收益率各自的含义是什么？

(5)上市公司的总资产和净资产规模变化趋势背后的战略含义是什么？

企业财务报表通过对企业某一特定日期的财务状况以及一定时期的经营成果的具体列报，全面揭示企业各项经济活动的过程及其经济后果。由于企业财务报表反映的内容专业性强、概括性高，如果不运用专门方法对其加以系统分析，就难以对企业整体的财务状况作出较为科学的评价与判断。因此，财务报表分析的重要功能就是对财务报表的数据进行进一步加工、整理和分析，更加清晰、完整地展示企业财务状况的全貌。对于上市公司，我们应该如何衡量他们的业绩呢？通过企业的季报、半年报、年报，我们可以了解企业的资产、负债、利润、现金流量和股东权益的数额和变动趋势，但仅仅停留在这一层面的分析是不够的，还需要针对财务报告进行深入分析，才能全面系统地反映其经营业绩，对企业的财务状况、经营成果和未来发展趋势作出合理评价。本章将对财务报表分析的概念、目的与分析主体，财务报表的起源与演进过程，财务报表分析的框架以及财务报表分析的程序和路径进行概述。

第一节　财务报表分析的概念、主体与目的

一、财务报表分析的概念

在现代企业尤其是股份制企业中，财务报表分析已成为股东、债权人、管理层等利益相关者进行财务决策与经营管理的基本工具。实际上，财务报表分析的含义极其丰富，至今尚未形成统一的定义。从分析主体的需求来看，财务报表分析既包括企业内部用以编制财务预算、设立业绩评价标准、制订投融资决策等的内部财务报表分析，也包括股东、债权人及潜在投资者用以评判企业当前及未来的盈利水平和投资风险等的外部财务报表分析。本书所涉及的财务报表分析是指以财务报表及相关资料为基础，以分析主体的信息需求为目标，运用特定的分析工具与方法对企业的经营状况进行评判，以帮助财务信息使用者进行科学决策的过程。相应地，财务报表包括对外提供的财务报表与企业内部财务报表，而财务报表分析既包括对各类财务报表及其相关资料进行分析，又包括对分析结果的具体应用，涵盖了财务分析的重要方面。因此，本书对财务报表分析与财务分析这两个概念并不加以特别区分。

如果说企业财务报告的产生是一个"综合过程",把企业各个方面、各个部分、各种因素的变化所产生的经济业务,按照一定的规则加以分类、汇总,从而在整体上反映出企业的财务状况和经营成果,那么财务报表分析则是更进一步的"综合活动",通过专门的分析方法与手段,对财务报表所反映的信息做进一步的提炼、处理与加工,揭示企业的各种经营活动和管理活动与企业财务状况之间的内在联系、企业各种战略的制定与实施对企业财务状况造成的影响,这有利于更恰当地评价企业整体的财务状况质量,更科学地预测企业的发展趋势。

二、财务报表分析的主体和目的

财务报表分析的主体是与企业存在现实或潜在的利益关系,出于某些目的对企业的财务报表展开分析的组织或个人。一般情况下,财务报表分析的主体与财务信息使用者相同,均属于企业的利益相关者。不同的财务报表分析主体的利益倾向存在明显差异,与企业的利益关系各不相同,这就决定了他们在对企业财务报表进行分析时各自有不同的分析目的和侧重点。

（一）股东

股东或所有者作为企业的投资人,他们既关注企业的营运能力和盈利能力等方面的信息,又关注有关企业的资产结构与质量、资本结构与质量、利润结构与质量,以及现金流量结构与质量等方面的信息。同时企业所有者又是委托代理关系中的委托人,需要通过分析企业的财务状况来对管理者的受托责任履行情况进行评价。

从股权结构来看,由于股东的持股比例不同,在获取收益的规模途径以及所承担的风险等方面均存在显著差异,他们进行财务报表分析的目的也就各不相同。一般而言,控股股东控制董事会,主导企业的各项经营决策与财务决策,通过扶持企业不断成长来获取投资收益,在企业经营失败时面临投资损失,因此他们更注重企业的长远发展,更强调企业战略的运行方向和实施效果,对企业在资产质量、资本结构质量、盈利质量以及现金流量质量等方面所体现的财务状况,质量尤为关注。中小股东则主要是通过股价短期上涨、当期现金分红等方式来获取投资收益,因而他们更关注企业的短期获利水平、现金流量状况与股利分配政策等方面的信息。

（二）企业债权人

企业债权人是指以出让资金使用权的方式或提供其他资产的方式向企业投入资源的自然人或法人。对企业债权人来说,最重要的就是确保其债权的安全,即能否按期收回本金和利息,因此他们非常关注企业偿债能力和资本结构方面的信息。此外,企业的盈利能力、资产质量和现金流量状况会在根本上决定企业的偿债能力,企业的营运能力又在很大程度上决定企业资产的流动性,因此,债权人也会关注企业盈利能力、营运能力以及资产质量和现金流量质量等方面的信息。

根据债务的偿还期限,债权人可以分为短期债权人和长期债权人。短期债权人通常需要在一年之内收回本金和利息,因此他们更关注企业资产的流动性和企业的现金流量状况,强调企业应具有一定的短期支付能力。而长期债权人在较长时间之后才需要收回本金和利息,因而往往更关注企业的财务状况质量,如资产质量、盈利质量以及资本结构质量等,强调企业的风险因素和未来发展前景。

（三）企业管理者

企业的经营管理者接受股东的委托,对企业所从事的各项经济活动以及经营成果和财务状况进行有效的管理与控制,以实现企业长期和短期经营目标。相对于股东和债权人等外部信息使用者而言,管理者拥有更多了解企业的信息渠道和监控企业的方法,但财务报表仍然是十分重要且有效的信息来源。经营管理者要参与企业实际管理工作的全过程,会涉及方方面面的问题,因而其财务报表分析的目的呈现出多样化的特点。

为满足不同利益主体的需要,协调各方面的利益关系,管理者必须对涉及企业财务状况的各个方面予以详细了解和掌握,以便及时发现问题、采取对策,进行科学的投融资决策,规划和修订市场定位目标,制定和调整资源配置战略、资本引入战略等各方面战略,进一步挖掘潜力,为经济效益的持续稳定增长奠定基础。同时,管理者还需要借助财务报表分析对企业各个部门和员工进行业绩评价,为生产经营编制预算,实现有效控制与监督。

（四）政府职能机构

政府职能机构是指工商、税务、财政以及各级国有资产监督管理委员会(以下简称"国资委")等对企业有监管职能的各政府职能部门。工商行政部门主要审核企业经营的合法性,进行产品质量监督与安全检查;税务与财政部门则主要关注企业的盈利水平与资产的增减变动情况,监督企业是否遵守相关政策法规,检查企业税收缴纳情况;各级国资委作为国有资产的直接出资人,除关注投资所产生的社会效益外,还必然对投资的经济效益予以考虑,在谋求资本保全的前提下,期望能够带来稳定增长的财政收入。总之,政府职能机构不仅需要了解企业资金的使用效率,预测财务收入增长情况,有效地组织和调整社会资金资源的配置,而且要借助财务报表分析检查企业是否存在违法违纪、浪费国家财产等问题,最后通过综合分析,对企业的发展以及对社会的贡献程度进行考察。

（五）中介机构

社会中介机构通常包括会计师事务所、律师事务所、资产评估事务所、资信评估公司以及各类咨询机构等。他们以独立第三方的身份为企业提供服务,包括对企业相关事项作出客观公正的评价,提出意见和建议等。通过财务报表分析,可以了解企业的财务状况,发现企业生产经营过程中存在的问题,作为社会中介机构进行价值判断的基本依据。

在这些社会中介机构中,会计师事务所与财务报表分析的关系最为密切。注册会计师在对企业的财务报表进行审计时,需要就财务报表编制状况发表审计意见,而财务报表分析可以帮助其发现问题和线索,为审计结论提供依据。

（六）其他分析主体

除上述财务报表分析主体之外,企业的供应商、客户、员工、竞争对手以及社会公众都可能需要通过财务报表分析来了解企业的财务状况,以便做出各种决策。

在很多情况下,企业可能成为某个客户重要的商品或劳务的供应商。因此,客户关心企业提供商品或劳务的能力,关心企业长远发展前景以及企业的盈利能力与财务杠杆指标等。

企业员工关心自身工作岗位的稳定性、工作环境的安全性以及获取报酬的前景。因此,他们对企业的盈利能力和偿债能力更感兴趣。

企业的竞争对手希望获取关于企业财务状况的会计信息及其他信息,据此判断企业间的相对效率与竞争优势,为未来可能出现的并购活动提供相关信息。因此,竞争对手可能把企业作为接管目标,对企业的财务状况的各个方面均感兴趣。

社会公众对特定企业的关心也是多方面的。一般而言,他们关心企业的就业政策、环境政策、产品政策以及社会责任履行情况等。对这些方面的分析可以借助盈利能力分析等手段。

虽然不同的利益主体进行财务报表分析时有着各自不同的侧重点,但我们可以从中得出以下结论:各财务报表分析主体要求得到的信息大部分都是面向未来的;财务报表分析主体有不同的分析目的;不同的财务报表分析主体需要获得的信息的广度和深度并不相同;财务报表分析并不能提供信息需求者需要的全部信息。

三、财务报表分析的作用

从财务报表分析的内涵到财务报表分析的目的,都说明财务报表分析是十分重要的。尤其在我国建立社会主义市场经济体制和现代企业制度的今天,财务报表分析的意义就更加深远,作用就更加重大。财务报表分析的作用从不同角度看是不同的:从财务报表分析的服务对象看,财务报表分析不仅对企业内部生产经营管理有着重要作用,而且对企业外部投资决策、贷款决策、赊销决策等也有着重要作用;从财务报表分析的职能作用看,它对正确预测、决策、计划、控制、考核、评价都有着重要作用。这里主要从财务报表分析对评价企业过去、反映企业现状及估价企业未来的作用加以说明。

(一)财务报表分析可正确评价企业过去

正确评价过去是说明现在和揭示未来的基础。财务报表分析通过对实际会计报表等资料的分析能够准确地说明企业过去的业绩状况,指出企业已取得的成绩和存在的问题及产生的原因(包括确定是主观原因还是客观原因)等,这不仅对正确评价企业过去的经营业绩十分有益,而且会对企业投资者和债权人的行为产生正确的影响。

(二)财务报表分析可全面反映企业现状

财务会计报表及管理会计报表等资料是对企业各项生产经营活动的综合反映,但会计报表的格式及提供的数据往往是根据会计的特点和管理的一般需要而设计的,它不可能全面提供不同目的报表使用者所需要的各方面数据资料。财务报表分析根据不同分析主体的分析目的,采用不同的分析手段和方法,可得出反映企业各方面现状的指标,如反映企业资产结构的指标、企业权益结构的指标、企业支付能力和偿债能力的指标、企业营运状况的指标、企业盈利能力的指标等。通过这种分析,对全面反映和评价企业的现状具有重要作用。

(三)财务报表分析可用于估价企业未来

财务报表分析不仅可用于评价过去和反映现状,更重要的是,它可通过对过去与现状的分析和评价估价企业的未来发展状况与趋势。财务报表分析对企业未来的估价表现在：第一，可对企业未来的财务预测、财务决策和财务预算指明方向；第二，可为企业进行财务危机预测提供必要信息；第三，可准确评估企业的价值及价值创造，这对企业进行经营者绩效评价、资本经营和产权交易都是十分有益的。

第二节　财务报表分析的起源与演进过程

　　财务报表分析的起源与财务报表的产生几乎是同步的。当财务报表第一次出现时，必然需要以某种方式对其进行解读，将财务报表的具体数字转化成可理解的有用信息，于是就产生了财务报表分析。在形成一系列专门的财务报表分析方法之后，财务报表分析这门学科才真正建立起来。

　　系统的财务报表分析源于19世纪末20世纪初的美国，其理论与实务已有100多年的历史。财务报表分析最初源自西方银行家对信贷者的信用分析，之后又广泛应用于投资领域与企业内部分析。该学科的理论与实务则是在企业外部金融市场环境的影响和需求下不断发展和完善起来的。本书以财务报表分析需求的变化为基础来阐述财务报表分析的演进过程。在不同发展阶段及不同的经济环境下，利益相关者或财务报表的阅读者对财务信息的需求不断发生变化，财务报表分析的内容和方法也随之发生变化。

一、信用分析

　　系统的企业财务报表分析起源于美国银行家对企业进行的所谓的信用分析。19世纪末20世纪初，经济危机时有发生，市场环境日趋复杂，企业竞争愈发激烈，越来越多的企业破产倒闭，信用风险日益加大。为确保发放贷款的安全性，降低违约风险，越来越多的银行要求企业提供资产负债表等资料，以便了解企业的经营情况和财务状况。所以，信用分析也叫资产负债分析，主要是通过对企业的资产状况、负债状况等进行分析，运用流动比率、速动比率等一系列比例分析指标，考察和评价企业的偿债能力和信用状况。系统分析方法的出现和一些学者的研究，使得财务报表分析方法从一般经验中逐步显现出来，形成一门学科，学者们在实践中创造了基于比率分析的多种技术分析方法。到了20世纪中期，财务分析者发现，在利用财务比率进行分析时，需要一些便于比较的基础。因此，有学者开始研究比例的统计分布，并且开始考虑是否应该为不同类型的企业建立不同的比率标准，于是在信用分析领域逐渐形成了财务报表分析的实用比率学派。

二、投资分析

　　1920—1921年经济萧条时期，美国商品的变现价值大大低于实际成本，现金流量大幅减少，偿还贷款变得异常困难。随着信用的丧失，银行家发现了仅以流动性为基础的贷款政策的局限性，借款公司也认识到，仅靠银行的短期贷款会使自己在经济衰退时期变得更加脆弱。于是，大量发行股票便成为一般公司扩大规模的资金来源。当股票发行成为外部资金的主要来源时，股东便成为财务报表的主要使用者，财务分析的重心就从信用分析扩展到投资分析,主要是盈利能力分析,同时利润表变成更为重要的报表。于是财务报表分析就由信用分析阶段进入投资分析阶段,其主要任务也从稳定性分析过渡到收益性分析。

需要注意的是,从以信用分析为重心转变为以投资分析为重心,并不是后者对前者的否定,资本市场的发展和企业融资来源构成的变化,使得这一时期的财务报表分析出现以后者为重心、两者并存的局面。从财务报表分析的起源也可以看到,财务报表分析向来就是随着报表使用者对信息需求的变化而变化的。由于盈利能力(投资分析的主要方面)的稳定性是企业经营稳定性和财务稳健性的重要方面,企业的流动性很大程度上取决于盈利能力,同时资产的变现能力与盈利能力有间接的关系,因此,随着人们对财务报表分析的理解不断加深,信用分析自然包括了盈利能力分析,它们逐步形成目前企业财务报表分析的基本框架。

三、内部分析

开始阶段,企业财务报表分析只是用于外部分析,即企业外部利益相关者根据各自的需求进行分析。后来,企业在接受银行的分析与咨询的过程中,逐渐认识到财务报表分析的重要性,开始由被动地接受分析逐步转变为主动地进行自我分析。尤其是第二次世界大战之后,企业规模不断扩大,经营活动日趋复杂。企业为了在激烈的市场竞争中求生存、促发展,不得不借助财务报表所提供的有关资料进行咨询导向、目标管理、利润规划及前景预测。这些都说明,企业财务报表分析开始由外部分析向内部分析拓展,并表现出两个显著特征:①内部分析的目标更加多元化,资料的可获得性优于外部分析人员,这就为扩大分析领域、提高分析效果、发展分析技术提供了前提条件;②内部分析的内容和手段不断扩大和优化,越来越成为财务报表分析的重心。

随着大数据时代的来临以及互联网技术的迅猛发展,人们对包括财务数据在内的企业业务数据的获得,将更加快捷和准确,数据分析和提炼的手段将更加先进,财务报表分析的信息基础将会发生根本性的变化,财务报表分析的内涵和外延都会不断拓展,最终将会演变成"大数据分析"。这将极大地提高财务报表分析在企业内部管理中的地位和作用,同时也为企业财务报表分析内容的拓展、方法的完善、质量的提升带来更大的空间。

第三节　财务报表分析的内容框架

在学习了财务报表分析的目的后,我们对"谁来做财务报表分析""为什么要分析"有了一个大致的了解。那么,财务报表分析到底都分析些什么?分析的结果用在什么地方?这些都是本书需要重点探讨的问题。它们既是财务报表分析的主要内容,也是构成财务报表分析框架的重要组成部分,如图1-1所示。在本书的后续章节中,将首先对财务报表及相关资料做简要介绍,然后详细阐述财务报表的分析方法,继而构建财务报表分析的指标体系,最后就财务报表分析在实务中的具体应用进行深入探讨。

满足分析主体对决策有用信息的需求是财务报表分析的终极目标,而各类财务信息与分析工具则是开展财务报表分析的基本前提。基于此,本书所构建的财务报表分析框架的逻辑为:以财务信息为起点,以各类分析方法为工具,以满足利益相关者的决策需求为目标。本书分为基础编、能力编和综合评价编三部分内容。第一部分基础编包括四章内容:第一章介绍财务分析概论,第二章着重介绍企业财务报表分析基础,第三章介绍财务报表分析方法,第四章介绍经营分析框架;第二部分能力编包括第五章至第八章,主要阐述四大财务能力分析,即偿债能力分析、营运能力分析、盈利能力分析以及发展能力分析;第三部分综合评价编包括两章内容:第九章介绍企业综合分析与业绩评价方法,第十章介绍企业价值分析内容。本书所构建的财务报表分析框架如图1-1所示。

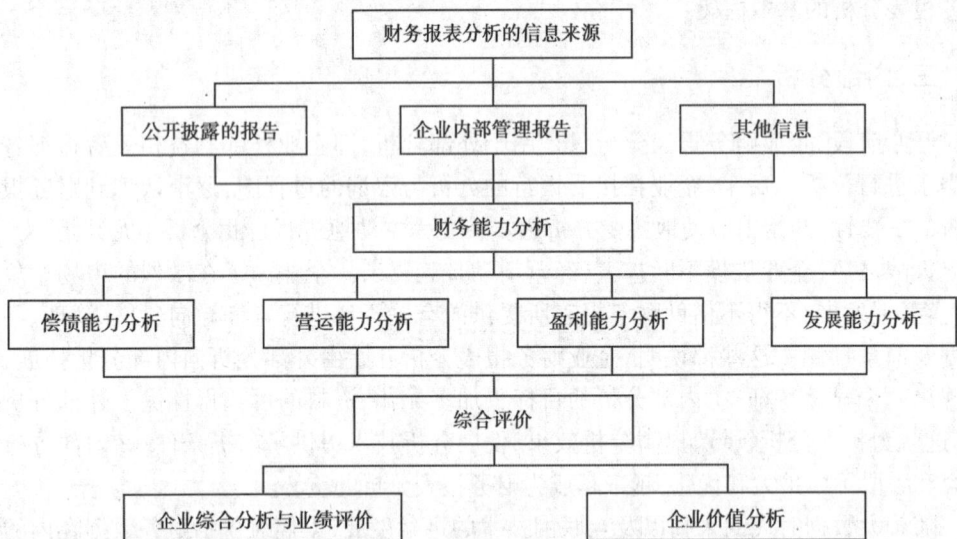

图1-1　财务报表分析框架

一、财务报表分析框架中的层次关系

从图1-1可以看出,财务报表分析框架可分为3个层次。

(一)第一层次是财务报表分析基础,即报表分析的信息来源

报表分析的信息来源包括公开披露的报告、企业内部管理报告和其他信息。其中,公开披露的报告包括财务报表、报表附注及表外信息(主要会计数据及财务指标、股本变动与股权结构、管理层信息、公司治理结构、董事会报告、监事会报告、重要事项等);企业内部管理报告包括成本报表、重构的财务报表、各类分析报告等;其他信息包括与财务报表分析相关的政策制度、经济政策、管理文化、社会环境等信息。财务报表分析所需信息与财务报表分析方法共同构成了财务报表分析的基础,它们既可用于对财务报表本身的分析,也可用于财务报表分析的应用。

(二)第二层次是财务能力分析

财务能力分析主要侧重于单项财务指标分析,具体包括偿债能力分析、营运能力分

析、盈利能力分析与发展能力分析4个方面内容。

（三）第三层次是综合评价

综合评价包括企业综合分析与业绩评价、企业价值分析两部分内容。其中,企业综合分析与业绩评价具体包括杜邦综合分析体系、沃尔综合评分体系、帕利普财务分析体系以及企业经营业绩综合评价等内容;企业价值分析具体包括现金流折现模型、剩余收益折现模型和价格乘数模型等内容。

二、财务报表分析框架中各模块的经济含义及其联系

（一）偿债能力分析

偿债能力是指企业偿还到期债务本息的能力。按照债务期限,偿债能力分为短期偿债能力与长期偿债能力;相应地,偿债能力分析包括短期偿债能力分析与长期偿债能力分析。其中,短期偿债能力分析侧重考察企业的流动性,即企业资源满足短期现金需要的能力;长期偿债能力是指企业利用自有资产或外部筹资偿还长期债务的能力,侧重考察企业的财务风险及相关的经营风险。

短期偿债能力是指企业用流动资产偿还流动负债的能力,短期偿债能力是企业的任何利益相关者都应重视的问题。衡量短期偿债能力的指标主要有营运资本、流动比率、速动比率等指标。长期偿债能力是企业偿还长期债务的能力,它表明企业对债务负担的承受和偿还的保障能力。衡量长期偿债能力的指标主要有资产负债率、产权比率、权益乘数、利息保障倍数、资产金融性负债率等指标。基于现金流量的偿债能力指标有现金与负债总额比率、经营性资产现金回收比率、到期债务本息偿付比率等财务指标。由于财务指标固有的局限性,还需要进一步进行质量分析,包括短期偿债能力分析所进行的流动质量项目的质量分析、流动负债的质量分析、资产结构的质量分析及长期负债项目的质量分析和资本结构的质量分析,关注不同的资本引入战略所带来的财务效应。

众所周知,企业能否按期支付货款、偿还银行借款及利息,直接决定着一个企业的信用能力。特别是企业信用能力的下降会增强其融资约束,进而增大其出现财务危机的可能性。因此,偿债能力分析与财务风险分析、公司信用评估等息息相关。

（二）营运能力分析

营运能力是指企业资金的利用效率,通常以各类资产的周转速度来衡量。通过营运能力分析,可以看出企业的资金周转状况和资产管理水平。不难推测,企业的资产管理水平与营运能力最终会影响企业的经营安全性和盈利性,因而是企业债权人、股权投资者和管理者等分析主体值得关注的地方。

营运能力的分析主要分为流动资产营运能力分析、非流动资产营运能力分析和总资产营运能力分析。反映流动资产营运能力的指标主要有流动资产周转率、应收账款周转率、存货周转率等。非流动资产营运能力分析主要是判断企业管理非流动资产的能力,常运用的指标是固定资产周转率和固定资产周转天数。总资产营运能力分析运用的主要指标为总资产周转率和总资产周转天数。为了更好地分析和反映实际营运能力,还需对企业的资产项目的质量进行分析,具体包括流动资产营运能力的质量分析和非流动资

产的资产质量分析。流动资产营运能力的质量分析重点介绍应收账款的质量分析和存货的质量分析等内容;非流动资产的资产质量分析包括固定资产质量分析、在建工程质量分析、无形资产质量分析等内容。

一般来说,不同类型的企业发展战略对应不同的投资决策,包括投资方向、投资规模、投资结构等,而投资决策直接影响着企业的资产结构与资金周转状况。因此,以资产运营为核心,通过分析企业的营运能力可以透视企业在未来的发展战略。

（三）盈利能力分析

盈利能力又称获利能力,是指企业为资金提供者创造收益的能力。无论是企业的经理人员、债权人还是股东(投资者),都非常关心企业的盈利能力。按照不同的分析视角,根据企业的资源投入和经营特点,盈利能力可以分为业务获利能力、资产获利能力与市场获利能力。其中,反映业务获利能力的指标主要有销售毛利率、销售净利率等;反映资产获利能力的指标主要有总资产报酬率、股东权益报酬率等;反映市场获利能力的指标主要有市盈率(P/E)、市净率(P/B)等。在运用这些财务指标的同时,要结合营业收入、营业成本、期间费用、投资收益、利润等项目的质量分析,方可比较客观、准确地反映其实际的盈利能力。

从应用角度看,反映企业盈利能力的指标广泛应用于权益估值模型,常见的指标有每股收益(Earnings Per Share,EPS)、股东权益报酬率(Return On Equity,ROE)、剩余收益(Residual Income,RI)等;而在相对定价模型中,市盈率经常用于新股发行定价,可见盈利能力分析与公司股票估值密切相关。

（四）发展能力分析

发展能力也称成长能力或增长能力,是指企业在确保生存的前提下,进一步扩大经营规模、提升市场竞争力、实现投入资本保值增值的潜在能力,包括收益增长能力、资产增长能力、资本增长能力等。通过分析各项发展能力,可以看出一个企业的业务规模、盈利水平等的增减变动情况,发掘企业的增长潜力,对现有的发展战略做出评价和调整,据此预测公司的发展前景,并对其投资价值做出大致判断。因此,发展能力分析与公司发展战略分析、财务预测及股票估值紧密相关。

企业发展能力分析可以分为企业单项发展能力分析和企业整体发展能力分析。衡量单项发展能力的指标主要有销售收入增长率、资产增长率、股东权益增长率、利润增长率。除了对企业发展能力进行单项分析,还需要分析企业的整体发展能力。企业整体发展能力的分析思路可以概括为:首先,分别计算收入增长率、资产增长率、股东权益增长率、利润增长率等指标的实际值。其次,分别将上述增长率指标实际值与以前不同时期增长率数值、同行业先进水平进行比较,分析营业收入、资产、股东权益、收益等方面的发展能力。再次,比较收入增长率、资产增长率、股东权益增长率、利润增长率等指标之间的关系,判断不同方面增长的效益性以及它们之间的协调性。最后,根据以上分析结果,运用一定的分析标准判断企业的整体发展能力。除了进行财务指标的财务分析外,还需要对发展能力进行质量分析。

（五）财务综合分析

财务综合分析是指将各类财务指标作为一个整体,系统、全面、深入地分析企业的财务状况、经营成果、现金流量等,以便对企业的经营管理水平与经济效益做出整体评价与判断的过程。传统的财务综合分析方法包括杜邦分析体系和沃尔评分法,而经济增加值和平衡计分卡(Balanced Score Card,BSC)是当前较为流行的综合分析方法。

从应用角度看,沃尔评分法主要借助财务能力分析中的核心指标对企业的财务状况做出综合评价。该方法在创立之初主要用于评价企业的信用水平,目前广泛应用于我国中央企业的综合绩效评价;与此同时,沃尔评分法所选指标与定量化的财务困境预警分析存在一定的重合。因此,沃尔评分法可应用于企业信用评估、企业综合绩效评价等业务活动。

此外,杜邦分析体系、综合绩效评价体系、经济增加值与平衡计分卡则分别从财务指标分解、价值创造、企业战略角度对企业业绩做出综合评价,它们可应用于基于利润的业绩驱动因素分析、基于经济增加值的驱动因素分析及基于战略的业绩驱动因素分析。

综上,财务报表分析的内容模块与应用模块之间并非一一对应的关系。在多数情况下,一项具体业务可能同时涉及多项财务能力分析和财务综合分析;与之相对的是,某一特定的财务能力分析也可以应用到不同的业务决策当中。

第四节 财务报表分析的程序

通过对财务报表分析框架的介绍,我们对财务报表分析的内容及应用范畴有了基本的了解。然而,财务分析是一项十分繁杂的系统性工作,除了需要掌握各种分析视角和分析方法外,还必须按照科学的程序进行,才能保证分析的效率和效果。财务报表分析框架下的财务报表分析方法将在本书的第三章单独介绍,本部分将简要介绍财务报表分析的一般程序。一般来说,财务报表分析的基本程序包括以下几个步骤。

一、明确分析目的

如前所述,不同的财务分析主体有着不同的财务分析目的,而同一财务分析主体在不同情况下的分析目的也不尽相同。财务分析的目的是财务分析的出发点,只有明确了分析目的,才能确定分析范围的大小、收集信息的内容和数量分析方法的选用等一系列问题。所以,在财务分析中必须首先明确分析目的。

二、确定分析范围

财务分析的内容很多,但并不是每一次财务分析都必须涉及所有的内容。只有根据不同的分析目的确定不同的分析范围,才能做到有的放矢,提高财务分析的效率。针对企业的哪个方面或哪些方面展开分析,分析的重点放在哪里,这些问题必须在开始收集信息之前确定下来。

三、收集相关信息

明确分析目的,确定分析范围后,接下来应当有针对性地收集相关信息。财务分析所依据的最主要的资料是企业对外报出的财务报表及报表附注。除此以外,企业内部供产销各方面的有关资料以及企业外部的评审意见、市场环境、经济政策、行业发展等方面的信息都与财务分析息息相关。财务分析时应收集充分的信息,但并不是越多越好。收集多少信息,收集什么信息,应服从于分析的目的和范围。对收集到的相关信息,还应进行鉴别和整理。对不真实的信息要剔除,对不规范的信息要进行调整。

四、选择分析视角和分析方法

不同的分析视角需要用到不同的分析方法,每一种分析方法都具有一定的独特性,分析方法本身并没有绝对的优劣之分,最适合分析目的、分析内容和所收集信息的方法就是最好的方法。财务分析的目的不同,财务分析的内容范围不同,为财务分析所收集的资料也不同,所选用的分析视角和分析方法也会有所差别。在财务分析中,既可以选择一种分析方法,也可以将多种方法结合起来使用。

五、得出分析结论

收集到相关信息并选定分析方法之后,分析主体将利用所选定的方法对相关信息进行全面深入的分析,对企业在某一会计期间或者多个会计期间的经营成果和财务状况做出客观评判,为相应的经济决策提供依据。对于企业内部的管理者而言,还可以进一步总结出管理中的经验教训,以便及时发现经营中存在的问题,并探寻问题的原因,找出相应的对策,从而不断改善公司的经营管理,最终实现公司的战略目标。

第五节 财务报表分析的应用

本章第一节分析了财务报表分析的主体,包括股东、债权人、管理者、政府职能机构、社会中介机构等。不同分析主体进行财务报表分析的目的及分析的内容存在一定差异,财务报表分析可以应用到很多经济活动中。财务报表分析的应用可从企业外部和企业内部进行分类,其中,企业外部应用分析包括公司发展战略分析、会计政策选择分析、财务预测、公司股票估值与公司信用评估等;企业内部应用分析主要包括基于利润的业绩驱动因素分析、基于经济增加值的业绩驱动因素分析、基于战略的业绩驱动因素分析、内部管理报告与分析等。

一、财务报表分析在企业外部的应用

(一)公司发展战略分析

一般来说,公司发展战略分析是公司价值评估的起点。通过战略分析可以识别公司

的利润驱动因素和公司面临的主要风险,投资者可以据此评估公司当前的经营状况,并对公司的未来业绩作出合理的预测。公司战略是引领公司发展的全局性谋略。从业务层面看,基本的竞争战略包括成本领先战略、产品差异化战略与集中战略,在具体的竞争战略分析中,我们常常将单个公司与其所在行业联系起来。公司发展战略决定了公司的业务经营模式,进而对其投融资行为产生影响,最终会对公司的资产结构、盈利状况、现金流水平以及成长性等产生影响。因此,对公司财务报表进行分析可以对公司发展战略作出合理评价,并以现有发展战略为基准,通过分析战略执行过程中的偏差情况,对公司未来的经营模式和经营业绩进行预测。

需要表明的是,尽管公司战略强调将自己与其他公司区分开来,但是公司战略的制定和调整都需要将公司自身资源和能力与外部环境相匹配。因而,在分析一家公司的战略制定是否合理时,应当站在企业长期发展的角度,而不能仅关注单个会计期间的财务能力,同时还需要致力于企业可持续发展,制定企业相应的发展战略。

(二)会计政策选择分析

会计政策选择也叫会计选择,会计人员以会计法规、会计准则等为标准,利用专业知识和职业经验,对各类交易或事项在会计确认、计量和报告过程中所采用的原则、基础和方法作出判断与选择。一般来说,会计政策选择建立在合法、合理、合规的基础之上,它在一定程度上也反映了企业的经营战略、管理层的补偿动机以及会计人员的主观判断,因而企业内部的报表分析者和信息使用者更加了解会计政策选择背后的动机及经济后果。对于企业外部的利益相关者而言,他们需要借助会计报表数字背后的会计政策来判断企业真实的财务状况、经营成果、现金流情况、盈利质量以及企业当前所面临的经济环境,据此对企业价值与投资风险作出判断。

(三)财务预测

企业对外提供的财务报告仅披露了企业已经实现的财务状况、经营成果与现金流量,在现实中,财务报表分析主体在制订决策时往往需要用到有关企业未来发展的信息,这就要求对企业未来的经营业绩、现金流量等情况进行预测。财务预测是以各种合理的假设为前提,以满足决策需求为目标,根据预测期情况、条件和各种可能影响企业未来筹资活动、投资活动、经营活动等的重要事项来确定预期的财务状况、经营成果和现金流量的增减变动。在实际应用中,财务预测建立在对企业的经营战略分析、会计政策分析和财务能力分析的基础之上。

(四)公司股票估值

股票估值是利用财务报表数据及特定的估值模型估算和评价的过程。对企业内部而言,在发行新股、以股票作为并购对价或者出售股份时,需要利用可获得的财务信息来估计股票的内在价值,避免融资成本过高或者交易受损。对于企业外部而言,证券分析师可以通过股票估值帮助其进行股票买卖决策;潜在投资者可以通过对公司的价值评估来确定是否购买该企业股票并确定合适的购买价格;银行以及信用分析师尽管不需要确切的企业价值数据,但如果想全面了解与贷款活动相关的收益与风险,需要对企业的股权价值作出大致估计与判断。常见的股票估值模型方法包括现金流折现模型(股利折现估值模型、股权现金流量折现估值模型)、剩余收益估值模型、价格乘数估值模型等。

(五)公司信用评估

现在市场经济是建立在各种信用关系基础上的经济往来行为。对企业而言,信用是一种工具,是一项无形资产,是一种生产力,是市场经济的通行证,也是企业筹资、投资和经济往来中不可或缺的经济资源。企业信用管理中很重要的一环就是信用评估,借助信用评估可以对企业面临财务风险的可能性进行估计,从而满足市场主体对客观、公正、真实的信用信息的需求。企业一旦遭遇信用危机,就会引发一系列财务危机症状,如供货商压缩付款期限甚至要求现金交易、银行要求提供抵押贷款或者更高的利息率,其后果是企业的生产经营受限,错失良好的投资机会,甚至因此陷入财务困境。

二、财务报表分析在企业内部的应用

(一)基于利润的业绩驱动因素分析

由于分析目标的单一性和财务信息的不可获得,财务报表的外部分析主体,更多的是关注财务会计信息,而对成本管理会计信息关注较少。事实上,除业务规模与市场行情外,企业的生产成本及其结构也是企业利润的直接决定因素,而成本管理则是企业财务部门的一项日常管理工作。在企业的利润预算中,不仅需要了解产品的市场需求,也要熟悉产品的成本性态,也即成本总额和业务总量之间的依存关系,从而对企业营业收入做出合理估计,并对未来期间的经营成果作出较为准确的判断。

(二)基于经济增加值的业绩驱动因素分析

业绩评价也叫绩效评价,是指评价主体借助财务信息对评价客体在一定时期内的工作表现进行评价的过程。从应用角度看,业绩评价结果可用于企业内部的人事调整、绩效考核等方面。

在管理者业绩评价过程中,传统的评价指标以会计利润为主,如利润总额、总资产收益率、股东权益报酬率等。然而,在会计利润导向下管理者容易产生短期决策行为,且表现出不同程度的盈余管理动机;同时,会计利润的核算仅考虑债务融资成本,忽视了股权融资的机会成本。因此,经济增加值作为一种新的管理者业绩考核方式逐渐应用到企业的管理实践中。

(三)基于战略的业绩驱动因素分析

在管理者业绩评价中,由于管理者的行为很难观测和量化,因而通常借助可量化的财务指标对其行为结果进行评价。但是对于企业整体而言,其发展战略并不局限于财务目标,因为财务指标仅能用于评价企业战略的某些方面。关于基于战略角度的企业业绩评价的实施,著名的管理会计学者卡普兰和诺顿创造性地提出了解决模式,他们早年提出的平衡计分卡从财务、客户、内部流程以及学习与成长4个维度来描述企业战略,并据此对企业业绩进行综合评价。在平衡计分卡之后,卡普兰和诺顿又提出了战略中心型组织与战略地图,从而使得企业战略的描述更加清晰、战略衡量更为具体、基于战略的业绩评价更具可操作性。基于战略地图的企业业绩评价模式已经在我国部分企业实施。

(四)内部管理报告与分析

如前文所述,企业对外提供的财务报告主要用于满足外部分析主体的需要。与之相应的是,内部管理报告主要用于为企业内部的经营管理决策提供支持。内部管理报告是指企业为满足内部利益相关者的决策与控制需要所编制的反映企业财务状况、经营成果和管理状况的一系列财务信息和非财务信息文件。内部管理报告不仅对过去的交易或事项进行分析和评价,而且更注重对未来事项的预测和控制。企业可以通过内部管理报告打造一个纵向畅通的信息沟通和控制渠道,使管理者的决策能力和员工执行能力在瞬息万变的经营环境下始终与公司战略保持一致,从而持续地提升公司价值。从报告内容及表现形式看,内部管理报告可以分为财务信息主导的内部管理报告与非财务信息主导的内部管理报告,前者包括预算报告、预算执行情况报告等,后者主要包括外部环境报告、内部经营活动报告、风险管理报告和重大事项报告等。

本章小结

　　本章主要介绍了财务报表分析的概念、目的与分析主体,财务报表的起源与演进过程,财务报表分析的内容框架以及财务报表分析的程序和财务报表分析在企业内部和外部的具体应用。

思考与练习

　　1.如何理解财务报表分析的概念?

　　2.常见的财务报表分析主体有哪些? 不同分析主体的分析目的是什么?

　　3.财务报表分析的内容主要有哪些? 它们与财务报表分析的目的存在何种关系?

　　4.对企业内外部利益相关者而言,财务报表分析的结果具体可用于哪些决策?

　　5.为了准确地评估公司股票价值,需要基于财务报表做哪些分析?

　　6.主要的财务报表分析方法有哪些?

　　7.如何理解和应用财务报表分析程序?

　　8.简述财务报表分析的起源与演进历程。

第二章 财务报表分析基础

学习目标

本章介绍了企业财务报表分析应具备的基本理论,包括企业财务报告的构成,制约企业财务报表编制的基本会计原则与会计假设,会计的确认基础——收付实现制和权责发生制以及历史成本、重置成本、可变现净值、现值和公有价值计量属性,企业对外会计报表和企业内部管理报表,上市公司信息披露制度等内容。通过本章的学习,应当了解基本会计原则与会计假设,会计的两大确认基础以及不同的成本计量属性;理解财务报告体系的构成;掌握财务报表的结构内容以及财务报表之间的关系。

引导案例

张华是一个初涉股票市场的投资者,他看好一家药品类上市公司的未来发展,准备将该公司的股票纳入其投资组合中。他需要了解该公司及其所处行业的整体盈利水平和发展潜力,因此他查看了该公司对外披露的年度报表。在资产负债表中,他发现该公司的总资产过亿元,但负债水平也很高,特别是应收账款金额很大,本年期末余额比上年同期增长70%;从利润表来看,该公司的营业收入快速增长,本年金额比上年增长了30%,营业利润为正,但净利润为负;在现金流量表中,经营活动产生的现金流量净额为负,但现金及现金等价物净增加额为正。对此,他感到十分困惑,无法做出是否购买该公司股票的决定。其实,公司所有的购产销以及投融资活动都会通过公司的会计系统反映出来,并最终以财务报表及附注的形式显示。一方面,公司的资产负债表、利润表、现金流量表和所有者权益变动表之间存在严格的逻辑关系,不了解公司财务信息产生的系统,就不能读懂公司的报表信息,因而也就无法做出决策;另一方面,公司的财务信息并不局限于财务报表,比如董事会报告、重要事项、外部审计报告、报表附注等,都可以为股票投资决策提供有用信息。因此,进行财务报表分析,首先需要理解财务报表。

在财务报表分析中,财务信息是分析的主要依据,充分、准确的财务信息是保证高质量财务分析的重要前提。通过企业会计系统,纷繁复杂的企业经济活动转化成会计数据,并以财务报表及附注的形式呈现出来,为企业各类信息需求者提供有关企业活动的财务信息。因此,财务信息是对企业各种经济活动的综合和提炼,是对企业财务状况、经营成果及现金流量等的抽象与简化。从表现形式来看,财务信息是指以货币形式的数据资料为主,结合其他资料,用以表明企业资金运动的状况及其特征的经济信息。广义的财务信息包括财务会计提供的信息和运用财务管理方法生成的各种信息,后者包括有关财务报表分析、财务计划与财务预测(广义上包括编制全部的预计财务报表)、债券和股票的定价、营运资本管理、长期投资分析、长期筹资分析、兼并与收购的财务战略等的信息。狭义的财务信息主要指财务会计提供的信息。

与之相对的会计信息是指企业按照会计法律法规、方法和程序将其经济业务加工成有助于决策的财务信息和其他经济信息。广义的会计信息包括财务会计提供的信息和管理会计提供的信息,前者主要是指财务报告提供的资料,包括对外提供的资产负债表(Balance Sheet)、利润表(Income Statement)、现金流量(Cash Flow Statement)、所有者权益变动表(Statement of Changes in Owner Equity)、报表附注、财务情况说明书等,后者是指管理会计提供的各种预测分析(销售、成本、资金需求量等)资料、短期经营决策和长期投资决策的资料、责任会计和全面预算的资料、成本控制和存货管理等资料。狭义的会计信息是指财务会计提供的信息。综上,广义的财务信息与广义的会计信息在内涵上交叉重叠,而本书的内容并不局限于财务会计信息,因而采用广义上的概念。尽管财务信息与会计信息在内涵上存在一定差异,为了遵循表述习惯,本书在行文上并不对其加以特别区分。在进行财务报表分析以前,我们首先需要对财务信息有基本的了解。

结合本书的逻辑架构与财务报表的内在联系,本章首先对财务报表的相关内容进行概述,然后介绍对外披露的财务报表及其相关信息,包括资产负债表、利润表、现金流量表、所有者权益变动表、四张报表的勾稽关系、报表附注、外部审计报告,最后列示企业的内部报表。

第一节　企业财务报告的构成

财务报表是指用货币形式表现企业一定时期财务状况、经营成果和现金流量的书面文件,通常包括资产负债表、利润表、现金流量表和股东权益变动表。本书的财务报表分析由于研究的内容较为广泛,其范围与通常所说的企业财务报告一致。企业财务报告是指企业对外提供的反映企业某一特定日期的财务状况和某一会计期间的经营成果、现金流量等会计信息的文件。财务报告包括基本财务报表和其他应当在财务报告中披露的相关信息和资料,有审计报告、报表附注等内容。

一、企业财务报告的构成

(一)基本财务报表
一般而言,基本财务报表是会计信息的载体,是对企业财务状况、经营成果和现金流量的结构性表述,是对企业各种经济活动财务后果的综合反应。

1.资产负债表

资产负债表是企业的基本报表之一,它反映企业在某一特定日期(如月末、季末、年末)全部资产、负债和所有者权益的情况,是企业经营活动的静态体现。它是根据"资产=负债+所有者权益"这一平衡公式,按照一定的分类标准和一定的次序,将某一特定日期的资产、负债、所有者权益的具体项目加以适当排列编制而成。它表明企业所拥有或控制的经济资源、所承担的现时义务和所有者对净资产的要求权。

2.利润表

利润表也是企业的基本财务报表之一,它反映企业一定会计期间(如月度、季度、半年度或年度)的经营成果,是企业经营活动的动态体现。企业一定会计期间的经营成果既可能表现为盈利,也可能表现为亏损,因此利润表也称损益表。它全面揭示了企业在某一特定时期实现的各种收入,发生的各种费用、成本或支出,以及企业实现的利润或发生的亏损情况。利润表是根据"利润=收入-费用"这一基本关系编制的,其具体内容取决于收入、费用、利润等会计要素及其内容,利润表项目是收入、费用和利润等要素内容的具体体现。

3.现金流量表

现金流量表是反映企业一定时期(如月度、季度、半年度或年度)内经营活动、投资活动和筹资活动对其现金所产生影响的财务报表。现金流量表详细描述了企业在一定会计期间分别由经营活动、投资活动与筹资活动所产生的现金流入与现金流出的具体情况。

需要说明的是,现金流量表中的"现金"指的是货币资金(包括库存现金、银行存款、其他货币资金等)和现金等价物(一般指企业持有的期限短、流动性强、易于转换为已知金额现金、价值变动风险很小的投资)。

4.股东权益变动表

股东权益变动表是反映构成股东权益的各个组成部分当期增减变动情况的报表。通过股东权益变动表,既可以为报表使用者提供股东权益总量增减变动的信息,也能为其提供股东权益增减变动的结构性信息,能够让报表使用者理解股东权益增减变动的根源。

(二)财务报表附注

财务报表附注是为了帮助财务报表使用者更深入地理解财务报表的内容,对财务报表的编制基础、编制依据、编制原则和方法等所做的详细解释。财务报表附注中对有关资产负债表、利润表、现金流量表和股东权益变动表等报表中所列示项目的明细资料进行描述或说明,以及对未能在这些报表中列示项目的说明等。

一般企业年度报表附注包括以下内容:

1.企业的基本情况

企业的基本情况包括企业注册地、组织形式和总部地址,企业所属行业、业务性质和主要经营活动,母公司以及集团公司的名称,财务报告的批准报出者和财务报告批准报出日等。

2.财务报表的编制基础

财务报表以持续经营假设为基础编制。

3.遵循企业会计准则的声明

企业应当声明编制的财务报表符合企业会计准则的要求,真实公允地反映企业的财务状况、经营成果和现金流量等有关信息。

4.重要会计政策和会计估计

企业应当披露采用的重要会计政策和会计估计,不重要的会计政策和会计估计可以不披露。在披露重要会计政策和会计估计时,应当披露重要会计政策的确定依据和财务报表项目的计量基础,以及会计估计中所采用的关键假设和不确定因素。

会计政策是指企业在会计确认、计量和报告中所采用的原则、基础和会计处理方法,包括存货计价方法、长期股权投资核算方法、固定资产计提折旧的方法、无形资产摊销方法、外地折算方法、收入确认原则与计量方法、所得税的会计处理方法、企业合并的会计处理方法等。采用不同的会计政策得出的经营成果和财务状况不尽相同。因此,对重要会计政策进行说明,便于财务报表使用者理解报表信息,并据此作出正确判断。

会计估计是指企业对结果不确定的交易或事项以最近可利用的信息为基础所做的判断,而这些判断会影响企业的会计核算。比如,固定资产的使用寿命和净残值的确定、使用寿命有限的无形资产的预计使用寿命的确定、建造合同完工进度的确定等内容。由于会计估计是相应的会计核算的依据,因此对重要的会计估计进行披露,有助于财务报表使用者更好地理解相应的报表数据。

5.会计政策和会计估计变更以及差错更正的说明

企业应当按照《企业会计准则第28号——会计政策、会计估计变更和差错更正》及其应用指南的规定,披露会计政策和会计估计变更以及差错更正的有关情况。

6.对报表重要项目的说明

企业对报表重要项目的说明,应当按照资产负债表、利润表、现金流量表、股东权益变动表及其项目列示的顺序,采用文字和数字描述相结合的方式披露。报表重要项目的明细金额合计应当与报表项目金额相衔接。对报表中的重要项目,有必要在附注中进一步详细地披露其具体情况、变动原因等。

7.或有和承诺事项

或有事项是指过去的交易或事项形成的,其结果须由未来事项的发生或不发生才能决定的不确定事项。常见的或有事项包括未决诉讼或未决仲裁、债务担保、产品质量担保、亏损合同、重组义务、环境污染治理、承诺等。或有事项的结果可能会产生预计负债、或有负债或者或有资产等。其中,预计负债是与或有事项相关的,在满足规定的条件下确认的负债,应当在资产负债表内予以披露;而或有负债(或有资产)既有可能形成企业的负债(资产),也有可能消失,其结果取决于某些未来事项的发生或者不发生。因此,或有负债和或有资产不属于负债和资产的范畴,不应当在资产负债表内确认,只需在报表附注中予以披露。

8.资产负债表日后事项

资产负债表日后事项是指反映资产负债表日至财务报告批准报出日之间发生的有

利或不利事项。资产负债表日后事项分为调整事项和非调整事项。

资产负债表日后调整事项是指资产负债表日后发生的情况的事项。该类事项的发生不影响报告期的报表数据,但对企业未来的财务状况和经营成果可能产生重大影响,因而需要在报表附注中进行说明。常见的资产负债表日后非调整事项包括企业股票和债券的发行、重大对外投资、利润分配预案等。对于资产负债表日后非调整事项,企业应尽量估计其对未来期间财务状况和经营成果的影响。如无法作出估计,应当说明原因。在附注中对资产负债表日后非调整事项进行说明,有助于财务报表使用者更好地把握企业目前和未来的状况,从而正确地作出决策。

9.关联方关系及其交易

在企业的财务和经营决策中,如果一方有能力直接或间接控制、共同控制另一方或对另一方施加重大影响,则双方之间构成关联方关系。如果两方或多方同受一方控制,则受同一方控制的两方或多方之间也构成关联方关系。按照本企业与其关联方的关系,企业应当分情况分别列示关联方的主要信息:①若企业存在母公司,应当披露母公司名称、注册地、业务性质、注册资本、持有本公司的股份比例和表决权比例及其变化等;若母公司不是本公司的最终控制方,说明最终控制方名称;母公司和最终控制方均不对外提供财务报表的,说明母公司之上与其最相近的对外提供财务报表的母公司名称。②若企业存在子公司,应当披露子公司名称、注册地、业务性质、注册资本、本企业合计持股比例,即本企业合计享有的表决权比例。③对于本企业的联营企业或合营企业,应当披露被投资单位名称、注册地、业务性质、注册资本、本企业持股比例、本企业在被投资单位的表决权比例、期末资产总额、期末负债总额、本期营业收入总额及本期净利润。

若企业与其关联方发生交易,企业应当在附注中披露各关联方关系的性质、交易类型、交易金额或相应比例、未结算金额或相应比例以及定价政策等。特别是当关联方交易价格明显高于或低于交易同期市场价格时,应当说明其定价的公允性。

对关联方关系及其交易的披露,有助于报表使用者了解企业的关系网络,弄清事物的来源并判别交易的真实性和报表数据的可信度,进一步分析企业的真实盈利能力与盈余质量。

10.有助于财务报表使用者评价企业管理资本的目标、政策及程序的信息

如国有企业的资本管理目标之一是"确保资金安全、实现国有资本的保值增值"。

11.其他信息

企业应当在附注中披露以下信息:①其他综合收益各项目相关信息,包括其他综合收益各项目及其所得税影响,原计入其他综合收益、当期转出计入当期损益的金额,其他综合收益各项目的期初余额和期末余额及其调节情况。②终止经营的收入、费用、利润总额、所得税费用和净利润,以及归属于母公司所有者的终止经营利润。③在资产负债表日后、财务报告批准报出日前或宣布发放的股利总额合每股股利金额或者是向投资者分配的利润总额。

(三)审计报告

上市公司年度报告中涉及的审计报告是指审计人员(即注册会计师)根据独立审计准则,在对被审计单位(即上市公司)制订审计计划的基础上,实施必要的审计程序,就被

审计事项作出审计结论,提出审计意见和审计建议的书面文件。审计报告是注册会计师在完成审计工作后向委托人提交的最终产品,是注册会计师与财务报表使用者沟通所审计事项的主要手段,它具有法定证明效力,对增加会计信息的可靠性起着至关重要的作用。

审计报告一般包括标题、收件人、范围段、意见段、签章、会计师事务所地址和报告日期等基本内容。注册会计师根据审计结果和被审计单位对有关问题的处理情况,形成不同的审计意见,出具标准无保留意见、保留意见、无法表示意见和否定意见4种基本类型审计意见的审计报告。

1.无保留意见的审计报告

无保留意见通常包括两类:标准无保留意见和带强调事项段的无保留意见。注册会计师经过审计后,如果认为同时满足下列条件,则应出具无保留意见的审计报告:被审计单位财务报表的编制符合《企业会计准则》及国家其他有关财务会计法规的规定;财务报表在所有重大方面公允地反映了被审计单位的财务状况、经营成果和资金变动情况;会计处理方法的选用符合一贯性原则;在实施必要审计程序的过程中未受阻碍和限制;不存在因调整而被审计单位未予调整的重要事项。

在无保留意见的审计报告中,意见段会出现"在所有重大方面""公允反应"等专业术语。其中,带强调事项段的无保留意见的审计报告在意见段后还带有强调事项段。

2.保留意见的审计报告

保留意见通常包括两类:保留意见和保留意见加强调事项段。注册会计师经过审计后,认为被审计单位财务报表的反映就其整体而言是公允的,但存在下列情况之一时,应出具保留意见的审计报告:特别重要的财务会计事项的处理或个别重要的财务报表项目的编制不符合《企业会计准则》及国家其他有关财务会计法规的规定,被审计单位拒绝进行调整;因审计范围受到重要的局部限制,无法按照独立审计准则的要求取得应有的审计证据;特别重要会计处理方法的选用不符合一贯性原则。

在保留意见的审计报告中,意见段之前还会另设说明段,以说明所持保留意见的理由,并在意见段中使用"除上述事项的影响外""除上述事项可能产生的影响外""除了前段所述事项的重大不确定性可能产生的影响外"等专业术语。

3.否定意见的审计报告

注册会计师经过审计后认为被审计单位财务报表存在下列情况之一时,应出具否定意见的审计报告:会计处理方法的选用严重违反《企业会计准则》及国家其他有关财务会计法规的规定,被审计单位拒绝进行调整;财务报表严重歪曲了被审计单位的财务状况、经营成果和资金变动情况,被审计单位拒绝进行调整。

在否定意见的审计报告中,意见段之前会另设说明段,说明所持否定意见的理由,并在意见段中使用"由于上述问题造成的重大影响""由于受到前段所述事项的重大影响"等专业术语。

4.拒绝表示意见的审计报告

拒绝表示意见也叫无法表示意见,注册会计师在审计过程中,由于审计范围受到委托人、被审计单位或客观环境的严重限制,不能获得必要的审计证据,无法对财务报表整体反映情况发表审计意见时,应出具拒绝表示意见的审计报告。

在拒绝表示意见的审计报告中,意见段之前会另设说明段,以说明所持拒绝表示意见的理由,并在意见当中使用"由于审计范围受到严重限制""由于无法实施必要的审计程序""由于上述事项可能产生的影响非常重大和广泛""由于上述审计范围受到限制及相关事项可能产生的影响非常重大和广泛""我们无法对某某公司财务报表发表意见"等专业术语。

在各类审计报告中,显然无保留意见的审计报告是最正面的一种审计报告,其次是保留意见的审计报告,最后是否定意见和拒绝表示意见的审计报告。财务报表使用者可以根据外部审计报告的意见类型来判断财务报表整体的真实性和合规性,进而决定在财务分析中对财务报表的依赖程度。

二、财务报告相关概念

(一)合并财务报表与母公司财务报表

合并财务报表是指反映母公司及其全部子公司所形成的企业集团的整体财务状况、经营成果和现金流量的财务报表。其中,母公司是指有一个或一个以上子公司的企业,子公司是指被母公司控制的企业。

合并财务报表至少应当包括下列组成部分:合并资产负债表、合并利润表、合并现金流量表、合并股东权益变动表以及报表附注。合并财务报表应当由母公司负责编制。合并财务报表反映作为经济主体的集团(母公司和子公司)合并的会计信息。母公司财务报表仅仅提供作为法律主体的母公司自身的会计信息。股东和债权人在决策过程中如何恰当利用合并财务报表和母公司财务报表信息,在理论界和实务界一直是一个颇具争议的话题。

尽管人们通常认为,相对于母公司财务报表,合并财务报表可以为母公司的股东(特别是控股股东)提供更有用的信息,但是关于母公司财务报表是否对合并财务报表具有补充性的作用尚存争议,关于合并财务报表对债权人的有用性也没有达成统一认识。母公司和子公司的债权人对企业债务的求偿权是针对法律主体而非经济主体的,并不能反映每个法律主体的偿债能力。因此,只有当母公司、子公司存在债务交叉担保,或对企业集团进行整体授信时,合并财务报表才能为债权人提供更有用的信息。

由于存在上述争议,西方发达国家对母公司财务报表存在两种制度安排:一种是以合并财务报表取代母公司财务报表,母公司只对外提供合并财务报表,不提供自身的财务报表,即单一披露制,如美国和加拿大等国家;另一种则是要求母公司同时提供合并财务报表和母公司财务报表,即双重披露制,如英国、法国、德国和日本等国家。我国目前实行的是双重披露制,证监会要求作为母公司的上市公司同时提供母公司财务报表和合并财务报表。无论各国准则制订机构和相关证券监管机构选择单一披露制还是双重披露制,合并财务报表的作用都是非常重要的,它能提供有关母公司直接或间接控制的经济资源,以及整个企业集团的经营成果等方面的综合信息,同时也全面反映了母公司的股东在企业集团中所享有的权益。

(二)年度财务报告与中期财务报告

1.年度财务报告

年度财务报告是指以整个会计年度为基础编制的财务报告。《公司法》规定,公司应当在每一会计年度终了时编制财务会计报告。为了规范上市公司年度报告的编制及信息披露行为,保护投资者合法权益,根据《公司法》和《证券法》等法律法规及中国证监会的有关规定,中国证监会多次修订《公开发行证券的公司信息披露内容与格式准则第2号——年度报告的内容与格式》,对公司年度报告中应披露的信息做了详细的规定和说明。同时还明确指出,该准则的规定是对公司年度报告信息披露的最低要求。凡对投资者投资决策有重大影响的信息,不论准则是否有明确规定,公司均应披露。

公司年度报告中的财务会计报告必须经具有证券期货相关业务资格的会计师事务所审计,审计报告须由该所至少两名注册会计师签字。已发行境内上市外资股及其衍生证券,并在证券交易所上市的公司,还应进行境外审计(指会计师根据国际审计准则或境外主要募集行为发生地审计准则,对调整的公司财务会计报告进行审计)。公司应在年度报告文本扉页刊登如下重要提示:本公司董事会、监事会及董事、监事、高级管理人员保证本报告所载资料不存在任何虚假记载、误导性陈述或者重大遗漏,并对其内容的真实性、准确性和完整性承担个别及连带责任。如有董事、监事、高级管理人员对年度报告内容的真实性、准确性、完整性无法保证或存在异议,应当声明:××董事、监事、高级管理人员无法保证本报告内容的真实性、准确性和完整性,理由是……,请投资者特别关注。如有董事未出席董事会,应当单独列示其姓名。如果执行审计的会计师事务所对公司出具了有强调事项、保留意见、无法表示意见或否定意见的审计报告,重要提示中应增加以下陈述:××会计师事务所为本公司出具了有强调事项(或保留意见、无法表示意见、否定意见)的审计报告,本公司董事会、监事会对相关事项亦有详细说明,请投资者注意阅读。公司负责人、主要会计工作负责人即会计机构负责人(会计主管人员)应当声明,保证年度报告中财务报告真实、完整。

年度报告正文应包括如下内容:

(1)重要提示、目录与释义;

(2)公司简介和主要财务指标;

(3)公司业务概要;

(4)经营情况讨论与分析;

(5)重要事项;

(6)股份变动及股东情况;

(7)优先股相关情况;

(8)董事、监事、高级管理人员和员工情况;

(9)公司治理;

(10)财务报告;

(11)备查文件目录。

其中,在财务报告部分,公司应披露审计意见全文、经审计的会计报表及其附注。会计报表包括公司报告期末及其前一个年度末的比较式资产负债表、该年度和上年度的比较式利润表和股东权益变动表以及该年度的现金流量表。编制合并财务报表的公司,除提供合并财务报表之外,还应提供母公司已审计的财务报表以及未予合并的特殊行业子公司的已审计的财务报表。财务报表附注是财务报告中不可缺少的一个组成部分,它对比较式报表的两个日期或期间的数据均应作出说明。财务报表附注应当按照《企业会计准则》和中国证监会发布的相关规定编制。

年度报告应当在每个会计年度结束之日起4个月内完成,并按照中国证监会的有关规定予以披露。

2.中期财务报告

中期财务报告是指以中期为基础编制的财务报告。中期是指短于一个完整的会计年度的报告期间,它可以是一个月、一个季度或半年,也可以是其他短于一个会计年度的期间,如1月1日至9月30日等。因此,中期财务报告包括月度财务报告、季度财务报告、半年度财务报告,也包括年初至本中期末的财务报告。

中期财务报告至少应当包括资产负债表、利润表、现金流量表以及报表附注等内容。

(1)资产负债表、利润表、现金流量表和报表附注是中期财务报告应当编制的法定内容,对于其他财务报表或者相关信息,如股东权益变动等,企业可以根据需要自行决定。

(2)中期资产负债表、利润表、现金流量表的格式和内容应当与上年度财务报表一致。但如果当年新施行的会计准则对财务报表的格式和内容做了修改,中期财务报表应当按照修改后的报表格式和内容编制。同时,在中期财务报告中提供的上年度比较财务报表的格式和内容也应当做相应的调整。

(3)中期财务报告中的附注相对于年度财务报告中的附注而言是适当简化的。中期财务报表附注的编制应当遵循重要性原则。

中期财务报告应当按照相关规定编制完成并披露。

第二节　财务报表编制的基本会计原则和会计假设

会计原则是从会计实践中逐渐发展起来的,是会计工作人员据以确认、计量和记录经济业务,编制会计报表的工作指南。

财政部发布的《企业会计准则——基本准则》对我国企业会计以及报表编制应遵循的基本会计原则做了详细规定,主要内容如下:

一、基本会计原则

(一)客观性原则

企业应当以实际发生的交易或者事项为依据进行会计确认、计量和报告,如实反映符合确认和计量要求的各项会计要素及其他相关信息,保证会计信息真实可靠、内容完整。客观性原则包含两层含义:一是可验证性;二是会计人员对某些会计事项的估计判断合法、合规、合理。

可验证性是指企业的会计处理应当以实际发生的业务为基础,以取得的业务凭证为依据,保证企业的会计处理工作从填制记账凭证、登记账簿到编制会计报表等各环节都有可靠的凭证为依据,保证会计上的账证、账账、账实以及账表之间的一致性。

在会计实务工作中,除了能够取得记载业务发生情况的凭证的业务以外,还有一些虽然已经发生,但其金额需要依靠会计人员的职业判断才能确定的业务。对于这类业务的处理,就很难要求其达到数据的完全准确。对此,我们只能要求会计人员的处理尽量合法、合规、合理。

(二)相关性原则

相关性原则是指企业所提供的会计信息应当与信息使用者相关,对信息使用者的决策有用。会计的相关性原则是会计信息的生命力所在,因为企业会计信息的使用者都希望通过利用会计信息做出更加客观、科学的决策。如果会计信息不能起到这一作用,会计信息乃至会计工作就失去了意义。

企业提供的会计信息应当与财务会计报告使用者的经济决策需要相关,有助于财务会计报告使用者对企业过去、现在或者就将来的情况作出评价或者预测。

(三)明晰性原则

企业提供的会计信息应当清晰明了,便于财务会计报告使用者理解和利用。强调明晰性原则是由会计核算的目的决定的。会计核算的其中一个目的就是向与企业有关的各方提供有用的会计信息,要做到这一点,就必须要求企业的会计信息能够清晰完整地反映企业经济活动的来龙去脉。如果因为企业提供的会计信息清晰度不高而使信息使用者无法使用,不仅会给信息使用者造成困难,对提供信息的企业也是一种损失。

此外,为了保证企业提供的会计信息符合客观性原则的要求,还需要通过特定的方法对会计信息及其产生的过程进行审查和验证。这就要求企业的会计记录准确、清晰,会计凭证和账簿填制和登记准确,账户对应关系清楚,文字摘要属实,手续齐备,程序合理。

(四)可比性原则

企业提供的会计信息应当具有可比性。可比性原则具有两个方面的要求:一是同一企业不同时期发生的相同或者相似的交易或事项,应当采用一致的会计政策,不得随意变更。确需变更的,应当在报表附注中说明。二是不同企业发生的相同或者相似的交易或者事项,应当采用规定的会计政策,确保会计信息口径一致,相互可比。

坚持可比性原则,可以使企业连续几个会计期间的会计信息对经营决策有使用价值,还可以对不同会计期间的会计报表和会计信息进行纵向的分析和对比,同时也可以防止个别企业利用会计方法的变动,人为操作企业财务指标,以粉饰企业的财务状况和经营成果。

此外,对于不同企业,特别是同一行业的不同企业,应当采用规定的会计政策,以使不同企业会计报表的编制建立在相同的基础上,从而有利于会计信息的使用者进行企业之间的分析比较。遵循可比性原则,将大大提高企业间的会计信息比较质量。

（五）实质重于形式原则

企业应当按照交易或者事项的经济实质进行会计确认、计量和报告，不应仅以交易或者事项的法律形式为依据。按照实质重于形式原则，企业在进行会计处理时，对那些经济实质与法律形式不相符合的业务或者事项，可以按照经济实质进行处理。

（六）重要性原则

企业提供的会计信息应当反映与企业财务状况、经营成果和现金流量等有关的所有交易和事项。重要性原则主要表现为：对某些经济业务，因其金额或数量较小，不单独反映对揭示企业的财务状况影响不大，所以在处理时采取与其他项目合并以突出其他重要项目的做法。至于哪些项目可视为重要项目，应该根据自己的实际情况确定。

（七）谨慎性原则

谨慎性原则也叫稳健性原则，是指在对企业不确定的经济业务进行处理时，应持保守态度。具体而言，凡是可以预见的损失和费用均应予以确认，对不确定的收入则不予确认。企业对交易或者事项进行确认、计量和报告应当保持应有的谨慎态度，不应高估资产或者收益，低估负债或者费用。

必须指出的是，谨慎性原则是市场经济条件下企业会计活动必须遵循的一条重要原则。原因在于：在现实经济生活中存在很多不确定性因素，如企业只要与其他经济组织和个人发生商品赊销业务，就存在发生坏账损失的可能性；商业企业购入的商品在经营活动中可能存在降价处理损失以及其他一些或有损失等，所有这些不确定性都可能对其财务状况产生影响。对于上述可能发生的费用或损失，如果不进行预先处理，可能导致高估资产和收益，低估费用和损失，从而使企业在财务分配上处于不利境地，并且影响企业未来的正常经营活动。

（八）及时性原则

企业对于已经发生的交易或者事项，应当及时进行确认、计量和报告，不得提前或延后。及时性原则有两方面含义：一是在企业的经济活动发生以后，会计人员应对其进行及时的会计处理，将其纳入会计系统；二是在会计期间结束以后，应及时编制财务报告，方便利益相关者了解企业财务状况的最新变化。

上述两方面含义是相互联系的。只有对已发生的经济业务进行及时的会计处理，才有可能在会计期间结束以后迅速编制财务报告，如果在会计期间结束以后不能及时编制财务报告，即使会计记录做到了及时性，也可能会对会计信息的价值产生影响。

二、基本会计假设

企业的会计部门从事财务会计活动、编制会计报表需要遵循一定的会计原则，而会计原则的确立需要建立在一些基本会计假设的基础之上。因此，介绍完会计基本原则之后我们来讨论会计的基本假设问题。

一般认为，会计假设是指会计机构和会计人员对那些未经确认或无法书面论证的经济业务或会计事项，根据客观的正常情况或变化趋势所作出的合乎情理的判断。

（一）会计主体假设

会计主体假设的基本含义是,每个企业的经济业务必须与企业的所有者及其他经济组织分开。会计主体假设规定了会计处理与财务报告的空间范围,也限定了企业的会计活动范围。有了会计主体假设,会计处理的经济业务和财务报告才可以按特定的主体来识别。

会计主体假设除了限定企业会计活动的空间范围外,还对会计概念、会计行为、会计法规建设及报表编制等方面有重大影响。

（二）持续经营假设

持续经营假设的基本含义是,企业会计方法的选择应以企业在可预见的未来将它现实的形式并按既定的目标持续不断地经营下去为假设。通俗地讲,就是企业在可预见的将来不会面临破产、清算。对此,《企业会计准则——基本准则》的表述是:"企业会计确认、计量和报告应当以持续经营为前提。"

在这里,企业在可预见的将来保持持续经营并不意味着企业会永久存在,而是指企业能够在足够长的时间,使企业按其既定的目标开展经营活动、按已有的承诺去偿还债务。

持续经营假设为企业在编制报表时选择会计方法奠定了基础。主要表现:一是在一般情况下,资产以其取得时的历史成本计价,而不按其立即进入解散、清算状态的现行市价计价;二是对长期资产摊销,如固定资产折旧、无形资产摊销等问题的处理,均以企业在折旧年限或摊销期内会持续经营为假设;三是企业偿债能力的评价与分析也是基于企业在会计报告期后仍能持续经营的假设;四是正是由于考虑到持续经营假设,才有了会计上除固定资产折旧与无形资产摊销以外的其他权责发生制方法(如坏账处理的备抵法、销售收入的确认等)。

不仅如此,持续经营假设还要求当传统方法可能危及企业的持续经营时,企业的会计活动能够选择对企业持续经营有利的方法。比如,在市场上存在通货膨胀的条件下,当简单的价值补偿已不能保证实物替换的持续经营时,就需要研究通货膨胀对持续经营的不利影响,并力求在会计方法上予以消除。

（三）会计分期假设

会计分期假设的含义是,企业在持续经营过程中所发生的各种经济业务可以归属于人为划分的各个期间。这种因会计的需要而划分的期间称为会计期间,会计期间通常是按月、季和年来划分的。对此,《企业会计准则——基本准则》的表述是:"企业应当划分会计期间,分期结算账目和编制财务会计报告。"

会计分期假设是持续经营假设的必然结果。由于我们假设企业会在可预见的将来保持持续经营状态,因此在持续经营的过程中存在何时向与企业有利害关系的各方提供财务报告的问题。在会计实践中,绝不可能等到企业的全部经营活动完结以后才向外界提供财务报告。为了使财务报告的使用者能定期、及时地了解企业的财务状况和经营成果,会计上应把持续经营的经济活动人为地进行划分,使其归属于各个不同的会计期间,并进行会计处理及财务报告的编制。

以年度划分的会计期间称为会计年度。会计年度既可与日历年度一致,又可与日历年度不一致。《企业会计准则——基本准则》规定:"会计期间分为年度和中期。中期是指短于一个完整的会计年度的报告期间。"

会计期间的规定,实际上决定了企业对外报送报表的时间间隔以及企业报表所涵盖的时间跨度。从会计信息本身应当反映的经济内容以及报表信息使用者希望了解的内容来看,会计期间的划分应当体现较为完整的生产经营过程。在企业连续、大批、大量生产和经营产品且季节性影响较小的条件下,会计期间的划分不会对信息披露以及信息使用者分析企业财务状况产生较大影响。但是,在企业季节性生产的条件下,简单地以日历年度为会计年度,有可能因财务信息代表性较差而使企业所披露的部分信息难以反映企业财务状况,对信息使用者产生误导。

会计分期假设除了为企业进行会计处理、计算利润和编制财务报告限定了时间区域,对会计信息质量有重要影响外,对会计的概念也有一定的影响。受会计分期假设的影响,许多会计概念具有鲜明的时期特性,如利润总额、收入、成本、费用等均有鲜明的时期特征。此外,会计分期假设与持续经营假设一起,构成了权责发生制原则的理论基础。

（四）货币计量假设

货币计量假设的基本含义是,会计主体在财务会计确认、计量和报告时均采用货币作为计量单位,反映会计主体生产经营活动价值方面的表现。也就是说,只有能用货币反映的经济活动,才能纳入会计系统。这意味着:一是会计所计量和反映的只是企业能用货币计量的方面,某些影响企业财务状况和经济成果的因素,如企业经营战略、研发能力、市场竞争力等,因难以用货币计量而无法反映在会计系统中。然而这些信息对于会计信息使用者来说也很重要,因此企业可以在财务报告中补充披露这些非财务信息。二是不同实物形态的资产,只有用货币作为统一计量单位,才能进行会计处理,揭示企业的财务状况。货币计量假设使得企业对大量复杂的经济业务进行统一汇总和计量成为可能。

第三节　会计的确认基础和计量属性

一、会计的确认基础

在财务会计理论和实务中,会计确认是一个十分重要的环节,它决定了会计核算主体何时将本单位具体的经济业务记录为何种要素,从而实现向企业外部的利益集团提供符合要求的会计信息这一根本目标。目前,无论从财务会计的理论还是实务来看,可选择的会计确认基础一般只有两个:收付实现制和权责发生制。

（一）收付实现制

收付实现制(Cash Basis)也叫现金制,是以款项的实收实付时间为入账标准来确认本期收入和费用,即凡是本期收到的收入款项和付出的费用款项,无论是否应该属于本期的收入和费用,均作为本期的收入和费用处理,期末不需要对收入和费用进行任何账项调整。

由于收付实现制是以企业实际收付现金的时间为确认收入和费用的基本标准,因而报表中所体现的企业当期经营成果与期末的现金余额相一致,这样可以使企业的经营成果具有非常高的含金量和可信度。但是在商业信用广泛应用的行业和领域,现金的收付时间往往和企业实际的收入赚取即费用发生的时间不一致,采用收付实现制将导致计入当期的收入和费用,相互之间并不存在事实上的因果关系,报表中的利润并不反映企业真实的经营业绩,从而使其失去科学性及运用价值。

(二)权责发生制

权责发生制(Accrual Basis)也叫应计制,是以业务的实际发生时间为入账标准来确认本期收入和费用,即凡是属于本会计期间发生的收入和费用,无论其款项是否收付,均应作为本期的收入和费用处理;凡是不属于本期发生的收入和费用,即使其款项已在本期收取或付出,也不作为本期的收入和费用处理。

在这里,属于本期的收入也称已实现的收入,其确认主要关注实现收入的过程是否完成,并不关注货币的收取情况;只要商品销售的过程完成或收入的确认过程完成,在会计上就确认收入。一般来说,企业会计上所确认的收入,主要体现为利润表中引起利润增加的因素,其与货币收款情况有3种对应关系:一是在销售活动完成或劳务提供过程完成时立即收取货款,如现销业务,使得收入的确认引起货币同时增加;二是在销售活动完成或劳务提供过程完成时,并不立即收取全部或部分货款,但取得在未来确定的时间内收取货款的权利,如赊销业务,使得收入的确认引起债权增加;三是在向顾客提供商品和劳务以前已经收取了款项,如预收款销售业务,此时收入的确认引起债务减少。

属于本期的费用也称已发生的费用,是指为产生一定会计期间的收入而发生的耗费,在利润表中表现为使利润减少的因素。按照权责发生制原则对费用进行确认,主要关注资源的消耗与实现收入的过程是否相关,并不关注货币的支付情况;只要是为实现收入发生的资源消耗,在会计上就确认为费用。一般来说,企业会计上所确认的费用,主要体现为利润表中的各项费用,其与货币支付情况有3种对应关系:一是在费用发生时立即支付货款,如小额的费用开支,使得费用的确认引起货币同时减少;二是在费用发生时并不立即支付全部或部分款项,但承担在未来确定的时间内支付款项的义务,使得费用的确认引起债务增加;三是在费用发生以前已经对有关资源的取得进行了支付,如预付货款业务,此时费用的确认引起非货币性资产减少。

选择发生制是依据持续经营和会计分期两个基本前提来划分不同会计期间资产、负债、收入、费用等会计要素的归属,并运用诸如应收、应付、预提、待摊等项目来记录,由此形成了资产和负债等会计要素。企业的经营活动不是一次而是多次,其损益的记录要分期进行,每期损益的计算应该反映所有属于本期的真实经营业绩,收付实现制不能完全做到这一点。因此,与收付实现制相比,权责发生制能更加准确地反映特定会计期间企业实际的财务状况和经营业绩,成为世界范围内普遍采用的会计确认基础。

但是,在实务工作中由于确认企业业务实际发生的时间往往以企业开发票的时间为主,而开发票的时间易受人为控制,带有一定的主观性,这便为企业操纵利润提供了相当大的空间和可能性。同时,企业业务发生的时间往往和现金实际收付的时间不一致,导致一个从利润量表来看经营很好、效率很高的企业,在资产负债表上却可能因没有足够的现金而陷入财务困境,即通常所说的"有利润没钱"的状况。在金融风险日益加剧的今天,现金为王的观念越来越深入人心,人们甚至认为现金与现金流量比会计利润更重要,因为企业的现金流量状况在很大程度上影响着企业的生存与发展。为满足人们的这一信息需求,可以通过编制以收付实现制为基础的现金流量表来弥补权责发生制的不足。

二、会计的计量属性

会计计量是为了将符合确认条件的会计要素登记入账并列报于财务报表而确定其金额的过程。企业应当按照规定的会计计量属性进行计量,确定相关金额。计量属性是指所计量的某一要素的特性,如固定资产的数量、原材料的重量、楼房的高度等。从会计的角度看,计量属性反映的是会计要素金额的确定基础。按照《企业会计准则——基本准则》,会计计量属性主要包括如下内容。

(一)历史成本

历史成本(Historical Cost)也叫实际成本,是指取得或制造某项财产物资时所实际支付的现金或者现金等价物的金额。在历史成本计量下,资产按照购置时支付的现金或者现金等价物的金额,或者按照购置资产时支付的对价的公允价值计量。负债按照因承担现时义务而实际收到的款项或者资产的金额,或者承担现时义务的合同金额,或者按照日常活动中为偿还负债预计需要支付的现金或者现金等价物的金额计量。

采用历史成本原则计价的优越性在于:一是由于交易价格是由企业与企业外部共同确定的,因而具有一定的客观性;二是历史成本的确定通常要有一定的会计凭证作为依据,具有可验证性;三是历史成本原则可以抑制因主观判断而产生的可能蓄意歪曲企业财务状况的事件发生。

(二)重置成本

重置成本(Replacement Cost)也叫现行成本,是指按照当前市场条件,重新取得同样一项资产所需支付的现金或现金等价物的金额。在重置成本计量下,资产按照当前市场条件下重新取得同样一项资产所需支付的现金或现金等价物的金额计量。负债按照现在偿付该项债务所需支付的现金或现金等价物的金额计量。

(三)可变现净值

可变现净值(Net Realizable Value)在正常生产经营过程中以预计售价减去进一步加工的成本和销售所必需的预计税金、费用后的净值。在可变现净值计量下,资产按照其正常对外销售所能收到的现金或者现金等价物的金额扣减该资产至完工时估计将要发生的成本、估计的销售费用以及相关税费后的金额计量。

(四)现值

现值(Present Value)是指对未来现金流量以恰当的折现率进行折现后的价值,是考虑货币时间价值因素的一种计量属性。在现值计量下,资产按照预计从其持续使用和最终处置中产生的未来净现金流入量的折现金额计量,负债按照预计期限内需要偿还的未来净现金流出量的折现金额计量。

（五）公允价值

公允价值（Fair Value）是指市场参与者在计量日发生的有序交易中，出售一项资产所能收到或者转移一项负债所需支付的价格。在公允价值计量下，资产和负债按照市场参与者在计量日发生的有序交易中，出售资产所能收到或者转移负债所需支付的价格计量。

在实务工作中，一般应当采用历史成本。采用重置成本、可变现净值、现值、公允价值计量的，应当确保所确定的资产金额能够取得并可靠计量。

美国会计准则和国际财务报告准则比较侧重公允价值的运用，以体现会计信息的相关性。我国财政部为此多次与国际会计准则理事会讨论相关问题。考虑到中国市场发展的现状，现行准则体系中主要在金融工具、投资性房地产、非共同控制下的企业合并、债务重组和非货币性交易等方面采用了公允价值。总体上说，新会计准则体系对公允价值的运用还是比较谨慎的，只有在存在活跃市场、公允价值能够取得并可靠计量的情况下，才能采用公允价值计量。

第四节　企业对外会计报表

企业公开披露的报告包括财务报表及附注、外部审计意见、公司特征信息、重大决策相关决议等。在实务工作中，考虑到信息收集的成本和决策制订的需要，企业的利益相关者往往集中关注报表的数字，对于相邻期间变化不大，或者对决策无重大影响的报告信息关注较少。本节将重点介绍资产负债表、利润表、现金流量表与股东权益变动表。

一、资产负债表

资产负债表是反映企业在某一特定日期的财务状况的报表，它揭示企业在某一时点上的资产、负债和所有者权益的总额及构成情况，属于静态财务报表。

资产负债表具有以下主要作用：

（1）资产负债表揭示了企业的资产、负债与所有权益的规模及各自的结构，信息使用者通过资产负债表，可以了解负债和所有者权益的比例关系，进而预判企业的资金来源。

（2）通过对资产负债表中资产、负债的结构进行分析，信息使用者可以了解企业的资产流动性与短期偿债能力、财务风险与长期偿债能力等。

（3）资产负债表列示了各项目的期初余额与期末余额，借此可以看出资产、负债和所有者权益在特定会计期间的增减变动情况，将前后年份贯穿起来，则可以看出企业财务状况的发展趋势。

（4）资产负债表与其他报表联系紧密，通过将资产与成本、利润项目进行比较，可以分析企业的盈利能力和资产管理水平。

（一）资产负债表的编制基础

资产负债表的编制基础为以下会计平衡公式：

$$资产=负债+所有者权益 \qquad (2-1)$$

这个等式右端的负债和所有者权益项目代表企业资金的来源,即企业的资金筹集方式,表明企业的资金来自哪里,或者是谁向企业提供了资金。不同类型的资金提供者享有的权益不同,债务资金提供者及债权人要求的权益仅限于企业的负债,而所有者(股东)要求的权益则是资产扣除负债后的所有资源。等式左端的资产代表企业资金的具体运用,即企业资金去向何处。通过各种投资和经营活动,企业的资金转化成各种资产:现金、存货等流动资产,机器设备、房屋等固定资产,股票、债券等金融投资,专利权、商标权等无形资产,商誉、长期待摊费用等其他资产。资金的来源与资金的使用从两个不同的角度反映了企业资源的运动状态,是同一事物的两个方面,它们之间是一种相互依存的关系。这种依存关系决定了,不管在何种情况下两者在金额上必然相等,这种根本性奠定了资产负债表的编制基础。

(二)资产负债表列报格式

常见的资产负债表包括表首、表身和补充资料三个部分。其中,表首部分通常列示以下信息:资产负债表、编制单位的名称、资产负债表日、计量单位等内容;补充资料通常包括一些辅助信息,如报告单位的法定代表人、主管会计工作负责人、会计机构负责人等;表身即报表的"正文"部分,通常包括两种列报形式:账户式和报告式。账户式的资产负债表分为左右两方,左方反映资产,右方反映负债和所有者权益,左右两方合计数相等。报告式的资产负债表分为上下两部分,上方反映资产,下方反映负债和所有者权益,上下两部分总计数相等。

我国现行企业会计准则中列示的一般企业资产负债表格式为账户式资产负债表,如表2-1所示。

表2-1 资产负债表

编制单位: 年 月 日 单位:元

资产	期末余额	期初余额	负债和所有者权益(或股东权益)	期末余额	期初余额
流动资产:			流动负债:		
货币资金			短期借款		
交易性金融资产			交易性金融负债		
衍生金融资产			衍生金融负债		
应收票据			应付票据		
应收账款			应付账款		
应收款项融资			预收款项		
预付款项			合同负债		
其他应收款			应付职工薪酬		
存货			应交税费		
合同资产			其他应付款		
持有代售资产			持有代售负债		

续表

资产	期末余额	期初余额	负债和所有者权益(或股东权益)	期末余额	期初余额
一年内到期的非流动资产			一年内到期的非流动负债		
其他流动资产			其他流动负债		
流动资产合计			流动负债合计		
非流动资产:			非流动负债:		
债权投资			长期借款		
其他债权投资			应付债券		
长期应收款			租赁负债		
长期股权投资			长期应付款		
其他权益工具投资			预计负债		
其他非流动金融资产			递延收益		
投资性房地产			递延所得税负债		
固定资产			其他非流动负债		
在建工程			非流动负债合计		
生产性生物资产			负债合计		
油气资产			所有者权益(或股东权益)		
使用权资产			实收资本(或股本)		
无形资产			其他权益工具		
开发支出			资本公积		
商誉			减:库存股		
长期待摊费用			其他综合收益		
递延所得税资产			专项储备		
其他非流动资产			盈余公积		
非流动资产合计			未分配利润		
			所有者权益(或股东权益)合计		
资产总计			负债和所有者权益(或股东权益)总计		

(三)调整后的资产负债表

1.企业经济活动分类

表2-1属于通用的财务报表,其编制和披露的目的在于平衡各类报表使用者的需求。然而通用形式的财务报表仅披露了企业所有经济活动的相关信息,并未根据经济业务的性质对相关信息进行分类,因而难以满足深入的财务分析及企业内部经营管理的需要。因此,本书根据企业活动的经济性质和《企业会计准则第22号——金融工具确认和计量》(2017年修订)对报表项目进行重新分类与排序,以调整通用的财务报表,从而更好地服

33

务于财务报表分析与企业内部经营管理。

企业的所有经济活动可以分为两大类:金融活动与经营活动。其中,经营活动包括购买原材料(或劳务)、购进设备、销售商品或提供劳务等经营活动,以及通过被投资单位的生产经营活动实现收益的权益投资活动。金融活动包括筹资活动以及为赚取买卖价差的短期投资活动。

从价值变化与资产的形成过程来看,企业的经营活动与金融活动的内涵及运动形式大致如下:一方面,企业可以通过接受股东投资或者在资本市场上发行股票、债券等获取现金,然后将其用于购置经营资产、对外销售商品或提供劳务,通过经营活动为股东创造财富;另一方面,企业可以将闲置资金在资本市场上购买股票、债券、基金等金融工具,形成企业的金融资产,通过金融活动为股东创造财富。

2.调整后的资产负债表列报

将企业的经济业务区分为经营活动和金融活动后,与之相应,资产负债表中的资产应划分为经营资产与金融资产,负债应划分为经营负债与金融负债。在此基础上,原有的会计恒等式将调整为:

$$经营资产+金融资产=经营负债+金融负债+所有者权益 \qquad (2\text{-}2)$$

将企业的经济业务按照经营活动与金融活动归类后,式(2-2)可进一步变形为:

$$经营资产-经营负债=金融负债-金融资产+所有者权益 \qquad (2\text{-}3)$$

式(2-3)还可以表述为:

$$净经营资产=净金融负债+所有者权益 \qquad (2\text{-}4)$$

式中,金融负债减去金融资产为净金融负债,也叫净负债。考虑到财务分析中不少比例指标并不来自同一张报表,为了使构建的财务指标具有特定的经济含义,本书采用式(2-2)的原理列示资产负债表,称其为调整后的资产负债表。

调整后的一般企业资产负债表的列报格式如表2-2所示。

表2-2 调整后的资产负债表

编制单位: 年 月 日 单位:元

资产	期末余额	期初余额	负债和所有者权益(或股东权益)	期末余额	期初余额
经营资产:			经营负债:		
货币资金			应付票据		
预付款项			应付账款		
其他应收款(经营)			预收账款		
存货			合同负债		
合同资产			应付职工薪酬		
持有待售资产			应交税费		
一年内到期的非流动资产			其他应付款(经营)		
其他流动资产			持有代售负债		
长期股权投资			其他流动负债		

续表

资产	期末余额	期初余额	负债和所有者权益（或股东权益）	期末余额	期初余额
投资性房地产			预计负债		
固定资产			递延收益		
在建工程			递延所得税负债(经营)		
生产性生物资产			其他非流动负债		
油气资产			经营负债合计		
使用权资产			金融负债：		
无形资产			短期借款		
开发支出			交易性金融负债		
商誉			衍生金融负债		
长期待摊费用			其他应付款(金融)		
递延所得税资产(经营)			一年内到期的非流动负债		
其他非流动资产			长期借款		
经营资产合计			应付债券		
金融资产：			租赁负债		
交易性金融资产			长期应付款		
衍生金融资产			递延所得税负债(金融)		
应收票据			金融负债合计		
应收账款			负债合计		
应收款项融资			所有者权益(或股东权益)：		
其他应收款(金融)			实收资本(或股本)		
长期应收款			其他权益工具		
债权投资			资本公积		
其他债权投资			减：库存股		
其他权益工具投资			其他综合收益		
其他非流动金融资产			专项储备		
递延所得税资产(金融)			盈余公积		
金融资产合计			未分配利润		
			所有者权益(或股东权益)合计		
资产总计			负债和所有者权益(或股东权益)总计		

3.资产负债表项目界定

企业会计准则对金融资产与金融负债的界定和分类，主要基于企业的持有意图，而财务报表分析则从形成资产或负债的企业活动的经济性质出发,经营资产(负债)与金融资产(负债)的划分从属于对经营活动与金融活动的界定。由于表2-2中列示的部分项目与企业会计准则的分类不尽相同,在此对主要报表项目的界定做简要说明。

(1)区分经营资产与金融资产。

①货币资金。货币资金本身属于金融资产,但是企业持有的货币资金并不常用于金融活动,多数情况下是为了维持企业生产经营的正常运转。在调整的资产负债表中,货币资金的归属有三种:第一种是划分为经营资产,因为企业应当用多余的货币资金购买有价证券,而节余的"货币资金"应当是其生产经营所需要的。第二种是参照行业或企业历史平均的"不对货币资金与营业收入之比",结合本期营业收入来推算经营活动所需货币资金数额,余额则列为金融资产。第三种是全部列为金融资产,原因在于外部人员无法知道生产经营所需的货币资金数额,甚至内部人员也不能确定。本书采用第一种界定方法。

②其他应收款。按照财政部2019年发布的《一般企业财务报表列报格式》的规定,"其他应收款"项目包括"应收利息""应收股利"和"其他应收款"三个会计科目。与多数应收科目不同的是,应收股利分为两类:一类是经营性权益投资性形成的应收股利,例如长期股权投资带来的应收股利,应当划分为经营资产;另一类是短期权益性投资(比如划分为交易性金融资产的股票投资)形成的应收股利,应当划入金融资产。据此,其他应收款可以分为"其他应收款(经营)"和"其他应收款(金融)",其中,"其他应收款(金融)"包括应收利息、应收股利(金融)和其他应收款。

③长期股权投资。企业通过直接投资、并购、债务重组等方式取得的长期股权投资,其投资收益往往通过决定(或影响)被投资单位的生产经营决策而实现;即使企业对被投资单位的经营决策不具有重大影响,也能按持股比例分享被投资单位的经营成果,或者通过协议转让实现投资收益,因而本书将长期股权投资归为经营资产。

④递延所得税资产。递延所得税应税利润与会计利润的差额,与递延所得税资产相对应的既有经营利润,也有金融利润,因而递延所得税资产也应当分为两类。与之相应的是,递延所得税负债也应当分为两类。

(2)区分经营负债与金融负债。

长期应付款。从会计核算内容来看,企业的长期应付款,包括应付补偿贸易引进设备款、分期付款购入固定资产形成的应付款项、专项应付款等。由于以上几类经济业务在本质上属于企业的融资行为,由此形成的长期应付款应当列入金融负债。

二、利润表

利润表是反映企业在一定会计期间的投入产出效果的财务报表,它揭示了企业在某一特定期间内的收入、费用和利润水平及构成情况。与资产负债表不同的是,利润表属于期间报表,也是动态财务报表。

利润表的列报必须反映企业经营业绩的主要来源和构成,有助于报表使用者判断净利润的质量及风险,预测净利润的持续性,从而做出正确的决策。从财务分析角度看,结合利润表与同期资产负债表,信息使用者可以分析和评价企业的盈利能力,并为了解企业的投入产出比和资产利用效率等提供资料。结合利润表与现金流量表,信息使用者可以分析企业通过经营活动创造的账面收入与同期收到的经营活动现金流之间的关系,进而判断盈利质量与未来期间的债务安全性。

(一)利润表的编制基础

利润表的编制基础为:

$$收入 - 费用 + 直接计入当期利润的所得 - 直接计入当期利润的损失 +$$
$$计入所有者权益的利得 - 计入所有者权益的损失$$
$$= 净利润 + 其他综合收益的税后净额$$
$$= 综合收益总额$$

(2-5)

按照企业经济业务的性质及发生频率,企业活动可划分为日常活动和非日常活动。从会计要素的定义可知,收入、费用是企业在日常活动中形成的,而利得、损失是企业在非日常活动中形成的;同时,从会计原则来看,收入与费用总是同时确认,符合配比原则,而利得和损失则是单独确认。

(二)利润表列报格式

常见的利润表格式有单步式和多步式两种。单步式的利润表分别将所有收入和所有费用加总,二者相减即得到最终利润。多步式的利润表,则对收入与费用进行分层次配比,得出不同层次的利润数据,分步计算当期净利润。相比之下,单步式的利润表直观、简单,但是不能反映各类收入与费用之间的配比关系;多步式的利润表形式较为复杂,但是它能够揭示最终净利润的来源,为信息使用者提供更多有意义的信息。

《企业会计准则第30号——财务报表列报》规定,企业应该采用多步式列报利润表,一般企业利润表的列报格式如表2-3所示。

表2-3   利润表

编制单位:　　　　　　　　　　　年　　月　　日　　　　　　　　单位:元

项目	本期金额	上期金额
一、营业收入		
减:营业成本		
税金及附加		
销售费用		
管理费用		
研发费用		
财务费用		
其中:利息费用		
利息收入		
加:其他收益		
投资收益(损失以"—"号填列)		

续表

项目	本期金额	上期金额
其中：对联营企业和合营企业的投资收益		
以摊余成本计量的金融资产终止确认收益		
净敞口套期收益(损失以"—"号填列)		
公允价值变动收益(损失以"—"号填列)		
信用减值损失(损失以"—"号填列)		
资产减值损失(损失以"—"号填列)		
资产处置收益(损失以"—"号填列)		
二、营业利润(损失以"—"号填列)		
加：营业外收入		
减：营业外支出		
三、利润总额(净亏损以"—"号填列)		
减：所得税费用		
四、净利润(净亏损以"—"号填列)		
(一)持续经营净利润(净亏损以"—"号填列)		
(二)终止经营净利润(净亏损以"—"号填列)		
五、其他综合收益的税后净额		
(一)以后不能重分类进损益的其他综合收益		
(二)以后将重分类进损益的其他综合收益		
六、综合收益总额		
七、每股收益		
(一)基本每股收益		
(二)稀释每股收益		

（三）利润表项目的界定

利润表是所有财务报表阅读者关注的重点,在评价企业资产管理效率、盈利能力、盈利质量等活动中,对利润表的分析必不可少。财政部2019年修订的《一般企业财务报表格式》对部分损益项目的含义做了新的规定,为了方便读者看懂并准确分析利润表,此处主要介绍适用于一般企业的新增项目或核算范围发生较大变化的项目。

1.其他收益

新修订的利润表中增设了"其他收益"项目,反映计入其他收益的政府补助等。该项目应根据在损益类科目新设置的"其他收益"科目的发生额分析填列。与资产处置收益项目类似,按照目前证监会的有关规定,计入当期损益的政府补助,通常属于非经常性损益,在"营业外收入"项目下列示。然而,按照财政部新修订的财务报表格式要求,应当在

"营业利润"项目之前列示,因而在分析企业的盈利质量时同样值得注意。

2. 资产处置收益

新修订的利润表中增设了"资产处置收益",该项目反映企业出售,划分为持有待售的非流动资产(不包括金融工具、长期股权投资和投资性房地产)或处置资产组时确认的处置利得或损失,以及处置未划分为持有待售的固定资产、在建工程、生产性生物资产即无形资产而发生的处置利得或损失。同时,债务重组中因处置非流动资产产生的利得或损失即非货币性资产交换产生的利得或损失也包括在本项目内。该项目应根据新设置的"资产处置损益"科目的发生额分析填列;如为处置损失,以"-"号填列。

3. 信用减值损失

新修订的利润表中增设了"信用减值损失"项目,该项目反映企业按照《企业会计准则第22号——金融工具确认和计量》(2017年修订)的要求计提的各项金融工具信用减值准备所确认的信用损失。在一般企业中,信用减值损失主要源于应收款项带来的坏账损失,该项目应根据"信用减值损失"科目的发生额分析填列。

4. 营业外收入

按照财政部新修订的利润表列报格式,"营业外收入"项目反映企业发生的营业利润以外的收益,主要包括债务重组利得、与企业日常活动无关的政府补助、盘盈利得、捐赠利得等。该项目应根据"营业外收入"科目的发生额分析填列。需要注意的是,营业外收入来自企业的非日常经营活动,属于非经常性损益,具有偶发性和暂时性特征。营业外收入(准确地说是营业外收支净额)占同期利润总额的比例越高,盈余的持续性将会越差,而这对于我们预测企业未来期间的利润水平及股票估值无疑增加了难度。

5. 营业外支出

按照财政部新修订的利润表列报格式,"营业外支出"项目反映企业发生的营业利润以外的支出,主要包括债务重组损失、公益性捐赠支出、非常损失、盘亏损失、非流动资产毁损报废损失等。该项目应根据"营业外支出"科目的发生额分析填列。与营业外收入类似,营业外支出也属于非经常性损益,在一定程度上会影响盈余的持续性,进而影响企业未来期间的盈余预测与股票估值。

6. 其他综合收益

其他综合收益企业在一定期间内与所有者以外的其他方面进行交易或发生其他事项引起的除净损益外的所有者权益变动。与净利润不同的是,尽管其他综合收益的确认会导致所有者权益增加或减少,但并不影响当期损益。从资产负债表与利润表的勾稽关系看,净利润与其他综合收益构成了除投资者增资(减资)以外的导致所有者权益增减变化的主要来源。净利润、其他综合收益与综合收益的关系如下:

$$净利润+其他综合收益的税后净额=综合收益总额 \qquad (2\text{-}6)$$

不难看出,综合收益既包括本期已经实现的利润,也涵盖了暂时计入股东权利的利得和损失。与净利润相比,综合收益更能体现会计信息的相关性原则,该指标及时地揭示了企业特定义务带来的"浮盈"和"潜亏",而信息使用者借此可以更加准确地预测企业在下一期的收益水平,进而做出决策。

(四)调整后的利润表列报

将企业的经济活动分为经营活动与金融活动之后,企业的资产(负债)相应划分为经营资产(负债)和金融资产(负债),那么,与资产和负债相关的损益也应当区分开来。将损益划分为经营损益与金融损益的意义在于:一方面,分开列报能使外部信息使用者更清晰地看出两类经济活动所创造的收益规模及其比例关系,据此发掘企业的利润来源,判断盈利的可持续性,从而为价值评估、信用评估和风险分析提供参考;另一方面,从管理者业绩考核的角度看,分开列报更容易评判企业负责人的经营管理对成本费用节约、企业价值创造所做出的贡献,从而为设计科学合理的薪酬激励计划提供依据。

调整后的一般企业利润表的列报格式见表2-4。

表2-4 调整后的利润表

编制单位: 　　　　　　年　月　日　　　　　　单位:元

项目	本期金额	上期金额
一、经营损益		
(一)营业收入		
减:营业成本		
(二)营业毛利		
减:税金及附加		
销售费用		
管理费用		
研发费用		
非金融性财务费用		
加:其他收益		
经营性投资收益(损失以"—"号填列)		
资产减值损失(损失以"—"号填列)		
资产处置收益(损失以"—"号填列)		
(三)税前营业利润		
加:营业外收入		
减:营业外支出		
(四)税前经营利润		
减:经营所得税费用		
(五)经营净利润		
(六)经营性其他综合收益的税后净额		
(七)经营性综合收益总额		
二、金融损益		

项目	本期金额	上期金额
(一)金融性投资收益(损失以"—"号填列)		
加：净敞口套期收益(损失以"—"号填列)		
公允价值变动收益(损失以"—"号填列)		
减：信用减值损失(损失以"—"号填列)		
金融性财务费用		
金融所得税费用		
(二)金融净利润		
加：金融性其他综合收益的税后净额		
(三)金融性综合收益总额		
三、综合收益总额		
四、每股收益		
(一)基本每股收益		
(二)稀释每股收益		

(五)调整后的利润表项目界定

一般来说,经营利润与金融利润的划分应当和资产负债表中经营资产与金融资产的划分相一致。那么,金融利润可定义为金融资产收益与金融负债利息费用的差额,金融利润的构成项目包括财务费用、公允价值变动收益、投资收益、信用减值损失以及所得税调整。除金融利润以外的当期损益均属于经营利润。与经营资产和金融资产的界定类似,有些利润表项目也不能简单地划入经营利润或金融利润,需要根据损益的来源进行分析。在计算金融利润之前,需要对以下项目作出界定:

1.财务费用

财务费用包括利息支出、利息收入(以"—"号填列)就这样、发行证券支付的手续费、汇兑损益、给客户提供的现金折扣等。从业务性质来看,企业的利息支出主要源于向银行借款和发行债券,两者均属于金融活动,故利息支出形成的财务费用应划分为金融性财务费用;与之相类似,企业因发行证券发生的手续费也应当归为金融性财务费用。汇兑损益主要来自海外业务形成的应收或应付款项,他们分别属于经营资产或经营负债,故汇兑损益部分应当归为非金融性财务费用(或者叫经营性财务费用)。给客户提供的现金折扣源于企业对外销售商品或提供劳务等经营活动,故现金折扣对应的财务费用也应归为非金融性财务费用。在现实条件下,若企业的利息支出占财务费用的比重较大,按照重要性原则,可将利息支出部分划为金融性财务费用,其他部分划为非金融性财务费用。

2.公允价值变动收益

该项目的构成包括以公允价值计量且其变动计入当期损益的金融资产或金融负债、衍生金融资产或金融负债、采用公允价值计量的投资性房地产等公允价值变动形成的应当记入当期损益的利得或损失。从管理角度看,投资性房地产属于经营资产,但公允价值变动收益来自市场行情的变化,与经营性质的租金收入不同,故将其归为金融损益。

3.投资收益

按照收益来源的不同,投资收益也可以分为两类:一类是企业金融投资产生的收益,如交易性金融资产的处置损益、利息收入与现金股利等;另一类是经营性股权投资带来的处置损益与现金股利。因此,在调整后的利润表中,需要根据可获资料对投资收益分别列示。

4.所得税费用

在将企业利润区分为经营利润和金融利润后,所得税费用也要做相应的区分。在实际应用中,企业可以采用所得税税率和金融损益来计算金融所得税,然后用所得税总额减去金融所得税即得到经营所得税。如果金融业务带来的损益主要为财务费用,则可以抵减一部分税负,而经营活动产生的所得税费用则会高于所得税费用总额。

三、现金流量表

现金流量表是反映企业在一定会计期间内现金及现金等价物流入和流出情况的报表,解释了企业在一段时期内的现金流量变化情况,属于动态财务报表,也叫流量表。

对于某一特定会计期间,权责发生制下的利润通常并不等于收付实现之下的现金流量,而现金流量通常与企业的生产经营活动息息相关,对维持企业的正常运转和发展壮大极其重要,因此需要单独编制现金流量表,详细描述某一期间内企业的现金流量。对于信息使用者而言,现金流量表具有如下作用:首先,通过考察现金及现金等价物的期末余额即可判断企业的流动性水平与长期偿债能力;其次,将现金流量与同期相应的利润项目进行对比可以看出盈利的现金保证,进而判断企业的信用政策、账款回收能力以及盈利质量。

(一)现金流量表的编制基础

现金流量表是以现金及现金等价物为基础,按照收付实现制的原则编制的,将权责发生制下的盈利信息调整为现金流量。

通常所说的现金是指企业的库存现金以及可以随时用于支付的存款。不能随时用于支付的存款不属于现金。现金等价物是指企业持有的期限短、流动性强、易于转换为已知金额的现金、价值变动风险很小的投资,比如三个月到期的债券投资。现金流量是指现金和现金等价物的流入和流出。在现金流量表中,为简化起见,往往用"现金"代替"现金及现金等价物"。

现金流量表的编制基础可表述如下:

$$现金流入量-现金流出量=现金流量净额 \qquad (2-7)$$

(二)现金流量表的列报格式

企业会计准则要求现金流量表按照企业经济业务活动的性质分类列示,分为经营活动产生的现金流量、投资活动产生的现金流量以及筹资活动产生的现金流量。期末现金及现金等价物余额按照以下步骤计算得出:

经营活动产生的现金流量净额+投资活动产生的现金流量净额+筹资活动产生的现金流量净额+汇率变动对现金及现金等价物的影响=现金及现金等价物净增加额

期初现金及现金等价物余额+现金及现金等价物净增加额=期末现金及现金等价物余额

一般企业现金流量表的列报格式见表2-5。

表2-5　现金流量表

编制单位:　　　　　　　　　　年　　月　　日　　　　　　　　　　单位:元

一、经营活动产生的现金流量	本期金额	上期金额
销售商品、提供劳务收到的现金		
收到的税费返还		
收到其他与经营活动有关的现金		
经营活动现金流入小计		
购买商品、接受劳务支付的现金		
支付给职工以及为职工支付的现金		
支付的各项税费		
支付其他与经营活动有关的现金		
经营活动现金流出小计		
经营活动产生的现金流量净额		
二、投资活动产生的现金流量		
收回投资收到的现金		
取得投资收益,收到的现金		
处置固定资产、无形资产和其他长期资产收回的现金净额		
处置子公司及其他营业单位收到的现金净额		
收到其他与投资活动有关的现金		
投资活动现金流入小计		
购建固定资产、无形资产和其他长期资产支付的现金		
投资支付的现金		
取得子公司及其他营业单位支付的现金金额		
支付其他与投资活动有关的现金		
投资活动现金流出小计		
投资活动产生的现金流量净额		

续表

三、筹资活动产生的现金流量		
吸收投资收到的现金		
取得借款收到的现金		
收到其他与筹资活动有关的现金		
筹资活动，现金流入小计		
偿还债务支付的现金		
分配股利、利润或偿付利息支付的现金		
支付其他与筹资活动有关的现金		
筹资活动现金流出小计		
筹资活动产生的现金流量净额		
四、汇率变动对现金及现金等价物的影响		
五、现金及现金等价物净增加额		
加：期初现金及现金等价物余额		
六、期末现金及现金等价物余额		

四、所有者权益（股东权益）变动表

所有者权益变动表反应了企业所有者权益的各组成部分在当期的增减变动情况，不仅包括所有者权益总量的变化，也包括所有者权益变动的结构性信息，从而使信息使用者能更清晰地把握导致所有者权益变动的最终来源。

所有者权益变动表示连接资产负债表与利润表的纽带。通过所有者权利变动表中的"本年增减变动金额"的来源，可以看出资产负债表中所有者权益合计及其构成的变化情况。所有者权益（或股东权益）本年增减变动金额的计算公式如下：

本年增减变动余额=综合收益总额+所有者投入和减少资本−

对所有者（或股东）的分配−专项设备本年使用额 (2-8)

由上述公式可知，企业除了接受所有者直接投资外，利润表中的净利润与其他综合收益也构成了所有者权益变动的重要来源。从报表之间的联系来看，所有者权益变动表中的项目可通过适当分开嵌入资产负债表中，实现两张报表的融合。

从财务报表分析角度看，引入综合收益将丰富盈利能力分析、营运能力分析、业绩评价等所需财务指标，同时也为信息使用者评价股权资本结构提供了条件。

一般企业所有者权益变动表的列报格式如表2-6所示。

表2-6　所有者权益变动表

编制单位：　　　　　　　　　　　　年度　　　　　　　　　　　　　　　　　　　　　　　　　单位：元

项目	本年金额									上年金额								
	实收资本	其他权益工具	资本公积	减：库存股	其他综合收益	专项储备	盈余公积	未分配利润	所有者权益合计	实收资本	其他权益工具	资本公积	减：库存股	其他综合收益	专项储备	盈余公积	未分配利润	所有者权益合计
一、上年末余额																		
加：会计政策变更																		
前期差错更正																		
其他																		
二、本年年初余额																		
三、本年增减变动金额																		
（一）综合收益总额																		
（二）所有者投入和减少资本																		
1.所有者投入的普通股																		
2.其他权益工具持有者投入资本																		
3.股份支付计入所有者权益的金额																		
4.其他																		
（三）利润分配																		
1.提取盈余公积																		

45

续表

项目	本年金额									上年金额								
	实收资本	其他权益工具	资本公积	减：库存股	其他综合收益	专项储备	盈余公积	未分配利润	所有者权益合计	实收资本	其他权益工具	资本公积	减：库存股	其他综合收益	专项储备	盈余公积	未分配利润	所有者权益合计
2. 对所有者（或股东）的分配																		
3. 其他																		
（四）所有者权益内部结转																		
1. 资本公积转增资本（或股本）																		
2. 盈余公积转增资本（或股本）																		
3. 盈余公积弥补亏损																		
4. 设定受益计划变动额结转留存收益																		
5. 其他综合收益结转留存收益																		
6. 其他																		
（五）专项储备																		
1. 本年提取																		
2. 本年使用																		
四、本年年末余额																		

五、财务报表之间的勾稽关系

在四张财务报表中,资产负债表是反映某一时点的存量信息的报表,而利润表、现金流量表和所有者权益变动表则是反映不同时点间流量信息的报表。它们从不同的角度,以不同的形式来反映企业的经营业务活动及会计核算结果。四张报表是相互关联的。

总体来看,存量表与流量表之间的关系可以用以下等式来描述:

$$期初存量+流量=期末存量 \tag{2-9}$$

以资产负债表为中心,公式2-9可表述为以下两个等式:

$$现金资产期初余额+现金及现金等价物净增加额=现金资产期末余额 \tag{2-10}$$

$$所有者权益期初余额+所有者权益变动额=所有者权益期末余额 \tag{2-11}$$

具体来说,"现金资产"对应于资产负债表中的"货币资金"项目和"交易性金融资产"中的债权投资项目,属于"现金及现金等价物"范畴。"现金及现金等价物净增加额"等于"经营活动产生的现金流量净额""投资活动产生的现金流量净额""筹资活动产生的现金流量净额"与"真的假的汇率变动对现金及现金等价物的影响"之和。"所有者权益变动"对应"净利润""其他综合收益""所有者投入和减少资本""利润分配"等项目。

基于以上分析,4张报表之间的勾稽关系可以描述如下:

（一）现金资产

资产负债表中的现金资产年初余额对应现金流量表中的"期初现金及现金等价物余额",现金资产期末余额对应"期末现金及现金等价物余额",通过观察现金资产的期末余额与期初余额之差,可以看出企业在特定会计期间内通过商品或劳务的购销活动、资产投资活动、对外融资活动所实现的现金资产的增加或减少。

（二）所有者权益合计

资产负债表中"所有者权益合计"的年初余额对应所有者权益变动表中所有者权益的"本年年初余额","所有者权益合计"的期末余额对应所有者权益变动表中所有者权益的"本年年末余额"。通过对"所有者权益合计"的增减变动情况进行分析,可以看出企业当期已经实现的利润和当期未实现的公允价值与账面价值之差对股东权益的相对贡献,据此还可以对下一会计期间的利润进行预测。

（三）综合收益总额

利润表中的"综合收益总额"与所有者权益变动表对应一致。

（四）经营活动产生的现金流量净额

流量表中的"经营活动产生的现金流量净额"等于利润表中的"净利润"在扣除非经常损益并调整各应计项后的余额,这也正是采用间接法编制现金流量表的基本原理。通过比较"净利润"和"经营活动产生的现金流量净额"的差额及其构成,可以在一定程度上看出企业通过日常经营活动赚取利润的能力以及本年利润的变现情况。

第五节　企业内部管理报告

　　企业内部管理报告通常以报表的形式披露,且其内容多与公司财务、管理会计相关,所以也叫内部财务报告、管理会计报告、内部财务管理报告等。就内容而言,企业内部管理报告包括成本报表(如固定资产情况表、成本费用情况表)、重构的财务报表、各类分析报告等。就形式而言,与公开披露的财务报告不同的是:内部管理报告可以按企业整体编制,也可以按部门编制;可以按经济事项编制,也可以按经济责任编制;可以按期限编制,也可以按专题编制。不同的内部管理报告可以按不同的期间提供:有的可以三年、五年提供一次,有的可以每年提供一次,有的可以每季、每月提供几次,有的甚至可以每周、每天提供一次。与对外披露的财务报告相比,内部管理报告往往能揭示出更具体、更详细的信息,具有针对性强、时效性强、灵活性大的特点。

　　内部管理报告的编制格式不仅因行业而异,即使相同行业中的企业也不尽相同。本部分主要介绍常见的制造业企业中的固定资产增减变动表、成本费用情况表,借助这些内部财务报告,管理人员可以更有效地开展本量利分析、部门业绩考核、资产管理等活动。

　　表2-7为固定资产增减变动表,干扰能反映各类固定资产在资产负债表日的账面余额、年初至资产负债表日的增减变动情况,有助于企业资产管理部门全面掌握各类固定资产的变化动态,及时了解变化产生的原因,从而有效利用现有资源,并制订下一步的经营资产投资计划。

表2-7　固定资产增减变动表

编制单位:　　　　　　　　　　年　月　日　　　　　　　　　　单位:元

固定资产分类	年初余额	增加小计	减少小计	期末余额	比上年同期增加额	比上年同期增减率(%)
一、固定资产原价合计						
其中:房屋建筑物						
机器设备						
办公设备						
运输设备						
其他						
二、累计折旧合计						
其中:房屋建筑物						
机器设备						
办公设备						
运输设备						
其他						

固定资产分类	年初余额	增加小计	减少小计	期末余额	比上年同期增加额	比上年同期增减率(%)
三、减持准备合计						
其中：房屋建筑物						
机器设备						
办公设备						
运输设备						
其他						
四、固定资产账面价值合计						
其中：房屋建筑物						
机器设备						
办公设备						
运输设备						
其他						

表2-8为生产成本及制造费用情况表,列示了制造业企业中常见的生产成本及制造费用项目。一方面,通过比较直接材料、职工薪酬、燃料及动力、制造费用及其他项目的本期发生额,可以看出产品的生产成本结构,从而为企业生产部门合理地安排人力与物力资源提供参考;另一方面,通过比较各成本项目的本期发生额与上年同期数的差额(增减变动率),企业管理人员能够及时发现成本费用的变化趋势,继而分析其背后的原因,为发掘降低成本费用的潜力,提高成本费用控制水平提供重要依据。

表2-8 生产成本情况表

编制单位：　　　　　　　年　月　日　　　　　　　　单位：元

项目	生产成本			
	本年累计数	本月数	上年同期数	比上年同期增减率(%)
一、生产成本合计				
1.直接材料				
其中：原材料				
辅助材料				
外购配套件				
2.职工薪酬				
其中：职工工资、奖金、津贴、补贴				
职工福利费				
社会保险费				

续表

项目	生产成本			
	本年累计数	本月数	上年同期数	比上年同期增减率（%）
住房公积金				
工会和职工教育经费				
非货币性福利				
辞退福利				
以现金结算的股份支付				
其他				
3.燃料及动力				
其中：电力				
燃料				
其他				
4.制造费用				
5.其他				
二、加：期初在产品				
减：期末在产品				
三、转出总成本合计				
四、产量				
五、单位制造成本				

表2-9 制造费用情况表

项目	制造费用			
	本年累计数	本月数	上年同期数	比上年同期增减率（%）
一、制造费用合计				
1.燃料				
2.材料及低值易耗品				
3.职工薪酬				
其中：职工工资、奖金、津贴、补贴				
职工福利费				
社会保险费				
住房公积金				
工会和职工教育经费				
非货币性福利				

续表

项目	制造费用			
	本年累计数	本月数	上年同期数	比上年同期增减率（%）
辞退福利				
其他				
4.劳务费				
5.水电费				
6.取暖费				
7.折旧费				
8.物料消耗				
9.修理费				
10.办公费及电话费				
11.差旅费				
12.劳动保护费				
13.运输费				
14.租赁费				
15.保险费				
16.实验检验费				
17.环保支出				
18.其他				

第六节　上市公司的信息披露制度

　　信息披露制度也叫公开披露制度,是上市公司为保障投资者利益、接受社会公众的监督,依照法律规定将自身的财务变化、经营状况等信息和资料向证券管理部门和证券交易所报告,并向社会公开或报告,以便投资者充分了解公司情况的制度。

　　上市公司信息披露的内容主要分为两类:一是投资者评估公司状况所需要的信息;二是对股价运行有重要影响的事项。从上市公司信息披露的时段来看,包括上市前会计信息和上市后会计信息两部分内容。

　　我国现行的上市公司信息披露规范体系主要由证券发行信息披露制度和持续性信息披露制度(定期报告制度和临时报告制度)两方面组成。具体而言,会计信息披露文件一般包括招股说明书、上市公告书、年度报告、中期报告(包括半年度报告和季度报告)以及临时报告(包括重大事件公告和收购与合并公告),前两者构成首次披露,后三者构成持续披露。

信息披露的评价标准是及时性、有效性和充分性。信息披露制度的目的与证券市场监管的目标是一致的,都以维护投资者利益、提高证券市场的效率为宗旨。从各市场经济国家证券市场监管的实践来看,信息披露制度是一个国家证券监管制度不可分割的组成部分。为了应对证券市场中的欺诈行为和内幕交易等市场失灵现象,改善市场中客观存在的不公平竞争状态,几乎所有国家的证券法规都规定,一切已经上市的和即将上市的股份有限公司都负有公开、公平和及时地向投资者和潜在投资者披露一切有关公司重要信息的持续性责任。因此,证券监管将信息披露监管作为重中之重。

近年来,随着上市公司数量的不断增加,我国上市公司的信息披露制度逐渐规范。中国证监会先后发布了《上市公司信息披露管理办法》《公开发行证券的公司信息披露内容与格式准则第2号——年度报告的内容与格式》《公开发行证券的公司信息披露编报规则第13号——季度报告的内容与格式》《公开发行证券的公司信息披露编报规则第11号——上市公司公开发行证券募集说明书》《公开发行证券的公司信息披露内容与格式准则第5号——公司股份变动报告的内容与格式》《公开发行证券的公司信息披露编报规则,第12号——公开发行证券的法律意见书和律师工作报告》等。

2018年4—6月发布了《公开发行证券的公司信息披露编报规则第19号——财务信息的登记及相关披露》,并对保险公司以及创新试点红筹企业发布了《保险公司信息披露管理办法》《公开发行证券的公司信息披露编报规则第23号——试点红筹企业公开发行存托凭证招股说明书内容与格式指引》《公开发行证券的公司信息披露编报规则第22号——创新试点红筹企业财务报告信息特别规定(试行)》等。

2018年9—12月发布了针对新三板上市企业的环境治理信息披露制度《全国中小企业股份转让系统公开转让说明书信息披露指引——环境治理公司》与《全国中小企业股份转让系统挂牌公司信息披露指引——环境治理公司》,并发布了《金融信息服务管理规定》。

2019年3月发布了《公开发行证券的公司信息披露内容与格式准则第41号——科创板公司招股说明书》《公开发行证券的公司信息披露内容与格式准则第42号——首次公开发行股票并在科创板上市申请文件》。

上市公司信息披露制度的有关规定会随着上市公司治理结构的不断变化而发展变化,需要注意特定时期的有关规定。

— 本章小结 —

通过本章的学习,我们了解了企业财务报表分析应具备的基本理论基础,包括企业财务报告的构成,制约企业财务报表编制的基本会计原则与会计假设,会计的确认基础——收付实现制和权责发生制以及历史成本、重置成本、可变现净值、现值和公有价值计量属性,企业对外会计报表和企业内部管理报表,上市公司信息披露制度等内容。

思考与练习

1.企业财务报告的组成内容包括哪些?

2.作为企业财务报表编制基础的基本会计假设对企业的财务报表编制有什么影响?

3.权责发生制的具体含义是什么?它与收付实现制有什么区别?

4.在规范企业财务报表编制的会计原则中,如何理解客观性原则和谨慎性原则?

5.资产负债表、利润表、股东权益变动表和现金流量表之间是相互独立的还是彼此关联的?如果存在关联,其具体联系是怎样的?

6.基本会计原则和会计假设是如何对报表信息产生影响的?

7.财务报表附注包含哪些内容?它们对理解报表项目有何帮助?

8.上市公司的信息披露制度主要规范上市公司的哪些方面?

9.审计报告有几种意见类型?分别代表什么含义?

第三章 财务分析方法

学习目标

本章主要介绍7种财务分析方法的定义、原理和应用。通过本章的学习,应当了解各种财务分析方法的定义,理解财务分析方法的原理,掌握财务分析方法的应用,学会运用各种财务分析方法对具体的案例进行分析。

引导案例

三一重工股份有限公司(简称"三一重工")2016—2020年财务报表的部分数据如下:该公司在2020年12月31日的资产总额为1 262.55亿元,其中,流动资产总额为914.28亿元;非流动资产项目中,长期应收款、固定资产、在建工程、无形资产的净额分别为55.55亿元、108.41亿元、37.43亿元和32.28亿元。负债总额为680.67亿元,其中,流动负债总额为620.49亿元。其他报表项目及金额见表3-1。

表3-1 三一重工2016—2020年部分财务报表项目数据　　　　　　　单位:亿元

项目	2016年	2017年	2018年	2019年	2020年
资产总计	615.55	582.38	737.75	905.41	1 262.55
股东权益合计	234.53	263.73	325.02	455.27	581.88
营业收入	232.80	383.35	558.22	756.66	1 000.54
营业成本	171.79	268.06	387.28	509.32	697.20
营业利润	11.96	28.76	78.78	137.75	185.48
净利润	1.64	22.27	63.03	114.94	158.61
经营活动产生的现金流量净额	56.82	27.69	12.32	21.36	32.49

此外,伴随着供给侧结构性改革的逐步落实与中国经济发展模式的转变,在"十三五"规划的开局之年,国际和国内经济运行仍然面临不少困难和挑战,下游产业的需求不太旺盛,工程机械行业的产能过剩问题并未完全解决。为适应外部环境的变化,部分企

业正在通过市场转型和提升经营质量来摆脱困境。进入2017年后,国际和国内经济同步复苏,受下游基建需求拉动、国家加强环境治理、设备更新需求增长、人工替代效应等因素推动,工程机械行业连续四年保持快速增长。三一重工作为工程机械龙头企业,多年来坚定地推进国际化战略,国内外市场环境的变化势必对其经营业务产生影响,并在一定程度上决定着公司的理财行为、财务状况、经营成果及现金流量。基于以上资料,你认为可以用何种分析方法对公司的财务状况、经营成果及现金流量进行分析?

第一节　比较分析法

一、比较分析法的定义

比较分析法也称水平分析法,是通过比较不同的数据发现规律性的东西并找出被比较对象的差别的一种分析法,用于比较的可以是绝对数,也可以是相对数,其主要作用在于揭示指标间客观存在的差距,并为进一步分析指明方向。比较形式,可以是本期实际与以前各期的比较,可以是本期实际与计划或定额指标的比较,也可以是企业相关项目和指标与国内外同行业平均水平或者先进水平的比较。

（一）与历史数据相比较

这种分析可以把企业前期实际发生的、已经成为历史数据的各类数据作为标杆,与本期进行比较,这种形式的比较可以对分析指标的改进情况、发展方向和变动趋势进行评价。实际工作中,最典型的形式是将分析对象本期数据与上期实际数或上年同期数进行比较,前者称为环比、后期称为同比或同期比。

（二）与预测目标比较

与预测目标比较是以企业制订的计划、预算为标杆,将本期实际数与计划或预测数相比较。这种分析主要揭示某一方面实际数与计划数或预算数之间的差异,以掌握企业是否完成了该方面的计划目标或预算目标,可以对企业完成计划、预算、定额或者责任的情况进行评价。

（三）与同行业数据相比较

同行业数据可以是行业平均水平或先进水平,也可以是本企业主要竞争对手或标杆企业,通过这样的比较分析有利于明确本企业在同行业中所处的位置,有利于发现本企业在行业中的相对竞争优势或劣势,有利于发现本企业与标杆企业或同行业竞争对手之间的差距,为企业今后的发展指明方向。

二、比较分析法的原理

比较分析法的对比方式主要有绝对数和相对数两种,变动额衡量的是企业财务报表某项目的变动额度,反映了该项目的变动规模。变动率衡量的是某一比较项目的变动幅度,反映了该项目的变动程度。其计算公式如下:

$$变动额 = 报表某项目分析期金额 - 报表同项目基期金额 \qquad (3\text{-}1)$$

$$变动率 = \frac{变动额}{报表某项目基期金额} \times 100\% \qquad (3\text{-}2)$$

上式中所说的基期,就是企业所选择的比较标准,可以依分析目的而确定。以上两种形式的对比应同时进行,相互结合,仅以某种形式可能得出片面甚至错误的结论。无论是比较变动额还是变动率都需要确定一个比较标准,因为一个孤立的指标是无法做出判断的,一般而言,变动额度多少为异常应视企业资产基础或收入基础而定,一般而言,变动幅度超过10%为异常,当然这也不是绝对的。还需要结合项目的性质。比较分析法的主要作用在于揭示客观存在的差距以及形成这种差距的原因,帮助经营管理者发现问题,挖掘潜力,改进工作。比较分析法是各种分析方法的基础、不仅报表中的绝对数要通过比较才能说明问题,计算出来的财务比率和结构百分数也都要与有关资料进行对比,才能得出有意义的结论。

三、比较分析法的应用

在运用比较分析法时应注意相关指标的可比性,具体而言,要注意以下几方面的问题。

(一)指标的计算口径、方法和经济内容的可比性

在运用比较分析法时,必须注意比较数据与被比较数据之间在的内容范围、计算口径、计算方法上必须是一致的。

(二)会计处理方法、会计政策的选用以及会计计量标准的可比性

在对同一企业不同时期或两个不同企业的财务报表数据进行比较时,其所用会计处理方法、会计政策、会计计量标准必须是一致的,如若不一致,应调整为一致。

(三)时间单位长度具有可比性

在采用比较分析法时,不管是本期实际与本期计划相比、本期实际与上期实际相比、本期实际与上年同期实际相比,还是本企业与同行业先进企业相比,都必须注意所使用数据的时间单位长度的一致性。如果不一致,比较结果就没有意义。

(四)企业间具有可比性

在不同企业之间进行比较时,要注意所选择的企业在类型、经营规模以及经营目标等方面大体一致。

第二节　结构分析法

一、结构分析法的定义

结构分析法又称垂直分析法,具体是指以财务报表中某一关键项目的数额作为基数或整体(即100%),并将构成这一关键项目的各部分数额分别换算成对该整体的百分比

即结构比,以了解整体与部分、部分与部分之间关系及其变动的一种分析方法,某一部分占关键项目的比重越大,说明其对该整体的重要程度越高。从而将各项目的相对地位清晰地表现出来。

结构分析法通常用于资产负债表、利润表和现金流量表的结构分析,在对资产负债表进行结构分析时,资产类项目通常以总资产的百分率表示。计算各项资产在总资产中所占比重,以观察企业资产的流动性和各项资产所占比例是否恰当。权益类项目通常以负债和所有者权益总计金额(即总权益)的百分率表示,分别计算各负债项目和所有者权益项目占总权益的比重,以分析资本结构的合理性。在对利润表进行结构分析时,通常将营业收入设为100%,分别计算各项收入、费用和利润项目占营业收入的比重,以反应各项收入对利润的贡献程度和各项费用开支的合理性。现金流量表结构分析通常使用直接法编制的现金流量表,包括现金流入结构分析和现金流出结构分析。现金总流入结构,是反映企业经营活动的现金流入量、投资活动的现金流入量和筹资活动的现金流入量分别占现金总流入量的比重。内部流入结构分析反映的是经营活动、投资活动和筹资活动等各项业务活动现金流入中具体项目的构成情况。现金流入结构分析可以明确企业的现金究竟来自何方,增加现金流入应在哪些方面采取措施。现金总流出结构分析,是反映企业经营活动的现金流出量、投资活动的现金流出量和筹资活动的现金流出量分别占现金总流出量的比重。内部流出结构反映的是经营活动、投资活动和筹资活动等各项业务活动现金流出中具体项目的构成情况。现金流出结构分析可以明确企业的现金究竟流向何方,要节约开支应从哪些方面入手。

值得注意的是,结构分析中将什么项目设为100%并非固定的,而是依据分析目的而定。例如,为了分析流动负债的结构,可以将流动资产合计设为100%,分别计算各流动资产项目占所有流动资产的比重,同理,在分析负债的结构时,可以将负债合计设为100%,分别计算各流动负债项目和非流动负债项目占所有负债的比重。

二、结构分析法的原理

结构分析法的一般步骤如下:

(一)计算确定财务报表中各项目占总额的比重或百分比

其计算公式如下:

$$某项目比重 = \frac{某项目金额}{各项目总金额} \times 100\% \qquad (3-3)$$

(二)通过考察各项目的比重,分析各项目在企业经营中的重要性

一般而言,项目比重越大,说明其在整体中越重要。

(三)将分析期项目比重与比较标准对比

将分析期各项目的比重与所选择比较标准的同项目比重进行对比分析,以了解各项目的比重变动情况。

可将本企业报告期某项目比重与同行业企业的可比项目比重进行对比,从而确定差异。

三、结构分析法的应用

运用结构分析法需要注意以下几个方面：

（一）分析角度的多维性

即使对于同一种总体基础，财务报表使用者也可从不同维度进行分析，从而满足不同的分析目的。例如，对于资产结构分析，可以从流动资产与非流动资产比例的角度分析，也可以从有形资产与无形资产角度分析；对于应收账款结构分析，既可以进行账龄结构分析，也可以进行客户结构分析；对于负债结构，不仅可以进行负债期限结构分析，还可以进行负债方式结构分析、负债成本结构分析；对于营业收入结构，既可以分析营业收入来源的业务结构，也可以分析营业收入来源的地区结构。总之，财务报表使用者可以具体情况具体分析，在实际分析中根据不同的需要灵活地选择分析角度，而不能局限于单一角度的分析。

（二）项目数据的可比性

在进行同一企业前后期或不同企业同一时期的结构对比时，应尽量保持结构比重计算口径的一致性。因为如果同一企业前后期或不同企业同一时期对于同一个项目采取不同的会计政策和会计估计，会直接导致数据不可比。例如，固定资产折旧方法包括平均年限法、双倍余额递减法、年数总和法等，对同一类型的固定资产采用不同的折旧方法会导致企业固定资产价值大小不同，使计算出来的结构比重不可比。再如，存货计价有加权平均法、先进先出法等多种方法可供选择，两个企业或同一企业不同时期，即使实际情况完全相同，也会因为采用不同的计价方法，对期末存货、企业利润等产生重大影响。如果面临这样的情形，分析人员需要进行调整。

【案例3-1】 三一重工2020年利润结构分析

表3-2 三一重工2020年利润结构表

项目	金额（亿元）	百分比（%）
营业收入	993.42	100
营业成本	697.2	70.18
税金及附加	4.08	0.41
销售费用	53.32	5.37
管理费用	22.01	2.22
研发费用	49.92	5.02
财务费用	2.82	0.28
其他损益合计	21.4	2.15
营业利润	185.48	18.67

通过表3-2中的结构百分比可以看出，营业成本、销售费用、管理费用和研发费用分别占营业收入的70.18%、5.37%、2.22%和5.02%，它们是计算营业利润的重要减项；此外，

与营业收入无关但影响营业利润的其他损益项目(其他收益、投资收益、公允价值变动收益、信用减值损失、资产减值损失、资产处置收益等)也同样值得关注。借助结构分析很容易看出各项目在总体中的相对重要性,有助于报表使用者抓住问题的关键,明确进一步的分析方向。诚然,仅凭表3-2提供的信息还难以判断各项目占营业收入的比重是否合理,还需进一步考察各成本、费用项目的具体构成,并结合该企业的销售政策、管理政策及其所处行业的特征做进一步分析。

第三节　趋势分析法

一、趋势分析法的定义

趋势分析法是根据企业连续若干会计期间(至少三期)的分析资料,运用指数或动态比率的计算,比较和研究不同会计期间相关项目的变动情况和发展趋势的一种财务分析方法,也叫动态分析法。趋势分析法既可用于对财务报表的整体分析,即研究一定时期财务报表所有项目的变动趋势,也可对某些主要指标的发展趋势进行重点分析。

趋势分析方法是一种纵向的、动态的分析方法,它将企业的财务数据按时间序列进行比较分析,实际上是在企业财务报表过去资料的基础上分析现在并展望未来,把企业置于发展运动中加以考察。该方法较为深刻地揭示了各项财务数据消长变化及其发展趋势,从而发现许多财务报表内含的深层次的财务关系,并有利于对未来作出合乎逻辑的预测。简言之,趋势分析法有效地克服了静态分析法在分析范围上的不足。

二、趋势分析法的原理

趋势分析法的本质或者作用概言之就是总结规律,预测未来。运用趋势分析法就是要把动态数列受各类因素的影响状况分别测定出来,搞清楚研究对象发展变化的原因和规律,为预测未来和决策提供依据。对许多企业而言,长期趋势与季节因素往往是引起动态数列发生变动的主要原因。

应用趋势分析法的步骤一般如下:

(一)计算趋势比率或指数

趋势指数的计算通常有两种方法:一是定基指数;二是环比指数。定基指数就是各个时期的指数都以某一固定时期为基期来计算,环比指数则是各个时期的指数以前一期为基期来计算。趋势分析法通常采用定基指数。两种指数的计算公式分别如下:

$$定基指数 = \frac{某一分析期某指标数据}{固定基期某指标数据} \times 100\% \qquad (3\text{-}4)$$

$$环比指数 = \frac{某一分析期某指标数据}{前期某指标数据} \times 100\% \qquad (3\text{-}5)$$

(二)评价变动趋势及合理性

根据指数计算结果,评价与判断企业该指标的变动趋势及其合理性。

（三）预测未来趋势

预测未来的发展趋势,即根据企业分析期该项目的变动情况,研究其变动趋势或总结其变动规律,从而预测企业该项目的未来发展情况。

三、趋势分析法的应用

趋势分析法的核心要点是,计算趋势指数并分析评价指数的变动趋势及其合理性,以预测未来的发展趋势。趋势分析法存在的意义就在于,不可以单凭一期的数字或仅做两期的比较就评价企业财务状况、经营成果和现金流量,因为企业某一方面的情况及其变动有可能会受到一些偶然性或意外因素的影响。为了排除偶然性或意外因素的影响,更清楚地了解企业业绩的发展历程和趋势,以及发现需要解释和进一步调查的问题,应该将分析的窗口期延长至三期及三期以上。趋势分析法既可用于对财务报表的整体分析,即研究一定时期财务报表所有项目的变动趋势,也可对某些主要指标的发展趋势进行重点分析,还可以针对结构比重。在采用趋势分析法时必须注意以下几个方面的问题:

第一,如果前后期间的会计政策存在不一致的现象,则需要对前期有关项目的数据进行追溯调整,否则同一项目在各期间的变化趋势很可能会被误判。

第二,当趋势分析涉及的期限较长时,物价水平变动在一定程度上将对各期财务数据产生影响,必要时可以剔除物价变动因素后再做趋势分析。

第三,在计算出前后期间的指标差异后,需要注意企业内部的重要事项(如重大资产重组)和外部环境因素(如金融危机)对各期财务数据的影响,对于个别期间出现的报表项目极端值导致指标无法计算或者计算结果异常的,在分析过程中需要对极端值做特殊处理。

第四,究竟对哪些项目进行趋势分析,要视具体分析目的而定,并不需要面面俱到。

第五,就分析工具而言,除了常见的表格形式外,还可以利用折线图、柱状图等坐标图,以使分析结果更加直观。

【案例3-2】 三一重工2018—2020年利润表分析

表3-3 三一重工2018—2020年利润表项目趋势分析 单位:亿元

项目	各年金额			环比变动百分比(%)		定基百分比(%)	
	2018年	2019年	2020年	2019年	2020年	2019年	2020年
营业收入	558.22	756.66	993.42	35.55	31.29	35.55	77.96
营业成本	387.28	509.32	697.2	31.51	36.89	31.51	80.02
税金及附加	3.26	3.71	4.08	13.65	9.87	13.65	24.87
销售费用	44.47	54.88	53.32	23.41	−2.84	23.41	19.91
管理费用	20.46	20.52	22.01	0.28	7.29	0.28	7.59
研发费用	17.54	36.44	49.92	107.72	36.97	107.72	184.51
财务费用	1.36	−0.46	2.82	−134.2	707.98	−134.2	107.91

续表

项目	各年金额			环比变动百分比(%)		定基百分比(%)	
	2018年	2019年	2020年	2019年	2020年	2019年	2020年
其他损益合计	-5.06	5.5	21.4	208.7	289.04	208.7	522.88
营业利润	78.78	137.75	185.48	74.85	34.65	74.85	135.43

从表3-3的数据不难看出,2018—2020年期间,三一重工的营业收入和营业利润均保持上升趋势。与2019年相比,2020年的营业收入增长了31.29%,而营业利润增长了34.65%。究其原因,除其他损益项目大幅增长外,销售费用和管理费用的有效控制在推动2020年业绩增长中的作用不容忽视;特别地,与销售收入大幅增长相反,同期销售费用不增反降,这在一定程度上反映出三一重工较高的经营质量和管理水平。综上可见,通过趋势分析可以大致看出各财务指标在不同年份的变化趋势及相邻年份间的差距,为内部管理人员改善经营管理、外部投资者进行价值评估提供了分析依据。

第四节　比率分析法

一、比率分析法的定义

比率分析法具体是指利用两个或若干个与财务报表相关的项目之间的某种关联关系,运用相对数来考察、计量和分析,借以评价企业财务状况、经营业绩和现金流量的一种方法。比率分析法以其简单、明晰、可比性强等优点,在财务分析实践中被广泛采用。比率分析法的优点体现在:

(1)由于比例是相对数,采用这种方法能够把某些条件下的不可比指标变为可以比较的指标,将复杂的财务信息加以简化,以利于分析。

(2)它揭示了报告期内各有关项目(有时还包括表外项目,如附注中的项目)之间的相关性,产生了许多在决策中有用的新信息。

二、比率分析法的原理

财务比率按照反映的内容一般可以分为盈利能力比率、营运能力比率、偿债能力比率、增长能力比率。比率分析的形式主要有百分率、比率和分数等。在比率分析法中,分析人员往往会将比率进行各种各样的比较,目前常用的是中位数法。中位数法是指先将相关企业按某一特定比率的高低顺序排列;然后划出最低和最高的各25%,处于中间位置的50%就是中位数比率,也可将中位数再分为上中位数25%和下中位数25%;最后依据企业比率的位置进行评价。该方法适用于同行业企业分析。2006年国务院国有资产监督管理委员会颁布的企业综合绩效评价指标体系,就将财务绩效定量评价指标划分为这四种类型(只是有些类型的叫法有所区别而已),具体见表3-4。

表3-4　企业综合绩效评价指标体系

评价指标类别	财务绩效定量评价指标	
	基本指标	修正指标
盈利能力状况	净资产收益率 总资产报酬率	销售(营业)利润率 盈余现金保障倍数 成本费用利润率 资本收益率
资产质量状况	总资产周转率 应收账款周转率	不良资产比率 流动资产周转率 资产现金回收率
债务风险状况	资产负债率 已获利息倍数	速动比率 现金流动负债比率 带息负债比率 或有负债比率
经营增长状况	销售(营业)增长率 资本保值增值率	销售(营业)利润增长率 总资产增长率 技术投入比率

　　在实践当中还存在另一种"五性"比率分类方式,即将经营比率(不限于财务比率,还包括非财务比率)分成收益性比率、流动性比率、安全性比率、成长性比率、生产性比率五种类型,其中前四种比率分别对应于上述盈利能力比率、营运能力比率、偿债能力比率、增长能力比率。唯独生产性比率较为特殊,其实际反映的是企业员工生产经营效率,主要比率包括人均创收(人均营业收入)、人均创利(人均净利润)等。

三、比率分析法的应用

　　比率分析法的本质或者作用概言之就是对标分析,寻找差距。为什么这样讲?主要是在计算出财务比率之后,分析者还需要选择恰当的分析标准,否则财务比率就只有单纯的字面定义而缺乏经济含义。分析标准的意义就在于它为财务比率的应用提供了比较的参照物。

　　在介绍具体的分析标准之前,我们还需要了解指标的性质,即指标按照性质的不同可以划分为正指标、逆指标(也称为"反指标")和适度指标三种类型。其中,正指标指的是数值越大越好的指标,大多数盈利能力比率(如毛利率)、周转次数(如存货周转率)都属于正指标;逆指标指的是数值越大越不好的指标,周转天数(如存货周转天数)一般属于逆指标;适度指标指的是数值既不是越大越好也不是越小越好,而是应该介于一个合适区间的指标,偿债能力比率、增长能力比率通常都属于适度指标。掌握各种指标的性质有助于我们在运用比率分析法时进行初步的判断。当然,如果需要做更深入的判断,还是有赖于分析标准在构造财务比率时应遵循以下原则:

　　(一)比率指标具特定的经济含义

　　实际上,并非任意两个报表项目相除得到的相对数都具有经济意义。例如,将企业的交易性金融资产与营业成本相除,或者将筹资活动现金流入与营业收入相除,显然没有实际意义,因而也就没有这类财务比率出现。因此,对于各类财务比率,我们不仅要会计算,更重要的是能够解释,即通过财务比率的数值大小能反应企业某一方面的情况,为分析问题和解决问题提供线索。

(二)构造比率需要考虑企业的运营成本

在不同的运营模式下,企业的资产构成、成本费用结构往往差异明显。相应地,对不同运营模式的企业的财务能力进行评价时,我们所构造或选取的财务比率也不尽相同。用重资产经营模式的企业注重产品的生产、供应链建设,其固定资产投资比例较高,用轻资产运营模式的企业将产品制造和零售分包业务外包,专注于研发设计和市场推广等活动。以奶制品企业为例,飞鹤乳业采用的是重资产运营模式,光明乳业采用的是轻资产模式,在采用财务比率进行分析时就应注意以下几个方面:

(1)资产的分类,由于飞鹤乳业的奶源来自企业内部,生产性生物资产应与固定资产合并,影响到的指标包括非流动资产占比和固定资产周转率;

(2)成本费用的归属,光明乳业的销售费用与管理费用较高,其成本费用利润率和毛利率就会较高;

(3)评判指标的选取,由于两种运营模式下的资产结构截然不同,因此在考察资金周转速度时,应尽量保持指标具有可比性。

(三)构造比率的分子与分母在时间上要匹配

时间上的匹配是为了保证财务比率有经济意义,满足财务分析的需要。

(四)构造比率的数据可获得

例如,"内部开发的无形资产/研发费用"表示单位研发费用所形成的无形资产,该指标能反应企业的自主研发能力。然而,资产负债表仅列示无形资产的账面价值,财务报表附注虽然揭露了无形资产的增减变动金额,但不是按无形资产的来源进行分类,因而无法剥离出"内部开发的无形资产",因此,对于企业外部人员而言,无法计算该指标。

(五)构造比率的财务数据真实可靠

数据的真实性对于比率分析的结构尤为重要,由于会计准则本身的缺陷以及企业内部人员的人为操纵因素,比率分析法的有效性在很多情况下都会大打折扣,有时甚至会对报表使用者造成误导。

第五节 因素分析法

一、因素分析法的定义

因素分析法具体是指依据财务指标与其影响因素之间的关系,按照一定的程序方法,分析各因素对财务指标差异影响程度的一种技术方法。因素分析法主要用来确定财务指标前后期发生变动或产生差异的主要原因。因素分析法适用于由多种因素构成的综合性指标的分析,如成本、收入、利润等。

二、因素分析法的原理

因素分析法包括连环替代法和差额计算法。

（一）连环替代法

连环替代法是因素分析法的基本形式,也是最常用的方法,其基本步骤如下:

（1）分析指标体系,确定分析对象。即根据影响某项经济指标完成情况的因素,按其依存关系将经济指标的基数和实际数分解为两个指标体系,并将该指标的实际数与基数进行比较,求出实际脱离基数的差异,即为分析对象。

（2）按顺序替代,计算替代结果。即以基数指标体系为计算基础,用实际指标体系中每项因素的实际值顺序地替代其基数值;每次替代后,实际值就被保留下来,有几个因素就替代几次,每次替代后计算出由于该因素变动所得的结果。

（3）比较替代结果,确定影响程度。即将每次替代所计算的结果与这一因素被替代前的结果进行比较,两者的差额就是这一因素变化对综合经济指标差异的影响程度。

（4）加总影响数值,验算分析结果。即将各个因素的影响数值相加,其代数和应同经济指标的实际数与基数的总差异相符,据此检验分析结果是否正确。

【案例3-3】 A企业2019—2020年材料费用的连环替代

表3-5 A企业2020—2021年材料费用数据表

指标	2020年	2021年
材料费用(元)	4 000	4 620
产品产量(件)	100	110
材料单耗(千克)	8	7
材料单价(元)	5	6

要求:分析各因素变动对材料费用的影响程度。

1.指标分解,建立指标体系并确定分析对象

材料费用=产量×单位产品材料费用

　　　　　=产量×材料单耗×材料单价

基期材料费用=基期产量×基期材料单耗×基期材料单价

　　　　　=100×8×5=4 000(元)

报告期材料费用=实际产量×实际材料单耗×实际材料单价

　　　　　=110×7×6=4 620(元)

分析对象=报告期材料费用-基期材料费用

　　　　　=4 620-4 000=620(元)

2.连环顺序替代

基期指标体系:100×8×5=4 000(元)

替代第一个因素:110×8×5=4 400(元)

替代第二个因素:110×7×5=3 850(元)

替代第三个因素:110×7×6=4 620(元)

3.比较替代结果

产品产量影响:4 400-4 000=400(元)

材料单耗影响:3 850-4 400=-550(元)

材料单价影响:4 620-3 850=770(元)

4.检验分析结果,得出结论

400+(-550)+770=620(元)

通过上述计算和分析可以发现,在影响材料费用的三个因素中,产品产量、材料单价是导致材料费用增加的因素,分别导致材料费用增加400元和770元;材料单耗是影响材料费用减少的因素,导致材料费用减少550元;三者综合影响导致材料费用增加620元。至于各因素变化的主客观原因,还需要进一步深入分析。

(二)差额计算法

差额计算法是利用各个因素的实际数与基数之间的差额,直接计算各个因素对综合指标差异的影响数值的一种技术方法,实质上属于连环替代法的一种简化形式。其基本步骤如下:

(1)根据综合指标的性质,将指标分解为各组成因素,并按一定顺序写成数学表达式;

(2)确定各因素的实际数与基数的差额;

(3)以各因素的差额乘以计算公式中列在该因素前面的各因素的实际数,以及列在该因素后面的其余因素的基数,就可求得各因素的影响值;

(4)将各个因素的影响值相加,其代数和应同该项经济指标的实际数与基数之差相符。

【案例3-4】 根据表3-5提供的数据,运用差额计算法分析各因素变动对材料费用的影响程度。

分析对象:4 620-4 000=620(元)

因素分析:

(1)产品产量的影响:(110-100)×8×5=400(元)

(2)材料单耗的影响:110×(7-8)×5=-550(元)

(3)材料单价的影响:110×7×(6-5)=770(元)

(4)检验分析结果:400-550+770=620(元)

可见,差额计算法和连环替代法的计算结果相同,差额计算法的计算过程更简单。需要提醒的是,并非所有连环替代法都可按上述差额计算法的方式进行简化。特别是在各影响因素分解复杂、不是连乘的情况下,运用差额计算法必须慎重,建议采用连环替代法。同时,应用连环替代法应注意的问题同样适用于差额计算法。

三、因素分析法的应用

应用连环替代法时必须注意以下四点：

（一）因素分解的相关性

分析指标与其影响因素之间必须有实际经济意义，各影响因素的变动确实能说明分析指标差异产生的原因。另外，有经济意义的因素分解式也并非唯一，一个经济指标从不同角度可能分解为不同的有经济意义的因素分解式。因此在因素分解时，应根据分析的目的和要求，确定合适的因素分解式，便于找到分析指标变动的真正原因，这是连环替代法的难点和关键。

（二）分析前提的假定性

为保证分析结果的准确性，分析某一因素对指标差异的影响时，必须假定其他因素不变，否则就不能分清各单一因素对分析对象的影响程度。

（三）因素替代的顺序性

通常，因素替代的顺序为：数量指标在前，质量指标在后；重要因素在前，次要因素在后等。一般来说，替代顺序在前的因素对经济指标影响的程度不受其他因素影响或影响较小，因素排列在后的因素中含有其他因素共同作用的成分，因此将对分析指标影响较大并能明确责任的因素放在前面更好一些。

（四）顺序替代的连环性

在确定各因素变动对分析对象影响时，都将某因素替代后的结果与该因素替代前的结果对比，环环相扣。这既能保证各因素对分析对象影响结果的可分性，又便于检验分析结果的准确性。

在财务分析实务中，基于连环替代法的因素分析法可能会遇到以下问题，需要引起注意：

（1）因素分解方法。很多情况下，同一财务指标可以有多种分解方法，不同的分解方法很可能会得出不同的结论，从而影响分析主体的经济决策。一般来说，因素分解需要遵循两项原则：一是分解出来的因素具有特定的经济含义，易于理解；二是分解出来的因素与财务指标之间存在因果关系，通过因素能找出财务指标变化的真正原因，为管理决策提供指导。

（2）连环替代顺序。虽然财务指标的差异总量是确定的，但如果替代的顺序发生变化，分解出来的各个因素的影响值也将会发生变化。一般来说，替代顺序在前的因素对财务指标差异的影响程度受其他因素的影响较小，而替代顺序在后的因素对财务指标差异的影响程度受其他因素的影响较大。为此，我们必须在替代之前对各因素进行排序。排序的依据通常包括两个方面：一是考虑因素的基准值与比较值之间的差异程度，差异较大的通常排在前面；二是考虑各因素之间的相关关系，以分辨出各因素对财务指标变化的贡献。

本章小结

本章主要介绍了7种财务分析方法。

比较分析法,也称水平分析法,其本质概言之就是对比分析,发现差异。根据比较标准选择的不同,比较分析法的作用也有所区别。对比的方式主要有绝对数和相对数两种,即分别计算变动额和变动率。两种形式的对比应同时进行,相互结合,仅以某种形式可能会得出片面甚至错误的结论。无论是比较变动额还是变动率,都需要确定一个比较标准,因为一个孤立的指标是无法做出判断的。

结构分析法,也称垂直分析法,其本质概言之就是二八分析,确定重点,即可以通过考察各项目的比重,分析各项目在企业经营中的重要性。一般而言,项目比重越大,说明其在整体中越重要。

趋势分析法的本质或者作用概言之就是总结规律,预测未来。运用趋势分析法就是要把动态数列受各类因素的影响状况分别测定出来,搞清楚研究对象发展变化的原因和规律,为预测未来和决策提供依据。趋势分析法首先需要计算趋势比率或指数。趋势指数的计算通常有两种方法:一是定基指数,二是环比指数。

比率分析法具体是指利用两个或若干个与财务报表相关的项目之间的某种关联关系,运用相对数来考察、计量和分析,借以评价企业财务状况、经营业绩和现金流量的一种方法。比率分析法以其简单、明晰、可比性强等优点在财务分析实践中被广泛采用。比率分析法的本质或者作用概言之就是对标分析,寻找差距。

财务比率按照反映的内容一般可以分为盈利能力比率、营运能力比率、偿债能力比率、增长能力比率。指标按照性质的不同还可以划分为正指标、逆指标(也称为"反指标")和适度指标三种类型。在计算出财务比率之后,分析者还需要选择恰当的分析标准,包括经验标准、历史标准、预测标准、行业标准等。

因素分析法依据财务指标与其影响因素之间的关系,按照一定的程序方法分析各因素对财务指标差异影响程度的一种技术方法。其本质和作用可以概括为关系分析,找出根源。因素分析法可以分为连环替代法和差额计算法。在应用因素分析法时,需要注意以下问题:因果关系,"变"与"不变",先后有序,环环相扣。在实践中,因素分析法通常是和综合分析法结合在一起使用的。此外,因素分析法还有一些拓展应用,如敏感性分析、阶梯分析方法。

思考与练习

1.水平分析法在应用过程中需要注意的问题有哪些?
2.结构分析法的本质是什么? 如何应用结构分析法?
3.试总结企业收入和利润变动趋势类型,并做简要分析。
4.比率分析法的比较标准应该如何进行选择?
5.试举例说明敏感性分析在企业经营分析中的作用。
6.如何应用阶梯分析方法?

第四章 经营分析框架

学习目标

本章主要介绍经营分析框架的基本内容。通过本章的学习,应当理解经营分析的整体框架、基本程序和逻辑思路;了解战略分析、会计分析、财务分析和前景分析的内涵、作用和目的;熟悉运用该框架进行战略分析、会计分析、财务分析和前景分析的主要步骤。

引导案例

美的与格力是我国的两大知名品牌,也是全国家电企业的领军品牌,美的与格力的各种商业竞争形成了家电行业双雄竞争的格局。美的集团成立于1968年,2013年通过吸收合并美的电器实现上市,主营空调、冰箱、洗衣机等大家电以及电热水壶等小家电,其空调市场占有份额排名第二,电热水壶等小家电排名第一。格力电器成立于1985年,于1996年上市。格力电器主营家用空调,空调销量从2005年起连续12年领跑全球。

美的集团2016年的营业收入1 598.44亿元,净利润158.62亿元,销售净利率9.92%;格力电器2016年营业收入1 083.03亿元,净利润154.21亿元,净利率14.24%。比较美的集团与格力电器在2016年的营业收入和净利润可以发现,虽然美的集团的营业收入高于格力电器515.41亿元,但其净利润和格力电器的净利润基本相当,格力电器的净利率高于美的集团净利率43个百分点。分析影响两家公司净利润的各项因素,其中主要因素之一是两家公司经营模式的差异。与格力相比,美的集团的产品趋向于多元化。2016年美的集团的营收中,空调业务占比41.99%,冰箱和洗衣机业务占比9.54%,小家电业务占比27.21%;而格力集团的营收还是主要来源于空调业务,空调业务收入占比81.33%。

美的集团产品的多元化决定它的成本控制要在各种产品之间寻求最优方案,对各种产品的兼顾使其成本控制能力大大降低;其空调业务落后于格力电器,也导致其营收虽然高于格力,但是净利率方面反而不如格力。美的集团选择的是产品多元化、业务多元化的发展路线,抗外部冲击能力较强,所以其公司发展比较稳定;但是在单一产品上投入的资源相对于生产单一产品的格力来说可能较少,产品竞争力有所降低。格力可以投入最大的资源把空调做好,并且把成本控制在最低点,产品比较有竞争力,但是对于企业总体来说，受宏观环境和空调市场的影响较大，企业经营业绩易受干扰，不够稳定。

由此可见，会计报表反映了企业当期的财务状况和经营成果，在其背后还隐藏着深层次的行业特点和企业经营策略。要全面评价企业当前各项财务效率、预测企业未来的发展状况，就不能将目光仅仅局限在会计报表上，还必须结合宏观经济环境和未来走势、行业特点和发展前景、企业战略规划和经营策略等信息进行全面分析。如何在财务分析中综合运用宏观信息、行业信息和企业信息呢？这需要我们了解并掌握财务分析的程序和方法。

（资料来源：倪传杰，苏媛.格力电器与美的集团经营模式分析——基于美的与格力2012—2016年财务报告[J].中外企业家，2018（10）：110.）

第一节　基本框架

企业基于特定的经营环境和经营战略从事各项经济活动，在进行经营分析时，一方面应了解企业所处的经营环境及其所采取的经营战略，主要是分析企业所处行业状况和所采取的竞争战略；另一方面，企业的各项经济活动又通过企业会计信息系统的筛选、计量并最终形成财务报表，构成财务报告的主体。如果说财务报表是一面"镜子"，那么经济活动则是其试图反映的"本体"。可见，经济活动是财务报表所要反映和总结的经济实质。

分析者在进行分析时还应考虑到，财务报表不仅受企业经济活动的影响，还会受会计环境和会计策略的影响。企业的管理当局出于某些动机，可能会利用会计政策和会计估计的灵活性来操纵利润或者进行财务舞弊，从而导致财务报表的数据失真。因此，经营分析的有效性不仅取决于影响经济活动的因素，还受到所分析企业财务报表数据质量高低的影响。因此，经营分析者在战略分析之后，财务分析之前，还需要甄别企业提供的财务报表数据的真实性，即通过会计分析为财务分析奠定可靠的数据基础，否则难免会出现"输进去是垃圾，输出来也是垃圾"的后果，如此一来，后续的分析工作也无甚意义了。

再者，分析企业各项经济活动的效果效率。企业经济活动的效果效率是财务分析工作的核心部分。财务报表不仅直接反映了经营活动、投资活动和筹资活动等经济活动的结果，而且间接揭示了它们的效率。这就需要分析者借助科学有效的技术方法，对企业盈利能力、偿债能力、营运能力和发展能力等财务能力以及价值创造、经营质量等进行分析，评价企业的经营绩效，并以此为依据对企业未来盈利和发展前景进行合理的预测与评估。

最后，判断企业的未来盈利和发展前景。经营分析的目的不仅仅在于评价过去和反映现状，更重要的是通过对过去和现状的分析与评价，预测企业的未来发展趋势，评估企业的未来发展前景，为财务报表使用者做出正确决策提供参考依据。因此，分析者需要利用综合分析、业绩评价、财务预测和价值评估等方法，对企业的未来财务状况、经营成果和现金流量做出预测，对企业的发展前景和投资价值做出判断。从这一角度来看，前景分析是经营分析的终点。

综上所述,企业的经营分析不应局限于企业的报表数据,还应关注企业报表数据的产生过程及其背后所反映的经营战略。因而在进行经营分析前必须对企业所面临的经济环境、企业的竞争战略有全面的把握,才能更好地解读企业的财务数据。同时,企业财务数据的产生又会受到企业的会计政策和会计估计等行为的影响,为了保证财务分析的准确性和可靠性,会计分析是财务分析的必要环节。依照这种思路,本书以哈佛大学三位学者创立的哈佛经营分析框架为基础建立经营分析框架,该分析框架主要包括战略分析、会计分析、财务分析和前景分析,强调定量分析与定性分析相结合,有效地把握经营分析方向。该框架的基本程序如图4-1所示。

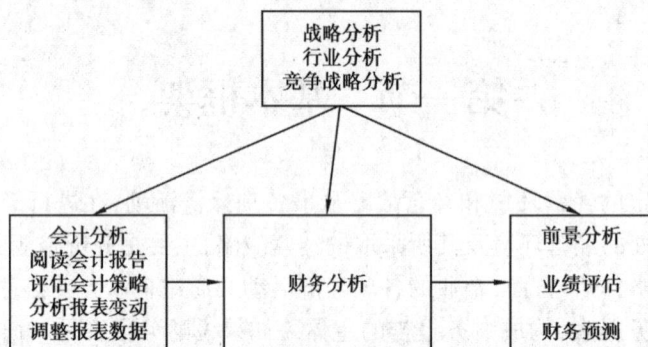

图4-1 哈佛经营分析框架

一、战略分析

战略分析为什么重要?因为没有战略,企业就会失去方向。战略是企业经营的航标,是指南针。"三年发展靠机遇,十年发展靠战略",一个只想赚一些钱的企业只要抓住一次好的机遇就足够了,但是对于一个想在十年内连续取得成功甚至基业长青的企业,没有正确的战略指引是非常困难的。因此,对于想谋求长远发展的企业,建议必须重视战略管理。企业战略是一个自上而下的整体性规划,主要分为公司战略、职能战略、业务战略及产品战略等几个层面的内容。企业战略是企业整体性、长期性、根本性问题,是企业管理者对企业的经营管理所做的规划,而企业的经营管理也正是执行企业战略的过程。因此,经营分析做得好不好,就看是否把战略作为经营分析的出发点。

战略分析,其实质是通过对企业所在行业或企业拟进入行业的分析,明确企业自身地位及应采取的竞争战略,以权衡收益与风险,了解与掌握企业的发展潜力,特别是在企业价值创造和盈利方面的潜力。战略分析是其他分析的前提。分析人员只有通过战略分析,才能深入了解企业所处的环境,才能客观、正确地进行会计分析和财务分析。

战略分析的主要目的是通过对企业所处行业和所采取的竞争战略进行分析,明确企业的行业性质、行业地位和经营模式。通过行业分析了解行业的盈利现状和盈利空间;通过竞争战略分析把握企业的经营模式与战略目标。

二、会计分析

会计分析,其目的是判断公司的会计质量,评价公司会计反映其实际业务的程度(财务数据的真实程度)。会计分析是财务分析结论可靠性的保障和前提。进行会计分析,一般可按以下步骤进行:

(一)阅读会计报告

阅读会计报告是会计分析的第一步。在全面阅读会计报告的基础上应注意以下几点:

(1)注册会计师审计意见与结论。

(2)企业采用的会计原则、会计政策、会计估计及其变更情况。

(3)会计信息披露的完整性、真实性。

(4)会计报告附注中涉及的重大事项、表外资产情况、会计报表事后事项等。

(5)财务情况说明书及管理层讨论。

总之,在会计分析的这个步骤,一定要抓住年度财务报告中的重要信息、关键信息、敏感信息及可能产生盈余管理等信息,为后面的分析奠定信息基础。

(二)比较会计报表

在阅读会计报告的基础上,重点对会计报表进行比较。比较的方法包括水平分析法、垂直分析法和趋势分析法。通过各种比较,揭示财务会计信息的差异及变化,找出需要进一步分析与说明的问题,包括水平分析法、垂直分析法和趋势分析法。

(三)解释会计报表

解释会计报表是指在比较会计报表的基础上,考虑企业采取的会计原则、会计政策、会计核算方法等,说明会计报表差异产生的原因,包括会计原则变化影响、会计政策变更影响、会计核算失误影响等,特别重要的是要发现企业经营管理中存在的潜在"危险"信号。

解释会计报表是会计分析的重要环节,通过对会计报表差异或变化的解释,着重分清财务报表数据变化的主观原因影响与客观原因影响、可持续影响与临时性影响、实质性影响与盈余管理影响、真实盈余管理影响与应计盈余管理影响等。

(四)修正会计报表信息

在解释会计报表的基础上,依据会计相关性与可靠性的原则,对于与财务分析目的不相关、不可靠的会计信息进行调整或剔除,保证会计报表中信息的质量,为财务指标分析,如比率分析、因素分析等奠定相关、可靠的基础。

三、财务分析

财务分析是以财务报表和其他资料为依据,采用一系列专门的分析技术和方法,对企业财务状况、经营成果、现金流量及未来发展趋势所做的分析与评价。财务分析的作用主要表现在评价财务状况,衡量经营业绩,反映财务风险,判断发展趋势,揭示业绩差距,寻求改善途径。

财务分析是整个分析过程的核心,也是对企业未来盈利和发展前景进行合理预测与评估的依据。财务分析的主要目的是评价企业的财务状况、经营成果和现金流量等情况。传统意义上的财务分析侧重于对企业财务能力的分析,主要包括对企业的盈利能力、偿债能力、营运能力和发展能力等方面的分析。随着经营环境和信息使用者需求的变化,财务分析有了更丰富的内容和更多样化的思路,如基于生命周期的财务分析、基于价值创造的财务分析、基于经营质量的财务分析等。

四、前景分析

前景分析是指在企业现有经营状况的基础上,考虑现实的要求和条件,充分关注未来可能出现的各种不确定因素,采用一定的预测方法,对企业未来的经营发展状况做出具有科学依据的定性或定量描述,主要包括对公司募集资金的投向分析、公司产品的更新换代分析和公司业务发展情况分析等。这些信息无法直接反映在财务报告中,而这类信息通常是企业相关利益主体重点关注的,尤其对投资者而言,企业是否创造价值、投资是否保值增值是其做出投资决策的重要依据,这就要求分析人员充分利用已有的财务信息对企业价值做出评估和判断。

前景分析需要利用一些专门的技术和方法,同时需要结合财务分析者的主观经验,对企业目前的财务状况和经营业绩进行综合分析与评价,并对其未来盈利和发展前景进行预测与评估,具体包括业绩评价、财务预测和价值评估三个方面。

综上可知,战略分析、会计分析、财务分析和前景分析这四个步骤依次递进,相互支持,共同构成了经营分析的逻辑框架。下面各节分别对这四个步骤做进一步的阐述。

第二节 战略分析

一、企业战略分析的内涵与作用

在明确财务分析目的、搜集整理财务分析信息的基础上,企业战略分析成为财务分析的新起点。所谓企业战略分析,其实质在于通过对企业所在行业或企业拟进入行业的分析,明确企业自身地位及应采取的竞争战略,以权衡收益与风险,了解与掌握企业的发展潜力,特别是在企业价值创造或盈利方面的潜力。因此,企业战略分析通常包括行业分析和企业竞争策略分析。企业战略分析是会计分析和财务效率分析的导向,通过企业战略分析,分析人员能深入了解企业的经济状况和经济环境,从而能进行客观、正确的会计分析与财务分析。有助于企业准确判断外在危机和机遇。分析企业的外部环境即企业生存所处的环境是非常重要的,通过分析外部环境,准确判断外部发展趋势,判断其对企业的影响,得出其对企业是机会还是风险威胁的结论,并做出相应的反应。

战略分析的作用主要体现在以下方面。

1.有助于明确企业核心竞争力

基于核心竞争力的发展战略,可以保证企业发展方向的正确性,巩固行业内地位。

通过企业战略进行内部分析,有助于企业根据自身发展情况进行适度战略调整,强化其核心竞争力。

2.有助于优化整合企业人力资源,提高企业效率

战略管理是一个企业内部各方面高度相互作用的过程,要求对企业内部各种职能领域进行有效的协调。各个部门的管理者和职员共同工作并提供想法和信息,参与制定企业的战略,加强组织内的协调与沟通,并形成企业特有的软实力。

二、企业战略分析的流程

进行战略分析首先要明确企业战略制定的宏观经济环境,其次,要了解企业所处行业的竞争程度和竞争地位,最后应对企业的竞争策略进行分析。

(一)宏观经济环境分析

宏观经济环境是指宏观经济运行的周期性波动等规律性因素和政府实施的经济政策等政策性因素。进行企业战略分析,首先应明确企业所处的宏观经济环境。其具体包括以下方面。

1.经济周期

经济周期一般是指经济活动沿着经济发展的总体趋势所经历的有规律的扩张和收缩,是国民总产出、总收入和总就业的波动,是国民收入或总体经济活动扩张与紧缩的交替或周期性波动变化。我们一般把经济周期分为繁荣、衰退、萧条和复苏四个阶段,表现在图形上叫衰退、谷底、扩张和顶峰更为形象。在市场经济条件下,企业家们越来越多地关心经济形势,也就是"经济大气候"的变化。一个企业生产经营状况的好坏,既受其内部条件的影响,又受其外部宏观经济环境和市场环境的影响。一个企业,无力决定它的外部环境,但可以通过内部条件的改善来积极适应外部环境的变化,充分利用外部环境,并在一定范围内,改变自己的小环境,以增强自身活力,扩大市场占有率。因此,作为企业家对经济周期波动必须了解、把握,并能制订相应的对策来适应周期的波动,否则将在波动中丧失生机。每一个经济周期都可以分为上升和下降两个阶段。上升阶段也称为繁荣,最高点称为顶峰。然而,顶峰也是经济由盛转衰的转折点,此后经济就进入下降阶段,即衰退。衰退严重则经济进入萧条,衰退的最低点称为谷底。当然,谷底也是经济由衰转盛的一个转折点,此后经济进入上升阶段。经济从一个顶峰到另一个顶峰,或者从一个谷底到另一个谷底,就是一次完整的经济周期。经济周期波动的扩张阶段,是宏观经济环境和市场环境日益活跃的季节。这时,市场需求旺盛,订货饱满,商品畅销,生产趋升,资金周转灵便。企业的供、产、销和人、财、物都比较好安排。企业处于较为宽松有利的外部环境中。经济周期波动的收缩阶段,是宏观经济环境和市场环境日趋紧缩的季节。这时,市场需求疲软,订货不足,商品滞销,生产下降,资金周转不畅。企业在供、产、销和人、财、物方面都会遇到很多困难。企业处于较恶劣的外部环境中。

2.货币政策

货币政策也就是金融政策,是指中央银行为实现其特定的经济目标而采用的各种控制和调节货币供应量和信用量的方针、政策和措施的总称。货币政策的实质是国家对货

币的供应根据不同时期的经济发展情况而采取"紧""松"或"适度"等不同的政策趋向。运用各种工具调节货币供应量来调节市场利率,通过市场利率的变化来影响民间的资本投资,影响总需求来影响宏观经济运行的各种方针措施。调节总需求的货币政策的四大工具为法定准备金率、公开市场业务和贴现政策、基准利率。中央银行的货币政策对证券市场价格有非常重要的影响,从整体来说,松的货币政策使得证券市场价格上涨,紧的货币政策使得证券市场价格下跌。具体而言,中央银行主要通过利率、准备金率等货币政策工具对证券市场产生影响。从投资者角度来看,利率上升会影响投资者对金融资产的选择,较高的利率使更多的资金流入银行或债市,从而分流股票市场的资金,使股票价格下跌。利率下降,资金流向的方向则相反。从上市公司角度来看,利率的升降使公司的融资成本相应增加或减少,进而影响盈利和股价水平。如果利率的升降伴随着金融紧缩或扩张政策,则会导致社会投资的减少或增加,影响经济增长速度,从而对股市形成长期向下的压力或向上的动力。

准备金率是中央银行调节货币供应量、影响货币市场和资本市场的资金供求,进而影响证券市场威力最大的货币政策工具。中央银行通过提高法定存款准备金率,限制商业银行创造派生存款的能力,致使货币市场供应量减少,证券市场价格下跌;反之,中央银行通过降低法定存款准备金率,增加货币供应量,使证券市场资金增多,从而推动证券价格上涨。例如,为贯彻中央经济工作会议确定的从紧货币政策要求,回收市场过剩的流动性,中国人民银行在2007年10次上调存款类金融机构人民币存款准备金率,通过降低资本市场货币供应量对证券市场价格产生向下的影响。

3. 财政政策

财政政策是指为促进就业水平提高,减轻经济波动,防止通货膨胀,实现稳定增长而对政府财政支出、税收和借债水平所进行的选择,或对政府财政收入和支出水平所作的决策。或者说,财政政策是指政府变动税收和支出以便影响总需求进而影响就业和国民收入的政策。财政政策的手段主要包括国家预算、税收、国债、财政支出、财政补贴、转移支付等。财政政策对证券市场的影响是多方面的,其中财政收支状况和税收调节政策所产生的影响最重要。

4. 汇率

汇率指的是两种货币之间兑换的比率,亦可视为一个国家的货币对另一种货币的价值。具体是指一国货币与另一国货币的比率或比价,或者说是用一国货币表示的另一国货币的价格。汇率变动对一国进出口贸易有着直接的调节作用。在一定条件下,通过使本国货币对外贬值,即让汇率上升,会起到促进出口、限制进口的作用;反之,本国货币对外升值,即汇率下降,则起到限制出口、增加进口的作用。汇率变化一方面会影响资本市场的外国资本流量,另一方面会影响本国企业的进出口。一般来说,如果一个国家的汇率上升,将导致外国资本流入本国,本国的证券市场将因需求旺盛而价格上涨;汇率下降,则资本流出本国,本国证券市场因需求减少而价格下跌。汇率的高低对本国进出口贸易的影响表现在:本国汇率上升将导致更多的外币兑换本币,本国产品的竞争力下降,出口型企业受损,因而汇率上升对此类公司的证券价格将产生不利的影响;相反,进口型企业将因汇率上升、成本下降而受益,因此汇率上升对此类公司的证券价格会产生有利的影响。

宏观环境分析对企业财务分析十分重要，企业财务活动的各个环节都受宏观环境的影响，只有将宏观环境因素与企业经营活动有机结合起来，才能准确分析企业的财务状况和财务成果的水平。

（二）行业分析

行业分析为企业财务分析指明方向，即通过对企业所在行业的分析，明确企业所处行业的竞争程度与地位，有利于分析者进行正确的决策。行业分析是企业经营分析的基础，是连接宏观经济环境分析和财务分析的桥梁。各行业在市场竞争、产品特性等方面存在很大差异，这些差异会以各种方式影响企业财务报表的内在关系以及相关指标的解释，同时造成行业间盈利能力的不同。进行行业分析的目的就在于识别行业的特征，通过评估行业内的竞争程度来评价行业盈利能力并预测企业的发展潜力。

行业分析包含的内容很广，需要分析者具有较高的专业素质，从而能够对各行业要素进行深入的分析，掌握行业运行的内在经济规律，进一步预测未来行业发展的趋势。行业分析的内容一般包括以下几个方面。

（1）行业基本特征分析

行业的基本特征包括行业的发展历史、市场的总体规模、规模经济的程度以及市场预期的增长速度等。通过回顾行业的产生和发展，可以很好地理解行业现阶段发展状况，并预测行业未来一定时期内的发展趋势。市场的总体规模限制了行业的发展空间，行业规模经济的程度影响了企业战略的制定，行业规模经济的程度还决定了进入壁垒的大小，规模经济越明显，进入的壁垒就越大；而行业预期的增长速度则预示了企业未来一定时期的发展前景，具体到经营分析则决定了企业经营策略，预示了企业短期内的投融资需求。

（2）行业竞争特征分析

行业的竞争特征也称作行业的市场结构特征，也就是行业的竞争或垄断程度。根据行业内竞争企业的数量、资源的可获得性、产品差异化程度和企业对价格的影响力等因素的不同，可将竞争程度不同的行业分为四种类型：完全竞争型、不完全竞争型、寡头垄断型和完全垄断型。现实中的行业不一定完全符合上述四种市场形态的理论定义，但一般与上述某种形态较为接近，比如我国的家电行业比较接近完全竞争的类型，而石油化工等行业则基本上属于寡头垄断的类型。

（3）行业经济周期特征分析

国民经济的运行存在一定的周期性，而这种周期性的波动不可避免地对所有行业产生影响，但是对各行业影响的程度却存在差异。根据行业发展与国民经济周期之间的关系，可以将行业分为增长性行业、周期性行业和防御性行业。增长性行业的发展与经济活动总水平的周期及其振幅无关，行业收入增长速度不受经济周期变动的影响，因为它们主要依靠技术的进步、新产品的推出以及更优质的服务，从而始终呈现出增长形态。周期性行业的发展直接与经济周期相关。当经济上升时，这些行业会紧随其扩张；当经济衰退时，这些行业也相应衰落。产生这种现象的原因是，当经济上升时，对这些行业相关产品的购买相应增加。钢铁业、机床业和港口业一般都属于周期性行业。还有种行业称为防御性行业,这些行业的发展不受经济周期处于衰退阶段的影响,甚至当经济衰退时,防御性行业或许会有实际增长。例如,食品业和公用事业属于防御性行业,因为其需求的收入弹性较小,所以这些行业的收入相对稳定。

(4)行业要素特征分析

行业要素特征分析是指分析企业经济活动时所需要考虑的各种社会资源的特征。现代西方经济学认为企业的生产要素包括劳动力、土地、资本和企业家才能四种,随着科技的发展和知识产权制度的建立,技术和信息对行业的影响越来越大。

(5)行业生命周期分析

生命周期理论是20世纪90年代以来流行的一种管理理论,生命周期作为一种十分有用的分析工具广泛应用于政治、经济、环境、技术、社会等诸多领域,比如在管理学中就出现了领导生命周期理论、产品生命周期理论、行业生命周期理论、品牌生命周期理论以及客户生命周期理论等一系列以生命周期作为研究手段的理论。其中行业生命周期是指从行业出现一直到行业完全退出社会经济活动所经历的时间。行业生命周期的长短主要是由社会对该行业的产品需求状况决定的,一般经历初创期、成长期、成熟期和衰退期四个发展阶段。

①初创期。在这一阶段,由于新行业刚刚诞生或初建不久,因此只有为数不多的创业公司投资于这个新兴的产业。由于初创期产业的创立投资和产品的研究、开发费用较高,而产品市场需求狭小(因为大众对其尚缺乏了解),销售收入较低,因此这些创业公司财务上可能不但没有盈利,反而有亏损的可能。同时,较高的产品成本和价格与较小的市场需求还使这些创业公司面临很大的投资风险。这类企业适合投机者,因为虽然介入风险较大,但是在初创期后期,随着行业生产技术的提高、生产成本的降低和市场需求的扩大,新行业便逐步由高风险、低收益的初创期转向高风险、高收益的成长期。

②成长期。在成长期,新行业的产品经过广泛宣传和消费者的试用,逐渐以其自身的特点赢得了大众的欢迎或偏好,市场需求开始上升,新行业也随之繁荣起来。与市场需求变化相适应,供给方面相应地出现了一系列的变化。由于市场前景良好,投资于新行业的厂商大量增加,产品也逐步从单一、低质、高价向多样、优质和低价方向发展。因而新行业出现了生产厂商和产品相互竞争的局面。这种状况会持续数年或数十年。由于这一原因,这一阶段有时被称为投资机会时期。这种状况的继续将导致生产厂商随着市场竞争的不断发展和产品产量的不断增加而相应增加,市场的需求日趋饱和。生产厂商不能单纯地依靠扩大生产量,提高市场份额来增加收入,而必须依靠追加生产,提高生产技术,降低成本,以及研制和开发新产品的方法来争取竞争优势,战胜竞争对手和维持企业的生存。但这种方法只有资本和技术力量雄厚、经营管理有方的企业才能做到。那些财力与技术较弱,经营不善,或新加入的企业(因产品的成本较高或不符合市场的需要)则往往被淘汰或被兼并。因而,这一时期企业的利润虽然增长很快,但所面临的竞争风险也非常大,破产率与被兼并率相当高。在成长期的后期,由于行业中生产厂商与产品竞争优胜劣汰规律的作用,市场上生产厂商的数量在大幅度下降之后便开始稳定下来。在成长期,虽然行业仍在增长,但这时的增长具有可测性。由于受不确定因素的影响较少,行业的波动也较小。此时,投资者蒙受经营失败而导致投资损失的可能性大大降低,

因此,他们分享行业增长带来的收益的可能性大大提高。

③成熟期。行业的成熟期是一个相对较长的时期。在这一时期里,在竞争中生存下来的少数大厂商垄断了整个行业的市场,每个厂商都占有一定比例的市场份额。由于彼此势均力敌,市场份额比例发生变化的程度较小。厂商与产品之间的竞争手段逐渐从价格手段转向各种非价格手段,如提高质量、改善性能和加强售后维修服务等。行业的利润由于一定程度的垄断达到了很高的水平,而风险却因市场比例比较稳定、新企业难以进入而较低,其原因是市场已被原有大企业比例分割,产品的价格比较低。因而,新企业往往会由于创业投资无法很快得到补偿或产品的销路不畅,资金周转困难而倒闭或转产。在行业成熟阶段,行业增长速度降到一个更加适度的水平。在某些情况下,整个行业的增长可能会完全停止,其产出甚至下降。由于其资本增长的丧失,致使行业的发展很难较好地保持与国内生产总值同步增长,当国内生产总值减少时,行业甚至蒙受更大的损失。但是,由于技术创新的原因,某些行业或许实际上会有新的增长。

④衰退期。行业在经历了较长的成熟期后,就进入了衰退期。这主要是因为新产品和大量替代品的出现,使原行业的市场需求减少,产品的销售量开始下降,某些企业开始向其他更有利可图的行业转移资金,从而导致原行业的企业数目减少,利润下降。至此,整个行业便进入了生命周期的最后阶段。在衰退期,市场逐渐萎缩,当正常利润无法维持或现有投资折旧完毕后,整个行业便解体了。在衰退期,企业的关键成功因素是控制成本或退出,转向新的增长领域。

行业生命周期分析在应用上存在一定的局限,因为生命周期曲线是经过抽象的典型曲线,各行业按实际销售绘制出来的曲线远不是光滑、规则的,在某种情况下要确定行业处于哪个阶段是困难的。因此,应将行业生命周期分析与其他方法结合起来应用,以确保财务分析的正确性。

(三)竞争策略分析

企业竞争策略是企业建立竞争优势的路径和方法。波特在1985年提出了3种最基本的竞争策略,即成本领先战略、差异化战略、聚集战略。表4-1归纳了3种战略的基本思想、适用情形、企业应具备的能力、战略优势和主要风险。

表4-1　企业竞争策略

战略类型	基本战略思想	适用情形	企业应具备的能力	战略优势	主要风险
成本领先策略	以低成本获取竞争优势	1.用户对价格敏感 2.没有品牌效应 3.用户转换成本低 4.难以实现差异化	1.生产规模的融资能力 2.流程再造 3.严格的质量保证体系 4.低成本的配送系统	1.提高市场占有率 2.形成较强的供应商议价能力 3.形成退出壁垒	1.竞争对手模仿 2.消费者倾向改变 3.技术改变丧失成本优势

续表

战略类型	基本战略思想	适用情形	企业应具备的能力	战略优势	主要风险
差异化战略	以差异化产品获得竞争优势	1.产品可以差异化且为用户所认可 2.需求差异较大 3.技术变革较快	1.强大的研发能力 2.强大的市场营销能力 3.良好的市场声誉 4.能够获得销售商的支持	1.获取超额收益 2.建立品牌优势	1.竞争对手模仿 2.差异化成本过高 3.差异化方式不能为顾客创造价值
聚焦战略	以细化领域的专业化能力获得竞争优势	1.行业或地区存在特定需求 2.无其他竞争者专注于同一市场 3.企业不具有追求更宽广市场的能力 4.企业追求某一市场更具吸引力	1.对细分领域的深入把握 2.强大的市场推广和营销能力 3.快速的市场反应能力 4.充分满足细分市场需求的能力	1.经营目标集中,充分发挥资源利用效率 2.对市场、客户、竞争者深入了解 3.专业化程度高,易形成规模经济	1.对环境适应能力差 2.企业目标市场易受顾客偏好的影响 3.在特定市场,其他企业可能夺走部分市场份额

　　传统的战略研究者认为成本领先和差异化战略是互斥战略,同时实施这两种战略的企业一方面可能会导致缺乏足够的独特性而丧失愿意支付溢价的客户,另一方面会因为成本过高而不能吸引那些对价格敏感的客户,从而陷入两难的境地。而近年来一些企业成功的案例则给出了不一样的答案,比如日本的汽车制造商已经成功地表明企业不必在质量和成本之间进行权衡。因此,在分析企业竞争战略时不是要讨论不同战略的孰优孰劣,而应当关注企业的竞争战略能否为企业赢得竞争优势以及这种优势是否可持续。

　　在企业实际经营中,也不能完全忽视非竞争的方面。以差异化为目标的企业也需要重视成本,超过客户承受能力的差异化必然会导致企业竞争优势的丧失;而实行成本领先战略的企业也要保证产品质量的最低水准与竞争对手持平,否则成本领先是不可持续的。此外,不同的竞争战略还决定着企业的管理方式、产品研发、经营结构和市场理念等,体现在财务数据上就会有所不同。为此,分析者还应该关注企业的经营成果(财务数据)是否体现了企业的竞争战略。比如实行成本领先战略的企业会严格控制各种成本,投资于有效的规模生产而较少投资于有风险的研发,重视能够降低生产成本的产品设计,通常表现为较低的毛利率、期间费用比重较低等,实行差异化战略的企业重视为客户提供些具有独特性的服务,因而需要在研究开发、工程技术、市场营销等方面进行大量投资,就可能表现为研发费用和销售费用较高。

【案例4-1】　竞争战略与财务分析——莱宝高科、鸿海精密和苹果公司利润结构特征

　　莱宝高科、鸿海精密和苹果公司均处于TMT(电信、媒体和科技)行业。莱宝高科公司主要致力于液晶显示(LCD)行业上游显示材料的研发和生产,主导产品为ITO导电玻璃和中小尺寸彩色滤光片。鸿海精密主业为计算机系统设备及其外围的连接器等,线缆组件及壳体,基座的开发、设计、制造及销售等,精密模具的制造及销售等。苹果公司作为美国的一家高科技公司,其主要业务为设计、生产和销售个人电脑、便携式数字音乐播放器、移动通信工具、各种相关软件、辅助设施、外围设备和网络产品等。3家公司虽处于同一行业,但处于同一行业的不同价值链环节。

分析3家公司2011—2015年的利润结构特征。在短短的5年内,莱宝高科的营业成本率从49.94%上升到96.51%,毛利率从50.06%跌到了3.49%,其波动犹如"过山车"。5年内鸿海精密的营业成本率最高为93.56%、最低为91.56%,毛利率最高为8.44%、最低为6.44%,虽然毛利率比较低但是相当稳定。苹果公司在5年间营业成本率最高为62.38%、最低为56.13%,毛利率最高为43.87%、最低为37.62%,毛利率很高且稳定在40%左右。莱宝高科的销售净利率从2011年的37.13%跌到了2015年的-25.12%,鸿海精密的销售净利率虽然比较低,但是稳定在2.9%~3%的水平,苹果公司的销售净利率则稳定地高于20%。2015年,苹果公司、莱宝高科和鸿海精密的营业开支占总收入的比重分别为9.58%、14.33%和3.49%。成功实施技术差异化策略的苹果公司的营业开支占总收入的比重要远远高于成功实施总成本领先策略的鸿海精密,莱宝高科由于未能贯彻执行总成本领先策略而导致这一比例在3家公司中最高。

为什么苹果公司的毛利率和销售净利率都稳定在较高的水平,鸿海精密稳定在较低的水平,而莱宝高科则如过山车般从原来的高水平在短期内就下降到了亏损的地步?苹果公司成功运用了技术差异化策略,通过技术专利构筑了较深的竞争壁垒,其他企业根本无法模仿;鸿海精密成功运用了总成本领先策略,通过精益管理等工具进行严格的成本费用控制,保证了其在生产制造环节的竞争优势;莱宝高科主要产品为触摸屏,进入门槛不高,因竞争者众多而陷入价格战,同时,莱宝高科未能很好地执行总成本领先策略,导致在竞争中陷入劣势而出现亏损。莱宝高科无法成为类似苹果公司一样的技术差异化策略公司,但是向鸿海精密学习运用总成本领先策略做好成本费用控制是一个比较现实的选择。该例子的利润结构很好地阐释了中国公司目前在多数行业产业链中所处的地位及面临的竞争劣势。

(资料来源:郭永清.不同公司竞争策略下的财报特征——基于多公司案例的对比研究[J].会计之友,2017(10):2-10.)

除成本领先与差异化战略之外,还有第3种战略即聚集战略,顾名思义,聚集战略是指企业将经营的重点集中到某特定的市场或将一个产业的一部分作为经营重点的战略。与前面两种竞争战略不同的是,聚集战略是从企业业务范围视角出发进行的经营战略选择。但它们的本质都是通过选择合适的竞争战略,持续不断地形成企业的核心竞争力,最终赢得竞争优势。

在战略分析时,我们也可以结合多种战略分析工具帮助企业做出正确的战略决策,如SWOT分析、波士顿矩阵分析等。

1.SWOT分析

SWOT分析法是20世纪80年代初由管理学教授韦里克提出。SWOT分析既要考虑企业面临的外部条件,也要分析企业自身的内部优势与劣势,对企业内外部条件进行综合和概括,进而分析组织的优势与劣势、面临的机会和威胁的一种分析技术方法。

SWOT分析包括企业的优势(Strenth)、劣势(Weakness)、机会(Opportunity)和威胁(Threat)。优劣势分析主要着眼于企业自身的实力及其与竞争对手的比较,而机会和威胁分析将注意力放在外部环境的变化及对企业的可能影响上。在分析时,应把所有的内部因素(即优劣势)集中在一起,然后根据外部力量对这些因素进行评估。

2.波士顿矩阵分析

波士顿矩阵分析法是由波士顿咨询集团在20世纪70年代初开发的。该方法将企业所有产品(或业务)从销售增长率和市场占有率角度进行再组合。在坐标图上,以纵轴表示企业销售增长率,以横轴表示市场占有率,各以10%和20%作为区分高、低的中点,将坐标图划分为4个象限,依次为问题产品、明星产品、现金牛产品、瘦狗产品。企业可将产品按各自的销售增长率和市场占有率归入不同象限,使企业现有产品组合一目了然,同时便于对处于不同象限的产品作出不同的发展决策。其目的在于通过产品所处不同象限的划分,使企业采取不同决策,以保证其不断地淘汰无发展前景的瘦狗产品,保持问题产品、明星产品、现金牛产品的合理组合,实现产品及资源分配结构的良性循环。

第三节　会计分析

会计分析是根据会计报表、会计账簿,结合计划、统计和其他资料,对有关单位的财务状况、经营过程及其结果或预算的执行情况以及成本降低任务完成情况等进行的分析研究。它是会计核算的继续,也是经济活动分析的一种。会计分析主要是将各种会计报表资料同有关的计划、预算资料和历史资料以及同行业先进单位等资料,运用专门的方法进行对比,以企业的资金运动,产品成本或商品流通费用的升降和盈亏等情况,或企业的计划、预算执行情况等为主题,查明实际偏离计划、预算和历史的情况,同行业先进企业比较的差距,发现工作中的成绩和经验,揭示存在问题,提出改进的建议和措施,进一步加强企业经营管理。一般来说,会计分析可以分为四个步骤:阅读财务报告、评估会计政策、分析报表变动、调整报表数据。

一、阅读财务报告

为了有效地评估企业财务报表披露的会计信息的质量,仔细阅读财务报告是必不可少的。只有在阅读财务报告之后,才能对企业的会计政策、会计估计有所了解,对会计信息披露的完整性有初步认识。在这一过程中,还应该注意企业的财务报表附注和财务情况说明书,了解企业会计政策和会计估计及其变更的情况,同时也要注意注册会计师的审计意见。

财务报表附注是财务报表不可或缺的组成部分。财务报表使用者要全面了解企业的财务状况、经营成果和现金流量,应当详细阅读财务报表附注。财务报表附注能够帮助财务报表使用者,深入了解基本财务报表的内容,是财务报表制作者对资产负债表、损益表和现金流量表的有关内容和项目所作的说明和解释。财务报表附注中的内容非常重要,主要包括:企业所采用的主要会计处理方法;会计处理方法的变更情况、变更的原因及对财务状况和经营业绩的影响;发生的非经常性项目;一些重要报表项目的明显情况;或有事项;期后事项;其他对理解和分析财务报表重要的信息。

审计意见是审计人员对审查结果的看法和所持的态度。现在不仅仅是上市公司需要注册会计师独立审计,许多非上市企业的财务表的真实性、准确性与完整性也需要会计师事务所作为独立方进行审计。审计后,会计师事务所要出具审计报告,提供审计意见。审计意见可划分为5种类型:无保留意见、带强调事项段的无保留意见、保留意见、否定意见和无法表示意见。第一种意见可称为标准意见,后四种称为非标准意见。一般而言,如果会计师事务所出具了非标准意见审计报告,特别是上述4种非标准意见的后3种类型,财务报表使用者需要对企业的财务报表给予必要的怀疑。

二、评估会计政策

会计政策是指企业在会计核算时所遵循的具体原则以及企业所采用的具体会计处理方法。由于企业所处的环境千差万别,企业的经营规模、经营状况各不相同,为了使企业会计信息的披露能够从其所处的特定经营环境和经营状况出发,最恰当地反映企业的财务状况、经营成果和现金流量的情况,准则、制度就有必要留有一定的弹性空间,即在统一性的同时还需要一定的灵活性,允许企业在对经济业务事项进行会计处理时在不同的具体原则、多样的会计处理之间进行选择,从而也留给会计人员越来越多地进行职业判断的余地。企业所选择的会计政策将会对企业财务成果带来一定影响,因此,应全面评估会计政策对财务报表的影响。在评估会计策略(包括会计政策和会计估计)时,首先需要了解企业的关键会计政策是什么,并评价这些会计政策是否与其行业特征和竞争战略的选择相符合,同时还应注意所采取的关键会计政策是弹性的还是刚性的。对于会计政策存在较大灵活性的企业,财务报表使用者需要予以重点关注;对于会计政策具有较强刚性的企业,应重点关注统一的会计处理方法是否与企业实际情况相符。企业选择会计政策时必然是考虑有利于自身的因素,也可能利用会计政策的弹性来隐瞒真实的财务状况和经营成果。对此,财务报表使用者需要分析企业所选择的会计政策是否合理,是否与行业惯例一致,是否有变更,是否合乎实际情况,是否有利用会计政策的弹性进行盈余管理的动机等。

【案例4-2】　中毅达的收入操纵

上海中毅达股份有限公司(以下简称"中毅达")是一家以承接园林绿化、园林建筑、喷泉和雕塑等工程为主要业务的上市公司。中毅达2015年各季度的营业收入和净利润数据见表。2015年7月3日,该公司的子公司厦门中毅达环境艺术工程有限公司(以下简称"厦门中毅达")与井冈山国际山地自行车赛道景观配套项目发包方签订总金额为8 450万元的施工合同。根据该合同,第三方已完成该项目工程量约80%,尚余约20%的工程量将由厦门中毅达施工。然而中毅达在2015年三季报中将第三方已完成的工程量确认为公司三季度收入,由此虚增三季报营业收入7 267万元,占三季报营业收入的99.56%,占全年营业收入的108.19%。公司在年报中以第四季度营业收入全部冲销三季报确认的营业收入,导致第四季度营业收入为-7 746.67万元。

表4-2 中毅达2015年各季度营业收入与净利润 单位：万元

项目	2015全年	2015年第四季度	2015年第三季度	2015年第二季度	2015年第一季度
营业收入	6 716.74	-7 746.67	7 299.14	3 058.26	4 106.01
净利润	-654.63	-1 439.92	182.23	328.53	274.53

资料来源：根据中毅达2015年季报和年报整理得到。

三、分析报表变动

在对企业的会计政策和会计估计进行评估之后，财务报表使用者接下来需要了解企业提供的财务报表有哪些项目出现了变动，显著的变动往往意味着不正常的原因。财务报表使用者可以利用水平分析法、垂直分析法以及趋势分析法等财务分析方法，对财务报表项目的变动额度、变动幅度和变动趋势等进行分析，找出显著的变动，同时利用会计报表附注，判断企业对变动显著项目的解释是否充分合理，而不具有合理解释的异常变动项目往往存在财务舞弊的可能。面对出现的潜在危险信号，财务报表使用者需要进一步收集更充分的信息，深入研究财务报表，寻找异常变动的真正原因。

四、调整报表数据

如果通过以上步骤和方法确实发现企业财务报表所披露的信息扭曲了企业的真实情况，财务报表使用者就应当利用财务报表附注及其他相关资料，对财务报表相关项目的数据进行调整，以恢复该项目的本来面目。调整财务报表存在水分的项目数据的方法有许多，如不良资产剔除法、异常利润剔除法、关联交易分析法等。

这里所说的不良资产，除包括待摊费用、待处理流动资产净损失、待处理固定资产净损失、开办费、长期待摊费用等虚拟资产项目外，还包括可能产生潜亏的资产项目，如高龄应收账款、存货跌价和积压损失、投资损失、固定资产损失等。在运用该方法时：一是将不良资产总额与净资产比较，如果不良资产总额接近或超过净资产，则说明企业的持续经营能力可能有问题，也可能表明企业在过去几年因人为夸大利润而形成"资产泡沫"。二是将当期不良资产的增加和增减幅度与当期的利润总额和利润增减幅度比较，如果不良资产的增加额及增加幅度超过利润总的增加额及增加幅度，说明企业当期的利润表有"水分"。

异常利润剔除法是指将其他业务利润、投资收益、补贴收入、营业外收入从企业的利润总额中剔除，以分析和评价企业利润来源的稳定性。当企业利用资产重组或股权投资等方式调节利润时，主要在这些科目中反映，因而对此类情况该方法特别有效。在具体运用时应注意：一是应以企业对外投资章程、合同和董事会纪要为依据，根据财务会计制度进行调整，以分析和评价利润来源的稳定性。二是将其他业务利润、营业外收入和补贴收入等与公司的利润总额进行结构比较分析，如果上述各项所占上市公司利润总额较大的比例，说明上市公司存在调节利润现象。

关联交易分析法就是对财务报表中那些具有操纵利润事实的关联交易相关项目进

行调整。如果一个企业在某个会计期间的营业收入或利润主要来自关联企业的贡献,那么财务报表使用者需要注意关联交易的定价政策;如果不存在合理的证据,那么应对这一关联交易相关的项目进行调整。

第四节 财务分析

财务分析是整个分析过程中最主要的部分,是"重头戏"。财务分析的基本方法已在第三章介绍过。本节主要介绍财务分析的整体思路,包括基于财务能力的分析思路、基于生命周期的分析思路、基于价值创造的分析思路、基于经营质量的分析思路等。

一、基于财务能力的分析思路

基于财务能力的财务分析的主要内容是分析企业的盈利能力、营运能力、偿债能力、发展能力。本节仅对这一分析模式做总体概述。

（一）盈利能力分析

盈利能力是指企业在一定时期内赚取利润的能力,是企业持续经营与发展的保证,也是企业偿债能力的经济基础,通常表现为公司利润数额的大小与水平的高低。追求利润最大化是公司的根本动力所在。盈利能力分析是公司财务分析的重点,是公司财务管理活动的出发点和归宿。盈利能力的大小是一个相对的概念,即利润是相对于一定的资源投入和一定的收入而言的。公司经营业绩的好坏最终可通过公司的盈利能力来反映。无论是公司的管理层、投资者、债权人还是其他利益相关者,都非常关心公司的盈利能力,因为公司盈利能力的大小,与管理人员的工作业绩、投资者的投资收益、债权人的债权安全、公司职工的工资水平乃至整个国家的财政收入都是息息相关的。盈利能力分析通常包括资本经营盈利能力分析、资产经营盈利能力分析、商品经营盈利能力分析和上市公司盈利能力分析。

（二）营运能力分析

营运能力是指基于企业外部市场经济环境的约束,通过公司内部人力资源和生产资料资源的优化配置组合对财务目标所产生的作用,具体来说就是利用企业资源创造价值的能力,反映了企业使用资产获取回报的效率。营运能力一般通过企业资金周转速度的有关指标反映。企业资产周转速度越快,则表明企业资产利用效率越高,企业管理人员的营运能力越强。企业营运能力分析包括流动资产周转情况分析、固定资产周转情况分析和总资产周转情况分析等。进行企业营运能力分析可以科学评价企业资产的周转效率、资产的营运效益,了解企业资产利用方面存在哪些问题,尚有多大潜力,为企业采取相应的管理措施,提高企业营运能力提供数据信息。

（三）偿债能力分析

偿债能力是指企业偿还债务的能力,分为短期偿债能力和长期偿债能力。短期偿债能力是指企业流动负债与流动资产之间的关系。长期偿债能力衡量的是企业偿还非流动负债的能力。前者侧重于对企业流动资产的变现能力进行考察,后者与企业的盈利能力及权益资本、债务资本的构成密切相关。偿债能力是企业经营者、投资人、债权人都十分关心的重要问题,对于投资者来说,如果企业的偿债能力发生问题,就会使企业的经营者花费大量精力去筹措资金以应付还债,这不仅会增加筹资难度,加大临时性经济筹资的成本,还会使企业管理者难以全神贯注地进行企业经营管理,使企业盈利受到影响,最终影响到投资人的利益。债权人对企业偿债能力的分析,目的在于做出正确的借贷决策,保证其资金安全。商品和劳务供应商通过企业偿债能力判断能否及时收回商品和劳务的价款。偿债能力分析指标包括流动比率、速动比率、现金比率、资产负债率、产权比率、权益乘数等相关指标。

(四)发展能力分析

发展能力通常是指企业未来生产经营活动的发展趋势和发展潜能,也可以称为企业增长能力。企业所追求的目标通常被概括为生存、发展与获利,从中可以窥见发展对于企业的重要性,它是企业实现盈利的根本途径。企业发展能力的大小是一个相对概念,即分析期的股东权益、利润、收入和资产是相对于上一期的股东权益、利润、收入和资产而言的。仅仅利用增长额只能说明企业某一方面的增减额度,无法反映企业在某一方面的增减幅度,既不利于不同规模企业之间的横向对比,也不能准确反映企业的发展能力。因此,在实践中通常使用增长率来进行企业发展能力分析。此外,除了对企业发展能力进行单项分析以外,还需要分析企业的整体发展能力,避免单项发展能力分析带来的片面性,正确、合理地评价企业的发展能力。

二、基于生命周期的分析思路

处于生命周期不同发展阶段的企业具有不同特征,形成了不同战略,这就决定了财务分析在不同阶段的侧重点也有所不同,这样也就形成了不同的财务分析思路,见表4-3。

表4-3 不同生命周期阶段的公司财务特征

项目	初创期	成长期	成熟期	衰退期
竞争对手	少数	增多	开始达到稳定	数量继续减少
风险特征	经营风险较大,表现为:生产规模较小,产品需要市场认可,管理无序,基础薄弱,要求降低财务风险与之相适应	经营风险程度降低,财务风险增大,表现为:生产和销售规模不断扩大,引发强烈投资冲动,资本不足矛盾尤其突出	经营风险和财务风险都较以前有所降低,表现为:市场增长趋缓,产品价格难以提高,市场机会相对缺乏	经营风险和财务风险进一步降低,表现为:市场开始萎缩,原有行业已成夕阳行业,需要进行结构调整
收入	较少	高增长	开始饱和	增长有限甚至出现负增长
利润	亏损或微利	迅速增长	开始下降	下降甚至亏损
投资回报	无	较低	较高	较高
资金需求	较大	较大	较小	很小

续表

项目	初创期	成长期	成熟期	衰退期
现金流量	有现金流入，但较少且不稳定，不足以提供足够的现金流量	销售导致的现金流入增加，但需要大量投资支出，净现金流量为负数	销售提供的现金流量大且稳定，投资支出现金少，净现金流量为正数	现金进一步剩余，净现金流量为正数，现金较为充裕
关键成功因素	投融资管理	市场份额	成本控制	投资管理
分析重点	资金	收入	利润/成本	价值

（一）基于资金的分析

企业初创期的财务分析应该以资金为分析重点。此时，企业为了开拓和占领市场，需要投入大量的资金。企业的投资面临很大的经营风险：一是研发阶段需要大量的投资，需要承担投资失败的风险；二是面临较大的市场风险，因为市场的不确定性较高；三是开发市场需要投入，而这种投入需要依赖于外部的资本市场。

那么如何进行资金分析呢？资金分析需要关注企业长期资金循环和流动资金循环两个方面。对长期资金循环，应关注的是资金来源结构和资金占用结构之间的平衡，即投融资活动之间的协调性；对流动资金循环，应关注的是资金的流动性，即供产销等环节之间的协调性。同时，我们需要关注资金在经营活动中的流转，安排合理的资金周转不仅能给企业经营带来活力，还能给企业经营模式的多样化创造条件。

（二）基于收入的分析

企业成长期的财务分析应该以收入为分析重点。在这一阶段，随着消费者的认可和市场的扩大，企业已渡过前一阶段的"阵痛期"，开始快速成长，产销量均迅速增加，营业活动能够提供正的现金流量。同时，为了扩大规模和提高市场占有率，必然要加大资金的投入，而此时要加大资金投入，就必须增加收入。因此，成长期的财务分析应以收入为重点。

在对收入进行分析时，首先应计算整个企业的销售达成率（与销售预算目标相比较）、销售成长率（与上年同期销售收入相比较）、销售增长率（与上期销售收入相比较），发现任何一个指标异常，一方面可以从销售量和销售价格角度入手进行分析，因为导致销售收入出现不利偏差，既可能是销售量下降造成的，也有可能是销售价格下降造成的，而销售量下降可能又与市场整体容量和企业本身市场占有率有关；另一方面可以从营业收入的构成区域、品种、渠道（客户）3条主线入手，还可以从关联交易对营业收入的贡献程度、部门或地区对营业收入的贡献程度两个角度对营业收入进行层层抽丝剥茧的分析，才能找到最终原因，管理改善才会有的放矢。

【案例4-3】 宇通客车2016—2017年主营业务收入结构分析

表4-4 宇通客车2016—2017年主营业务收入结构表 单位：万元

项目	2016	占主营业务收入比重（%）	2017	占主营业务收入比重（%）
客车销售	3 394 084	99.72	3 091 643	99.66

续表

项目	2016	占主营业务收入比重（%）	2017	占主营业务收入比重（%）
客运服务	9 555	0.28	10 587	0.34
合计	3 403 639	100	3 102 230	100

如表所示,宇通客车2016—2017年主营业务收入按产品的结构分析,客车销售占比均在99%以上,说明其主营业务收入主要来自客车销售,但2017年与2016年相比,客车销售占比下降0.06个百分点,占比稳定;客运服务占比不足1%,2017年与2016年相比增加0.06个百分点。

（三）基于利润的分析

成熟期的企业财务分析应该以成本或利润为分析重点。这里的成本包含生产成本和期间费用。在这一阶段,盈利水平稳定、现金流量平稳,财务状况处于十分稳定的时期,企业具有持续稳定的营业现金净流量。企业的竞争环境发生了很大的变化,竞争趋于稳定,行业增长速度下降,买方市场形成,国际市场竞争激烈。而且,随着行业的逐步成熟,新产品的开发越来越困难,这时,企业应当为进一步降低成本而在工艺和制造方法上下功夫。所以,成熟期企业财务分析的重点是如何降低成本或者如何提高盈利。

在对企业盈利进行分析时,我们通常可以从企业的盈利规模、盈利能力和盈利质量三方面进行分析。其中,盈利规模分析关注的是盈利规模的增减变化及其影响因素;盈利能力分析主要包括直接从销售盈利能力、资产盈利能力和资本盈利能力角度的分析以及运用杜邦分析法等进行综合分析;盈利质量分析则可以从盈利的真实性、含金量、持续稳定性和战略的吻合性四个方面入手。

（四）基于价值的分析

衰退期企业的财务分析应该以价值为分析重点。处于衰退期的企业面临衰退的威胁。衰退的本质是企业创新能力的衰退或降低。创新是新企业形成、产业发展的根本动力。创新能力不足或衰退必然会导致行业竞争力下降。企业衰退是指现有产品消亡并孕育新的企业和新的产品的过程。原有企业的衰退与新企业的形成并存使行业体系不断推陈出新,从而推动国民经济不断发展。这正是企业战略调整或战略转型的意义所在。所以,这一阶段应进行战略转型,这需要企业投入资金进行研发,开辟新的盈利增长点,从而使企业实现可持续发展,持续为股东创造财富。这决定了这一阶段的财务分析要以企业价值为重点。

需要说明的是,上述4种分析思路只是意味着分析的过程应该有所侧重,并非不必顾及其他。比如在采用基于收入分析的思路时同样需要分析成本和利润。另外,这四种分析思路不仅适用于企业生命周期的不同阶段,也适用于不同类型的企业或者企业不同部门。以基于收入分析的思路为例,它还适用于零售批发企业和企业销售部门的分析。

三、基于价值创造的分析思路

财务分析与价值创造看似是两回事,但细加分析就会发现二者之间存在较为紧密的关系。企业的目标之一在于持续为股东创造价值。可以借助财务分析了解一个企业是否为股东创造了价值,并判断企业在哪些方面存在不足,并提出改进的建议。

如何将财务分析与企业价值创造相结合?本书主要从两个角度来实现这一目的:一是从企业现金流量出发,探求公司价值维度;二是从企业经济利润出发,挖掘关键价值动因。之所以选择这两个角度,原因在于:一方面,收益法估值模型是理论上发展比较成熟的估值模型,能够为我们的分析提供可靠的依据和有益的启示;另一方面,EVA 是目前国内较前沿、与价值创造理念紧密联系的价值评价指标,并且广泛地运用于企业实践,能够为我们的分析提供有利的条件,同时也体现了基于价值创造的分析的现实需求。

(一)以现金流量为基础的价值评估

1.以现金流为基础的价值评估的意义

一般财务理论认为,企业价值应该等同于企业未来资本收益的现值。企业未来资本收益可用股利、净利润、息税前利润和净现金流量等表示。不同的表示方法反映的企业价值内涵是不同的。利用净现金流量作为资本收益进行折现,被认为是较理想的价值评估方法。因为净现金流量与以会计为基础计算的股利及利润指标相比,更能全面、精确地反映所有价值因素。

2.以现金流为基础的价值评估方法

(1)以现金流为基础的价值评估程序和公式

$$企业经营价值=明确预测期现金净流量现值+明确预测期后现金净流量现值 \quad (4\text{-}1)$$

$$企业价值=企业经营价值+非经营投资价值 \quad (4\text{-}2)$$

$$股东价值=企业价值-债务价值 \quad (4\text{-}3)$$

(2)有明确预测期的现金净流量现值估算

确定有明确预测期的现金净流量现值是企业价值评估的最重要内容,需按以下步骤进行。

① 确定预测期。从预测的准确性与必要性角度考虑,通常预测期为5~10年。

② 预测经营现金净流量。是指可提供给企业所有者和债权人的经营现金流量总额,其计算方法有两种:

第一种: $$现金净流量=息前税后利润-净投资 \quad (4\text{-}4)$$

其中:息前税后利润=净利润+利息

净投资=总投资-折旧

公式中的总投资是指企业新的资本投资总额,包括资本支出、流动资产及其他资产投资。折旧包括固定资产折旧和无形资产及递延资产摊销。

第二种: $$现金净流量=毛现金流量-总投资 \quad (4\text{-}5)$$

其中:毛现金流量=息前税后利润+折旧

进行现金净流量预测。首先应对企业绩效进行分析。将财务分析与产业结构分析结合在一起。并对公司实力和弱点进行评估,同时从信贷角度了解公司的财务状况。

(3)确定折现率

企业经营现金净流量的折现率的高低主要取决于企业资本成本的水平,为与现金流量定义相一致,用于现金流量折现的折现率应反映所有资本提供者按照各自对企业总资本的相对贡献而加权的资本机会成本。

加权平均资本成本=平均股权资本成本×股权资本构成+平均负债资本成本×负债资本构成

$$(4-6)$$

平均股权资本成本和平均负债资本成本的估算,可在个别股权资本成本和个别负债资本成本估算的基础上采用加权平均法进行。

(4)估算经营现金流量净流量现值

$$经营现金净流量 = \sum_{i=1}^{n} \frac{经营现金净流量'}{(1 + 折现率)'}$$

$$(4-7)$$

3.明确预测期后现金净流量现值估算

连续价值 =

$$\frac{明确预测期后第一年息前税后利润正常水平 \times \left(1 - \dfrac{税前息生利润预期增长率恒值}{新投资净额的预期回报率}\right)}{加权平均资本成本 - 税前息生利润预期增长率恒}$$

$$(4-8)$$

4.非经营投资价值和债务价值

非经营投资价值的确定,可通过非经营现金流量折现法进行。运用现金流量法进行企业价值评估,一是要明确企业价值,包括非经营投资价值,二是要注意正确划分经营现金流量与非经营现金流量。由于非经营投资的特殊性,也可不采用现金流量折现进行估价,而直接用非经营投资额代表非经营投资价值。

(二)以经济利润为基础的价值评估

EVA是经济增加值的简称,衡量的是扣除包括股权成本在内的所有资本成本以后的剩余利润,体现的是忠于股东财富增值的价值创造理念。在政策推动下,EVA逐渐深入人心,从简单的绩效评价指标渐渐发展成为一种价值管理模式。正因为EVA与价值创造的紧密联系,EVA价值树分析得以诞生。

1.以经济利润为基础的价值评估的意义

以经济利润为基础的价值评估优于以现金流量为基础的价值评估之处在于,经济利润可以了解公司在单一时期内所创造的价值。经济利润等于投资资本回报率与加权平均资本成本之差乘以投资资本。因此。经济利润将价值驱动因素、投资资本回报率和增长率转化为一个数字。

2.以经济利润为基础的价值评估方法

(1)以经济利润为基础的价值评估程序和公式

基本程序:一是明确预测期经济利润现值,二是明确预测期后经济利润现值,三是投资资本的确定,四是企业价值的确定。

企业价值 = 投资资本 + 明确预测期经济利润现值 + 明确预测期后经济利润现值

$$(4-9)$$

(2)有明确预测期经济利润现值估算

①确定预测期。通常预测期为5~10年。

②明确预测期经济利润。

经济利润 = 息前总后利润 − 投资资本 × 加权平均资本成本　　　　(4-10)

③确定折现率。折现率应采用加权的股权资金成本率。

④明确预测期经济利润现值。

$$经济利润现值 = \sum_{i=1}^{n} \frac{经济利润^i}{(1 + 折现率)^i}　　　　(4-11)$$

（3）估算有明确预测其后经济利润现值

（4）确定投资资本

（5）企业价值的确定

以经济利润为基础的价值评估关键在于层层分解,挖掘核心价值驱动因素,将影响EVA的因素不断分解,形成完整的价值评价指标体系,较直观地呈现出驱动价值创造的关键因素,指明价值提升的有效路径,从而使企业可以对指标或价值创造路径进行针对性分析,找到关键问题并提出解决方案,实现价值创造目的。在具体分析中,还可以结合敏感性分析和因素分析进行。

四、基于经营质量的分析思路

如何能够在纷繁复杂的财务报告信息中发现企业经营管理中存在的问题,迅速准确地判断企业的投资价值? 基于经营质量的分析思路为我们提供了一条有效的路径。从现有理论研究和实践分析的经验来看,盈利质量、资产质量和现金流量质量是系统有效地分析财务报表的三大逻辑切入点。任何企业的财务报表,只有同时从这3个切入点进行分析,才不会发生重大的遗漏和偏颇。这就形成了财务分析的另一种分析思路,即基于经营质量的分析思路,也可以称为财务分析的三大逻辑切入点分析框架。

（一）盈利质量分析

盈利质量分析主要针对利润表进行。盈利质量可以从以下三个角度进行分析。

1. 收入质量分析

盈利质量分析首先应当关注的是收入质量,因为企业销售商品或提供劳务所取得的收入,是企业利润的主要来源。收入质量分析侧重于观察收入的波动性、收入的含金量及收入的成长性。

2. 利润质量分析

利润是盈利的另一面的体现,它是企业为其股东创造价值的最重要来源,因此分析企业的盈利质量还需要关注利润质量的分析。与收入质量分析的方法一样,利润质量的分析也是关注盈利的成长性和稳定性。成长性越好,稳定性越强,利润质量越高;反之则相反。分析利润质量高低还需关注利润的真实性、含金量、可持续性、安全性等。

3. 毛利率分析

进行盈利质量分析还应当关注毛利率,因为毛利是企业净利润最初的来源,是企业最原始的利润。毛利率的高低不仅直接影响销售收入的利润含量,而且界定了企业在研究开发和广告促销方面的投入空间。毛利率越高,说明企业可用于研究开发和广告促销的投入空间越大,越有利于企业产品技术含量和品牌知名度的提升,从而巩固企业的毛利率水平甚至有可能推动毛利率进一步提高,形成一种良性的循环。

(二)资产质量分析

资产质量可以从资产结构和现金含量两个角度进行分析。分析资产结构的目的主要是判断企业资源配置的合理性,从而判断企业的退出壁垒和经营风险。而分析资产的含金量有助于判断企业的财务灵活性的强弱和潜在损失的高低,资产的含金量越高,说明企业的财务灵活性越强,发生潜在损失的概率和金额可能越小。

(三)现金流量质量分析

现金流量是企业生存和发展的"血液"。但根据我国现金流量表准则的划分,三种活动的现金流量在企业经营过程中发挥的作用是不一样的。经营活动产生的现金流量反映的是企业的"造血"功能,可以想象,如果一个企业自我"造血"功能弱化甚至丧失,那么它的健康很可能存在问题,甚至有死亡的危险。因此在进行现金流量分析时,首先应该重点关注企业的经营活动现金流量。其次是应该关注企业的自由现金流量,这是企业扣除必要的资本性投资之后的剩余经营活动现金流量,因此通过分析自由现金流量可以判断企业的还本付息能力。

第五节　前景分析

财务分析者进行分析的目的不仅仅在于了解企业的过去和评估企业的现状,更重要的是要预测企业未来的发展前景,为下一步的决策提供依据。也就是说,在经过战略分析、会计分析和财务分析之后,还需要进行恰当的前景分析,以实现财务报表的决策有用性。

前景分析是对之前分析(战略分析、会计分析和财务分析)的全面反映和综合判断,其内容包括业绩评价、财务预测和价值评估等方面。它们所利用的方法也是进行前景分析的重要工具。对前景分析部分,本书仅从经营分析基本框架角度对其进行简要讲述。

一、业绩评价

业绩评价是指通过建立综合评价指标体系,对照事前确立的评价标准,运用定量分析与定性分析相结合的方法,对企业财务状况、经营成果、现金流量等进行的综合评判。业绩评价是整体控制或者反馈控制系统的一部分,是与利益相关者群体沟通的途径,与企业激励政策以及业绩管理系统紧密相关,会增加管理层的动力。业绩评价与财务分析相互依存,联系紧密:业绩评价以财务分析为前提,财务分析以业绩评价为结论。从内容上区分,业绩评价包括财务业绩定量评价和管理业绩定性评价;从方法上区分,业绩评价包括财务模式、价值模式和综合模式。业绩评价的作用在于:

(1)科学合理地进行业绩评价,可以为股东合理选择管理层提供重要依据,为股东考察管理层履行受托责任和任免管理层提供决策依据,避免主观随意性。

(2)科学合理地进行业绩评价,既可以加强对管理层的监督,又可以适当予以激励,起到奖优惩劣的效果,形成对管理层的合理的激励约束机制。

(3)科学合理地进行业绩评价,可以促进企业经营观念的转变,一方面可以加强企业绩效管理工作,另一方面可以引导管理层站在股东角度进行经营决策。

二、财务预测

财务预测是在对企业历史财务报表进行分析的基础上,根据当前的情况和未来的经营战略、财务战略,采用一定的方法,对企业财务活动的未来发展趋势和结果做出科学推测和判断的过程。财务预测是对企业未来结果的精确量化,是基于各种合理的基本假设,根据预期条件和各种可能影响未来经营活动、投资活动或筹资活动等的重要事项,做出最恰当的评估结果,并根据决策需要确定预期的财务状况、经营成果和现金流量的变动状况。财务预测有助于对企业的未来发展做出合理的估计和判断,为做出正确的财务决策提供依据,同时也为评估企业价值奠定基础。财务预测对于提高公司经营管理水平和经济效益具有十分重要的作用。

需要指出的是,财务预测并不是财务分析人员闭门造车的结果,而是建立在企业的经营战略分析、会计分析和财务分析的基础之上的。战略分析为前景分析和财务预测确立了大致的方向,如明确该企业所处行业的盈利能力如何、行业的未来成长性如何、该企业在行业中的竞争地位如何、该企业的市场份额会如何变化、该企业制定的未来发展战略规划如何。对上述各方面的明确,能够帮助分析人员确定企业大致的未来发展方向,同时还有助于对企业未来的销售情况进行预测。会计分析可以帮助分析人员深入了解企业过去的资产和负债是否被高估或低估,这些资产或负债如何影响企业未来的财务报表。财务分析则可以帮助分析人员了解公司价值创造的主要驱动因素,厘清主要财务变量的变化对未来财务业绩的影响。

财务预测有定性预测和定量预测两类方法。定性预测是通过判断事物所具有的各种因素、属性进行预测的方法,它是建立在经验判断、逻辑思维和逻辑推理基础之上的,主要特点是利用直观的材料,依靠个人的经验的综合分析,对事物未来状况进行预测。经常采用的定性预测方法有专家会议法、菲尔调查、访问、现场观察、座谈等方法。定量预测是通过分析事物各项因素、属性的数量关系进行预测的方法。它的主要特点是根据历史数据找出其内在规律、运用连贯性原则和类推性原则,通过数学运算对事物未来状况进行数量预测。定量预测的方法很多,应用比较广泛的有时间序列预测法(包括算术平均法、加权平均法、移动平均法、指数平滑法、最小二乘法等)、相关因素预测法(包括一元线性回归法、多元线性回归法等)、概率分析预测法(主要指马尔柯夫预测法)等。上述两类方法并不是相互孤立的,在进行财务预测时,经常要综合运用。

由于三张财务报表之间存在严密的逻辑关系,是一个有机的整体,因此财务预测的最好方法是进行全面预测,即不仅要进行收益预测,还要进行现金流量和资产负债预测。全面预测的方法非常有用,即使在决策者仅对某一个方面的业绩感兴趣的情况下也是如此。通过全面预测可以防止分析师提出不切实际的假设。例如,分析师关注企业的收益状况,要预测企业未来若干年内的销售增长和收益,但如果他没有考虑到这种增长所需的营运资本、厂房设备及相关的融资情况,那么该预测就很有可能对资产周转率、财务杠杆或权益资本的投入做出不合理的假设,尽管全面预测包含对财务状况、经营成果和现金流量的全面预测,但是在实际进行财务预测的过程中,并不需要对所有的财务报表项目都进行精确的预测,应更多地关注几个关键的"驱动因素"。对于非金融服务领域的企业来说,销售预测肯定是预测的关键驱动因素,而且销售预测一般是预测的起点。销售预测方面决定了企业未来的收入,并且以销量为基础,可以确定企业的产量进而确定成本;另一方面,销售收入的增长会带动设备投资、营运资金以及期间费用的变化。

三、价值评估

价值评估是为企业创造价值服务,按照特定目的采用特定方法对企业全部或部分价值进行估算与评价的过程,评估的是企业创造价值的能力,即持续获利能力。

价值评估已成为企业管理者进行管理和做出决策的重要基础,而且由于委托代理问题日益凸显,价值评估也成为考核管理者的重要手段。通过价值评估,一方面可以使投资者了解企业价值;另一方面也让管理者了解其决策与经营活动是否实现了价值增值。同时,价值评估的结果还能为企业评价经营业绩、制订激励计划以及确定经济损失提供有力支持。在经济快速发展的今天,企业价值评估已经进入了一个更为广阔的领域。

进行价值评估,无论是对未来利润的预测还是对未来现金流量等的预测,都必须以历史和现在的财务状况与经营成果状况为依据。而历史的或现在的财务状况及经营成果状况的可靠性、相关性程度又与财务分析质量紧密相关。因此,一方面,财务分析是评估人员了解被评估企业财务状况、经营成果和现金流量的主要手段,有助于评估人员判断被评估企业的盈利能力、财务风险与发展前景;另一方面,应用历史或现实财务分析结果预测未来财务状况与企业价值,是财务分析的重要任务之一。

价值评估的具体方法多种多样,目前常用的价值评估方法主要有收益法、市场法、资产基础法和期权估价法。其中收益法和市场法常用于证券投资和企业并购决策;资产基础法是目前企业改制过程中主要使用的方法;收益法和资产基础法则是资产评估行业在评估企业价值时常用的方法;期权估价法多用于高成长、高风险的企业。

本章小结

合理的分析程序是进行有效经营分析的前提,在本章中,主要介绍了由哈佛大学3位教授创立的融战略分析与财务分析于一体的哈佛经营分析框架。根据哈佛经营分析框架,经营分析的基本程序可以由以下4个步骤构成:战略分析、会计分析、财务分析、前景分析。

战略分析是会计分析和财务分析的基础和导向,通过战略分析,分析人员能深入了解企业的经济状况和经济环境,从而客观、正确地进行会计分析和财务分析。企业战略分析一般包括行业分析和企业竞争战略分析。其中行业分析主要包括行业基本特征分析、行业竞争特征分析、行业经济周期特征分析、行业要素特征分析、行业重要性分析。行业生命周期是指从行业出现直到行业完全退出社会经济活动所经历的时间。行业生命周期的长短主要是由社会对该行业的产品需求状况决定的，一般经历初创期、成长期、成熟期和衰退期4个发展阶段。企业竞争战略中最基本的3种是成本领先战略、差异化战略和聚集战略。3种战略有各自的适用情形，对企业应具备的能力要求也各不相同，并伴随着不同的主要风险。

会计分析的主要目的是通过对企业所采取的会计政策和会计估计的合理性进行分析，判断该企业财务报表反映其财务状况、经营成果及现金流量的真实程度，为财务分析奠定可靠的数据基础。会计分析可以分为以下四个步骤：阅读财务报告、评估会计策略、分析报表变动、调整报表数据。

财务分析是整个分析过程中最主要的部分，财务分析的整体思路包括基于财务能力的分析、基于生命周期的分析、基于价值创造的分析、基于经营质量的分析等。基于财务能力的分析的主要内容包括企业的偿债能力分析、盈利能力分析、运营能力分析和增长能力分析等方面。基于生命周期的分析根据企业四个不同发展阶段，其分析侧重点也有所不同，依此可以分为基于资金的分析、基于收入的分析、基于利润的分析和基于价值的分析4种分析思路。基于价值创造的分析包括：以现金流量为基础的价值评估和以经济利润为基础的价值评估。利用净现金流量作为资本收益进行折现，被认为是较理想的价值评估方法。因为净现金流量与以会计为基础计算的股利及利润指标相比，更能全面、精确地反映所有价值因素。以经济利润为基础的价值评估认为，公司价值等于投资资本加上未来每年创造的超额收益现值，即：企业价值＝投资资本＋预计创造超额收益现值，而企业未来每年创造的超额收益，实质上反映了企业未来的非正常收益或超额利润。在经济学中通常将这种非正常收益定义为经济利润。而后来人们在以价值为基础的管理中又将其定义为经济增加值（EVA）。经济利润或经济增加值＝息前税后利润−资本费用，以经济利润为基础的评估方法优于现金流量贴现法之处在于，通过经济利润可以了解公司在单一时期内所创造的价值。经济利润等于投资资本回报率与资本成本之差乘以投资成本，因此经济利润将价值驱动因素，投资资本回报率和增长率转化为一个数字。

财务分析者进行分析的目的不仅仅在于了解企业的过去和评估企业的现状，更重要的是要预测企业未来的发展前景，为下一步的决策提供依据。也就是说，在经过战略分析、会计分析和财务分析之后，还需要进行恰当的前景分析，以实现财务报表的决策有用性。前景分析是对之前分析（战略分析、会计分析和财务分析）的全面反映和综合判断，其内容包括业绩评价、财务预测和价值评估等方面。它们所利用的方法也是进行前景分析的重要工具。战略分析、会计分析、财务分析和前景分析这4个步骤依次递进，相互支持，共同构成了经营分析的逻辑框架。

思考与练习

1.哈佛经营分析框架的基本程序是什么？

2.战略分析、会计分析、财务分析及前景分析的内涵和作用分别是什么？

3.简述行业生命周期各阶段的特征。

4.能给企业带来竞争优势的竞争战略有哪3种？它们有什么区别？

5.简述会计分析的步骤。

6.调整财务报表存在水分的项目数据有哪些方法？

第五章 营运能力分析

学习目标

通过本章的学习,应当了解营运能力的基本思路与基本内涵;掌握营运能力的主要财务分析指标及其计算方法,运用营运能力财务指标分析、判断公司的营运能力,并进行营运能力的质量分析;理解运用营运能力财务比率的局限性,并能结合公司具体情况对其营运能力的质量进行分析。

引导案例

应收账款周转性分析案例:西安铂力特

存货、应收账款越来越多,政府补助竟占净利润42%,铂力特登陆科创板有戏吗?

4月4日,西安铂力特增材技术股份有限公司(以下简称"铂力特")科创板上市申请获上交所受理。这是目前受理企业中唯一一家专注于工业级金属3D打印的企业。

虽然铂力特参与过国内众多航天工程并与空中客车成为合作伙伴,但是其盈利能力并不乐观。

铂力特的应收账款年年攀升,政府补助也逐年增加,2018年政府补助已经占到其净利润的42%。更为奇葩的是,铂力特还出现已向客户交付产品但尚未签署合同的情况。

政府补助占净利润比重高达42%

铂力特的招股说明书显示,公司是一家专注于工业级金属增材制造(3D打印)的高新技术企业,整体实力在国内外金属增材制造领域处于领先地位。除了为客户提供定制化的3D打印零部件以及打印设备外,代理销售德国EOS公司部分金属增材制造设备也是铂力特的赚钱业务。

报告期内,铂力特主营业务的毛利率分别为42.60%、40.75%和43.39%,公司自研3D打印设备的销售毛利率分别为44.73%、36.46%和48.73%。

2016—2018年,铂力特营收分别为1.66亿元、2.2亿元、2.91亿元,其中主营业务收入占比均超过99%;归属于母公司所有者的净利润分别为3 132.71万元、3 425.54万元、5 718.36万元。

铂力特主营业务收入占比第二的是代理销售设备及配件,报告期内收入分别为

4 804.41万元、7 990.33万元、8 015.29万元,占比分别为29.08%、36.51%、27.64%。从数据看,铂力特的营收数据以及净利润数据接连增长,其中政府提供的补助资金贡献良多。

报告期内,公司计入当期损益的政府补助分别为736.75万元、1 256.60万元和2 455.64万元,公司利润总额分别为3 263.12万元、4 106.11万元和6 593.02万元,政府补助在利润总额中占比分别为22.58%、30.60%和37.25%。

如果将计入当期损益的政府补助金额与公司净利润数据对比,政府补助在净利润中的占比则分别是23.5%、36.7%和42.9%。

如果剔除政府补助,铂力特的业绩就不会那么好看了。"若公司不能保证未来持续享受政府补助,或补助政策发生不利变动,则可能给公司的经营业绩带来不利影响。"铂力特在招股书中表示。

存货、应收账款持续大幅增长

铂力特业绩增长的同时,其应收账款数据也年年增长。报告期各期末,应收账款及应收票据金额分别为9 011.10万元、13 098.55万元及18 651.61万元,占各期期末总资产的比例分别为18.50%、21.88%及22.21%。

"公司应收账款金额较大,主要是由于营业收入快速增长及下游客户资金结算的特点所致。尽管公司主要客户多为国内大型集团公司及其下属单位、科研院所等,其资信状况良好,且报告期内公司实际发生坏账损失较少,但仍存在部分账款无法收回的风险。"铂力特在公告中提示。

如果已经签署合同,应收账款的回收还有依据,通过诉讼也可进行追偿。但奇葩的是,铂力特竟然还存在不签署合同先交付产品的情况。

"公司经营中存在部分3D打印零部件产品已向客户交付但尚未签署合同的情形,这导致合同签署时间滞后和结算周期延长,也加大了公司的资金周转压力。"铂力特并未在招股书中明确这部分情形的金额大小以及所占的业务比重。

"3D打印产品定制化居多,一旦对方毁约,不仅付出的成本无法收回,定制的原材料也将面临损失。"一位律师认为,铂力特不签合同就交付产品存在较大的违约风险,未来也会成为问询重点。虽然铂力特表示尚未出现交付产品最终未签署合同的情况,但其存货一直在大幅增长却是不可回避的事实。

报告期各期末,铂力特存货账面价值分别为6 572.10万元、7 543.70万元及16 068.71万元,存货规模随业务规模扩大而逐年上升。从数据上看,2018年期末存货账面价值较2017年增加近亿元。

此外,铂力特还面临客户集中的风险。报告期内,来自航空航天领域客户的收入占各期主营业务收入的比重分别为62.35%、54.32%、62.21%,公司前五大客户也较多集中于该领域。

"虽然航空航天等重要应用领域在国内外增材制造的发展中都起着引领性的作用,但是就目前的情况而言,增材制造在其整体制造体系中的占比还较为有限,若该领域增材制造应用成长速度不及预期,或由于公司产品质量、行业竞争等因素流失主要客户,将对公司的经营发展产生不利影响。"招股书中提到。

资料来源:华夏时报,2019-04-12.

本案例涉及公司应收账款、营业收入与净利润的关联度问题。

2016—2018年，铂力特的营业收入以及净利润连年增长。剔除政府补助占净利润比重过大（2018年高达42%）的因素，商业债权（应收票据+应收账款）较营业收入出现更大幅度的增长（2017年和2018年营业收入的增幅分别为32.5%和32.3%，而商业债权的增幅却分别高达44.4%和43.8%），此外，公司经营中存在部分3D打印零部件产品已向客户交付但尚未签署合同的情形，导致合同签署时间滞后和结算周期延长，加大了公司的资金周转压力。结合公司客户较为集中的特点（报告期内，来自航空航天领域客户的收入占各期主营业务收入的比重分别为62.35%、54.32%、62.21%，公司前五大客户也较多集中于该领域）。读者完全可以质疑该公司应收账款的周转性，不难判断公司营业收入以及净利润的质量。

第一节　营运能力分析的内涵

营运能力是指基于企业外部市场经济环境的约束，通过公司内部人力资源和生产资料资源的优化配置组合对财务目标所产生的作用，具体来说就是利用企业资源创造价值的能力。企业营运资产的主体是流动资产和固定资产。尽管无形资产也是企业资产的重要组成部分，且随着工业经济时代向知识经济时代的转化，其在企业资产中所占的比重越来越高，在提高企业经济效益方面发挥着巨大的作用，但无形资产的作用必须通过或依附于有形资产才能发挥出来。从这个意义来说，企业营运能力如何将从根本上决定企业的经营状况和经济效益。

企业营运能力主要是指营运资产的效率和效益。营运资产的效率通常是指资产的周转速度，企业资产周转速度越快，则表明企业资产利用效率越高，企业管理人员的营运能力越强。营运资产的效益是指营运资产的利用效果，通过其投入和产出相比较来体现。营运能力分析能够评价一个企业的经营水平和管理水平，甚至预期其发展前景，对各个利益主体来说关系重大。对企业进行营运能力分析，目的主要有以下几个。

（一）评价企业资产的流动性

收益性和流动性是企业资产的两个基本特征。企业经营的基本动机是获取预期收益。从一定意义上讲，流动性是比收益性更重要的概念。这是因为静态的资产无法带来收益，只有当资产处在经营周转之中时，才有可能产生收益，资金周转越快，同样的时间内就能给企业带来越多的收益。因此，企业的营运能力越强，资产的流动性越高，企业获得预期收益的可能性越大。流动性是资产营运能力的具体体现，通过对企业营运能力的分析，就可以对企业资产的流动性做出评价。

（二）评价企业资产的利用效益

提高企业资产的流动性是企业利用资产进行经营活动的手段，其目的在于提高企业资产的利用效益。企业资产营运能力的实质就是以尽可能少的资产占用、尽可能短的时间周转，生产出尽可能多的产品，实现尽可能多的销售收入，创造出尽可能多的利润。通过企业产出额与资产占用额的对比分析,可以评价企业资产的利用效益,为进一步改善企业的经济效益指明方向。

（三）挖掘企业资产的利用潜力

由于企业营运能力的高低取决于多种因素,通过对企业营运能力的分析,可以了解企业在资产利用方面存在哪些问题、尚有多大的潜力,进而采取有效的措施,提高企业资产的营运能力。

因周转速度的计算所涉及的主要是营业收入和对应的占用资产的比值,兼有产出和投入相比的性质,亦能反映资产的利用效果。因此,本节的营运能力分析侧重于资金周转速度角度。下面主要介绍流动资产、非流动资产营运能力分析。

第二节 流动资产营运能力分析

流动资产营运能力分析又称为流动资产管理状况、流动资产质量状况、流动资产周转情况分析,它是指通过企业生产经营资金周转速度的有关指标所反映出来的企业流动资产利用效率,表明企业管理当局在企业经营管理活动中运用流动资产的能力。

一、流动资产周转速度指标计算与分析

流动资产周转速度指标主要包括流动资产周转率和流动资产周转天数,这两项指标分别是指在一定时期内流动资产的周转次数和周转一次所需要的时间。

（一）流动资产周转率（次数）

流动资产周转率（次数）表示企业在一定时期内完成几次从货币到商品再到货币的循环。计算公式如下：

$$流动资产周转率 = \frac{营业收入净额}{流动资产平均余额} \tag{5-1}$$

式中,

$$营业收入净额 = 营业收入总额 - (销售折扣 + 销售退回) \tag{5-2}$$

$$流动资产平均余额 = \frac{期初流动资产余额 + 期末流动资产余额}{2} \tag{5-3}$$

在一定时期内,企业流动资产周转次数越多,表明企业流动资产周转速度越快,流动资产的营运效率越高,意味着企业流动资产创造营业收入的能力越强,支撑产生单位营业收入占用的流动资产投资越少。反之,流动资产周转率越低,说明其流动资产利用效率越低。

（二）流动资产周转天数

流动资产周转天数表示企业完成一次从流动资产投入到营业收入收回的循环所需要的时间。其计算公式如下：

$$流动资产周转天数 = \frac{计算期天数}{流动资产周转率} \qquad (5\text{-}4)$$

式中,计算期天数是指计算期间的实际天数,为方便计算,通常一年按360天计算,一季度按90天计算,一个月按30天计算。

在一定时期内,企业流动资产周转天数越少,表明企业流动资产周转速度越快,流动资产的营运效率越高。流动资产周转次数和周转天数呈反方向变动。

指标要点:

1. 营业收入的选择

这里的营业收入既包括现金收入,也包括赊销收入,即企业利润表上的营业收入。

2. 流动资产余额的选择

在计算该指标时最好采用经营用的流动资产的金额,不含企业非经营用的金融资产。当金融性资产不多时,两者之间的差异可以忽略;但如果企业拥有大量的金融资产时,采用前一种计算方法能更准确地描述企业的营运能力(具体原因可以参阅后面的资产项目质量分析的内容)。

3. 计算期间的选择

流动资产周转率和周转期的计算期间通常是一年。如果在季度内计算,同样需要考虑是否存在季节性差异,不可以直接换算成年度数据。

【例5-1】　计算甲、乙公司2020年的流动资产周转率和流动资产周转期。由于该公司的金融资产很少。跌价准备和坏账准备相对于流动资产金额比重很小,因此采用流动资产合计数来计算这两个比率。甲、乙两公司的有关营业收入、流动资产总额的数据资料如表5-1、表5-2所示。

表5-1　甲、乙两公司的有关流动资产总额的数据表　　单位:元

公司	2017年12月31日	2018年12月31日	2019年12月31日	2020年12月31日
甲公司	1 271 591 523	1 404 911 601	1 598 613 404	1 988 590 698
乙公司	1 569 274 492	1 637 842 201	1 562 326 730	1 669 433 999

表5-2　甲、乙两公司的有关营业收入的数据表　　单位:元

公司	2018年	2019年	2020年
甲公司	1 743 112 347	2 170 444 393	2 354 433 784
乙公司	1 707 293 239	1 956 068 629	2 260 929 874

解析:

$$流动资产周转率 = \frac{2\ 354\ 433\ 784}{\dfrac{1\ 598\ 613\ 404 + 1\ 988\ 590\ 698}{2}} = 1.31(次)$$

$$流动资产周转期 = \frac{360}{1.31} = 274.25(天)$$

同理,计算甲公司、乙公司的资产周转率和流动资产周转期如表5-3、表5-4所示:

表5-3　甲、乙两公司三年的流动资产周转率　　　　　单位：次

公司	2018年	2019年	2020年
甲公司	1.30	1.45	1.31
乙公司	1.06	1.22	1.40

表5-4　甲、乙两公司三年的流动资产周转期　　　　　单位：次

公司	2018年	2019年	2020年
甲公司	276.38	249.09	274.25
乙公司	338.13	294.48	257.29

甲公司的流动资产周转状况与乙公司差不多，究其原因，甲公司的货币资金数额比乙公司的少得多，使得流动资产的周转率上升。货币资金一方面是企业资金的占用，另一方面也是企业安全性的一个保障。所以甲公司的货币资金较少，虽提升了资产使用效率，但也加大了公司的资金风险。

二、主要流动资产项目周转速度指标计算与分析

（一）应收账款周转速度分析

应收账款是企业因对外销售商品或提供劳务等而应向购货或接受劳务单位收取的款项。其周转速度主要通过计算和分析应收账款周转率和应收账款周转天数两个指标分析。这两个指标的具体计算公式如下：

$$应收账款周转率(次数) = \frac{赊销净额}{应收账款平均余额} \quad (5-5)$$

$$应收账款周转天数 = \frac{计算期天数}{应收账款周转率} \quad (5-6)$$

式中，

$$应收账款平均余额 = \frac{期初应收账款余额 + 期末应收账款余额}{2} \quad (5-7)$$

应收账款金额的大小反映了企业资金占用的程度。在其他条件相同的情况下，应收账款周转率越高，说明在产品市场上的话语权越大，可以更多地采用现金销售的方式而不影响其市场地位。由于应收账款存在无法收回的可能性，过高的应收账款将会加大未来损失的风险。过低的应收账款又对企业的销售产生影响，最终影响到企业的市场占有率。在市场经济条件下，应收账款的存在是必然的，过高和过低都可能对企业造成不利的影响，而化解这一不利因素的最佳途径就是加快应收账款的周转速度。一般来说，应收账款周转率越高，平均收现期越短，说明应收账款收回的速度越快；否则，企业的营运资金会过多地停滞在应收账款上，影响资金的正常运转。

赊销净额是通过赊销取得的收入。通常企业通过赊销和现销两种方式进行销售，应

收账款是在赊销过程中产生的,所以计算应收账款周转率时应该采用赊销净额。但是通常赊销净额只有内部人员才能够得到,外部报表使用者很难得到这个数据,所以实践中常用营业收入代替赊销净额来计算这个比率。在用营业收入代替赊销净额时,将赊销视为回收期为零的应收账款。如果企业销售中赊销比例较小,计算得到的周转率就会较大。实践中常用的数据是平均收账期,它是应收账款周转率的另一种表达方式,比应收账款周转率更容易理解。

需要指出的是,利用上述公式进行分析时应注意以下问题:

1.适用于应收票据不大的情况

该公式假设企业的应收票据一般规模不大(因为应收票据也推动了赊销收入),在应收票据规模较大时,应改用商业债权周转率。

2.应收账款的取值

应收账款应该用减除坏账准备之前的"原值"金额(因为企业真正周转和回收的不是净值,而是原值)。

3.债权的内容

在实施增值税的条件下,销售额的项目还应该乘以(1+增值税税率),这是因为债权中包括销项增值税。事实上,为消除季节性的影响,最好采用月度应收账款平均余额计算,但外部分析人员限于数据的可获得性,一般以年度数据代替。计算公式中的赊销净额是指不包括现销收入的销售净额,但赊销净额作为企业的商业秘密并不对外公开,因此外部分析者难以获得,一般以营业收入代替。

4.需要考虑企业的策略对应收账款周转率和周转期的影响

应收账款周转率越高或者应收账款周转期越短,说明企业的应收账款管理越好。而应收账款周转率降低、应收账款周转期延长,很可能预示着企业存在虚假销售增长的现象,或者销售出现问题,被迫放宽应收账款政策,或者应收账款客户出现问题,应收账款回收有困难,因此必须警惕。应收账款周转率的高低和应收账款周转期的长短,还与企业的营销策略和应收账款政策有关。应收账款周转期是否过长,应该参考企业的应收账款政策,比如,企业制订的应收账款回收期为30天,则超过30天的应收账款周转期表示企业的应收账款管理存在不足,存在客户拖欠应收账款的现象;反之,则说明应收账款管理较好。

5.结合应收账款的账龄进行分析

应收账款周转期也称应收账款平均账龄,该指标反映了企业应收账款的平均回收天数,如果要详细分析企业的应收账款管理水平,或者了解企业的应收账款质量如何,仅有平均账龄是不够的,最好同时参考企业报表附注中的应收账款账龄分析表。表中账龄越长的应收账款,回收的可能性越低;账龄长的应收账款所占比重越高,企业的应收账款管理存在的问题越严重。

6.对个别重要应收账款的分析

对企业的应收账款管理水平和应收账款安全性的分析不应仅限于相关的指标计算,分析者还应对应收账款中金额重大的客户、拖欠时间长的项目进行深入调研,分析其信用状况和还款的可能性。

指标计算要点：

1. 营业收入选择

一方面在实务中由于无法获取赊销与现销的资料，只能使用营业收入，从而高估企业的应收账款周转率，在一定程度上使得该指标解释力不足。另一方面如果企业因为采用现钞政策而使应收账款周转能力指标表现更为优异，就说明该企业的产品可能优于其他企业的产品，该企业在不对业务造成不良影响的前提下，因现销而大大节约了应收账款投资。这种情况下，较高的应收账款周转率尽管不能说明企业的应收账款管理能力强，但是却能体现企业的产品定位。因此分析和解释应收账款周转率和周转期指标时，要注意结合企业的战略和产品特点进行分析，以得出较为准确的结论。

2. 应收账款余额的选择

通常使用的是资产负债表的应收账款净额项目，但是与存货和存货跌价准备类似。如果应收账款计提的减值准备金额很大，或者前后期该计提比例有较大变化，或对比公司该计提比例差异较大，则选取应收账款余额而非净额计算会更好地排除会计政策变更对指标计算的影响，应收账款余额的相关信息可在企业财务报表附注中找到。

3. 计算期间的选择

通常是一个会计年度，因此应采用360天作为计算期间。但是，如果分析者使用的是季度数据，则计算期是90天，意味着对应收款周转天数的计算只考察在特定季度内应收账款的周转次数。对于季节性的销售量差异较大，因此使用数据计算的应收账款周转天数并不能代表全年应账款的平均回收期，同样，全年的应收账款周转次数也不等于本季度的应收账款周转数据乘以4。

【例5-2】 根据表5-2、表5-5中的数据计算甲公司和乙公司三年的应收账款周转率和应收账款周转期，如表5-6、表5-7所示。

表5-5　甲、乙两公司的有关应收账款净额的数据表　　　　　　　　单位：元

项目		2017年 12月31日	2018年 12月31日	2019年 12月31日	2020年 12月31日
甲公司	应收票据	850 000	2 950 000	9 564 000	273 590
	应收账款	377 883 434	440 945 902	585 652 701	650 015 745
乙公司	应收票据	38 410 882	54 093 299	79 964 518	120 417 090
	应收账款	217 936 593	284 367 232	317 185 506	300 223 854

解析：

$$应收账款周转率(次数) = \frac{2\,354\,433\,784}{\dfrac{650\,015\,745 + 585\,652\,701}{2}} = 3.78(次)$$

$$应收账款周转天数 = \frac{360}{3.78} = 95.22(天)$$

同理，计算的甲公司、乙公司三年的应收账款周转率和应收账款周转期如表5-6、表5-7所示。

表5-6 甲、乙两公司三年的应收账款周转率   单位：次

公司	2018年	2019年	2020年
甲公司	4.24	4.18	3.78
乙公司	5.74	5.52	5.58

表5-7 甲、乙两公司三年的应收账款周转期   单位：次

公司	2018年	2019年	2020年
甲公司	84.95	86.18	95.22
乙公司	62.71	67.69	65.11

甲公司的应收账款周转率后两个呈下降趋势，而且一直远远低于乙公司。相对应收票据方式，甲公司赊销中采用的应收账款方式所占的比重远高于乙公司，由此引起的公司应收账款占用的资金逐年增长，效率不高，显然不是一个好兆头。

【案例5-1】 恒瑞医药的应收账款管理与赊销政策研究

恒瑞医药是一家集药剂（主要为抗肿瘤药物）产、研、销于一体的医药类股份有限公司，也是国内最大的抗肿瘤药物的研究和生产基地。其主要产品包括片剂、针剂、胶囊、粉针等制剂，在抗肿瘤、手术麻醉、造影剂等领域的市场占有较大的份额。但恒瑞医药近年来的应收账款管理情况不容乐观；2013—2019年，恒瑞医药应收账款总额从15.8亿元上涨至49.1亿元，应收账款呈现逐年上涨的趋势，2019年的应收账款总额是2013年的3倍多。对于大量应收账款，恒瑞医药应当加以警惕，以防大量坏账的产生。

除了参考应收账款的绝对数额以外，应收账款周转率是衡量一个企业应收账款管理好坏的重要指标。一般来说，企业应收账款周转率越大，企业平均收账期越短，应收账款回收速度越快。表5-8是恒瑞医药2013—2019年的应收账款周转率和应收账款周转天数变动表。

表5-8 恒瑞医药2013—2019年应收账款周转指标变动表

项目	2013年	2014年	2015年	2016年	2017年	2018年	2019年
应收账款周转率（次）	4.13	4.44	4.79	5.02	5.02	5.00	5.37
应收账款周转天数（天）	87.15	81.05	75.12	71.67	71.73	71.94	67.08

根据证监会行业分类A股医药制造业的218只个股中，应收账款周转天数一般为40~60天，行业平均应收账款周转率为7.38。恒瑞医药2013—2019年的数据表明，虽然其应收账款周转速度明显有加快的趋势，但均在行业平均值之下，说明恒瑞医药资金回笼速度较慢，这主要与恒瑞医药医保占比较高，结算周期较长有关，需要恒瑞医药加强对应收账款的管理。

（资料来源：吕晓虹.企业的应收账款管理和赊销政策研究——以药企恒瑞医药（600276）为例[J].中外企业家，2020(12).)

（二）存货周转速度分析

存货周转速度分析一般有两个指标，即存货周转率（次数）和存货周转天数。存货周转率的计算有两种方法，一种是以存货成本为基础，另一种是以营业收入为基础，两者计算的存货周转率有不同的意义。以存货成本为基础的存货周转率运用较为广泛，因为与存货相关的是营业成本，它们之间的对比更符合实际，能够较好地表现存货的周转状况，反映企业存货的管理效率。以营业收入为基础的存货周转率维护了资产运用效率比率各指标计算上的一致性，由此计算的存货周转天数与应收账款周转天数建立在同一基础上，从而可以直接相加，便于确定营业周期和评估资产的变现能力。由于本节关注的是存货的营运能力，所以采用以营业收入为基础的计算方法。具体计算公式如下：

$$存货周转率（次数） = \frac{营业收入净额}{存货平均余额} \quad (5\text{-}8)$$

$$存货周转天数 = \frac{计算期天数}{存货周转率} \quad (5\text{-}9)$$

式中，

$$存货平均余额 = \frac{期初存货余额 + 期末存货余额}{2} \quad (5\text{-}10)$$

在企业经营管理中，增加存货量，一方面可以抵御市场不确定性因素对企业正常经营活动的影响，有利于提高企业盈利能力；另一方面则会增加企业资金占用量，使资金利用率降低，盈利能力下降，同时还会增大变现风险。减少存货量，一方面不仅削弱了抵御市场不确定性因素对企业冲击的能力，而且有碍企业营销能力的提升和盈利的增加；另一方面则减少了企业资金占用量，提高了资金利用率，降低了变现风险。可见，存货的增减对企业均有利有弊。因此，要在正确分析企业存货周转水平的基础上，对存货量做出合理的安排，以便做出正确的经营决策。

指标计算要点：

1. 平均存货余额的选取

通常情况下，计算存货周转率和周转期使用的是报表栏目中的存货净额数据。其前提是企业的存货跌价准备的计提金额不大，或者前后期的计提比例没有发生明显的改变，或者是比较对象的存货跌价准备计提比例非常接近。

存货周转率和周转期计算中使用的平均存货余额，应该为企业计提存货跌价准备之前的存货账面余额，而非存货净额。这是因为，存货余额代表企业对存货的投资额，而计提的存货跌价准备考虑的是存货投资可能的损失，并不代表企业因此可以减少支撑既定业务量而必需的存货投资；从另一个角度讲，企业真实的业绩和管理能力不应该受到企业会计政策的影响。目前我国上市公司的财务报表中只显示存货净额，要找到存货原值，需要参考报表附注中的信息。

2. 计算期间的选取

存货周转率和周转期中使用的业务量期间就是所分析的报表期间。为方便比较，通常使用企业年报数据，因此其计算期间通常是指一个会计年度。每个会计年度的实际天数可能为365天或366天，为简化计算，惯例上选取360天。但是，如果分析者分析的对象是季节性企业,而且分析者关注同季度企业在同一季度内的存货管理效率问题,则可能使用季度报表。使用季度报表中的季度营业成本指标计算出来的存货周转率就是该季度内存货的周转次数,如果要换算成该季度的存货周转天数,则存货周转期为季度存货的周转天数。

【例5-3】　根据表5-9、表5-10的数据计算甲公司2020年的存货周转率和存货周转期。

表5-9　甲、乙两公司的有关存货的数据表　　　　　　　　　　　单位:元

公司	2017年	2018年	2019年	2020年
甲公司	272 430 135	331 183 252	459 264 604	783 263 327
乙公司	289 488 562	234 240 250	365 413 883	493 613 449

表5-10　甲、乙两公司的有关营业成本的数据表　　　　　　　　单位:元

公司	2018年	2019年	2020年
甲公司	1 409 343 139	1 767 638 525	1 859 589 297
乙公司	1 251 964 557	1 415 257 675	1 620 862 552

解析:

$$存货周转率(次数) = \frac{1\ 859\ 589\ 297}{\dfrac{459\ 264\ 604 + 783\ 263\ 327}{2}} = 2.99(次)$$

$$存货周转天数 = \frac{360}{2.99} = 120.27(天)$$

同理,计算甲公司和乙公司三年的存货周转率和存货周转天数如表5-11、表5-12所示。

表5-11　甲、乙两公司三年的存货周转率　　　　　　　　　　　单位:元

公司	2018年	2019年	2020年
甲公司	4.67	4.47	2.99
乙公司	4.78	4.72	3.77

表5-12　甲、乙两公司的存货周转天数　　　　　　　　　　　　单位:元

公司	2018年	2019年	2020年
甲公司	77.00	80.49	120.27
乙公司	75.30	76.27	95.40

甲公司和乙公司的存货周转率均优于行业水平,但都有下降的趋势,且甲公司的存货周转率低于乙公司。需要进一步分析甲公司最近一年的存货结构,以及存货占用大幅增长的原因。

【案例5-2】　拉夏贝尔的存货周转难题

拉夏贝尔品牌始创于1998年,是来自上海的经典之作。拉夏贝尔一直追求个性化设

计,是将设计渗透人文文化的时尚品牌。但从拉夏贝尔2017—2019年的存货周转数据来看,拉夏贝尔在存货管理上面临着很大的问题。表5-13是拉夏贝尔及同行业海澜之家、森马服饰近三年的存货周转率与存货周转天数变动表。

表5-13　三家服装公司2017—2019年存货周转率及存货周转天数变动表

公司	拉夏贝尔			海澜之家			森马服饰		
年份	2017	2018	2019	2017	2018	2019	2017	2018	2019
存货周转率	1.66	1.45	1.52	1.30	1.26	1.44	3.38	2.78	2.61
存货周转天数（天）	216.71	248.91	236.90	277.46	286.37	250.63	106.47	129.34	138.11

从表5-13可知,2018年相较于2017年,拉夏贝尔的存货周转天数增加了32.2天,而随着2019年存货周转率有所上升,其存货周转天数有所回落,为236.90天。但从整体上说,拉夏贝尔2017—2019年的存货周转天数都大于200天,这样的周转天数对于服装行业来讲显然是过长的,毫无疑问会给经营业绩带来巨大压力。与同行业的海澜之家、森马服饰相比,拉夏贝尔在存货周转方面的表现和海澜之家差不多,都可能面临着存货积压、周转慢最后导致存货跌价减值的风险,而森马服饰的表现较为优秀,存货周转率几乎是拉夏贝尔和海澜之家的两倍,说明森马服饰在存货管理方面做得不错,存货的营运能力要好于拉夏贝尔和海澜之家。在拉夏贝尔年报中的"其他披露事项——(二)可能面对的风险"也指出公司主要采用直营为主的销售模式,需保持款式、尺寸充足的库存商品,以满足门店陈列及消费者的挑选,以及新零售网络扩张对商品铺货的需求。因此较大规模的存货在增加公司现金流压力的同时,其账龄结构的延长也会增加跌价准备的计提,对公司的经营业绩产生不利影响。此外,服装行业具有流行趋势及消费者偏好变化快的特点,消费者对产品需求的意外或快速变化,也可能会导致公司存货积压,并将直接影响公司的销量及定价计划,造成现金流紧张,从而可能会对公司的业务发展、财务状况及经营业绩产生不利影响。

(资料来源:拉夏贝尔财务分析——营运能力篇[EB/OL].搜狐网,2019-10-30.)

三、流动资产周转率的局限性

(一)应收账款周转率的局限性

在实践中该指标有可能存在以下局限性:

1.它并不能准确地反映年度内收款的进程及均衡情况

假设甲、乙两个企业均于2019年3月10日赊销一批商品800万元,甲企业于5月10日收回600万元,乙企业于12月10日收回600万元,甲、乙两个企业应收账款周转次数均为8次(800／[(0+200)／2])。显然,这并没有真实准确地反映实际情况,甲企业收款效率明显高于乙企业,按年利率5%计算,乙比甲迟收回600万元7个月,将产生17.5万元的机会成本。

2.有可能存在高估应收账款周转率的倾向

假设某企业2019年初应收账款余额为1 000万元,2017年1月5日赊销一批商品8 000万元,于12月5日收回当年销货款8 000万元,则应收账款周转次数=8 000/[(1 000+1 000)/2]=8次,应收账款周转天数=360/8=45天。但事实上,其中8 000万元近1年(11个月)才收回一次,还有1 000万元仍未收回。若当年赊销款于年末均未收回,则应收账款周转次数为1.6次[8 000/(1 000+9 000/2)]。事实上,应收账款只有资金垫支,根本就未周转。

3.应收账款周转率并不便于对跨年度业务进行分析和评价

当销售具有季节性,特别是当赊销业务量各年相差较大时,该指标不能反映实际情况,不便于对跨年度的应收账款收款情况进行连续反映。假设A企业2019年12月5日赊销一批商品1 000万元,于2020年2月5日收回800万元,4月5日收回200万元,则2019年应收账款周转次数为2次(1 000/[(0+1 000)/2])。假定2020年没有发生赊销业务,计算结果为0次。而事实是,2019年根本没有收回款项,2020年的收款工作做得却很出色,即应收账款变现速度很快。因此,现行的应收账款周转率并不便于对跨年度业务进行分析和评价。

4.不便于及时提供应收账款周转率的信息

该指标反映的是一段时期的周转情况。因此,只有等到期末时,才能根据年销售额、应收账款平均占用额计算出结果。即便将该期间缩短为季度、月度,也存在这个问题。这与当今社会信息传递如此迅速并不合拍,特别是当电子实时财务报告系统得到广泛应用时,这种指标将难以满足信息使用者的需要,最终将丧失信息的相关性。

5.计算方法的局限性

不管税制改革如何变化,企业的结算方式如何变化,实务界对于应收账款周转率的计算方法几十年来没有发生任何改变。该比率的分子、分母分别是企业一定时期的营业收入和平均应收账款余额。殊不知,我国的税制改革带来了相当大的变化、企业早已实行增值税制。在结算方式上,现阶段我国企业正广泛使用商业汇票结算方式。具体而言,第一,在营业收入和应收账款之间存在计算口径的差异,应收账款包括企业应该回收的销项增值税;第二,推动企业营业收入的商业债权不仅仅是应收账款,还包括应收票据。

(二)存货周转率的局限性

存货周转率是一定时期内企业主营业务成本与存货平均资金占用额的比率。它是反映企业销售能力强弱、存货是否过量和资产流动性的一个指标,也是衡量企业生产经营各环节中存货运营效率的一个综合性指标。但在实际运用中,存货计价方法对存货周转率有较大的影响,因此,在分析企业不同时期或不同企业的存货周转率时,应注意存货计价方法的口径是否一致。另外,为了改善资产报酬率,企业管理层可能希望降低存货水平和缩短周期,因此该指标并不能准确地反映存货资产的运营效率,有可能受人为政策的左右。同时,在分析中不可忽视因存货水平太高或太低而带来的一些相关成本,如存货水平低会造成失去顾客信誉和销售机会,造成生产延后,而存货水平高会导致存货占用过多资金,引起高额的机会成本、高额的储存和保险成本、过高的陈旧报废和被盗风险等。值得注意的是,存货水平高,存货周转率低,未必表明资产使用效率低。存货增加可能是特殊政策所致,如针对短缺可能造成未来供应中断而采取的谨慎行动,预测未来物价上涨的投机行动,满足预计商品需求增加的预防行动等。此外,受一些成功的企业激励,目前很多企业实施存货控制的适时制,实现零库存。对这些企业进行考核时,该比率会失去意义。

(三)流动资产周转的局限性

不管企业的投资状况和经营状况如何变化,实务界采用的流动资产周转率和总资产周转率的计算方法几十年来都没有发生任何变化。该比率的分子、分母分别是企业一定时期的营业收入与平均流动资产余额或者平均资产总额。殊不知,我国企业的投资与经营活动已经发生相当大的变化。我们经常会看到,从事经营的企业其流动资产中包含流动性较强的以公允价值计量且其变动计入当期损益的金融资产。因此,我们认为应该考虑将流动资产周转率改造为经营性流动资产周转率,分母以扣除了以公允价值计量且其变动计入当期损益的金融资产以及可供出售金融资产、持有至到期投资和长期股权投资后的经营性流动资产、经营性资产来代替。

经营性流动资产是指企业的流动资产减去以公允价值计量且其变动计入当期损益的金融资产以后的部分。经营性资产周转率的计算公式为:

$$经营性流动资产周转率 = \frac{营业收入}{经营性流动资产平均余额} \times 100\% \qquad (5-11)$$

$$经营性流动资产周转期 = \frac{360}{经营性流动资产周转率} \times 100\% \qquad (5-12)$$

$$经营性流动资产平均余额 = \frac{期初经营性流动资产 + 期末经营性流动资产}{2} \times 100\%$$

$$(5-13)$$

对于经营性流动资产的各项目,企业预先设定的效用各不相同,每个项目对企业债务的保障程度不同,为企业盈利所做的贡献也会有较大差异,因此,应结合企业所处行业的特点以及所经历的不同发展阶段,分析各项流动资产所占比重的合理性。应尽量保持货币资金的适度规模,降低包括其他应收款在内的不良资金占用,同时将应收账款、应收票据以及存货规模控制在与自身营销模式和生产经营规模相吻合的范围之内,以最大限度降低经营成本与风险。

【例5-4】 根据表5-2、表5-14、表5-15的数据计算甲公司2020年的经营性流动资产周转率和经营性流动资产周转期。

表5-14 甲公司的有关经营性流动资产的数据表　　　　　　　　　单位:元

项目	2017年12月31日	2018年12月31日	2019年12月31日	2020年12月31日
货币资金	569 825 656	588 303 216	473 902 314	468 310 197
应收票据	850 000	2 950 000	9 564 000	273 590
应收账款	377 883 434	440 945 902	585 652 701	650 015 745

项目	2017年12月31日	2018年12月31日	2019年12月31日	2020年12月31日
存货	272 430 135	331 183 252	459 264 604	783 263 327
合计	1 292 185 798	1 445 882 995	1 715 123 239	1 292 185 798

表5-15　乙两公司的有关经营性流动资产的数据表　　　　　单位：元

项目	2017年12月31日	2018年12月31日	2019年12月31日	2020年12月31日
货币资金	927 868 735	1 036 582 266	711 853 633	690 691 751
应收票据	38 410 882	54 093 299	79 964 518	120 417 090
应收账款	217 936 593	284 367 232	317 185 506	300 223 854
存货	289 488 562	234 240 250	365 413 883	493 613 449
合计	1 023 202 777	667 632 344	1 183 755 026	1 023 202 777

解析：

$$经营性流动资产周转率 = \frac{2\ 354\ 433\ 784}{\dfrac{1\ 715\ 123\ 239 + 1\ 292\ 185\ 798}{2}} = 1.37(次)$$

$$经营性流动资产周转天数 = \frac{360}{1.37} = 262.25(天)$$

同理,计算甲公司和乙公司三年的经营性流动资产周转率和经营性流动资产周转天数如表5-16、表5-17所示。

表5-16　甲、乙两公司三年的经营性流动资产周转率　　　　　单位：元

公司	2018年	2019年	2020年
甲公司	1.35	1.50	1.37
乙公司	1.67	2.93	1.91

表5-17　甲、乙两公司三年的经营性流动资产周转期　　　　　单位：元

公司	2018年	2019年	2020年
甲公司	266.87	239.82	262.25
乙公司	215.75	122.87	188.49

扣除了以公允价值计量且其变动计入当期损益的金融资产以及可供出售金融资产、持有至到期投资和长期股权投资后的经营性流动资产、经营性资产之后的经营性流动资产计算的周转指标与流动资产的周转指标存在差异了。显然从计算结果来看,甲公司的经营性流动资产运营情况就不如乙公司。

四、流动资产营运能力质量分析

(一)应收账款周转性分析

1.应收账款的账龄分析

对债权的账龄进行分析,是最传统的一种方法。这种方法通过对债权的形成时间进行分析,进而对不同账龄的债权分别判断质量。对现有债权,按欠期长短(即账龄)进行分类分析。一般而言,未过信用期或已过信用期但拖欠期较短的债权出现坏账的可能性比已过信用期较长时间的债权发生坏账的可能性小。这种分析对确定企业的坏账情况、制定或调整企业的信用政策十分有益。值得注意的是,对应收账款账龄本身不可完全相信。实务中,很多企业会想尽各种办法(如设法向债务企业提供资金,待其偿还欠款后再进行赊账)将应收账款的账龄缩短,从而在整体上提高应收账款的质量。

【例5-5】 表5-18列出了格力电器2018年应收账款的账龄及计提坏账情况。

表5-18 格力电器2018年应收账款的账龄及计提坏账情况

账龄	应收账款期末余额(元)	所占比例(%)	坏账计提比例(%)
1年以内	7 102 390 980.19	98.97	5
1～2年	46 987 239.55	0.65	20
2～3年	19 920 724.75		50
3年以上	6 964 308.56	0.10	100
合计	7 176 263 253.05	100.00	5.32

从上表可以看出,应收账款期末余额中,1年以内的应收账款占总额的98.97%,按照5%计提坏账,这说明格力电器的应收账款基本上在1年以内都能及时收回,发生坏账的可能性比较小,周转性较好,整体质量较高。

2.债务人的构成分析

在很多情况下,企业债权的质量不仅与债权的账龄有关,更与债务人的构成有关。因此,在有条件的情况下,可以通过分析债务人的构成来分析债权的质量。对债务人的构成进行分析,可以从以下几个方面入手。

第一,从债务人的行业构成入手来分析。由于不同行业的成长性差异可能很大,处于同一行业的企业往往在财务质量方面有较大的相似性,因此,对债务人的行业构成进行分析至关重要。

第二,从债务人的区域构成入手来分析。从债务人的区域构成来看,不同地区的债务人由于经济发展水平、法治建设条件以及特定的经济环境等方面的差异,在企业自身有相当大的差异;经济发展水平较高、法治建设条件较好以及特定的经济环境较好地区的债务人,一般具有较好的债务清偿心理,企业对这些地区的债权的可回收性较强;经济发展水平较落后、法治建设条件较弱以及特定的经济环境较差(如正面临战争)地区的债务人,还款能力较差。

第三,从债务人的所有权性质入手来分析。从债务人的所有权性质来看,不同所有制的企业在自身债务的偿还心态以及偿还能力方面也有较大的差异。许多企业的实践已经证明了这一点。

第四，从债权企业与债务人的关联状况入手来分析。从债权企业与债务人的关联状况来看，可以把债务人分为关联方债务人与非关联方债务人。由于关联方彼此之间在债权债务方面的操纵色彩较强，因此，对关联方债务人的偿还状况应给予足够重视。

第五，从债务人的稳定程度入手来分析。从债务人的稳定程度来看，稳定的债务人的偿债能力一般较好把握，但同时也要关注其近期是否出现财务困难。一般地，稳定的债务人过多，通常意味着企业的经营没有太大起色。而临时性或不稳定的债务人虽然有可能是企业扩展经营业务的结果，但其偿债能力一般较难把握。

3.应收账款的周转情况分析

应收账款的周转情况可借助应收账款周转率、应收账款平均收账期等指标进行分析（具体指标的计算可参见后面章节）。在一定的赊账政策条件下，企业应收账款周转率越低，平均收账期越长，债权周转速度越慢，债权的周转性也就越差。

然而在实务中，应收账款周转率并非越高越好，过严的赊销政策虽然会保证应收账款快速回收，但同时可能会制约存货的周转，导致企业市场占有率下降、存货周转率降低。应收账款周转率与存货周转率之间往往存在此消彼长的关系，我们需要在保证存货顺畅周转的前提下考察应收账款的质量。

当然，应收账款周转率和存货周转率之间的关系会受到企业所处的市场环境和采取的营销策略的影响。若应收账款周转率与存货周转率同步上升，一般表明企业的市场环境日渐明朗，前景看好；若应收账款周转率上升，而存货周转率下降，可能表明企业因预期市场看好而扩大产销规模或收紧信用政策，或两者兼而有之；若存货周转率上升，而应收账款周转率下降，可能表明企业放宽了信用政策，扩大了赊销规模，这种情况可能隐含着企业对市场前景不乐观，应予以警觉。

（二）存货的周转性分析

存货周转率是一个动态的内部管理指标，反映一定时期内存货流转的速度。从公式来看，它是营业成本和平均存货水平的比值，通常越大越好。尽管存货周转率是一个数值，但它同样是运营状况的动态反映，因为营业成本取决于公司的采购成本、转换成本、其他成本和成本计算方法等，而平均存货水平是企业持续运营管理的综合结果。企业关注的焦点在于减少存货和加速流转。减少存货可以有效减少资金占用、降低经营风险、改善公司的财务状况和提高抵御风险的能力。加速流转可以有效提高公司的盈利能力，从而创造更多的价值。在周转一次产生的毛利水平相对不变的情况下，当其他条件相同时，企业存货周转速度越快，一定时期的盈利水平也就越高。

当然，在分析应收账款质量时我们已经提及，实务中企业的存货周转率并非越高越好，相对于行业平均水平来说，过高的存货周转率有可能是企业执行了过于宽松的信用政策的结果，很可能会导致企业出现大量坏账。企业商业债权（应收账款与应收票据）的回收速度与存货周转率之间往往存在此消彼长的关系，因此，企业需要在保证商业债权回款的前提下考察存货的周转性。

分析中需要注意的是，在考察存货的项目质量时，其盈利性与周转性也往往存在此消彼长的关系。有的企业借助产品在市场中拥有一定的定价自主权,通过较高的毛利率来保证企业的盈利能力;有的企业则通过薄利多销的手段用产品较高的周转率来保证企业的盈利能力。这与企业所制定的经营战略直接相关;在差异化战略下,企业通过保持产品的领先性、优质性和独特性来占领市场;在成本领先战略下,企业则利用各种管理手段控制成本、压低售价,通过提供价廉物美的产品来完胜对手。不管采取何种经营战略,保持存货在盈利性或者周转性方面的高质量是企业在竞争中取胜的关键因素之一。

【案例5-3】 存货的周转性分析案例:贵州茅台和五粮液的存货质量分析

茅台和五粮液是中国白酒市场的两大高端旗帜,而茅台在品牌地位上比五粮液略胜一筹,除了"国酒茅台"的广告宣传以外,茅台作为酱香型白酒的代表,一直在宣传酱香型白酒的复杂工艺,正是因为这复杂的工艺,茅台乃至贵州的酱香型白酒比同档次浓香型白酒的价格更高。

茅台的复杂工艺主要包括九次高温蒸煮、七次取酒以及最后的勾兑环节,整个酿造过程历时一整年,大曲的用量是浓香酒酿造的数倍,可以说既费时又费成本。一瓶茅台酒从开始投料到出厂大概要经历5年的生产周期(其中包括3~4年的窖藏),这一特有的生产工艺成功申请了首批非物质文化遗产。

相比之下,作为浓香型白酒代表的五粮液,其酿造过程简单得多,酿造时间也短得多,一次成酒时间大约为3个月(某些浓香酒厂用时更短)。

从以上介绍可以看出,相对而言,茅台酒存货的质量特征是高盈利性、低周转性;五粮液酒存货的质量特征为低盈利性、高周转性。从两家公司的整体盈利能力来看,贵州茅台历年均明显高于五粮液(具体财务数据见固定资产质量分析部分的案例资料)。2013—2018年两家公司与存货相关的财务数据(合并报表数据)见表5-19。

表5-19 贵州茅台和五粮液的存货盈利性和周转性分析

项目	公司	2013年	2014年	2015年	2016年	2017年	2018年
毛利率	贵州茅台	92.90	92.59	92.23	91.23	89.80	91.14
	五粮液	73.26	72.53	69.20	70.20	72.01	73.80
存货周转率(年/次)	贵州茅台	0.20	0.17	0.15	0.18	0.28	0.29
	五粮液	0.97	0.77	0.79	0.81	0.85	0.94

注:数据依据营业收入、营业成本及报表附注中的存货原值计算得出;
资料来源:两家公司各年年报。

在考察存货项目的质量时,其盈利性与周转性往往存在此消彼长的关系。有的企业借助产品在市场中拥有一定的定价自主权,通过较高的毛利率来保证企业的盈利能力;有的企业则通过薄利多销的手段用产品较快的周转率来保证企业的盈利能力。这当然与企业制定的经营战略有直接关系;在差异化战备下,企业通过保持产品的领先性、优质性和独特性来占领市场;在成本领先战略下,企业则利用各种管理手段控制成本,压低售价,通过提供价廉物美的产品完胜对手。但不管采取何种经营战略,保持存货在盈利性或者周转性方面的高质量是企业在竞争中取胜的关键因素之一。

茅台酒存货的质量特征是高盈利性、低周转性;而五粮液酒存货的质量特征则表现为低盈利性、高周转性。从两家公司的整体盈利能力来看,茅台公司历年均明显高于五粮液。

(三)经营性流动资产整体周转效率与行业特征的吻合性

1.考察商业债权的周转效率

在企业所处行业对外销售普遍采用商业票据结算的情况下,应计算商业债权(应收票据和应收账款之和)周转率来反映企业商业债权整体的周转回收状况,因为应收票据和应收账款共同推动了企业的赊销规模。商业债权周转率的计算公式为:

$$商业债权周转率 = \frac{赊销净额}{应收账款与应收票据的平均原值余额之和} \times 100\% \quad (5-14)$$

$$商业债权周转期 = \frac{360}{商业债权周转率} \times 100\% \quad (5-15)$$

$$商业债权平均余额 = \frac{期初商业债权 + 期末商业债权}{2} \times 100\% \quad (5-16)$$

如果企业的应收票据占商业债权的比重较大(如格力电器),也就是说,推动营业收入的主要是应收票据而非应收账款(当然,有些像格力电器这样的企业的预收款项金额一贯较高),若仍用应收账款周转率指标来衡量公司应收账款的回收速度就会失之偏颇。因此,我们建议将应收票据和应收账款加在一起,通过计算商业债权周转率来反映公司债权的一般回收状况。但这样计算仍然有问题:应收票据和应收账款毕竟是两个债权回收保障程度不同的项目,这样直接相加等于把两个项目等同起来,并不完全恰当。但在当前财务信息披露模式下,我们还没有找到更好的办法。因此,只有运用报表附注,通过单独分析应收账款项目的账龄、债务人的构成等信息,才能够真正了解公司到期回款的规模和质量。

【例5-6】 根据表5-2、表5-20、表5-21的数据计算甲公司2020年的商业债权周转率和商业债券周转期。

表5-20　甲公司有关商业债权的数据表　　　　　单位:元

项目	2017年12月31日	2018年12月31日	2019年12月31日	2020年12月31日
应收票据	850 000	2 950 000	9 564 000	273 590
应收账款	377 883 434	440 945 902	585 652 701	650 015 745
合计	378 733 434	443 895 902	595 216 701	650 289 335

表5-21　乙公司有关商业债权的数据表　　　　　单位:元

项目	2017年12月31日	2018年12月31日	2019年12月31日	2020年12月31日
应收票据	38 410 882	54 093 299	79 964 518	120 417 090
应收账款	217 936 593	284 367 232	317 185 506	300 223 854
合计	256 347 475	338 460 531	397 150 024	420 640 944

解析：

$$商业债权周转率 = \frac{2\,354\,433\,784}{\dfrac{595\,216\,701 + 650\,289\,335}{2}} = 3.78\,(次)$$

$$商业债权周转天数 = \frac{360}{3.78} = 95.22\,(天)$$

同理,计算甲公司和乙公司三年的商业债权周转率和商业债权周转天数如表5-22、表5-23所示。

表5-22　甲、乙两公司三年的商业债权周转率　　单位：元

公司	2018年	2019年	2020年
甲公司	4.24	4.18	3.78
乙公司	5.74	5.32	5.53

表5-23　甲、乙两公司三年的商业债权周转期　　单位：元

公司	2018年	2019年	2020年
甲公司	84.95	86.18	95.22
乙公司	62.71	67.69	65.11

从计算结果来看,甲公司的商业债权的运营情况就不如乙公司。但进一步分析,我们发现乙公司推动营业收入的主要不是应收账款而是应收票据,相对于单纯的应收账款周转率来说更能说明公司的实力和营运能力。

2.考察商业债权与存货的整体周转状况

通常情况下,对于一个企业来说,商业债权周转率与存货周转率之间往往存在此消彼长的关系,采用营业周期这个指标可以较好地将商业债权与存货两个项目联系在一起,强调两者整体的周转状况。营业周期可以近似地看作商业债权周转天数与存货周转天数之和,也就是从购入存货到售出存货并收现所需的时间。通过考察企业的营业周期,可以在一定程度上抵消企业的信用政策对个别资产项目造成的影响,较全面地反映流动资产整体的周转状况。当然,该指标也有可能掩盖不同项目周转率对于特定企业的不同意义,因而还要结合企业所处行业的技术特性和产品的价格弹性和需求弹性以及法律环境等因素来综合分析。

3.考察企业上下游关系管理中的竞争性

企业对下游企业采用不同的销售结算方式,如赊销方式、预收款方式或者商业汇票结算方式,企业现金回款的保障程度不同,对流动资产的质量必然会产生显著不同的影响。而企业对上游企业采用不同的采购结算方式,如赊购方式、预付款方式或者商业汇票结算方式,给企业现金流出带来的压力也会大不一样,这体现了企业上下游关系管理中的竞争性问题。企业将销售与采购结算方式加以适当协调,尽可能做到提早收款、推迟付款,便可在一定程度上缓解结算过程中现金供给与现金需求之间的矛盾,降低偿债压力,在保证企业资金顺畅周转的同时提高短期偿债能力,并不断优化流动资产的整体

质量。当然,企业在上下游关系管理中是否具有一定的竞争性,很大程度上是由其在行业中所处的地位决定的。

第三节　非流动资产营运能力分析

一、非流动负债资产营运能力的主要财务指标

(一)固定资产营运能力分析

固定资产的一般特点是资金占用量大、难以变现。固定资产营运能力分析是指通过企业固定资产周转速度的有关指标所反映出来的企业固定资产的利用效率,判断企业管理固定资产的能力。

1.固定资产周转速度指标计算与分析

常用的固定资产周转速度指标包括固定资产周转率(次数)和固定资产周转天数。固定资产周转率是指一定时期企业实现的营业收入净额与固定资产平均余额的比率,它表示企业的固定资产在一定时期(通常为一年)内周转的次数。这个指标可以粗略地计量企业固定资产创造收入的能力,反映企业管理层管理企业固定资产运营的能力。其计算公式如下:

$$固定资产周转率(次数) = \frac{营业收入净额}{固定资产平均余额} \tag{5-17}$$

式中,

$$固定资产平均余额 = \frac{期初固定资产余额 + 期末固定资产余额}{2} \tag{5-18}$$

这里,固定资产余额有两种计算方法。一种是按固定资产原值计算,其理由是固定资产的生产能力并非随着其价值的逐渐转移而相应降低;再者,使用原值能够避免因所采用的折旧政策不同造成人为差异,便于企业不同时期或不同企业之间的比较。另一种是按固定资产净值计算,即按固定资产原值减去累计折旧后的余额计算,其理由是固定资产原值并非一直全部被企业占用。其价值的磨损部分已逐步通过折旧收回,只有采用净值计算,才能真正反映一定时期内企业实际占用的固定资产。本节采用固定资产净值计算固定资产平均余额。固定资产周转速度也可用周转天数表示,其计算公式如下:

$$固定资产周转天数 = \frac{计算期天数}{固定资产周转率} \tag{5-19}$$

固定资产周转率指标没有绝对的判断标准。一般来说,固定资产周转率越高,固定资产周转天数越短,说明固定资产周转越快,利用越充分,效率越高。但高周转率也可能是由于设备老化即将折旧完毕造成的,这可能会导致较高的生产成本,带来较低的企业利润,使企业将来固定资产的更新改造更加困难。因此,如果固定资产周转过快,则需要结合企业具体情况分析原因,看生产能力是否饱和,是否需要增加或更新设备。固定资

产周转率较低,通常意味着企业生产能力过剩。对于机器设备等固定资产,因其具有成套性和专用性的特点,一旦过剩,常常不能分拆或移作他用,难以处理。企业要提高固定资产周转率,就应加强对固定资产的管理,使固定资产投资规模得当、结构合理。

2.运用固定资产周转率应注意的问题

运用固定资产周转率评价固定资产的营运能力时,应注意以下几点:

(1)对固定资产营运能力进行分析时,结合流动资产的规模及周转速度使分析更有价值。严格地说,企业的营业收入并不是直接由固定资产周转带来的,而是与流动资产的周转直接相关。因此,用营业收入净额与固定资产平均余额的比值来反映固定资产的周转速度有一定的缺陷。但从固定资产对流动资产周转速度和周转额的推动作用来看,固定资产又与企业营业收入有着必然的联系,即流动资产的利用效率在一定程度上有赖于固定资产的生产能力及利用效率。一般而言,固定资产的质量和使用效率越高,其推动流动资产运营的有效规模越大,周转速度也越快,因此,固定资产营运能力与流动资产营运能力是紧密联系的。

(2)对固定资产营运能力进行分析时,结合企业过去状况和同业现状使评价更合理。固定资产周转率的影响因素众多,固定资产的来源不同、所选择的折旧政策差异甚至通货膨胀等,都可能导致固定资产周转率发生非效能原因所致的变化。评价固定资产周转率时结合同一企业不同时期的历史数据,与同行业类似企业进行比较等,能够使评价结果更趋合理。同时,这种比较也有利于企业寻找差距。

(3)需要关注行业特点。周转率在很大程度上与企业所处行业的资产特点相关,资本密集型行业通常有大量的固定资产,因此固定资产周转率较低;而劳动力密集型行业则通常具有较高的固定资产周转率。

(4)需要关注行业周期的影响。固定资产很难在短时间内增减,因此,行业周期非常明显的行业和企业,在周期的不同阶段固定资产周转率会表现出较大的差异。当行业周期处于上行阶段时,固定资产周转因营业收入的快速增长而加快,固定资产周转率提高;反之,当行业周期处于下行阶段时,固定资产的周转因营业收入的快速下滑而放缓,固定资产周转率降低。这种周转率的大幅度变化,会给企业和投资者带来较高的风险。

(5)需要关注大额投资的影响。一些企业在扩张经营规模的过程中,由于一些大型生产线或分厂是一次性巨额投入使用的,短期内产能不能马上释放,因此会导致一段时间内出现异常低的固定资产周转率,分析时不能因此而轻易得出企业固定资产管理不善的结论。如果经过较长时期,固定资产周转率仍然得不到恢复,则很可能说明企业资产规模的扩大并未带来应有的收入,企业投资失误。

(6)需要关注折旧政策的影响。固定资产累计折旧的多少在一定程度上受折旧政策的影响,当比较两家采用不同折旧政策的企业时,如果不注意,很可能会得出违背实际情况的评价结论。这种现象主要出现在主要固定资产一次性完成投入并且使用周期非常长的企业,比如水电企业,其最主要的固定资产水坝投入使用后,很长时间不需要进行更新,如果不考虑这种会计因素,很容易导致新的水电企业与老的水电企业比较固定资产周转率指标时处于劣势,以致对企业的资产管理能力形成误判。

【例5-7】　根据表5-2、表5-24的数据计算甲公司2020年的固定资产周转率和固定资产周转期。

表5-24　甲、乙两公司的有关固定资产的数据表　　　　　　单位：元

公司	2017年12月31日	2018年12月31日	2019年12月31日	2020年12月31日
甲公司	450 800 844	445 828 595	648 515 297	734 607 025
乙公司	739 153 801	667 218 994	683 122 864	643 078 678

解析：

$$固定资产周转率(次数) = \frac{2\,354\,433\,784}{\dfrac{648\,515\,297 + 734\,607\,025}{2}} = 3.4(次)$$

同理，计算甲公司和乙公司三年的固定资产周转率如表5-25所示。

表5-25　甲、乙两公司三年的固定资产周转率　　　　　　单位：元

公司	2018年	2019年	2020年
甲公司	3.89	3.97	3.40
乙公司	2.43	2.9	3.41

前两年甲公司固定资产周转率均优于乙公司，但是最后一年急剧降低，这与公司进行的大规模固定资产投资有关。公司固定资产的增长在以往带来了收入的不断增长，因此公司希望2020年固定资产的急剧增长也能够在未来带来更高的收入，否则，固定资产产生的固定费用将会更快地降低公司利润的增长。

(二)非流动资产营运能力分析

非流动资产周转率指标主要用于衡量企业为经营目的而进行的所有非流动资产投资的使用效率。

$$非流动资产周转率(次数) = \frac{营业收入}{非流动资产平均净值} \qquad (5\text{-}20)$$

非流动资产周转速度也可用周转天数表示，其计算公式如下：

$$非流动资产周转天数 = \frac{计算期天数}{非流动资产周转率}$$
$$= 计算期天数 \times \frac{平均非流动资产总额}{营业收入净额} \qquad (5\text{-}21)$$

式中，

$$平均资产总额 = \frac{期初非流动资产总额 + 期末非流动资产总额}{2} \qquad (5\text{-}22)$$

非流动资产周转率越高，说明企业的非流动资产利用率越高；非流动资产的质量越好，无效资产越少。但是，若分析这种利用率产生的原因，则更多地需要逐项深入分析企业的非流动资产构成及它们的使用状况，反之，非流动资产周转率越低，企业的非流动资产利用率越差，无效资产越多。

指标计算要点：

(1)非流动资产的内容。计算非流动资产周转率通常采用资产负债表中的非流动资产合计数据。但是，如果企业的非流动资产中存在较多的金融资产，如可供交易的金融资产、持有至到期投资等，则该指标会偏离分析企业经营活动投资的使用效率的目标。

(2)非流动资产采用净值。严格意义的指标计算中，非流动资产均使用净值，考虑固定资产的累计折旧、无形资产的累计摊销，但不考虑减值准备对资产账面价值的抵减。由于实际中减值准备金额通常很小，在计算中可以忽略不计。

【例5-8】 根据表5-2、表5-26的数据计算甲公司2020年的非流动资产周转率和非流动资产周转期。

表5-26 甲、乙两公司的有关非流动资产的数据表 单位：元

公司	2017年12月31	2018年12月31	2019年12月31	2020年12月31
甲公司	675 392 119	795 303 681	1 066 890 550	1 174 918 492
乙公司	1 260 994 346	1 357 257 963	1 566 220 731	1 486 120 352

解析：

$$非流动资产周转率(次数) = \frac{2\ 354\ 433\ 784}{\dfrac{1\ 066\ 890\ 550 + 174\ 918\ 492}{2}} = 2.10(次)$$

$$非流动资产周转期 = \frac{360}{2.10} = 171.43(天)$$

同理，计算甲公司和乙公司三年的非流动资产周转率如表5-27所示。

表5-27 甲、乙两公司三年的非流动资产周转率 单位：元

项目	公司	2018年	2019年	2020年
非流动资产周转率	甲公司	2.37	2.33	2.10
	乙公司	1.30	1.34	1.48
非流动资产周转期	甲公司	151.90	154.51	171.43
	乙公司	276.92	268.66	243.24

甲公司的非流动资产周转率高于乙公司，说明甲公司的非流动资产使用效率高于乙公司。考虑到甲公司的固定资产周转率低于乙公司，非流动资产周转率反而高于乙公司，因此需要研究报表上其他非流动资产的结构。经研究发现，造成甲公司与乙公司的非流动资产存在较大差异的项目是长期股权投资。甲公司存在较少的非合并子公司，而乙公司存在较多的非合并子公司，比如联营或合资公司。这是甲公司的非流动资产周转反而快于乙公司的重要原因。

(三)经营性资产营运能力分析

由于只有经营性资产才能带来营业收入，创造核心利润，因此，通过经营性资产周转率的计算，可以考察企业经营性资产的周转效率，剔除投资性资产的干扰，更加客观、直接地反映企业管理层在自身的经营活动中对资产运营效率的管理能力。

$$经营性资产周转率 = \frac{营业收入}{平均经营性资产} \times 100\% \qquad (5\text{-}23)$$

式中,平均经营性资产是经营性资产期初余额和期末余额之和除以2得到的。

【例5-9】 根据表5-2、表5-28、表5-29的数据资料计算甲公司、乙公司三年的经营性资产周转率。

表5-28　甲公司的有关经营性资产的数据表　　　　　　　　单位:元

项目	2017年12月31日	2018年12月31日	2019年12月31日	2020年12月31日
货币资金	569 825 656	588 303 216	473 902 314	468 310 197
应收票据	850 000	2 950 000	9 564 000	273 590
应收账款	377 883 434	440 945 902	585 652 701	650 015 745
存货	272 430 135	331 183 252	459 264 604	783 263 327
固定资产	450 800 844	445 828 595	648 515 297	734 607 025
无形资产	31 554 269	99 624 633	170 005 526	182 400 390
合计	1 703 344 338	1 908 835 598	2 346 904 442	2 818 870 274

表5-29　乙两公司的有关经营性资产的数据表　　　　　　　　单位:元

项目	2017年12月31日	2018年12月31日	2019年12月31日	2020年12月31日
货币资金	927 868 735	1 036 582 266	711 853 633	690 691 751
应收票据	38 410 882	54 093 299	79 964 518	120 417 090
应收账款	217 936 593	284 367 232	317 185 506	300 223 854
存货	289 488 562	234 240 250	365 413 883	493 613 449
固定资产	739 153 801	667 218 994	683 122 864	643 078 678
无形资产	191 500 393	228 064 300	220 607 353	218 637 494
合计	2 404 358 966	1 467 984 075	1 666 294 124	2 466 662 316

解析:

$$经营性资产周转率 = \frac{2\,354\,433\,784}{(2\,346\,904\,442 + 2\,818\,870\,274)/2} \times 100\% = 0.91$$

同理,计算甲公司和乙公司三年的经营性资产周转率如表5-30所示,并进行比较。

表5-30　甲、乙两公司的经营性资产周转率

公司	2018年	2019年	2020年
甲公司	0.97	1.02	0.91
乙公司	0.88	1.25	1.09

从计算的结果看,两个公司的经营性资周转率不呈现波动状态。在别除了投资性资产的影响后,总体上乙公司经营性资产创造核心利润的能力更强些,管理者在自身的经营管理中经营性资产的营运能力更强些,营运效率更高些。

（四）总资产营运能力分析

总资产营运能力分析是指通过企业全部资金周转速度的有关指标所反映出来的企业总资产的利用效率，表明企业管理当局在企业经营管理活动中运用全部资产的能力。

1. 总资产周转速度指标计算与分析

总资产周转率是指企业一定时期的营业收入净额与平均资产总额的比率，它说明企业的总资产在一定时期内（通常为一年）周转的次数。其计算公式如下：

$$总资产周转率 = \frac{营业收入净额}{平均资产总额} \tag{5-24}$$

总资产周转速度也可用周转天数表示，其计算公式如下：

$$总资产周转天数 = \frac{计算期天数}{总资产周转率} = 计算期天数 \times \frac{平均资产总额}{营业收入净额} \tag{5-25}$$

式中，

$$平均资产总额 = \frac{期初资产总额 + 期末资产总额}{2} \tag{5-26}$$

总资产周转率越高，总资产周转天数越少，说明企业运用资产获得收入的能力越强，企业对资产的管理效率越高，经营风险相对较小。

企业总资产由企业各项流动资产和固定资产构成，因此，企业总资产周转率除了受营业收入净额大小的影响，还与各项分类资产的利用状况有关。所以，要提高总资产的营运能力，首先要合理安排资产结构，特别是流动资产和固定资产的比例，防止流动资产和固定资产出现闲置；其次应提高各项资产的利用效率，尤其是流动资产中的应收账款和存货的周转速度，固定资产则应结合企业的生产能力确定合适的投资规模；最后，在总资产规模不变的情况下，还应尽可能提高市场占有率，增加营业收入。

在企业对外投资规模较大时，平均总资产应该剔除并不引起营业收入增加的各项投资性资产。

2. 运用总资产周转率应注意的问题

运用总资产周转率评价总资产的营运能力时，应注意以下两点：

（1）总资产周转率只是粗略地计量企业资产创造收入的能力。总资产周转率只是粗略地计量企业资产创造收入的能力，反映企业管理层管理企业资产的能力。但是资产的组成很复杂，所以这个指标只是种粗略的描述，还要具体考虑企业资产的情况才能做出合理准确的评价。此外，在销售收入既定的情况下，总资产周转率的驱动因素是各项资产，即总资产周转天数是各项资金周转天数之和。通过驱动因素分析，可以了解总资产周转率变动是由哪些资产项目引起的，以及其中影响较大的因素是什么，从而为进一步分析指明方向。

（2）总资产周转率是衡量企业资产管理效率的重要财务比率。总资产周转率是衡量企业资产管理效率的重要财务比率，在财务分析指标体系中具有重要的地位。虽然其计算简便、易于操作，但含义模糊，主要是因为该计算公式中分子和分母的计算口径不一致。公式中的分子是营业收入，是指企业从事营业活动所取得的收入净额；而分母是指企业的各项资产的总和，包括交易性金融资产、投资性房地产、债权投资、长期股权投资、固定资产等。众所周知,总资产中的对外投资(即交易性金融资产、债权投资、长期股权投资等)给企业带来的应该是投资收益,不能形成营业收入。该指标前后各期及不同企业之间会因资产结构的不同而降低可比性。

【例5-10】 根据表5-2、表5-31的数据计算甲公司2020年的固定资产周转率和固定资产周转期。

表5-31 甲、乙两公司的有关总资产的数据表 单位:元

公司	2017年12月31日	2018年12月31日	2019年12月31日	2020年12月31日
甲公司	1 946 983 642	2 200 215 282	2 665 503 954	3 163 509 191
乙公司	2 830 268 837	2 995 100 164	3 128 547 460	3 155 554 351

解析:

$$固定资产周转率(次数) = \frac{2\ 354\ 433\ 784}{\dfrac{2\ 665\ 503\ 954 + 3\ 163\ 509\ 191}{2}} = 0.81(次)$$

同理,计算甲公司和乙公司三年的固定资产周转率如表5-32所示。

表5-32 甲、乙两公司三年的固定资产周转率 单位:元

公司	2018年	2019年	2020年
甲公司	0.84	0.89	0.81
乙公司	0.59	0.64	0.72

甲公司的总资产周转率一直高于乙公司,但是最后一年有所降低,而乙公司则有上升的趋势。这与甲公司最后一年的资产增长幅度大于销售增长幅度有关,而乙公司则因销售增长相对更快,从而提高了总资产周转率。

【案例5-4】 格力电器公司营运能力分析

本部分以格力电器公司为例,对其营运能力进行分析,并与同行业竞争对手美的公司、海尔公司进行比较,反映三家公司营运能力的主要指标如表5-33所示。

表5-33 三家电器行业公司的营运能力比较表 单位:天

公司	营运能力指标	2017年	2018年	2019年
格力	应收账款周转天数	10.49	12.28	14.68
	存货周转天数	31.07	33.23	40.06
	流动资产周转天数	381.70	337.30	375.06
	固定资产周转天数	42.67	32.59	34.07
	总资产周转天数	482.32	423.57	485.16

续表

公司	营运能力指标	2017年	2018年	2019年
美的	应收账款周转天数	23.17	25.59	24.62
	存货周转天数	33.70	40.96	40.17
	流动资产周转天数	217.18	244.35	258.26
	固定资产周转天数	32.64	31.22	28.53
	总资产周转天数	313.10	354.79	365.97
海尔	应收账款周转天数	27.93	22.90	19.32
	存货周转天数	41.58	44.10	45.40
	流动资产周转天数	178.59	181.50	175.70
	固定资产周转天数	35.67	33.90	34.58
	总资产周转天数	319.79	318.00	318.78

由表5-33可以看出,格力电器的营运能力指标中,应收账款周转天数一直都在10～15天,是三家电器公司中周转速度最快的,说明格力电器应收账款的回款速度较快,而美的和海尔的应收账款周转天数一般都在20～30天,是格力电器的近两倍,单从这一点来看,格力电器对应收账款的管控更有效。对照2019年家用电器制造业绩效评价标准值来看,应收账款周转率的行业优秀值为16.2次,即周转天数优秀值为22.22天;良好值为13.2次,即周转天数良好值为27.27天,格力和海尔的应收账款周转天数均少于优秀值,处于领先地位,美的则处于优秀和良好之间。然而,结合2017—2019年的变动趋势来看,格力的应收账款周转天数在逐年增加,从2017年的10.49天逐步增长到2019年的14.68天,应收账款回款速度实际减缓了39.94%;而海尔的应收账款回款速度是不断提升的,从2017年的27.93天逐步降低至2019年的19.32天,应收账款回款速度加快了近30.83%;美的周转速度比较平稳,三年内有进有退,总体比2017年增加了1.45天。因此,尽管格力应收账款周转天数在三家公司中是最低的,但从趋势来看,其对应收账款的管控有效度有所减弱,反而是海尔的应收账款回款表现在逐年变好,对此,格力绝不能掉以轻心,应当关注应收账款周转天数逐年增加的变化趋势。

从存货周转天数来看,2017—2019年格力电器的存货周转天数呈上升的趋势,从2017年的31.07天增加至2019年的40.06天,存货周转一次所需要的时间增幅达28.94%。同样,美的和海尔的存货周转天数也有逐步上升的趋势,美的的存货周转天数从2017年的33.70天逐步增加至2019年的40.17天,但是增加幅度没有格力那么大,海尔的存货周转天数一直在40天以上,2019年更是突破了45天。结合行业绩效标准值来看,三家公司的存货周转天数都低于优秀值41.86天,因此三家公司对存货的运营能力在整个家用电器制造行业中都是比较优秀的,尤其是格力电器,其存货周转速度在三家公司中仍是最快的。在对格力电器存货营运能力予以肯定的同时,也应当关注其存货周转天数逐年增长的趋势,找出背后的原因,及时采取措施以维护其优秀表现。

从流动资产周转天数来看,格力的流动资产周转天数一直都在300天以上,尤其是2017年和2019年,分别高达381.70天和375.06天,低于行业平均值的276.92天,且接近于行业较低值的400天,而美的近三年的流动资产周转天数一直处于行业良好值与优秀值之间,海尔的周转天数更是接近行业优秀值,这说明格力流动资产的营运能力不理想,还有进一步改善的空间。从趋势来看,格力的流动资产周转天数有所下降,在应收账款和存货周转速度都有所减缓的情况下,还能让流动资产周转速度有所上升实属不易,可能是其他流动资产的营运能力有所提高的结果,这说明格力意识到了自身流动资产营运能力较低,有意识地进行调整。

从固定资产周转天数来看,2017—2019年格力电器的固定资产周转天数逐年减少,说明其对固定资产的营运能力有所上升;同时,美的与海尔的固定资产周转天数在这三年也呈现下降的趋势。值得注意的是,格力电器2017年固定资产周转天数为42.67天,是三家公司中最多的,2018年和2019年的固定资产周转速度有所上升,其周转天数位于三家公司的第二名,而美的一直处于第一位,其固定资产营运能力一直都表现得比较好。

从总资产周转天数来看,虽然格力电器流动资产和固定资产的周转天数都有所减少,但总资产的周转天数却呈上升趋势,且2017—2019年,格力电器的总资产周转天数仍旧是三家公司中最高的。与2019年家电制造业绩效评价标准值比,海尔的总资产周转天数为318.78天,美的的总资产周转天数为365.97天,都高于行业平均值300天;格力的总资产周转天数高达485.16天,比行业较差值450天还要高,这说明格力资产综合营运能力并不理想,在行业中处于较差的位置。

图5-1是对格力电器2017—2019年营运能力各指标数据分析的趋势图,可以看到应收账款周转天数和存货周转天数都有所增加,而在这样的情况下,其流动资产周转天数却略有下降,固定资产周转速度有所提升,然而最终总资产周转天数仍在上升。结合具体的数据来看,格力电器近三年的营运能力并不理想,虽然流动资产周转速度和固定资产周转速度都是有所提高的,但是应收账款和存货的营运表现不佳,有退步的趋势。同时,格力对流动资产和总资产的营运能力处于行业较低值,虽然已经有所进步,但是仍旧不理想,需要加强资产管理,提高资产利用的效率。

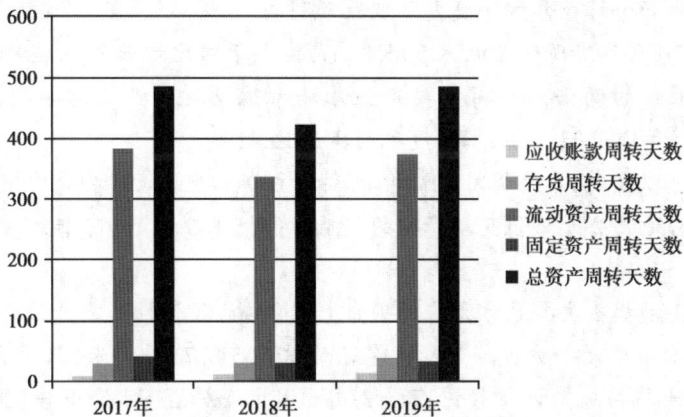

图5-1　格力电器2017—2019年营运能力各指标趋势图

二、非流动资产营运能力的质量分析

（一）投资性房地产质量分析

投资性房地产是指为赚取租金或资本增值，或者两者兼有而持有的房地产。投资性房地产在用途、状态、目的等方面与企业自用的厂房、办公楼等作为生产经营活动场所的房地产，以及房地产开发企业用于销售的房地产有较大的差异，投资性房地产是一种经营性活动，企业持有该项目主要有两个目的：一是通过出租建筑物和土地使用权，让渡资产的使用权，以取得房地产租金等使用费收入；二是通过持有待未来增值后转让，以赚取增值收益。与投资性房地产的出租和转让相关的活动亦属于企业为完成其经营目标所从事的经营性活动。对该项目进行分析，首先应注意企业对投资性房地产的分类是否恰当，即企业是否对投资性房地产与固定资产、无形资产做了正确的区分。

由于企业持有投资性房地产的目的是赚取租金或资本增值，或两者兼而有之，因此，该项目的盈利性是判断其质量的重要因素。投资性房地产应当按照成本进行初始确认和计量。在对投资性房地产进行后续计量时，通常应当采用成本模式。企业只有存在确凿的证据表明其公允价值能够持续可靠取得，才允许采用公允价值计量模式。同一企业只能采用一种模式对所有投资性房地产进行后续计量，不得同时采用两种计量模式但现行准则也规定，企业对投资性房地产的计量模式一经确定，不得随意变更。成本模式转为公允价值模式的，应当作为会计政策变更处理，已采用公允价值模式计量的投资性房地产，不得从公允价值模式转为成本模式。因此，对于计量模式的选择，企业应持谨慎态度。

值得注意的是，投资性房地产的盈利性并不会随着资产价值重估或入账模式改变而有所变动，实际上，投资者在未来几年将看到，投资性房地产实行公允价值模式后导致净资产增加，同时导致相关的净资产收益率相对降低。因而，这只是投资性房地产这一资产的价值何时入账的问题，对于公司的成长并无实质性的改变

【案例5-5】 方大集团2018年利润翻倍达到22亿，会计手段贡献最大

（一）方大集团利润翻倍，主要来源于会计手段？

投资性房地产会计核算方法变更贡献巨额利润。

方大集团2018年实现营业收入30.8亿元，较上年同比增长3.43%，净利润实现22.5亿元，基本是上年的两倍。公司主要产业幕墙系统及材料产业本年度实现营业收入20.11亿元，较上年增长21.59%；本年度毛利率为14.41%。

仔细分析可以发现，方大集团2018年的利润主要来源于采用公允价值模式进行后续计量的投资性房地产公允价值变动产生的损益，达到29亿元。扣除非经常性损益的净利润仅2 117万元。

公允价值变动损益主要系方大广场项目1号楼转为投资性房地产按公允价值后续计量产生的公允价值变动。方大城1号楼建筑面积72 517.71平方米，账面原值8.26亿元，深圳市文集土地与房地产评估经纪有限公司出具的《房地产估价报告》显示，评估价值36.64亿元，差额28.38亿元计入公允价值变动损益。方大城1号楼增值率3.4倍，评估价

格约5万元每平方米。

（二）投资性房地产会计原理，方大集团的利润是这么来的

投资性房地产是指为赚取租金或资本增值（房地产买卖的差价），或两者兼有而持有的房地产。投资性房地产一般包括：

（1）已出租的土地使用权。

（2）持有并准备增值后转让的土地使用权。

（3）已出租的建筑物。

（4）企业自己持有的。

投资性房地产的后续计量有两种方法，成本模式和公允价值模式。

成本模式：和固定资产计量相同，按折旧年限计提折旧。

公允价值模式：不计提折旧或摊销，以资产负债表日投资性房地产的公允价值为基础调整账面价值，转换日公允价值和原账面价值之间的差额计入当期损益。

成本模式可以转为公允价值模式，但公允价值模式不能转回成本模式。

会计准则要求，采用公允价值模式计量投资性房地产，应当同时满足以下条件：投资性房地产所在地有活跃的房地产交易市场。一般是城区。企业能够从活跃的房地产交易市场上取得同类或类似房地产的市场价格及其他相关信息，从而对投资性房地产的公允价值做出合理估计。

也就是说，一栋用于出租的房产，原本采用成本模式计量，账面成本1亿元，请评估机构评估一下，评估值5亿元，差额的4亿元就会计入利润表的"公允价值变动损益"项目，什么都没干，4亿元的利润就出来了。

方大城1号楼此次转为投资性房地产的理由即属于自行建造的预计用于出租的房产。

（三）真实的业绩

回到年报，再仔细分析方大集团2016—2018年的利润，2017年营业收入是下降的，2018年基本与上年持平；扣非后归母净利润逐年下降得非常厉害；扣非前的净利润以每年翻倍的速度增长，主要是投资性房地产按照公允价值模式计量，形成公允价值变动损益所致。

我们在观察一家上市公司的数据时，不能只看净利润，还要结合其他指标，比如营业收入、非经常性损益、经营活动现金流来综合判断公司业务。方大集团2018年扣除掉非经常性损益后净利润仅2 000余万元，这也许才是上市公司的真实业绩。

（四）公允价值模式成为上市公司调节业绩的重要手段

目前常见的采用公允价值模式计量的资产主要有金融工具、投资性房地产。金融工具涉及股权投资时，股权投资有三种核算类别：控制——成本法、重大影响——权益法（按比例对被投资方的利润确认投资收益）、无重大影响——公允价值（非上市的主要参考评估价格）。

投资性房地产有两种模式，成本模式和公允价值模式。

这两类资产在涉及从其他方式转变到公允价值模式时，都会产生巨额投资收益或公允价值变动损益，只需一个评估报告就能为报告期带来几十亿元的利润。

我们也注意到方大集团还留有成本法计量的投资性房地产3 300万元，另外，在建工

125

程部分,商业地产业务也是方大集团重要的业务单元,后期预计仍然会存在经营业绩不够好时公允价值来凑的情形。

（资料来源:注会闲谈,2019-01-29.）

（二）固定资产的质量分析

固定资产是指为生产产品、提供劳务或经营管理而持有的、使用寿命超过一个会计年度的有形资产。其中,使用寿命是指企业使用固定资产的预计期间,或者该固定资产所能生产产品或提供劳务的数量。固定资产是企业获取盈利的主要物质基础,在企业的生产经营过程中发挥着重要的作用,对于实体经济中的传统行业来说尤其如此。

一般来说,企业的固定资产的财务效应呈现出以下特点:

（1）长期拥有并在生产经营中持续发挥作用。

（2）投资数额大,经营风险也相对较大。

（3）其规模和结构反映企业生产工艺的特点和技术装备水平。

（4）固定资产折旧以及减值准备计提等会计处理对企业的盈利能力和财务状况影响巨大。

固定资产在资产总额中所占比重往往带有较浓厚的行业色彩,在实务中通常据此将行业分为重资产行业和轻资产行业。一个企业拥有的固定资产的规模和先进程度可以在一定程度上揭示企业的生产能力和生产工艺,也可以反映该企业在行业中相对的竞争实力和竞争地位。就某个具体的固定资产项目来说,其利用效率和利用效果的大小,与企业所处的不同历史时期、不同发展阶段以及不同的客观经济环境有着直接联系,因此,从财务角度来说,固定资产质量具有极大的相对性。

在对固定资产的质量进行分析时,除了考虑盈利性、周转性和保值性外,同时还要关注有可能对固定资产质量产生影响的其他方面,如固定资产的取得方式、分布与配置、规模与变化等。对这些方面的分析有助于读者了解企业的商业模式,透视企业在固定资产投资方面的战略实施等情况。

1. 固定资产的取得方式与财务状况的外在表现

固定资产的取得,既可采用外购方式,又可采用自建方式,还可采用接受所有者投入、融资租赁等方式。不同方式下财务状况的外在表现各不相同。

（1）用流动资产和流动负债购建固定资产

用流动资产和流动负债购置、建造固定资产,就是用货币资金、存货以及短期赊购等方式购买、建造固定资产。显然,这是一种最直接的取得固定资产的方式。这种取得方式的最大特点是取得成本往往通过市场公平交易确定,成本具有可验证性。

但是,由于这种取得固定资产的方式要么减少流动资产,要么增加流动负债,因而财务状况的外在表现是导致企业营运资本(即流动资产—流动负债)大幅下降。

（2）接受所有者的固定资产入资

这种方式往往在创建有限责任公司、合伙制企业以及中外合资企业时采用。它对财务状况的显著影响是:第一,增加企业所有者权益(资本)的"厚实"程度,改善企业的资本结构,为企业进一步举债奠定基础。第二,成本的确定具有主观性,接受固定资产入资的成本,按双方协议约定或按资产评估机构评估确认的价值来确定。不论价值如何,均有可能并非市场的公平交易价格。

(3)用融资租赁方式取得

融资租入的固定资产类似于分期付款购入的固定资产。按照融资租赁的一般做法,融资租入方将租入的固定资产视同自己的固定资产处理,将租金的现值及有关附加成本计入融资租入固定资产的成本,并向租出方支付定金,分期付清其余款项。在租赁期内,融资租入的固定资产的法定所有权属于租出方。这样,对承租方来讲,融资租入的固定资产的财务影响是:第一,减少流动资产(货币),增加流动负债(1年内支付部分)和长期负债(1年以上支付部分),加大企业负债对所有者权益的比率,降低企业进一步举债的能力;第二,承租方将融资租入的固定资产视同自己的固定资产管理,计提折旧,并按税法要求抵减所得税。

2018年12月7日,财政部修订发布了《赁企业会计准则第21号——租赁》(以下简称《新租赁准则》)。根据《新租赁准则》,承租方的会计处理将不再区分融资租赁和经营租赁,而是采用统一的会计处理模型,对短期租赁和低价租赁以外的其他所有租赁均确认使用权资和租赁负债,并分别计提折旧和利息费用,即除了短期租赁和低价租赁外,几乎所有的租赁均需要上表,经营租赁不再成为表外融资的一种形式,这意味着承租人的资产负债表将随着现时经营租赁的租金承诺大幅度膨胀。经营租赁的费用分摊方式也由直线法变为"前大后小"模式,即租赁期前半段埋单内的总费用要高于直接法下确认的经营租赁费用。在新租赁准则下,虽然不会对净资产和净利润产生重大影响,但会对承租方资产负债表中的负债大幅增加。

2.固定资产规模的恰当性及其年内的变动情况分析

固定资产的投资规模必须与企业整体的生产经营水平、发展战略以及所处行业特点相适应,同时应与企业的流动资产规模保持一定的比例关系。如果企业盲目购置新设备,进而盲目扩大生产规模,就有可能造成资源的低效利用甚至是浪费;而过小的固定资产规模或过于陈旧的设备又难以保证企业生产的产品满足市场需求,也会影响企业整体的获利水平。因此,企业应根据战略发展的需要,适时地制订生产经营计划,准确地把握对定资产的需求,科学地进行固定资产的采购与处置决策,把固定资产规模控制在最恰当的水平。

固定资产原值在年内的变化可以在一定程度上折射出企业固定资产整体质量发生变化的情况,也能反映出企业战略实施与调整方面的信息,还可以进一步上升到管理质量层面。各类固定资产在某会计期间的原值变化,不外乎增加和减少(投资转出、清理、转移类别等)两种情况。由于企业生产经营状况的特点不同,企业对各类固定资产的结构有不同的要求。在各个会计期间内,企业固定资产原值的变化应该朝着优化企业内部固定资产结构、改善企业固定资产的质量、提高企业固定资产利用效果的方向。因此,通过分析企业年度内固定资产规模、结构的变化与企业生产经营特点之间的吻合程度,以及与企业发展战略的吻合程度,便可以透视其背后所隐藏的企业管理质量方面的信息。由于在资产负债表中只披露固定资产账面价值一个数字,固定资产原值的变化情况只能进一步借助固定资产附注中所披露的信息来加以分析。

3.固定资产分布和配置的合理性分析

制造企业各类固定资产中,生产用固定资产(特别是厂房、生产设备)同企业生产经营直接相关,在全部资产中占较大的比重;而非生产用固定资产主要指办公大楼、职工宿舍等非生产单位使用的房屋和设备,用于为企业的生产经营活动提供各类辅助性服务。

固定资产分布合理,是指企业生产用和非生产用固定资产应保持一个恰当的比例,即生产用固定资产应全部投入使用,能满负荷运转,并能完全满足生产经营的需要,非生产用固定资产能担负起服务的职责。此外,还需要考察生产用固定资产的分布情况及其合理性,这有助于了解企业的生产工艺特点、商业模式、资源配置战略实施情况等方面的信息。

固定资产配置的合理性主要体现在以下几个方面。

(1)固定资产技术装备的先进程度要与企业的行业选样和行业定位相适应。

(2)固定资产的生产能力要与企业存货的市场份额所需要的生产能力相匹配。

(3)固定资产的生产工艺水平要达到能够使产品满足市场需求的相应程度。

对于固定资产分布和配置的合理性,应根据企业报表相关附注的说明。结合企业的生产经营特点、技术水平和发展战略等因素综合分析。固定资产分布与配置合理与否,会在很大程度上决定其利用效率和效益,即质量的高低。

4.固定资产的盈利性分析

前已述及,固定资产是企业生存发展的物质基础,反映企业的技术装备水平和竞争实力,因此,固定资产的盈利性会在很大程度上决定企业整体的盈利能力。对于传统的工商企业而言,由于固定资产是企业用于生产、加工(或储存)存货的"劳动工具",而存货又是固定资产为企业创造价值、获取盈利的媒介。因此,固定资产的盈利性与存货的盈利性以及企业整体的盈利性通常是密不可分的。营业收入是产品价值的外部实现,可以在一定程度上反映固定资产的总体质量与市场需求之间的吻合程度;营业成本是产品生产的内部耗用,可以反映固定资产的总体质量所决定的生产费用开支水平;两者之差即企业赚取的毛利,反映了企业的市场竞争力,进而决定企业整体的盈利水平。

在分析企业的固定资产质量对企业整体盈利能力的影响时,我们建议遵循这样的分析思路:固定资产生产出存货,存货销售获取营业收入,营业收入创造核心利润,核心利润最终带来经营活动产生的现金净流量。这样便可以通过存货的生产规模和销售规模考察固定资产的生产能力(即产能利用情况);通过营业成本和存货规模的比较(即存货周转率)考察(固定资产所生产出来的)产品的市场开拓能力;通过营业成本和营业收入的比较(即毛利率)考察产品的初始获利能力;通过营业收入与核心利润的比较考察产品的最终获利能力;通过核心利润与经营活动产生的现金净流量的比较(即核心利润的含金量)考察产品当期对企业的实际贡献,如果不考虑行业结算差异,也可以在一定程度上了解产品的市场开拓能力。

5.固定资产的保值性分析

除去一小部分流动资产外,企业的固定资产将成为长期债务的直接物质保障。固定资产的数量、结构、完整性和先进性都直接制约着企业的长期偿债能力。因此,固定资产的保值程度将直接决定企业长期偿债能力的大小。为便于对企业偿债能力进行分析,可以将固定资产分为具有增值潜力的固定资产和无增值潜力(贬值)的固定资产两类,此时,应综合考虑特定固定资产的技术状况、市场状况和企业对特定固定资产的使用目的等因素。

(1)具有增值潜力的固定资产是指那些市场价值趋于增加的固定资产。这种增值,或是由特定资产的稀缺性引起,或是由特定资产较强的增值特性(如房屋、建筑物等)引起,或是由于会计处理导致账面上虽无净值但对企业而言,仍可进一步利用(如已经提足折旧,企业仍可在一定时间内使用的固定资产)。

(2)无增值潜力(贬值)的固定资产是指对特定企业而言,其价值在未来不可能增加的固定资产。这种不能增值状况的出现,既可能是由于与特定资产相联系的技术进步较快,原有资产因技术落后而相对贬值(如计算机等),也可能是由于特定资产本身价值状况较好,但在特定企业不能得到充分利用(如不需要用到的固定资产)。

另外,由于当固定资产的可收回金额低于其账面价值时,企业可以按照可收回金额低于其账面价值的差额计提资产减值准备,因此在对企业固定资产的保值性进行分析时,还可以根据企业固定资产减值准备的计提情况,对企业固定资产整体的保值性做出初步判断。在此基础上,再结合会计报表附注中有关项目构成的说明以及各项目的具体特点展开进一步的分析。

6.固定资产与其他资产组合的增值性

固定资产与其他资产组合的增值性,强调的是固定资产通过与其他资产适当组合,在使用中产生协同效应的能力。由于相同物理质量的资产在不同企业之间、在同企业的不同时期,甚至是在同一企业同一时期的不同用途之间,都有可能表现出不同的贡献能力,因此,在对固定资产进行质量分析时,应关注固定资产与其他资产组合的增值能力,强调其相对有用性。

7.企业固定资产会计政策恰当性分析

企业在固定资产的初始入账、折旧以及减值等系列环节上所选择的会计政策的恰当性,都会直接影响固定资产的质量分析结果。为此,我们有必要在分析固定资产的质量时关注一下固定资产会计政策选择方面的披露内容。

(1)分析借款费用资本化处理的恰当性对固定资产原值的影响

无论是外购还是自建,固定资产原值(即取得成本)都应该遵循历史成本原则,其取得成本包括取得该项固定资产并使其达到预计可使用状态之前所付出的全部必要的、合理的开支。为取得固定资产所发生的利息支出是否应计入固定资产原值(即借款利息费用资本化问题)?这既涉及企业会计准则的规定,也涉及企业在进行会计处理时的选择,由于其判断标准在一定程度上存在主观性,一些企业利用利息费用的资本化来粉饰业绩就成为可能。

按会计准则的规定,在取得固定资产并使其达到预计可使用状态之前所发生的利息费用可以资本化,即将其计入固定资产原值;而在该项固定资产投入使用后所发生的利息费用不得变化,而是计入当期费用。某些上市公司可能以固定资产尚处于试生产阶段或安装调试阶段为借口,将理应计入当期费用的利息费用资本化为该项固定资产的成本,从而达到虚增资产和当期利润的目的。类似地,某些上市公司还可能以固定资产尚处于试生产阶段或安装调试阶段为借口,推迟固定资产的完工入账时间,最终达到推迟计提折旧、虚增利润的目的,这些行为都将直接影响固定资产原值的规模,给资产质量分析带来一定的影响。

(2)分析折旧政策选择的恰当性对固定资产净值的影响

固定资产作为一项非流动资产,会在多个会计期间参与企业的生产经营活动,在会计处理上,固定资产原值(即实际取得成本)需要在使用寿命内分期摊销为费用,与其所产生的各期收益进行配比,这一过程就是折旧。固定资产净值是指固定资产原值减去累计折旧以后的净值。每期的折旧金额会受到诸多因素的影响,如预计使用寿命长短、预计净残值大小以及所选择的折旧方法等。企业选择折旧方法应以企业的实际情况和行业惯例为基础,一经确定不得随意变更。但实务中,常有企业利用折旧方法的可选择性和使用寿命的估计存在的主观性,找出各种理由来对其进行变更,以达到操纵利润的目的。这些行为将直接影响固定资产的净值水平,也会给固定资产质量分析带来一定的影响。

(3)分析减值政策选择的恰当性对固定资产账面价值的影响

前已述及,当固定资产的可收回金额低于其账面价值时,企业可以按照可收回金额低于其账面价值的差额计提资产减值准备,但由于固定资产的可收回金额是建立在一定的估计和判断的基础上,因此在何时计提减值、计提多少等问题上存在一定的主观性。在实务中,一些企业往往利用固定资产减值政策选择的弹性,对因技术进步而陈旧过时不能使用的固定资产,不提或少提减值准备,从而虚夸固定资产、虚增利润。固定资产净值减去固定资产减值准备即固定资产账面价值,因此这些行为将直接影响固定资产的账面价值,从而给固定资产质量分析带来一定的影响。

【案例5-6】 贵州茅台和五粮液的固定资产质量对比分析

在分析企业存货质量时,我们已对贵州茅台和五粮液的存货质量展开了分析,相比较而言,贵州茅台的存货呈现出高盈利性、低周转性的质量特征;五粮液的存货则表现出低盈利性、高周转性的质量特征。这里,我们将继续分析固定资产的分布与配置、规模与变化所揭示的产品生产工艺和生产能力是如何对企业存货的质量以及企业整体的盈利能力造成影响的。

据中商情报网2013年8月报道,上市12年,贵州茅台的固定资产规模从4.14亿元增至68.07亿元,增长超过1 500%,增速分别为泸州老窖的17倍、五粮液的19倍,在轻资产行业的白酒上市公司中一骑绝尘。这一势头仍在加速。2011年,贵州茅台的投资额为22亿元;2012年,公司投资额攀升至42亿元,同时,在2012年年报中,公司董事会明确提出,2013年预计基本建设投资约82.98亿元。这三年,公司投资合计超过140亿元。2015年贵州茅台的固定资产规模增加了近20亿元,2016年增加了近40亿元。

固定资产规模的持续增长为企业生产能力的增加继而为盈利规模的进一步提升奠定了基础。

相比之下,五粮液近几年在固定资产投资方面并没有太大的举措,企业的盈利规模受此影响几乎停滞不前。

那么我们不禁会问:贵州茅台的固定资产规模增速如此之快,固定资产的质量如何呢?

表5-34　两家公司固定资产周转率的比较　　　　　　　单位：次/年

公司名称	2013年	2014年	2015年	2016年	2017年	2018年
贵州茅台	3.17	2.61	2.30	2.28	2.93	3.45
五粮液	2.02	1.63	1.65	1.82	2.18	2.85

注：数据依据业务收入、业务成本及报表附注中的固定资产原值计算得出。

从表5-34固定资产周转率来看，茅台与五粮液经历了从2013年开始三年的下降，可能是由于扩大生产导致固定资产规模增加。酒类产品因受限于酿造周期而出现短暂的营收增长滞后期，因此在近三年，两家公司的固定资产周转率持续回升，但五粮液仍低于茅台，可能是因为相对于固定资产规模的持续增长，五粮液的营收增长比茅台逊色不少。

表5-35　贵州茅台固定资产报表附注（原值部分）　　　　单位：亿元

项目	房屋及建筑物	机器设备	运输工具	电子设备及其他	合计
期初余额	183.1	16.9	2.1	5.8	207.9
本期增加	9.2	0.8	0.3	0.7	10.9
本期减少	0	0	0.1	0	0.1
期末余额	192.3	17.7	2.3	6.5	218.7

注：因四舍五入，个别数据有误差。

表5-36　五粮液固定资产报表附注（原值部分）　　　　单位：亿元

项目	房屋及建筑物	机器设备	运输工具	电子设备	其他	合计
期初余额	75.4	34.5	21.8	1.0	6.7	139.4
本期增加	9.2	0.8	0.3	0.7	0.1	4.8
本期减少	0	0	0.1	0	0.6	2.4
期末余额	192.3	17.7	2.3	6.5	6.2	141.7

注：因四舍五入，个别数据有误差。
资料来源：贵州茅台与五粮液2018年财务报告。

通过对表5-35、表5-36中两家公司固定资产的附注加以分析不难看出，两家公司的固定资产分布大相径庭，主要体现在房屋及建筑物和机器设备两个子项目的分布差异上。贵州茅台固定资产中超过85%分布在房屋及建筑物上，远高于五粮液的50%，这些房屋及建筑物主要是酒窖，因为茅台酒需窖藏四五年之久，所以比一般的酒厂需要更多的窖藏空间。

贵州茅台的机器设备的规模远比五粮液要小，这说明茅台酒生产工艺的自动化水平远比五粮液要低，纯手工酿造的色彩更浓。总之，固定资产的这种分布和配置体现了茅台酒相对"原生态"的生产工艺，保证了茅台酒与众不同的醇和绵柔的高品质。

在此基础上，我们需要进一步思考：相对于五粮液而言，贵州茅台固定资产的盈利性如何？固定资产质量是如何决定存货质量，又是如何影响企业整体盈利能力的？

表5-37　两家公司固定资产与存货相关财务数据　　　　　单位：亿元

公司名称	固定资产（原值）			存货（原值）			营业成本		营业收入		核心利润		经营活动现金净流量	
	2016年	2017年	2018年	2016年	2017年	2018年	2017年	2018年	2017年	2018年	2017年	2018年	2017年	2018年
贵州茅台	189.7	207.9	218.8	206.6	220.6	235.1	59.4	65.2	582.2	736.4	362.4	479.3	221.5	413.9
五粮液	137.0	139.4	141.7	92.6	105.6	118	84.5	104.9	301.9	400.3	133.2	186.0	97.7	123.2

资料来源：两家公司各年年报的合并报表数据。

对表5-37进行分析可以得出如下结论：

（1）贵州茅台的固定资产规模2016—2018年相对于前几年增速放缓，存货规模的变动幅度与前几年相比不算很大，说明茅台经过前几年的高速增长，为保证产品质量有意放慢了发展速度。相比之下，五粮液的固定资产规模的增长态势更不明显，始终保持相对稳定的水平。

（2）两家企业的固定资产分布和配置的截然不同决定了产品生产工艺迥异，反映了两家公司产品的存货周转率和毛利率存在巨大差异的原因。贵州茅台固定资产的分布与配置所体现出的"精雕细琢"的生产工艺虽然在一定程度上影响了产品的周转性，但酿造出了品质卓越的茅台酒，保证了产品较高的盈利性。

（3）"追求卓越"的管理理念使茅台酒赢得了非常好的品牌形象和市场口碑，在产能逐年扩大的情况下，企业整体的盈利性呈现出逐年显著提升的态势，并产生了丰硕的现金流，企业的整体盈利能力在同行业中始终处于遥遥领先的地位。从2018年企业整体的盈利情况来看，贵州茅台的毛利率是五粮液的1.2倍，核心利润是五粮液的2.6倍，经营活动产生的现金净流量是五粮液的3.4倍。

以上分析充分说明，两家公司的存货质量在较大程度上受到固定资产的分布和配置所决定的生产工艺以及固定资产质量的直接影响，而贵州茅台由固定资产配置与工艺特征所决定的存货质量为企业在行业中保持竞争优势和地位提供了强有力的保证。

必须强调的是，贵州茅台2014—2017年通过大规模的固定资产投入，生产能力得到持续、显著的扩充，为2019—2022年盈利能力的进一步大幅提升奠定了坚实的基础。

（三）在建工程质量分析

在建工程是企业进行的与固定资产有关的各项工程，包括固定资产新建工程、改扩建工程、大修理工程等。在我国，企业资产负债表中的在建工程项目反映企业期末各项未完工程的实际支出和尚未使用的工程物资的实际成本，反映企业固定资产新建、改扩建、更新改造、大修理等情况和规模。资产负债表的"在建工程"金额包括交付安装的设备价值，未完建筑安装工程已经耗用的材料、工资和费用支出，预付出包工程的价款，已经建筑安装完毕但尚未交付使用的建筑安装工程成本、尚未使用的工程物资的实际成本等。

在建工程本质上是正在形成中的固定资产，它是企业固定资产的一种特殊表现形式。在建工程占用的资金属于长期资金，但是投入前属于流动资金。如果工程管理出现问题，会使大量的流动资金沉淀，甚至造成企业流动资金周转困难。因此，在分析该项目时,应深入了解工程的工期长短,有无长期挂账、项目搁浅现象,以便及时发现潜在的不良资产区域。

对在建工程项目的质量分析应强调以下两点:

(1)在建工程项目基本上可以反映出企业未来的利润增长点。一般来说,上市公司要在其年报附注中披露在建工程中所包括的项目的名称、预计投资金额、已投入金额以及完工进度等信息。我们对这些信息进行分析后,结合投资项目的行业特点和市场前景,可以初步判断在建工程的未来盈利潜力,也可以洞察企业在资源配置战略方面所采取的举措和做出的调整。一般来说,如果在建工程能够顺利完工并投入运营,通常都会给企业带来增量收入和增量利润。然而有些上市公司会在募集资金到位后变更用途,如转变为委托理财进行短期投资炒作,因此在分析在建工程时尤其要关注是不是按照募集资金之初设定的用途来安排使用。

(2)一般情况下,已经达到预定的可使用状态但还没有竣工决算的在建工程,应当估价入账,转为固定资产,并及时按照规定开始计提折旧。但实务中有很多企业的在建工程早已投入使用,却迟迟不办理工竣工决算而长期在建工程项目中挂账。这样做有很多作用:①可以将借款费用继续资本化,计入工程的建造成本,而不影响当期利润;②可以推迟对工程项目计提折旧,从而粉饰当期业绩;③有机会将本该属于当期费用的一些项目"鱼目混珠"计入在建工程的成本,从而虚增当期利润。

在分析中,尤其要关注在建工程的建造时长,如果期限过长,要给出合理可靠的解释,否则信息使用者就要考虑企业是否故意延迟工程竣工办理决算的时间,以达到某种不可告人的目的。

(四)无形资产质量分析

无形资产是指企业拥有或者控制的没有实物形态的可辨认非货币性资产,包括专利权、非专利技术、商标权、著作权、土地使用权、特许经营权等。由于商誉属于不可辨认资产。因此不属于无形资产,只能算作无形项目。一般地,无形资产具有如下特征:不具有实物形态;属于非货币性长期资产;为企业使用而非出售的资产;在创造经济利益方面存在较大不确定性。正是由于无形资产在创造经济利益方面存在较大的不确定性,因此一般要求在对无形资产进行核算和披露时持更谨慎的态度。在对无形资产进行质量分析时,应结合该项目的上述特征,着重从盈利性和保值性等维度入手。

1.无形资产会计披露的特点

(1)资产负债表中作为"无形资产"列示的项目基本上都是通过外购方式取得的。无形资产是现代企业资产特别是知识经济条件下企业资产的重要组成部分,从取得途径来看通常有自创和外购两种。自创无形资产是企业自行研制创造的,如自创专利权、商标权、专有技术等。由于企业在自行研制创造的过程中往往要经过长期的探索、积累和试验,自创无形资产能够带来的未来收益存在很大的不确定性,因此,在会计上通常将其间发生的支出全部予以费用化。而在自创取得成功形成无形资产后,一般没有必要将其余开支予以资本化,这样就导致了自创无形资产通常不入账而"游离"在资产负债表之外。因此,在报表上作为"无形资产"列示的项目基本上都是通过外购方式取得的,入账价值包括在取得无形资产过程中所发生的包括买价在内的实际开支。

【例5-11】 表5-38显示了格力电器2018年年报中的无形资产附注信息。

表5-38　格力电器2018年年报中的无形资产附注信息　　　　单位：元

项目	土地使用权	专利权及其他	合计
一、账面原值			
1.期初余额	4 042 976 197.90	26 865 884.08	4 069 842 081.98
2.本期增加	910 042 338.04	969 343 374.63	1 879 385 712.67
其中：(1)外购	672 901 983.54	941 078 443.19	1 613 980 426.73
(2)企业合并增加	237 140 354.50	28 264 931.44	265 405 285.94
3.本期减少金额			
4.期末余额	4 953 018 535.94	996 209 258.71	5 949 227 794.65

从上述附注信息可以看出，格力电器尽管对外宣称已取得约2万项专利，但由于基本上都是通过自创方式取得的，因此均未列入无形资产项目中。列入无形资产项目中的只有土地使用权和专利权及其他，而从本期增加的明细项目来看，基本为通过外购方式取得的配额许可权利。

（2）在资产负债表中所反映的无形资产的价值基本上以其取得成本为基础，在计提减值准备后，账面价值仅反映其最低可收回金额而非实际价值。

无形资产的很多方面（如未来收益期、未来收益金额以及未来价值等）均具有高度的不确定性。因此，对于大多数无法预见未来收益期长短的无形资产来说，均不需要按期对取得成本进行摊销，而是按照谨慎性原则在每年年末进行减值测试。当发现无形资产的可收回金额低于其账面价值时，要计提减值准备，同时在利润表中确认相应的资产减值损失。在资产负债表中所反映的无形资产的价值仅仅是其最低可收回金额而非实际收回金额。

2.无形资产的质量分析

鉴于此，在对企业的无形资产进行质量分析时，应当考虑账内无形资产项目的不充分性、价值不确定性以及账外无形资产存在的可能性等因素，从盈利性、保值性维度进行分析。

（1）无形资产的盈利性分析。随着知识经济时代的到来，无形资产如同一双看不见的手，给企业的生存与发展带来巨大的影响。作为一项重要的盈利性资产，企业拥有和控制的无形资产越多，意味着其可持续发展能力和竞争力越强。但现行会计准则的有关规定以及无形资产的形成特点，决定了会计报表中所反映的无形资产的价值与其当初的取得成本直接相关，而一些无形资产的内在价值已远远超出了它的账面价值。也就是说，相对于无形资产的内在价值，其账面价值往往是象征性的。无形资产本身所具有的属性决定了其盈利性具有很大的不确定性，因而分析无形资产的盈利性不是一件容易的事情。在分析时，要详细阅读报表附注及其他有助于了解企业无形资产类别、性质等情况的资料。

不同项目的无形资产的属性相差很大，其盈利性也各不相同，不可一概而论。一般来说，专利权、商标权、著作权、土地使用权、特许经营权等无形资产有明确的法律保护的时间,其盈利性相对较容易判断。而像专有技术等不受法律保护的项目,其盈利性就不太好确定,同时也易产生资产泡沫。

此外,由于无形资产是一项不具有实物形态的特殊资源,自身无法直接为企业创造财富,必须依附于直接的或间接的物质载体才能表现出它的内在价值,因此,无形资产的这种独有的胶合功能与催化激活功能只有在无形资产与固定资产或存货等有形资产进行适当组合时才能正常发挥,为企业盈利做出贡献。企业可利用名牌效应、技术优势、管理优势等无形资产盘活有形资产,通过联合、参股、控股、兼并等形式实现企业扩张,达到资源的最佳配置。可以说,无形资产在与其他资产组合的过程中所释放的增值潜力的大小,直接决定了无形资产的盈利性,进而在很大程度上决定了无形资产的质量。

(2)无形资产的保值性分析。由于无形资产是一种技术含量很高或垄断性很强的特殊资源,并且往往具有独一无二的排他性,因此,它的公允价值存在较大的不确定性和主观性。为此,银行在选择抵押贷款中的抵押物时,一般情况下只接受无形资产中的土地使用权这一项。

按照现行准则的规定,企业应定期对无形资产的价值进行检查,至少于每年年末检一次。如发现以下情况,应对无形资产的可收回金额进行估计,并将该无形资产的账面价值超过可收回金额的部分确认为减值准备:

(1)该无形资产已被其他新技术等替代,其为企业创造经济利益的能力受到重大不利影响;

(2)该无形资产的市价在当期大幅下跌,在剩余摊销年限内预期不会恢复;

(3)其他足以证明该无形资产的账面价值已超文过可收回金额的情形。

由此可见,可以通过分析企业无形资产减值准备的计提情况来判断企业所拥有的各项无形资产的保值性。当然,在分析时还要注意无形资产减值准备计提的合理性。现行准则规定,无形资产减值准备一经计提,在以后期间不得任意转回,这会在一定程度上杜绝企业利用无形资产减值准备的计提来操纵利润的行为发生。

3.商誉的质量分析

商誉是指能在未来期间为企业经营带来超额利润的潜在经济价值,或一家企业预期的获利能力超过可辨认资产正常获利能力(如行业平均投资回报率)的资本化价值。商誉是企业整体价值的组成部分,它无法与企业自身分离,不具有可辨认性,不属于无形资产准则所规范的无形资产范畴。从取得途径来看,商誉通常有自创和外购两种。自创商誉的形成是一个缓慢的过程,在企业经营过程中,很难确定哪些活动会引发商誉的形成,这样就使得人们很难按照历史成本原则为其计价,因此自创商誉一般不入账;而外购商誉一般是在企业合并时,购买企业根据投资成本超过被合并企业净资产公允价值的差额来确认入账。

商誉具有如下几个特征:

(1)它是企业各种未入账的不可单独确认的无形资产的混合,商誉与企业整体不可分离,反映企业的各种综合优势。

(2)商誉的价值和任何发生的与其有关的成本没有可靠的或预期的关系。

(3)难以对各构成商誉的无形因素计价。

(4)所能带来的未来收益具有极大的不确定性。

商誉可以因企业拥有杰出的管理人才、良好的地理位置、科学的管理制度、融洽的公共关系和优秀的资信级别等多方面因素而形成。但随着生产技术的发展,科学的管理制度可能会过时,优秀的管理人才可能随时离开企业另谋高就,良好的地理位置可能由于城市建设规划或经济布局的改变而不再具有优越性,这些变化势必带来商誉未来收益的不确定性,商誉的这些特性使得对商誉的质量分析主观性较大,难以做出相对客观公正的评价。

商誉是一种典型的虚拟资产,仅仅意味着在过去的并购行为中有溢价并购发生,拥有商誉项目本身并不会直接给企业带来未来收益,因此其保值性高低主要取决于被并购企业未来的盈利能力。企业频繁开展并购活动虽能令业绩短期内上涨,但如果被收购企业的盈利能力达不到预期水平,反而会破坏原有的正常的资产结构,并降低资产报酬率、权益报酬率等系列盈利指标。

此外,虽然拥有商誉可能会降低企业的资产负债率,使企业表面上看更健康,偿债能力更强,为上市公司再融资提供了必要的便利条件,但由于商誉是一项无法作为债务偿还保障的虚拟资产,因此这种虚化的偿债能力反而会误导债权人的判断,分析商誉的保值性也就变得没有意义。

对收购标的前景展望太过美好,对业务整合效果过于乐观,再加上对赌协议和业绩承诺,谈判过程中极易高估收购标的价值。近几年溢价并购、天价并购层出不穷。并购市场的活跃以及资本市场的繁荣,也使得被收购公司估值过高,不少被并购资产的估值明显超过其账面价值,这导致 A 股市场上市公司的商誉占净资产的比例加速上升。并购虽能为企业带来众多资源,但盲目并购不一定有利于企业的发展,一旦收购标的与公司业务无法很好契合,巨额商誉将面临减值风险。

商誉减值是指商誉的可收回金额低于其账面价值所形成的价值的减少。商誉减值意味着被收购企业带来的经济利益比收购时所预计的要低。需要说明的是,对于包括商誉在内的资产减值的会计确认和计量,并不是基于传统会计中对实际发生的交易的确认和计量,而是更多地立足于眼前,着眼于未来,只要造成商誉价值减少的迹象已经存在,只要商誉价值的减损能够可靠地计量,只要与决策具有相关性,就应当确认该项商誉价值的减少。企业会计准则规定,商誉至少应当在每年年度终了时进行减值测试,对已发生减值的商誉要计提减值准备。商誉的减值损失一旦确认,在以后各期均不得转回。因此,可以根据商誉计提减值准备的情况对其进行质量分析。但不可否认的是,商誉减值准备的计提或多或少都会带有主观的估计因素。

本章小结

营运能力主要是指企业营运资产的效率和效益。营运资产的效率通常是指资产的周转速度。营运资产的效益是指营运资产的利用效果,通过其投入和产出相比较来体现。营运能力的分析主要分为流动资产营运能力分析、非流动资产营运能力分析和总资产营运能力分析。反映流动资产营运能力的指标主要有流动资产周转率、应收账款周转率、存货周转率等。非流动资产营运能力分析主要是判断企业管理非流动资产的能力,常运用的指标是固定资产周转率和固定资产周转天数。总资产营运能力分析运用的主要指标为总资产周转率和总资产周转天数。为了更好地分析和反映实际营运能力,还需对企业的资产项目的质量进行分析。本章重点介绍了流动资产营运能力的质量分析和非流动资产的资产项目的质量分析方法。流动资产营运能力的质量分析重点介绍应收账款的质量分析和存货的质量分析;非流动资产的资产质量分析包括固定资产质量分析、在建工程质量分析、无形资产质量分析等。

思考题

1.简述营运能力的内涵。

2.简述流动资产营运能力分析包括的主要财务指标,这些指标是如何计算的?

3.流动比率与速运比率的局限性主要有哪些?

4.运用固定资产周转率应注意哪些问题?

5.运用总资产周转率应注意的问题?

6.应收账款周转率的局限性是什么?

7.存货周转率的局限性是什么?

8.如何进行应收账款、存货的质量分析?

9.如何进行固定资产的质量分析?

10.如何进行无形资产的质量分析?

案例讨论与分析

1.鸭脖属于食品当中的休闲卤制品行业,在一份 Froster & Sullivan 的调查报告中,2010—2015年增速最快的当属休闲卤制品行业,高达18%,且预计2015—2020年增速接近20%,为所有细分行业当中保持正增长的。根据 Froster & Sullivan 数据,截至2016年中期,我国卤制品CR5为21%,前三名分别为绝味鸭脖、周黑鸭、煌上煌,市场占有率分别为9%、6%、3%。随着这几个品牌企业的快速扩张,未来行业集中度将会进一步提升,龙头企业的规模效应会更加明显。

请根据表5-39提供的财务数据对这三家鸭脖企业的资产营运能力进行对比分析。

表5-39　三家公司财务指标对比

指标（次）	周黑鸭			绝味鸭脖			煌上煌		
	2018年	2017年	2016年	2018年	2017年	2016年	2018年	2017年	2016年
应收账款周转率	113.94	194.62	395.63	986.43	977.06	1282.32	49.00	32.96	28.15
存货周转率	4.60	5.58	6.24	5.55	5.93	5.88	2.53	2.40	2.30
流动资产周转率	1.01	0.94	1.45	2.77	3.06	4.16	1.26	1.16	1.03
固定资产周转率	3.17	5.01	6.59	4.79	6.25	8.93	3.61	2.90	2.43
总资产周转率	0.70	0.75	1.11	1.25	1.49	1.83	0.83	0.74	0.65

2. C企业多年来专门从事水产养殖,其有关项目与基年相比的变化情况(基年设为100)和相关资产的周转率指标历年的变化趋势如表5-40和表5-41所示。

表5-40　资产定基增长率（%）

项目	基年	第2年	第3年	第4年
主营业务收入	100	129.61	147.97	147.13
应收款项净额	100	85.22	22.43	12.22
存货	100	472.53	496.44	521.06
固定资产	100	356.00	1556.00	2451.00

表5-41　相关资产历年周转率指标

财务比率	第2年	第3年	第4年
应收账款周转率	7.40	12.74	44.92
流动资产周转率	2.71	3.39	4.01
固定资产周转率	7.85	2.31	1.15

问题:如果你是分析员,该如何对C企业的这些数据变化进行评价? 你需要收集哪些信息以更好地评价这些变化?

第六章 偿债能力分析

学习目标

通过本章的学习,应当了解偿债能力的基本思路;掌握偿债能力的基本内涵及其主要的财务指标的计算及需注意的事项;掌握偿债能力的质量分析方法和内容;理解不同资本引入战略下的财务效应。

引导案例

曲美家具备战 IPO:"家族企业"存隐忧,负债率畸高

2014年6月,曲美家具集团股份有限公司发布首次公开发行股票招股书,拟发行股份不超过6 052万股,发行后总股本不超2.42亿股,计划融资额10.87亿元。

在募集资金的运用方面,将按轻重缓急投资东区生产基地项目、曲美家具品牌推广项目、偿还银行贷款和补充流动资金。招股说明书显示,近年来由于曲美家具融资渠道较为单一,长期依赖债券融资,资产负债率一直处于偏高水平。2011年年末,同行业上市公司资产负债水平仅为23.79%。而2011年年末、2012年年末和2013年年末,公司的资产负债率分别为54.11%、55.15%和53.08%,远高于同行业上市公司平均水平。

表6-1

公司简称	流动比率	速运比率	资产负债率 (母公司 %)	息税折旧摊销 前利润(万元)	利息保障倍 数(倍)
美克股价	1.99	0.83	17.22	37272.56	15.08
宜华木业	1.13	0.76	42.96	93259.37	3.33
浙江永强	2.01	1.59	36.35	43404.65	121.05
索菲亚	5.04	4.56	10.83	35867.51	/
喜临门	1.87	1.53	27.29	17872.83	101.73
曲美家具	1.57	0.94	55.15	15862.29	22.88
算术平均	2.95	2.40	26.93	45535.38	60.30

资料来源:各公司披露的年度报告,2013年索菲亚利息支出为0。

另外,曲美家具近三年来营收增长速度极其缓慢,同样远低于同行业平均水平。2011—2013年家具行业上市公司营收算术平均数增长率为25.24%、10.42%和16.00%,而曲美家具的营收数据仅为9.98%、1.71%和10.14%,产品综合毛利率分别为38.1%、38.3%和39.4%,其增长几乎是停滞不前。

家具行业企业的发展和房地产行业的发展密切相关,近年来国家出台了一系列政策对房地产市场进行调控,导致房地产行业发展速度放缓。招股书也提到,家具企业消费市场主要来源于人们购买房产后配套购买家具的需求,受房地产市场住宅销售、商品房交收和二手房交易市场的影响较大。

如果宏观调控导致房地产市场长期低迷,会使消费者购房需求下降,从而给家具产品销售、家具行业发展以及家具企业经营产生不利影响。如果房地产行业的低迷没有得到缓解,那么曲美家具的高负债率和低营收增长率很可能会持续下去,长此以往会存在一定的隐患。

另外,多家媒体的公开报道曾经表示质疑,资金比较紧张的曲美家具在上市之前突击分红,2011—2013年,公司分红分别达到500万元、1 764.52万元、3 500万元,呈逐年递增态势。曲美家具一方面是“流动资金缺乏”,要募集资金归还银行贷款;另一方面又用现金买理财、上市前大肆分红,其上市的“诚意”实在令人质疑。

(资料来源:财经综合报道,2014-06-30.)

分析:对于非上市企业来说。融资渠道比较单一,一般不得不通过大量长期的债务融资来解决资金问题,从而导致一些企业资产负债率过高。

在过高的财务杠杆比率下,企业财务面临两个主要压力:一是不能正常偿还到期债务的本金和利息;二是在企业发生亏损的时候,可能会由于所有者权益的比重相对较小而使企业债权人的利益受到侵害。受此影响,企业从潜在债权人那里获得资金的难度将会大大增加。这就是说,当企业未来面临资金需求时,债务融资的难度会因企业目前过高的杠杆比率而大大增加,只能通过权益融资来解决资金问题,这样就降低了企业的融资弹性,也就大大增加了融资难度。企业上市的基本目的是进行融资,用以支持企业开拓在常规情况下由于融资约束而难以开拓的业务。

如果这些企业的产品或业务在市场上能力较强,既有盈利能力,也有现金获取能力,则高负债并不可怕。可怕的是,企业的产品或者业务在市场上能力并不强,新增加的资源投入不能提高企业的市场能力。如果企业在这种情况下试图通过上市来解决资金问题,那么最终侵蚀的一定是股东的投入资本。本案例中也提到,如果房地产行业的低迷短期内得不到缓解,那么曲美家具的高负债率和低营收增长率很可能会持续下去,长此以往会形成一定的隐患。这种隐患如果与公司上市前在资金紧张的情况下突击分红的做法联系在一起,不免让人怀疑公司上市的诚意。

第一节　偿债能力分析的内涵

一、偿债能力的内涵

企业的经营通常较少完全依赖所有者的投资而实现所谓的"无负债经营"。当企业的资本利润率高于借入款项的利率时,举债经营就能够通过财务杠杆作用使负债企业获得杠杆收益。然而,债务是需要到期偿还的,它在给企业带来杠杆收益的同时,也会给企业带来一定的财务风险。在市场经济条件下,企业的生产经营面临着极大的不确定性。当企业无力偿还到期债务时,就会被起诉,甚至破产。债务管理不善导致企业经营失败或陷入困境的案例比比皆是,因此,分析企业的偿债能力具有十分重要的意义。

偿债能力是指企业偿还到期债务的能力,是企业偿还到期债务的承受能力或保证程度。企业的偿债能力按照其债务到期时间的长短,可分为短期偿债能力和长期偿债能力。通常情况下,企业有无支付现金与偿还债务的能力,是企业能否健康生存和发展的关键。因此,企业偿债能力是反映企业财务状况和经营能力的重要标志。

从静态上来讲,偿债能力是用企业资产负债表上体现的企业使用经济资源存量清偿企业现有债务的能力;从动态上来讲,则是用企业资产和经营过程创造的收益偿还债务的能力。我们主要针对企业的短期负债与长期负债进行分析。

其中,企业的短期偿债能力,是企业以流动资产对流动负债能够及时足额偿还的保证程度,也就是企业以流动资产偿还流动负债的能力,反映出企业偿付日常到期债务的能力。所以,企业的短期偿债能力是衡量企业当前财务能力,尤其是衡量流动资产变现能力的重要指标。

二、偿债能力分析的目的

企业偿债能力的大小,对企业管理者、投资者、债权人等至关重要,也是企业生存和发展的基本前提。对于企业来说,要想维持正常的生产经营活动,必须持有足够的现金或者其他随时变现的流动资产,以支付各种到期的费用账单和其他债务。分析偿债能力的目的在于以下方面。

（一）了解企业的财务状况

企业的财务状况可以从偿债能力、企业发展的稳定性、企业近期增长状况三个方面来定义,因此,企业偿债能力的强弱是反映企业财务状况的重要标志。企业能够借入款项并按期偿还,在一定程度上表明企业资金安排较为合理,财务状况良好,处于正常的生产经营状态。

（二）揭示企业所承担的财务风险程度

企业所承担的财务风险与负债筹资直接相关,负债必须按期归还,而且要支付利息。企业的负债比率越高,不能按时偿还的可能性越大,企业所承担的财务风险越大。如果企业有足够的现金或随时可以变现的资产,即企业的偿债能力较强,其财务风险相对较低;反之,其财务风险相对较高。

(三)预测企业筹资前景

企业生产经营所需的资金通常需要从不同渠道,以各种方式取得。当企业偿债能力较强时,说明企业财务状况较好、信誉较高,债权人就愿意将资金借给企业;当企业偿债能力较弱时,说明企业筹资前景不容乐观,除非企业愿意付出较高的代价,否则可能无法举借到生产经营所需的现金,但这样做同时也会使企业承担更高的财务风险。

第二节　短期偿债能力分析

一、短期偿债能力的含义

短期偿债能力是指企业用流动资产偿还流动负债的能力,包括偿还流动负债酬金的能力和偿还即将到期的利息的能力。短期偿债能力分析关注将要到期债务的归还能力,因此短期偿债能力是企业的任何利益相关者都应重视的问题,尤其是银行和供应商。

按照偿债资金的来源不同,短期偿债能力也可分为静态短期偿债能力和动态短期偿债能力。前者强调用企业资产负债表上的经济资源进行偿还,后者强调用利润表和现金流量表上的财务资源流量进行偿还。对应的财务指标也分为两大类,即静态短期偿债能力指标和动态短期偿债能力指标。前者包括流动比率、速运比率等,这些比率越大,对债权人越有利。但从资产利用效率的角度,比率越大,流动资产占比越高,意味资产的长期收益不好,股东承担的融资费用和资产效率损失较大。因此这些指标多少适当,债权人和股东会有不同的看法;后者包括现金流量比率和流动负债保障倍数等,这些指标越大,企业越安全。而且运营取得的资金越多,企业经营的质量越高,无论是债权人还是股东都希望这些指标越高越好。

【案例6-1】　金鸿控股债务承压严重,多笔债务逾期或是暂时难以摆脱的劫

在2012年借壳中讯科技上市之后,金鸿控股频频通过并购及项目投资扩张版图。然而,在身处重资产、资金密集型行业的背景下,金鸿控股在增收不增利的同时,还面临巨额债务问题。金鸿控股发行的"15金鸿债"和"16中油金鸿MTN001"中期票据募集资金均为8亿元,但从2018年开始陆续进入偿债期后,公司却无法及时偿还,已构成违约,故在2019年7月遭到深交所的问询。表6-2是金鸿控股近几期财务报告中与短期偿债能力相关的财务数据。

表6-2　金鸿控股短期偿债能力相关数据　　　　　　　　　单位:万元

时间	流动资产	流动负债	净营运资本	流动比率
2018年年中	308 438.16	113 779.12	194 659	2.710 85
2018年第三季度	312 151.12	120 140.82	192 010	2.598 21

时间	流动资产	流动负债	净营运资本	流动比率
2018年年末	176 533.18	566 835.64	−390 302	0.311 44
2019年第一季度	171 553.64	573 101.51	−401 548	0.299 34
2019年年中	189 446.80	621 988.78	−432 542	0.304 58
2019年第三季度	203 343.94	659 890.54	−456 547	0.308 15

从表6-1中我们不难发现,金鸿控股的流动负债从2018年末开始,每一季度都超过流动资产,企业的短期偿债能力很差,这与金鸿控股想要通过借债的方式进行融资发展有很大的关系。而后,金鸿控股为快速解决公司债务事宜,缓解公司资金链紧张的局面,自2018年开始加大资产处置、引进战略投资者等相关工作,而之前许多已发行的债券仍在不断地到期,公司的债务问题持续恶化。2018年底,金鸿控股的流动负债为56.68亿元,而公司账上的货币资金仅为2.1亿元,流动负债相当于货币资金的26.99倍。由于缺乏流动资金,公司的部分资产已经停用,截至2018年底,仅资产减值项目就高达15.58亿元,造成2018年的净利润亏损17.63亿元,占2018年净资产的38.39%。2019年,金鸿控股的流动负债增长速度超过了流动资产,公司的净营运资金一直为负,且负增长速度在加快。自2018年末起,金鸿控股的流动比率就一直在0.3左右浮动,而一般认为流动比率为2左右较好,由此看来,金鸿控股的短期偿债能力极差,应当引起各方利益相关者的高度关注。债务违约等问题的蔓延,直接导致金鸿控股的经营情况越来越糟糕,自2018年末起,每季度报告的净利润均是亏损状态,2019年第三季度的净利润亏损达到14 489.71万元。

（资料来源:李顺.金鸿控股流动负债56亿数笔债务逾期货币资金仅2.1亿甩卖多家子公司还债[EB/OL].中国经济网,2019-07-15.)

二、短期偿债能力的财务分析

(一)静态短期偿债能力的主要财务指标

1.营运指标

营运资本是指流动资产总额减流动负债总额后的剩余部分,也称净营运资本,它意味着企业的流动资产在偿还全部流动负债后还有多少剩余。营运资本的计算公式如下:

$$营运资本 = 流动资产 - 流动负债 \qquad (6\text{-}1)$$

营运资本是偿还流动负债的"缓冲垫",营运资本越多则偿债越有保障。营运资本是用于计量企业短期偿债能力的绝对指标,企业能否偿还短期债务,要看有多少债务,以及有多少可以变现偿债的流动资产。当流动资产大于流动负债时,营运资本为正,说明营运资本出现盈余。此时,与营运资本对应的流动资产是以一定数额的长期负债或所有者权益作为资金来源的。营运资本数额越大,说明不能偿债的风险越小。反之,当流动资产小于流动负债时,营运资本为负,说明营运资本出现短缺。此时,企业部分长期资产以流动负债作为资金来源,企业不能偿债的风险较大。

【案例6-2】 长城动漫流动性存在明显不足

长城动漫财报数据显示,在2014年完成借壳上市后,其经营业绩并未得到有效的改观,除2017年实现盈利0.39亿元以外,其他年份不仅营业收入同比持续下滑,营业利润也出现了下滑的趋势。2019年三季报显示,长城动漫已经处于亏损状态。

仔细梳理长城动漫近年来经营业绩不佳的原因,可以发现财务费用的大幅增加对业绩的影响非常明显。比如2017年产生了4 780.24万元的财务费用,这是2016年974.5万元的4.9倍,而2018年产生了7 636.71万元财务费用,比同期营业收入7 494.91万元还要高。为何长城动漫的财务费用近几年急速攀升?

根据财报显示,近几年财务费用大幅增长的主要原因此就是出现了大额融资费用,2017年和2018年的融资费用分别高达4 037.80万元和7 366.44万元,相较于2016年的543.80万元,呈现出7倍以上的增长,显然,融资费用的大幅增长与长城动漫这两年大规模开展融资活动是直接相关的,直接反映在公司筹资活动现金流量的变化上,见表6-3。

表6-3 长城动漫部分经营数据 单位:万元

项目	2019年三季报	2018年报	201 年报	2016年报	2015年报
营业收入	5 361.69	7 494.91	29 096.80	32 668.77	35 740.77
营业利润	−6 828.45	−45 496.04	3 916.48	−1 714.36	−1 218.77
净利润	−3 910.10	−44 866.73	12 766.56	−8 129.76	1 807.74
经营活动现金流入小计	7 466.30	16 049.83	57 782.18	52 922.00	44 637.3I
经营活动现金流出小计	8 911.20	16 723.50	38 493.78	46 668.00	35 725.11
经营活动产生的现金流量净额	−1 444.90	−637.67	19 288.40	6 254.00	8 912.20

2015年,长城动漫筹资活动现金流入小计还仅为18 250万元,而到2017年年末,则高达73 843.59万元,同期,筹资活动现金流出小计也由2015年年末的6 851万元增加至2017年年末的74 558.53万元,很显然,2017年长城动漫的筹资流入金额也不足弥补流出的金额。2018年末,筹资活动现金流入虽然明显减少,仅有13 171万元,但流出却仍保持着较大规模,高达42 748万元。然而,一边是融资活动的扩大,另一边则是营业收入的快速下降。营业收入由2015年末的3.57亿元下降至2018年末的0.75亿元,长城动漫在经营活动中获得的现金已经不能满足筹资、投资的需要。2015—2018年经营活动产生的现金流量净额累计为33 780.93万元,而同期的投资、筹资两类活动产生的现金流量净额累计为−19 431.68万元和−16 691.39万元,两项合计规模超过了经营现金流量净额。从融资费用和筹资、投资的现金流量情况来看,长城动漫的经营资金压力越来越大,多次发布了债务到期未获清偿的公告,截至2019年10月15日,长城动漫产生的逾期债务总额超过了3.05亿元。

由其他财务数据结合表6-4可知,截至2019年第三季度末,长城动漫账上只有224.75万元货币资金,同期流动资产合计金额仅为12 057.02万元,与37 351.34万元的流动负债相比,长城动漫的流动资产远不足以偿还流动负债,这说明其短期偿债能力出现了非常严重的问题。

表6-4　长城动漫部分资产和负债数据　　　　　　　　单位：万元

项目	2019年三季报	2018年报	2017年报	2016年报	2015年报
货币资金	224.75	1 772.25	24 027.85	8 902.50	5 253.79
流动资产	12 057.02	12 929.10	48 510.63	41 388.16	40 565.85
流动负债	37 351.34	65 125.23	53 126.58	83 488.94	95 631.19
营运资本	−25 294.30	−52 196.10	4 615.50	−42 100.80	−55 065.30

其实,长城动漫流动资产不抵流动负债的情况并非到2019年才出现,在2015年完成借壳后就已经出现了。在2015年,长城动漫流动负债为9.56亿元,比流动资产4.06亿元高出了5.5亿元,2016年流动负债比流动资产高出4.21亿元;2017年、2018年,长城动漫的流动负债与流动资产相比,分别高出0.46亿元和5.22亿元。截至2019年第三季度末,长城动漫资产总计为82 173.39万元,已低于同期84 092.74万元的负债总额,出现了资不抵债的现象。而从营运资本来看,近5期的营运资本均是负数,流动负债与流动资产的不合理配比导致资金不断紧张,而维持一定的营运资本,在流动资产和流动负债间形成合理配比,对企业的正常运营是非常重要的。

(资料来源:胡振明.长城动漫经营管理混乱流动性存在明显不足[N].证券市场红周刊,2019-12-14.)

对于债权人来说,营运资本越多越好,这样就可以减少贷款风险。当营运资本短缺时,企业为了维持正常的经营和信用,就会被迫在不合适的时机按不利的利率进行不利的借款,从而影响利息和股利的支付能力。但同时营运资本也不宜过多,因为流动资产虽然流动性强、风险小,但获利性差,不利于企业提高盈利能力。因此,企业应保持适当的营运资本规模。多少营运资本为合理,并没有统一的标准。不同行业的营运资本规模有很大差别。一般来说,零售业的营运资本规模相对较大,因为流动资产是它们主要的偿债资产;而信誉好的餐饮企业营运资本则较少,甚至为负数,因为其稳定的收入可以偿还同样稳定的流动负债。同时,营运资本的大小还与经营规模相联系,因此不同企业之间的营运资本可比性较差。

此外,除短期借款以外的流动负债通常不需要支付利息,如果企业除短期借款外的流动负债过少,则说明企业利用无息负债扩大经营规模的能力较差。

2.流动比率

流动比率是流动资产与流动负债的比值,它反映企业运用其流动资产偿还流动负债的能力,衡量企业流动资产变现用于偿还其流动负债的能力。因为流动负债具有偿还期较短的特点,流动资产具有较容易变现的特点,正好可以满足流动负债的偿还需要,所以流动比率是分析短期偿债能力最主要的指标,其计算公式如下:

$$流动比率 = \frac{流动资产}{流动负债} \times 100\% \qquad (6\text{-}2)$$

流动比率是衡量企业短期债务清偿能力的最常用的比率。从该指标的计算可见:流动比率越大,说明短期债务的清偿能力越强。较高的流动比率表明企业拥有较多容易变现还债的资产。但是,流动比率过大,说明企业有较多的资金滞留在流动资产上,从而影响其盈利能力。通常认为,流动比率指标的下限为100%,此时,企业的流动资产等于流动负债,只有所有流动资产都能及时、足额变现,不受任何损失地实现其周转价值,债务清偿才有物质保障;否则,企业就会面临债务不能及时清偿的风险。国际上一般认为,当生产企业流动比率为200%时,其偿债能力是比较充分的,即使企业的流动资产只能实现50%,也可以满足企业偿还短期债务的需要,这就为企业流动资产在周转过程中实现其价值提供了一个缓冲余地。

但这只是一个经验数据。由于所处行业不同、受到季节性因素的影响,或者企业处在不同的发展阶段,这一数据会有很大的差别。考察一下中国资本市场的上市公司,大量企业的流动比率并不高,却表现出了极强的竞争力。这表明,分析企业流动资产和流动负债的关系,不能仅仅关注这个比率。需要注意的是,在全部流动资产中,各项目在清偿债务时的可用性并不相同。可用性是指资产及时、不贬值地转变为可以清偿债务的货币资金的能力。例如,对于以赊销为主的企业,其存货首先应转化为债权,在回收债权后才能用于偿债。因此,流动比率仅是一个较为粗略地评价企业短期偿债能力的比率。

指标分析要点:

(1)结合动态偿债能力的相关指标分析

对于持续经营的企业,其流动负债的偿还并非完全依靠流动资产变现的现金,而是依靠流动资产循环使用产生持续不断的现金流量进行归还的,流动资产价值高的企业,其偿债能力不一定好于资产利用效率高的企业。

例如,甲企业流动比率为2,乙企业流动比率为1,但是,甲企业每一元钱的流动资产能产生2元钱的销售收入;而乙企业每一元钱的流动资产能产生6元钱的销售收入,哪个企业偿还到期债务的能力更强呢? 我们可以看到,甲企业流动资产创造的销售收入是流动负债的2倍,而乙企业流动资产带来的销售收入是流动负债的6倍。在动态过程中,乙企业偿还流动负债的可用资金可能更为充足。

(2)考虑利益相关者定位差异

不同立场的分析者对流动比率所体现的偿债能力持有不同的态度。从债权人的角度看,流动比率越大,企业偿还短期债务的保障越高。但是,从股东的角度看,流动比率高,说明企业流动资产占用了更多较高资金成本的长期资金,过高的流动比率将导致资金成本的上升。

(3)重视行业和战略差异

流动比率的比较标准因行业、企业战略等的不同而有很大的差异,对目标企业流动比率指标的评价需要考虑这些因素,并没有绝对标准的指标值。传统上所认为的流动比率的最佳值为2,这是美国20世纪60年代制造业的标准比率,不宜不加思考地使用在当今的企业财务分析上。

【例6-1】 根据表6-5流动资产总额数据表、表6-6流动负债总额数据表中的数据资料计算甲、乙公司的流动比率。

表6-5　甲、乙两公司的有关流动资产总额的数据表　　　　　单位：元

公司	2017年	2018年	2019年	2020年
甲公司	1 271 591 523	1 404 911 601	1 598 613 404	1 988 590 698
乙公司	1 569 274 492	1 637 842 201	1 562 326 730	1 669 433 999

表6-6　甲、乙两公司的有关流动负债总额的数据表　　　　　单位：元

公司	2017年	2018年	2019年	2020年
甲公司	774 326 595	827 149 727	1 333 700 617	1 425 147 369
乙公司	197 098 673	279 250 915	294 677 866	293 862 835

解析：

计算甲公司2020年的流动比率如下：

$$流动比率 = \frac{1\,988\,590\,698}{1\,425\,147\,369} \times 100\% = 1.40$$

同理，计算甲公司和乙公司三年的流动比率如表6-7所示，并进行比较。

表6-7　甲、乙两公司的流动比率

公司	2017年	2018年	2019年	2020年
甲公司	1.64	1.70	1.20	1.40
乙公司	7.96	5.87	5.30	5.68

从计算结果看，甲公司的流动比率远低于乙公司。与行业当时的2~4的流动比率相比，甲公司的流动比率明显偏低，并且2019年与2020年两年的幅度更大。对于甲公司，需要关注负债及偿债的安全性。但是，对负债资金的大量使用，可使甲公司获得较好的杠杆利益。

3.速动比率

虽然流动比率可以用来评价流动资产总体的变现能力，但是一些变现能力较低的流动资产不一定能作为偿还流动负债的物质基础，至少以此偿还流动负债还存在一定的风险，为此，必须采用比流动比率更进一步的有关变现能力的指标对企业的短期偿债能力进行评价。传统上，为了更精确地评价企业短期偿债能力，需要剔除流动资产中可用性差的项目，于是就出现了速动比率，也叫酸性测试比率，是速动资产与流动负债的比值，其计算公式如下：

$$速动比率 = \frac{速动资产}{流动负债} \times 100\% \qquad (6-3)$$

式中，速动资产是指流动资产中变现能力强、流动性好的资产，可以及时、不贬值地转换为可以直接偿债的货币资金的流动资产。如现金、银行存款、应收票据、应收账款、交易性金融资产等，或者说是从流动资产总额中减去流动性较差的存货等项目后的余额。其计算公式如下：

速动资产 = 货币资金 + 交易性金融资产 + 应收票据 + 应收账款 + 其他应收款
= 流动资产 - 存货 - 预付款项及其他杂项 $\qquad$ (6-4)

在实践中,一般是简单地将存货从流动资产中剔除而得到速动资产。为什么在计算速动比率时要从流动资产中减去存货呢?这主要是考虑到存货的变现可能存在较大的不确定性,例如存货需要经过销售转为应收账款才能变现,因此其变现速度相对较慢;部分存货可能已经毁损或抵押给债权人,因而难以变现;存货估价成本可能与合理市价悬殊等。因此,用把存货从流动资产中剔除计算出的速动比率来反映短期偿债能力更为可信。

影响速动比率可信性的主要因素是应收账款的变现能力。影响应收账款的变现能力的情况有:账面上的应收账款不一定都能变成现金,实际坏账可能比计提的准备要多;季节性的变化可能使报表中的应收账款数额不能反映平均水平。

国际上通常认为速动比率为100%较为适宜。这时只要不遇到收款困难,流动负债偿还所需要的现款就能及时足额获得,企业不会有偿债压力。这种情况下,即便所有的流动负债要求同时偿还,也有足够的资产维持企业正常的生产经营。从企业的短期债权人的角度看,速动比率越高,企业的偿债安全系数就越高;而从企业的角度看,速动比率高,会因为速动资产占用过多资金而使机会成本加大,降低收益率,因而企业不希望维持过高的速动比率。当企业的速动比率小于100%时,意味着在企业破产或清算时,必须依靠变卖存货才能偿付全部短期债务。

在使用速动比率分析一个企业的短期偿债能力时,也没有绝对合理的考察标准,而应将其与企业的计划指标、现金流量状况及不同的会计期间、不同的企业、该行业的平均速动比率等进行对比确定。有些行业的速动比率低于100%被认为是正常的,有些行业则要求速动比率必须大于100%,比如,极少发生赊销业务的小企业在速动比率明显低于100%的情况下仍能够保持很强的流动性,相反一些应收账款较多的企业,速动比率一般要求大于100%。

要注意,尽管速动比率更能反映企业流动负债偿还的安全性和稳定性,但是并不能认为速动比率较低的企业的流动负债到期绝对不能偿还。实际上,如果企业存货流转顺畅,变现能力强,即使速动比率低,只要流动比率高,企业也能够足额偿还到期短期债务本金和利息。所以,速动比率更适用于初步判断企业是否面临偿债风险。而要更准确地衡量企业是否面临偿债风险必须结合流动比率一起评价。

此外,这两个比率在某种程度上还反映了一个企业的经营管理能力、企业的经营风格和竞争力。将这两个比率与往年的水平进行比较或者与行业的正常水平进行比较,看是否有较大的变动,并分析变动的原因,有利于了解企业的战略和经营风格。与流动比率类似,判断速动比率的是否恰当,需要考虑企业的行业特征、战略意图、资产特点以及资周转性等因素。例如零售业的销售模式的特点,使其只有很少的应收账款,速动比率很低,却不能轻易得出偿债能力存在问题的结论。

【例6-2】 根据表6-6流动负债总额数据表、表6-8存货数据表、表6-9预付账款数据表中的数据资料计算甲、乙公司的速动比率。

表6-8　甲、乙两公司的有关存货的数据表　　　　单位：元

公司	2017年	2018年	2019年	2020年
甲公司	272 430 135	331 183 252	459 264 604	783 263 327
乙公司	289 488 562	234 240 250	365 413	493 613 449

表6-9　甲、乙两公司的有关预付账款的数据表　　　　单位：元

公司	2017年	2018年	2019年	2020年
甲公司	30 806 070	15 363 650	27 391 623	49 805 678
乙公司	49 513 914	15 594 987	29 367 892	41 032 861

解析：

计算甲公司2020年的速动比率如下：

$$速动比率 = \frac{1\,988\,590\,698 - 783\,263\,327 - 49\,805\,678}{1\,425\,147\,369} \times 100\% = 0.81$$

同理，计算甲公司和乙公司三年的速动比率如表6-10所示，并进行比较。

表6-10　甲、乙两公司的速运比率

公司	2017年	2018年	2019年	2020年
甲公司	1.25	1.28	0.83	0.81
乙公司	6.33	4.97	3.96	3.86

从计算结果看，甲公司的速动比率后两个都低于通常的速动比率标准值1，更远远低于乙公司，这与甲公司不断增加的流动负债有关。

4.现金比率

现金比率是指现金类资产与流动负债的比值。该比率在速动比率的基础上扣除存在回收风险的应收款项，只保留了随时可以提现或随时可以转让变现的现金类资产，主要包括货币资金、交易性金融资产、其他流动资产中能及时变现的债券投资、银行大额存单等能够立即用于还债的资产。如果企业存在无法用于支付的票据保证金，则需从现中扣除。现金比率是最严格、最稳健的短期偿债能力衡量指标，它反映了企业随时偿还债务的能力。其计算公式如下：

$$现金比率 = \frac{货币资金 + 交易性金融资产}{流动负债} \times 100\% \quad (6-5)$$

现金比率的另一种计算形式是货币资金与流动负债之比，又称货币资金率，其计算公式为：

$$货币资金率 = \frac{货币资金}{流动负债} \times 100\% \quad (6-6)$$

显然这种计算方法更加严格。在评价企业偿债能力时，一般来说，现金比率并不是很重要，因为不可能要求企业用现金和交易性金融资产来偿付全部流动负债，企业也没

有必要总是保持足够还债的现金和交易性金融资产。但是,当发现企业的应收账款和存货的变现能力存在问题时,现金比率就显得很重要了。它的作用是表明在最坏情况下短期偿债的能力如何。

现金比率表明企业的即刻流动性,但该指标未考虑企业具备变现能力的其他流动资产,因此该指标是考察企业立即变现能力的指标。过高的现金比率可能表明企业通过负债方式所筹集的流动资金没有得到充分的利用,所以并不鼓励企业保留过多的现金类资产。有时企业可能有特别的计划需要使用现金,如集资用于扩大生产能力的建设,就必须使手头的现金增加,在这种情况下,现金比率很高,不能误认为偿债能力很强。债权人在企业其他主要流动资产质量状况不佳时,可以依据现金比率判断企业支付能力并做出相应决策。

【例6-3】 根据表6-6流动负债总额数据表、表6-11现金类资数据表中的数据资料计算甲、乙公司的现金比率。

表6-11 甲、乙两公司的有关现金类资产的数据表　　　　单位:元

	项目	2017年12月31日	2018年12月31日	2019年12月31日	2020年12月31日
甲公司	货币资金	569 825 656	588 303 216	473 902 314	468 310 197
	交易性金融资产	5 074 456	1 043 500	2 654 196	1 127 682
乙公司	货币资金	927 868 735	1 036 582 266	711 853 633	690 691 751
	交易性金融资产		121 570	38 287 212	4 097 366

解析:

计算甲公司2020年的现金比率如下:

$$现金比率 = \frac{468\ 310\ 197 + 1\ 127\ 682}{1\ 425\ 147\ 369} \times 100\% = 0.33$$

同理,计算甲公司和乙公司三年的现金比率如表6-12所示,并进行比较。

表6-12 甲、乙两公司的现金比率

公司	2017年	2018年	2019年	2020年
甲公司	0.74	0.71	0.36	0.33
乙公司	4.71	3.71	2.55	2.36

从计算的结果看,甲公司的现金比率较低,进一步显露出短期偿债能力下降的趋势。

【案例6-3】 东方日升短期偿债能力有待提高

东方日升成立于2002年,2010年在深圳创业板成功上市。东方日升在全球新能源特别是太阳能行业中,不仅是领头羊之一,更是太阳能项目的EPC承包者、投资者和开发者。其主要经营方向是太阳能电池发电技术相关的产品,包括太阳能组件、太阳能终端及太阳能电池板等,是集研发、生产、服务和销售于一体的生产性企业。东方日升一直致

力于为全球提供绿色新能源,在全球范围内设立了上百家办事处和分公司。但近年来,随着国际经济环境的变化,东方日升所面临的市场竞争日益激烈,导致公司在短期偿债能力方面的表现不理想。

表6-13至表6-15分别是东方日升2014—2018年流动比率、速动比率和现金比率变动表。

表6-13　东方日升2014—2018年流动比率变动表

年份	2014	2015	2016	2017	2018
东方日升	1.383 0	1.517 0	1.330 9	1.588 8	1.324 0
同行业	6.512 1	3.913 5	3.621 5	3.017 0	2.776 7

从表6-13可以看到,东方日升2014—2018年的流动比率。从这5年的数据来看,东方日升的流动比率明显低于同行业标准指标值,且未达到合理值2,因此可判断出东方日升的短期偿债能力并不强,资金变现能力较弱,债务到期时可能无法及时偿还。

表6-14　东方日升2014—2018年速动比率变动表

年份	2014	2015	2016	2017	2018
东方日升	1.133 2	1.232 5	1.022 4	1.386 0	1.172 6
同行业	5.720 2	3.353 5	3.078 0	2.521 5	2.626 0

从表6-14可看到,2014—2018年,东方日升的速动比率低于标准值,且总体呈波动增长趋势,说明东方日升的短期偿债能力已基本达到经验标准水平,且速动比率基本维持了动态稳定的发展趋势,东方日升潜在的违约风险能够被预测,属于可控风险。然而,东方日升的速动比率与同行业相比还是低得多,但差距在明显缩小,因此东方日升短期偿债能力有进步,但仍有较大的提升空间。

表6-15　东方日升2014—2018年现金比率变动表(%)

年份	2014	2015	2016	2017	2018
东方日升	34.178 0	36.826 0	29.988 2	68.531 5	54.408 3
同行业	78.324 5	72.412 3	68.785 1	79.345 6	75.314 6

一般来说,现金比率的数值越高,说明企业短期偿还债务的能力越强,但过高的现金比率也会给企业带来较高的机会成本,这意味着企业可能存在资金使用效果不佳、资金分布不合理的问题。理论上说,一个企业的现金比率保持在20%以上较为合理,但也应结合企业的具体情况来分析。由表6-15可以看到,东方日升2014—2018年的现金比率分别为3.18%、3.83%、20.99%、68.53%和54.41%,显然这5年的现金比率明显高于经验标准数值,只有2016年的现金比率略低于30%,其他4年均远高于经验标准值,且呈高速上升的发展趋势,2017年更是达到了5年中的最高值。这反映了东方日升短期偿还债务的能力在逐步增强,企业防范财务风险的能力有所提高。然而与同行业水平相比,东方日

升的现金比率远低于同行业水平,因此,东方日升在同行业内的短期偿债表现不佳。

总体上看,东方日升2014—2018年的短期偿债能力有所提高,然而东方日升本身起点较低,虽然短期偿债能力有所提升,但流动比率仍未达到经验标准值,三个短期偿债能力的指标均低于同行业水平,因此,东方日升应当关注自身所面临的财务压力,做好财务筹划,提高现金使用效率,加强对应收账款、存货等流动资产的使用与管理,提升整体的短期偿债能力。

(资料来源:杨园超,苏剑.趋势分析法下的偿债能力研究——以东方日升为例[J].财务管理研究,2020(3).)

5.流动比率、速动比率和现金比率之间的关系

流动比率、速动比率和现金比率三者之间存在着密切的联系,其相互关系如图6-1所示。

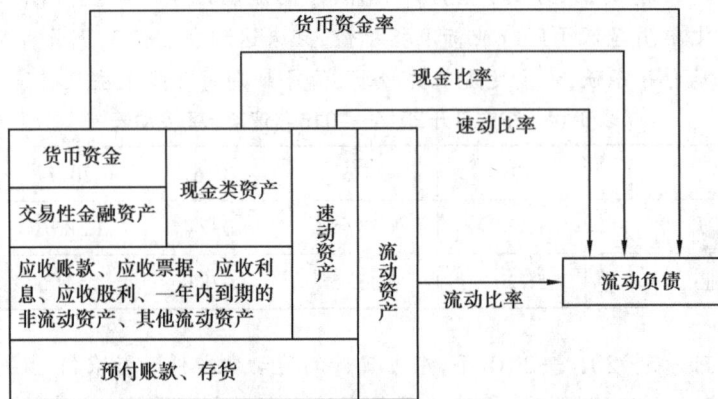

图6-1　流动比率、速动比率和现金比率关系图

由图6-1可知,流动比率、速动比率、现金比率的相互关系如下:

(1)流动比率以全部流动资产作为偿付流动负债的基础,包括变现能力较差的存货和待摊费用等,若存货中存在超储积压物资等现象则会造成短期偿债能力较强的假象。

(2)速动比率扣除了变现能力较差的存货和不能变现的待摊费用、待处理流动资产损失等,作为偿付流动负债的基础,弥补了流动比率的不足。

(3)现金比率以现金类资产作为偿付流动负债的基础,但现金持有量过大会对企业资产利用产生负面作用,这一指标相对于流动比率和速动比率来说,其作用较小。

在进行财务分析时,可以将这三个指标结合起来考察,还可与营运资本指标结合起来进行全面分析,一般能够得到评价企业短期偿债能力的最佳效果,因为营运资本是企业偿债物质保证的绝对量,而流动比率、速动比率和现金比率是相对数。

【案例6-4】　格力电器公司短期偿债能力分析

本部分以格力电器公司为例,对其短期偿债能力进行分析,并与两家同行业竞争对手美的和海尔进行比较。3家公司的短期偿债能力的主要指标如表6-16所示,其各指标比较如图6-2至图6-3所示。

表6-16　三家电器行业公司的短期偿债能力比较表

指标	流动比率			速动比率			现金比率		
年份	2017	2018	2019	2017	2018	2019	2017	2018	2019
格力	1.16	1.27	1.26	1.05	1.14	1.12	0.14	0.18	0.16
美的	1.43	1.40	1.50	1.08	1.09	1.28	0.18	0.14	0.21
海尔	1.15	1.18	1.05	0.87	0.90	0.76	0.45	0.45	0.37

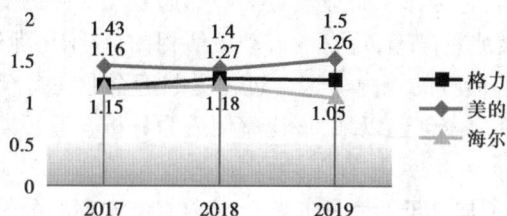

图6-2　三家电器公司流动比率比较

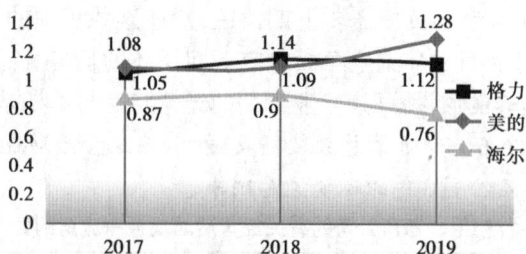

图6-3　三家电器公司速动比率比较

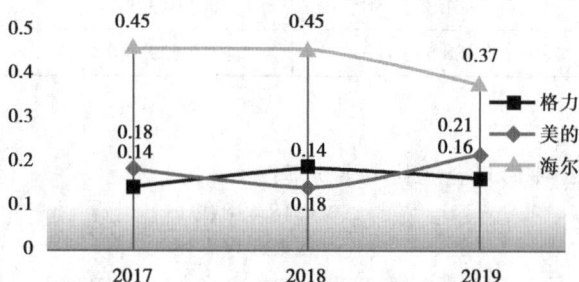

图6-4　三家电器公司现金比率比较

　　从表6-15和图6-2、图6-3、图6-4可以看出,格力电器的流动比率和速动比率在3家公司中都处于中间水平,与2019年家用电器制造业绩效评价标准值比较,格力的速动比率1.12处于行业良好值与优秀值之间,但略低于美的;格力的现金比率在近3年来都是3家公司中最低的,且低于行业平均值。这说明格力电器的短期偿债能力一般,企业存在一定的财务风险,但总体而言格力电器与同行业的美的与海尔在短期偿债能力上的表现比较接近,未拉开较大的差距。从趋势上看,近3年来格力电器的流动比率呈现上升态势,速动比率和现金比率经历了先升后降的过程,但总体呈现上升趋势,这表明其短期偿债能力整体上略有提高。

(二)短期偿债能力评价指标的局限性

1.现金流量比率

现金流量比率是指企业一定时期内经营活动现金流量净额与流动负债的比率,现金流量比率值越高,说明企业偿还短期债务的能力越强。

$$现金流量比率 = \frac{经营活动的现金流量净额}{流动负债} \times 100\% \qquad (6\text{-}7)$$

现金流量比率从企业经营创造现金流量的角度分析企业偿还流动负债的能力。与静态偿债能力指标不同,它考虑了企业资金周转的速度和实际的变现能力。此处的现金流量是指经营活动现金流量净额,用它与流动负债相比,显示企业进行流动资产投资后,用剩余现金流偿还短期债务的能力。这个过程更贴近企业在持续经营过程中偿债的实际情况,因此,自现金流量表创建以来,该比率便成为分析企业短期偿债能力的又一个重要指标。

指标计算要点:分子与分母的时期匹配。现金流量比率的分母是企业资产负债表上的期末流动负债,而分子通常采用当期现金流量表的经营活动现金流量净额。从偿债的实际情况来看,由于期末流动负债需要下期偿还,偿还这些负债的现金流量也应该是下期产生的,该比率使用本期现金流量净额对应下期偿还的债务,除了数据获取方面的原因之外,实际还隐含这样的假设:预期企业下期的经营状况与本期基本相同。

【例6-4】 根据表6-6流动负债总额数据表、表6-17经营活动现金净流量数据表中的数据资料计算甲公司、乙公司3年的现金流量比率。

表6-17 甲、乙两公司的有关经营活动现金净流量的数据表　　　　　单位:元

公司	2018年	2019年	2020年
甲公司	301 383 450	113 043 005	18 420 091
乙公司	488 562 140	210 629 140	269 878 443

解析:

计算甲公司2020年的现金流量比率如下:

$$现金流量比率 = \frac{18\,420\,091}{1\,425\,147\,369} = 0.01$$

同理,计算甲公司和乙公司三年的现金流量比率如表6-18所示,并进行比较。

表6-18 甲、乙两公司的现金流量比率

公司	2018年	2019年	2020年
甲公司	0.36	0.08	0.01
乙公司	1.75	0.71	0.92

从计算结果看,两公司的现金流量比率均有所下降,甲公司的现金流量比率下降幅度更大,而且远远低于两公司的相应比率。甲公司的偿债安全性应该是需要格外关注的问题。

2.流动负债保障倍数

流动负债保障倍数是指企业息税折旧摊销前利润与企业流动负债的比值。

$$流动负债保障倍数 = \frac{息税折旧摊销前利润}{流动负债} \quad (6\text{-}8)$$

该比率从债权人的视角来看待企业的动态偿债能力。息税折旧摊销前利润（EBITDA）是企业不追加任何流动资产投资，不更新长期资产情况下的现金流，是极端情况下企业偿还债务的可使用资金，它与经营活动现金流量净额很接近，只是不考虑企业对流动资产的追加投资。流动负债保障倍数是信用评级机构评价企业短期偿债能力的一个常用指标。

运用该指标需要注意的事项：

(1)息税折旧摊销前利润的计算起点。要评价企业的偿债能力，息税折旧摊销前利润应该是企业可持续得到的或可预测的。因此传统上该指标的计算以营业利润为税前利润计算起点，不包括营业外收入和营业外支出，在此基础上计算息税折旧摊销前利润的数值。

当前报表上的营业利润一栏还包含一些存在争议的内容，例如某些政府补助、金融资产和金融负债损益、资产处置损益等，因此计算的时候，可以考虑使用利润总额扣除税前非经常性损益的金额作为税前利润计算起点。

(2)息税折旧摊销前利润的数据来源。以营业利润为税前利润计算起点的息税折旧摊销前利润的计算公式如下：

$$息税折旧摊销前利润 = 营业利润 + 利息费用 + 各类折旧摊销 \quad (6\text{-}9)$$

以扣除税前非经常性损益后的税前利润为计算起点的息税折旧摊销前利润的计算公式如下：

$$息税折旧摊销前利润 = 营业总额 - \left(税后非经常性损益合计 + 所得税影响额\right) + 利息费用 + 各类折旧摊销 \quad (6\text{-}10)$$

企业财务报表主表上没有折旧摊销和非经常性损益相关的栏目，分析者需要从财务报表附注的现金流量表补充资料中查找各项折旧摊销的金额，并在年度报告的第二部分公司简介和年度财务指标中查找非经常性损益的内容和金额，以及相关的所得税调整。

【例6-5】 根据表6-19营业利润、折旧摊销数据表中的数据资料，从营业利润出发，计算甲公司、乙公司3年的流动负债保障倍数。

表6-19 甲、乙两公司的有关营业利润、折旧摊销的数据表 单位：元

	项目	2018年	2019年	2020年
甲公司	营业利润	155 157 284	212 590 287	258 745 450
	利润总额	156 005 110	210 506 985	259 522 795
	税后非经营性损益合计	22 623 901	13 132 953	21 197 179
	所得税影响额	4 855 243	2 508 230	4 571 031
	利息费用	11 464 771	13 942 407	27 025 594
	摊销折旧合计	43 105 848	50 234 714	60 992 657
	其中：固定资产折旧	42 321 339	45 790 312	54 709 373

续表

项目		2018年	2019年	2020年
甲公司	无形资产摊销	165 312	3 254 656	4 694 932
	长期待摊费用摊销	619 197	1 189 746	1 588 352
乙公司	营业利润	270 777 429	319 971 876	355 886 389
	利润总额	270 066 348	324 258 231	355 146 651
	税后非经营性损益合计	4 522 832	9 013 315	−6 282 343
	所得税影响额	1 077 152	1 428 942	252 784
	利息费用	0	0	0
	摊销折旧合计:	133 510 903	119 009 682	111 175 556
	其中：固定资产折旧	128 774 604	114 053 540	106 212 058
	无形资产摊销	4 498 232	4 956 142	4 963 497
	长期待摊费用摊销	238 067	0	1

解析：

计算甲公司 2020 的流动负债保障倍数：

$$流动负债保障倍数 = \frac{258\ 745\ 450 + 27\ 025\ 594 + 60\ 992\ 657}{1\ 425\ 147\ 369} = 0.24$$

如果以扣除非经常性损益后的利润总额为计算起点，计算甲公司第 3 年的流动负债保障倍数：

$$流动负债保障倍数 = \frac{259\ 522\ 795 - 21\ 197\ 179 - 4\ 571\ 031 + 27\ 025\ 594 + 60\ 992\ 657}{1\ 425\ 147\ 369}$$

$$= 0.23$$

同理，计算甲公司、乙公司三年的流动负债保障倍数如表 6-20 所示。

表6-20 甲、乙两公司的流动负债保障倍数表

项目		2018年	2019年	2020年
未扣除非经常性损益	甲公司	0.25	0.21	0.24
	乙公司	1.45	1.49	1.59
扣除非经常性损益	甲公司	0.22	0.19	0.23
	乙公司	0.33	0.31	0.36

甲公司的流动负债保障倍数表现好于现金流量比率，这是因为与经营活动现金流量净额指标相比，该比率使用的息税折旧摊销前利润指标没有考虑流动资产追加投资，从而增加了偿债资金来源，与乙公司相比，甲公司的流动负债保障倍数很低。

通过以上短期偿债能力指标的计算和分析可以看到，甲公司的短期偿债能力表现远远落后于乙公司，特别是后两年多个比率降低很多，显示出甲公司的短期偿债能力在后两年大幅降低，其偿债能力值得格外关注。

（三）短期偿债能力评价指标的局限性

1.流动比率的局限性

流动比率是流动资产与流动负债的比率,它表明企业每一元流动负债有多少流动资产作为偿还的保证,反映企业用可在短期内转变为现金的流动资产偿还到期流动负债的能力。但流动比率并不是衡量短期变现能力的绝对标准。它忽视了管理者为偿还到期债务而采取办法的能力及由此产生的结果。手中没有货币资金的企业,或许能举债来偿还对当前债权人的欠款。这时,要着重分析企业流动资产的未来变现能力,以判断企业是否可以在较长的时期内维持借新债还旧债的局面。企业偿还短期债务的流动资产保证程度强,并不意味着企业有足够的现金或存款用来偿债,资产转换成现金的时间有可能与负债到期日不配比。流动比率高也可能是存货积压(从存货到现金被马克思称为"惊险的一跃")、应收账款增多且收款期延长所致,而真正可用来偿债的现金和银行存款却有可能严重短缺。所以,企业应在分析流动比率的基础上,进一步对现金流量加以考察。另外,流动比率只反映报告日期的静态状况,企业很容易通过一些临时性账面处理形成不反映经营真实情况的比率。因此,在分析流动比率时,应注意分析企业会计分析期前后一段时间流动资产和流动负债的数额变动,如变动幅度很大,应了解企业是否在流动比率不理想时,通过在年终把欠款还清,到下年初再如数借回,或者有意把本来需在年终进的货推迟到下年初再购进等办法修饰流动比率。所以西方也把它称作企业的"橱窗装饰"。如某企业的流动资产为15万元,流动负债为10万元,流动比率为1.5。在编制报表时突击偿还债务5万元,则流动资产为10万元,流动负债为5万元,流动比率为2。

2.速动比率的局限性

速动比率是企业速动资产与流动负债的比率。尽管速动比率较之流动比率能更好地反映流动负债偿还的安全性和稳定性,但并不能认为速动比率较低的企业的流动负债到期绝对不能偿还。实际上,如果企业存货流转顺畅,变现能力较强,即使速动比率较低,只要流动比率高,企业仍然有望偿还到期的债务本息。该比率虽然弥补了流动比率的某些不足,但没有考虑速动资产的构成。尽管速动资产变现能力较强,但速动资产不等于企业的现时支付能力,不同的速动资产变现能力仍然存在差异。比如当企业速动资产中含有大量不良应收账款时,或企业以公允价值计量且其变动计入当期损益的金融资产和可供出售金融资产被套牢而转化为事实上的长期股权投资时,即使速动比率大于1也不能保证企业有较强的短期偿债能力。因此,该比率应与速动资产变现能力强弱结合起来考察,进一步结合应收账款周转率及坏账损失进行分析。如果应收账款的流动性存在问题,实际坏账可能比计提的坏账损失还要多,则要求企业有更高的速动比率作为保障。

以上的局限性制约和影响了使用者对企业短期偿债能力的正确阅读和使用,甚至可能产生误导。因此,在对企业进行短期偿债能力分析时,应将短期偿债财务比率与短期偿债能力的流动资产的质量考虑进去方可对企业短期偿债能力做出客观的判断和正确的结论。

三、流动资产的质量分析

（一）货币资金的质量分析

货币资金质量主要涉及货币资金的运用质量、货币资金的构成质量以及货币资金的生成质量。因此，对企业货币资金质量的分析主要从以下几个方而进行。

1.货币资金规模的恰当性——分析货币资金的运用质量

为维持企业经营活动的正常运转，企业必须保有一定的货币资金余额。从财务管理的角度看，过低的货币资金保有量将严重影响企业正常的经营活动，制约企业发展，进而影响企业的商业信誉。尤其是在经济不景气时期，留有足够的货币资金才能够保证企业安然度过"寒冬"，幸运地存活下去。但这并不是说企业的货币资金存量越多越好，过多的货币资金存量不但会造成投资机会的浪费，还会增加企业的筹资成本。因此，判断企业日常货币资金规模是否恰当，就成为分析企业货币资金运用质量的一个重要方面。那么，企业货币资金的规模（余额）应为多少才合适？由于企业的情况千差万别，货币资金的最佳规模并没有一个标准的尺度，需要企业根据自己的实际情况来调整，但总的原则是既要满足生产经营和投资的需求，又不能造成大额现金的闲置。一般而言，企业货币资金的恰当规模主要由下列因素决定：

（1）企业的资产规模（即企业总盘子）和业务收支规模（即交易量）。企业资产总额越大，相应的货币资金规模也就应当越大；业务收支频繁且绝对额大的企业，处于货币资金形态的资产也会较多。

（2）企业的行业特点。企业的行业特点制约着货币资金规模，银行、保险公司与各种类型的工业企业在相同的资产规模条件下不可能保持相近规模的货币资金。

（3）企业对货币资金的运用能力。货币资金如果仅停留在货币形态，则只能用于支付，对企业资产增值的直接贡献将会很小。如果企业管理人员善于利用货币资金从事其他经营或投资活动，企业的获利水平就有可能提高，货币资金规模也随之有所降低。这就是说，在剔除政策等因素后，过大的货币资金规模可能意味着企业正在丧失潜在的投资机会，也可能表明企业尚未找到合适的投资项目，管理人员生财无道。

（4）企业的外部筹资能力。如果企业具有良好的信誉和融洽的外部融资关系，能保证企业的融资渠道畅通，一般没有必要持有大量的货币资金，因为当企业需要动用大量货币资金时，可以适时从外部筹集资金，这样可以减少货币资金闲置，降低资本成本。

此外，需要考虑的因素还有：企业近期偿债的资金需求、企业的盈利状况和自身创造现金的能力、宏观经济环境变化对企业融资环境的影响等。

2.货币资金的币种构成及其自由度分析——货币资金的构成质量

企业资产负债表上的货币资金额代表了资产负债表日企业的货币资金拥有量。由于其形态的特殊性，在会计上，货币资金一般不存在估价问题，其价值永远等于各时点上的货币一般购买力。但由于物价波动、技术发展等方面的原因，相同数量金额的货币资金在不同时点的购买力并不必然相同。

在企业的经济业务涉及多种货币、企业的货币资金有多种货币的条件下，不同货币币值的不同未来走向决定了相应货币的"质量"。此时,对企业保有的各种货币进行汇率趋势分析,就可以确定企业持有的货币资金的未来质量。

此外,有些货币资金项目由于某些原因被指定了特殊用途,这些货币资金因不能随意支用而不能充当企业真正的支付手段。在分析中,可通过计算这些货币资金占该项目总额的比例来考察货币资金的"自由度",这有助于揭示企业实际的支付能力。

【例6-6】　2018年格力电器年报中对其他货币资金进行附注说明如下:(1)其他货币资金期末余额主要为银行承兑汇票保证金、保函保证金、信用证保证金存款等,共计3 608 319 521.92元;(2)公司存放中央银行款项中法定存款准备金为3 045 424 177.23元。加上现金流量表中"支付其他与投资活动有关的现金"项目中所列示的定期存款净增加额(今年约115亿元,去年约508亿元,前年约155亿元)共计约778亿元,因此被限定用途的货币资金共计约844亿元,这正是造成1 131亿元货币资金期末余额与现金流量表中期末现金及现金等价物余额288亿元之间差异的主要原因。

3.货币资金规模的持续性——分析货币资金的生成质量

货币资金(主要指现金部分)通常被誉为企业的"血液",因而财务分析者非常关注企业货币资金规模的持续性。企业的货币资金规模发生变化,主要基于以下几个原因:

(1)企业经营活动引起货币资金规模变化

企业在经营活动中创造货币资金的能力通常被视为企业自身的造血功能。在经营战略和经营规模没有明显调整的情况下,一个自身造血功能正常的企业,其货币资金规模通常会呈现出不断上升的趋势(如格力电器、贵州茅台等)。我们一般认为,如果一个企业自身的造血功能比较好,货币资金规模的增加主要来自经营活动,那么企业货币资金的生成质量就会比较高。

通常情况下,企业经营活动中有两个主要方面会影响企业的造血功能:第一,销售规模以及信用政策的变化。随着宏观经济环境、企业所处行业以及企业在行业中的竞争优势发生变化,企业的销售规模会相应发生变化,而销售回款是企业自身创造现金的最主要渠道;信用政策的变化也会在一定程度上影响企业销售所收到的货币资金量。第二,企业采购规模以及议价能力的变化。企业的采购行为往往需要企业动用货币资金存量,而由企业在行业中的竞争地位决定的面对上游供应商的议价能力,又会在一定程度上影响当期货币资金支付的相对水平。

(2)企业投资活动引起货币资金规模变化

一般情况下,企业不管是出于扩大再生产的战略需要而大量购入固定资产等长期资产,还是出于对外扩张的战略需要而大举对外投资,都需要动用大量的货币资金,从而引起企业货币资金规模不同程度的下降。相反,如果企业处置固定资产等长期资产或者收回投资,往往会引起货币资金规模的上升。值得注意的是,无论是投资还是收回投资,所引起的货币资金规模的变化往往是"一次性"的,主要受各年度企业战略规划与实施情况的影响,通常会呈现出一定的波动性。

(3)企业筹资活动引起货币资金规模变化

企业往往会由于经营活动的资金捉襟见肘、近期有重大投资安排、准备大量派发现金股利、偿还即将到期的银行贷款、改善自身的资本结构、引进战略投资者等各种原因,通过举债或者增发股票等方式进行筹资。这些筹集到的资金在使用前会引起企业货币资金规模上升，但其规模随后会由于资金的使用而有所下降，因此，这种货币资金规模的变化通常不具有持续性。

在分析中，我们可以依据企业提供的现金流量表展开相应的货币资金质量分析，考察企业货币资金的生成质量，判断企业货币资金规模的持续性及合理性，为预测企业未来的货币资金规模走势提供更加科学的依据。

(二)以公允价值计量且其变动计入当期损益的金融资产质量分析

以公允价值计量且其变动计入当期损益的金融资产是指企业为了近期出售而持有的金融资产，主要是企业以赚取差价为目的从二级市场购入的各种有价证券，包括股票、债券、基金等。企业进行以公允价值计量且其变动计入当期损益的金融资产投资，就是为了将一部分闲置的货币资金转换为有价证券，获取高于同期银行存款利率的超额收益；同时，又可以保持高度的流动性，在企业急需货币资金时将其及时出售变现。一般而言，以公允价值计量且其变动计入当期损益的金融资产具有金额波动、盈亏不定、交易频繁等特点。

以公允价值计量且其变动计入当期损益的金融资产的计量以公允价值为基本计量属性，无论是在其取得时的初始计量还是在资产负债表日的后续计量。企业在持有以公允价值计量且其变动计入当期损益的金融资产期间，其公允价值变动在利润表上均以"公允价值变动损益"计入当期损益；出售以公允价值计量且其变动计入当期损益的金融资产时，不仅要确认出售损益，还要将原计入公允价值变动损益的金额转入"投资收益"。

分析以公允价值计量且其变动计入当期损益的金融资产的质量特征时，应关注其公允价值这一计量属性，着重分析该项目的盈利性。具体地说，应从以下两方面进行：一是分析以公允价值计量且其变动计入当期损益的金融资产的持有损益。通过分析同期利润表中的"公允价值变动损益"及会计报表附注中对该项目的详细说明，根据其金额的大小及正负情况来判断该项资产的盈利能力。二是分析以公允价值计量且其变动计入当期损益的金融资产的处置损益。通过分析同期利润表中的"投资收益"及会计报表附注中对该项目的详细说明，根据其金额的大小及正负情况来判断该项资产的盈利能力。

值得注意的是，企业因持有以公允价值计量且其变动计入当期损益的金融资产而在利润表中形成的"公允价值变动损益"项目，从性质上说是一种持有损益，或者说是一种未实现损益，是在报表中显示出来的浮盈或者浮亏，并不真正引起任何资源流入。因此，如果金额过大，或者在企业利润总额中所占比例过大，一定要在分析该企业真实的盈利能力时将该项目剔除，只有这样才能做出更加客观的评价。

我们之所以对以公允价值计量且其变动计入当期损益的金融资、交易性金融资产所带来的公允价值变动损益保持警惕，主要是由于：第一，公允价值变动损益具有极大的波动性和不可持续性；第二，公允价值变动损益所对应的资产增加，不是货币资金，而是"以公允价值计量且其变动计入当期损益的金融资产"自身的数据变化。这种"利润"尚未实现，因此会让人感觉"太虚"，如果占比过大，有可能影响分析者对企业真实业绩的判断。

（三）应收票据质量分析

应收票据在确认时,由于依据的是赊销业务中债权人或债务人签发的表明债务人在约定时日应偿付约定金额的书面文件,并具有法律效力,因而受到法律的保护,具有较强的变现性。商业汇票是商品经济高度发达的产物,其实质是一种商业信用行为,其本身是一种有价证券。在到期之前,企业如果需要资金,可将持有的商业汇票背书后向银行或其他金融机构办理贴现,取得现金,从另一个方面保证其具有较强的变现性。

分析应收票据的质量特征时,在强调其具有较强的变现性的同时,必须关注其可能给企业的财务状况造成的负面影响。我国票据法规定,票据贴现具有追索权,即如果票据承兑人到期不能兑付,背书人负有连带付款责任。这样,对企业而言,已贴现的商业票据就是一种或有负债。若已贴现的应收票据金额过大,可能给企业的财务状况带来较大影响。因此在分析该项目时,应结合会计报表附注中的相关披露,了解企业是否存在已贴现的商业汇票,据以判断其是否会影响企业未来的偿债能力。

另外,对于到期的应收票据,因付款人无力支付或其他原因而发生拒付,企业要按应收票据的账面余额将其转入"应收账款"账户,从而将企业的商业债权由"有期"转为"无期"加以核算,这样一来,会在一定程度上影响该项目的变现性和周转性。

（四）应收账款质量分析

企业赊销产品,就是向购买方提供商业信用。因此,企业的信用政策对其商业债权规模有直接的影响;放宽信用政策,将会刺激销售,扩大债权规模;紧缩信用政策,则会制约销售,缩小债权规模。然而,企业应收账款规模越大,发生坏账(不可回收的债权)的可能性也越大,可以进一步断定,企业放宽信用政策达到一定程度之后,销售规模的进一步扩大并不一定能带来企业盈利的增加。因此,合理制定信用政策,在刺激销售和减少坏账间寻找赊销政策的最佳点,是企业在制定营销策略时应该考虑的问题。对于应收账款项目来说,分析周转性(具体分析见营运能力部分)和保值性是对其质量进行分析的关键,具体可以从以下几个方面进行。

1.应收账款规模的真实性和合理性分析

应收账款规模一般情况下与企业经营方式、所处行业和采用的信用政策有直接联系。因此,在将应收账款规模与企业资产规模和营业收入规模进行对比计算出相应比例之后,与同行业对标企业、行业平均水平以及自身前期水平进行比较,便可以大致判断规模的合理性。

当应收账款的相对规模水平出现急剧上升(即应收账款增长率大大高于企业资产增长率或者营业收入增长率)时,要格外关注。导致这种情况发生的原因一般是行业竞争加剧,或者该企业在行业中的竞争地位明显下降,或者发生了客户陷入财务困境等意外事项。如果用常理解释不了,就要警惕该企业是否存在虚构交易,通过将虚假的收入在应收账款中挂账,达到粉饰当期业绩的目的。这种虚假的应收账款不可能长期挂账,因此,该企业往往会在来年通过销售退回方式撤销这些虚构交易,或者在日后某一年份通过核销坏账的方式对其进行消化,这样势必导致日后业绩跳水。

2.应收账款的保值性分析

由于资产负债表上列示的是应收账款净额,因此,在分析应收账款的质量时要特别关注应收账款的保值性,即对坏账准备计提情况以及计提政策的恰当性进行分析。现行准则强调,应收账款作为一项金融资产,应当在资产负债表日进行减值检查,将其账面价值与预计未来现金流量现值之间的差额确认为减值损失,计入当期损益。

金融资产发生减值的客观证据包括下列各项:

(1)发行方或债务人发生严重财务困难;

(2)债务人违反合同条款,如偿付利息成本金发生违约或逾期等;

(3)债权人出于经济或法律等方面的考虑,对发生财务困难的债务人做出让步;

(4)债务人很可能倒闭或进行其他财务重组;

(5)因发行方发生重大财务困难,该金融资产无法在活跃市场继续交易。

由此看来,企业的应收账款是否发生减值以及减值程度的大小取决于该项目预计未来现金流量的现值,而不再过分强调所采用的坏账准备计提方法。

当然在实务中,企业仍可使用账龄分析等方法对坏账准备加以估计,而变更坏账准备的计提方法和比例往往存在不可告人的目的,阅读会计报表的相关附注,结合当年的实际业绩及行业惯例,有助于判断其变更的合理性,从而在一定程度上判断该项目的保值质量。执行新金融准则的企业在资产负债表中要增加"应收款项融资"项目,反映资产负债表日以公允价值计量且其变动计入其他综合收益的应收票据和应收账款等。

(五)存货质量分析

对存货进行质量分析,应该结合该项目本身的物理属性和预期效用,从盈利性、周转性(具体内容见营运能力质量分析部分)以及保值性等三个维度入手。作为系统分析,应该以分析存货的构成、规模恰当性、物理质量和时效状况为基础。下面对存货项目的质量进行分析。

1.存货的构成及规模恰当性分析

对于传统的工商业企业来说,存货项目可能规模庞大、占用资金较多,同时内部构成极其繁杂,甚至有可能数不胜数。因此,对企业的存货项目展开分析,不能仅仅依据资产负债表上的存货余额这一数字就下结论,不能简单地使用存货周转率这一指标来反映存货的质量,而是要结合报表附注中有关存货的披露内容,对存货的构成情况进行深入的分析。这就需要了解企业存货各具体项目之间的构成比例,还要分析其规模的恰当性、规模变动的合理性以及对企业未来盈利能力所产生的影响。

一般地,对于工业企业而言,如果原材料和产成品项目之间的相对比例大体保持不变,总体规模随着企业营业规模的增减而适量放缩,这往往是企业以销定产的具体体现;如果原材料的相对规模有所增大,很有可能是企业预见到原材料市场价格的上涨趋势而做出的一种管理安排,囤积适量原材料以降低未来的产品成本;但如果原材料的相对规模有所减小,产成品的相对规模却有所增大,就有产品因滞销而减产的嫌疑,当然也有可能是企业通过"低转成本"而人为粉饰当期业绩,或是其他原因。总之,存货是企业一大类具有相同或相似特征的流动资产的总称,其构成繁简不一。各种存货在规模上的变化可以相互抵消,只考察存货总规模很可能会掩盖诸多具体情况和问题,因此在分析时应关注存货的具体构成情况及其规模变动背后潜藏的管理信息。

【例6-7】 表6-21列出了格力电器存货各项目的变化情况。

表6-21 格力电器存货各项目变化情况 单位：元

项目	2018年期末余额（原值）	2017年期末余额（原值）	变化幅度
原材料	8 790 176 373.99	4 364 017 515.47	101.40%
在产品	1 833 419 414.90	2 839 619 387.26	−35.40%
产成品	9 668 991 016.29	9 578 220 085.36	0.95%
合计	20 292 586 805.18	16 781 856 988.09	20.90%

资料来源：根据格力电器2018年年报中的存货附注信息整理。

格力电器2008年业绩顺利实现提升,但存货周转率由2017年的7.66次降到2018年的7.16次(按照存货的原值计算)。简单从指标分析结果来看,存货的周转性发生一定程度的下降。但若研究一下存货构成中各具体项目的余额变化情况,我们不难发现,其中原材料的规模大幅增加,产品的规模有所下降,产成品的规模有所增加。由此看来,造成2018年企业存货周转率下降的根本原因是原材料储备大幅增加,相对于2017年来说,产成品发生进一步积压的迹象不十分明显。

在企业生产和销售多种产品的条件下,不同品种产品在盈利能力、技术状态、市场发展前景以及抗变能力等方面可能存在较大的差异,过分依赖一种或几种产品的企业,极有可能因产品出现问题而受到重创。但是,多品种策略也有可能让企业失去焦点、迷失方向而陷入发展困境。因此,应当对存货中产成品的品种构成进一步分析,并关注不同品种产品的市场、盈利能力、技术状态、市场潜力以及抗变能力等。

2.存货的物理质量和时效状况分析

在这里,存货的物理质量指的是存货的自然质量,即存货的自然状态。例如,商业企业的待售商品是否完好无损,制造企业的产成品的质量是否符合相应的等级要求,等等。对存货的物理质量进行分析,可以初步确定企业存货目前所处的状态,为分析存货的盈利性、周转性(具体分析见营运能力部分)和保值性奠定基础。

存货的物理质量离不开存货的时效状况,对于那些时效性较强的存货项目来说更是如此。按照时效性可将企业存货分为：

(1)与保质期相联系的存货。例如食品,保质期限较长的,时效性相对较弱；保质期限较短以及即将过期的,时效性较强,尤其需要关注。

(2)与内容相联系的存货。例如出版物,内容较为稳定、可利用期限较长的(如数学书籍等),时效性相对较弱；内容变化较快、可利用期限较短的(如报纸、杂志等),时效性相对较强。

(3)与技术相联系的存货。这里的技术,除了我们熟悉的科学技术以外,还包括配方、诀窍等无形资产。同样是与技术相联系,有的存货的支持技术进步较快(如计算机技术),有的存货的支持技术则进步较慢(如传统中药配方、药品配方、食品配方等)。支持技术进步较快的存货,时效性较强；支持技术进步较慢的存货,时效性则相对较弱。

3.存货的盈利性分析——考察毛利率水平及走势

对于传统行业的企业而言,毛利率在很大程度上反映企业在日常经营活动中的初始获利空间,也可以体现存货项目的盈利性。在充分竞争的行业,毛利率水平往往趋于平均化,企业的毛利率可以稍高于或者稍低于行业平均值,这恰恰是该企业在行业中的竞争地位的体现,但如果大大高于(或者低于)平均值,尤其是在年度间(企业的产品结构没有显著调整的情况下)出现巨幅波动,往往是企业试图通过人为调整存货余额和低转(或高转)成本、改变存货计价和盘存方式等手段来操纵业绩的一个显性证据。正常情况下,在同行业中,如果企业的相对毛利率水平不断下降,要么意味着企业的产品在市场上的竞争力下降,要么意味着企业的产品生命周期出现了转折,要么意味着企业生产的产品面临激烈的竞争。在对存货进行项目质量分析时,应尽量剔除诸多主观人为操纵因素的影响。

4.存货的保值性分析——考察存货的期末计价和计提存货跌价准备的合理性

企业会计准则规定,存货的期末计价采用成本与可变现净值孰低法,对于可变现净值低于成本的部分,应当计提存货跌价准备。存货跌价准备在质量方面的含义是:它反映了企业对其存货贬值程度的认识水平和企业可接受的贬值水平。

可变现净值是指企业在正常经营过程中,以预计售价减去预计完工成本以及销售所必需的预计费用后的价值。这就涉及对预计售价、预计完工成本以及销售所必需的预计费用等因素的估计。在很多情况下,上述因素的估计难以避免人为主观因素的影响。因此,通过对计提存货跌价准备的分析来考察存货的保值性时,应首先对计提的合理性进行判别。一方面,要特别关注企业是否存在利用存货项目进行潜亏挂账的问题。一些企业利用存货项目种类繁杂、金额庞大、重置频繁、计价方法多样、审计难度大等特点,采用各种非法手段,将冷背呆滞商品、积压产品、残品等已经失去保值性的存货及违规开支(如不符合财务制度的费用开支)在存货项目中长期挂账,以掩盖潜在的亏损局面。另一方面,还要注意考察企业是否通过计提存货跌价准备来进行巨额摊销,为来年的"扭亏为盈"提供机会。

此外,还要关注报表附注有关存货担保、抵押方面的说明。如果企业存在上述情况,这部分存货的保值性就会受到影响。

5.其他流动资产项目的质量分析

(1)预付款项

一般情况下,企业的预付款项不会构成流动资产的主体部分,在供货商较为稳定的条件下,预付款项应该按照合同约定转化为存货,因此,正常的预付款项质量较高。如果企业的预付款项较高,则可能与企业所处行业的经营特点和付款方式相关,也可能是由于企业以往的商业信用不高;但如果是向关联方(比如其子公司、兄弟公司或者母公司等)打预付款,这种令人费解的做法往往潜藏着利益输送的不良动机。

预付款项的质量分析可包括以下几点:

①如果预付款项的规模变化随着企业业务量或者信用程度的变化呈现出一定的规律性和合理性,那么可以初步判定其质量基本正常;

②如果企业某期预付款项的规模相对于同行业的正常水平或者前期历史水平出现巨幅异动情况,则要警惕企业是不是在通过此项目向关联方输送资金,该项目日后很可能沦为不良资产。

(2)其他应收款

其他应收款既为"其他",就应该不属于企业主要的债权项目,数额及所占比例不应过大。如果其数额过高,即为不正常现象,容易产生不明原因的占用。为此,要借助报表附注仔细分析其具体构成项目的内容和发生时间,特别是金额较大、时间较长、来自关联方的其他应收款。要警惕企业利用该项目粉饰利润、大股东抽逃或无偿占用资金及转移销售收入偷逃税款等行为。在这些情况下,其他应收款中的主要内容就成了无直接效益的资源占用,无论是从盈利性还是从保值性及周转性来看,其质量均较低。在银广夏事件和郑百文虚构销售记录被发现之后,财务造假者倾向于更安全的造假手段,"爱上了"其他应收款账户。在应收销货款以外形成的其他应收款,查证时因户数多、金额小需花费较多时间,除非派出专业人士进行详细调查,否则很难抓到确凿证据。早在2001年,中国上市公司就开始大规模清理欠款,大部分欠款都是大股东挪用资金的结果,而且以"其他应收款"的名义进入会计账目。虽然大股东挪用上市公司资金早已被视为股市顽症,监管部门三令五申进行清查,但仍没有根治的迹象。在目前的公司治理模式下,大股东想挪用企业资金简直是易如反掌,这是中国资本市场最大的毒瘤。因此,一定要特别关注这一"小项目"中潜伏的"大危机"。

但是应该看到,在集团资金"集权式"管理模式(即集团中的母公司统一对外融资后,再根据需要将资金提供给各子公司使用下,尤其是母公司自身较少从事实体经营活动的情况下,母公司报表中较大规模的其他应收款实际上代表了母公司向子公司提供的经营资金。一般而言,资金"集权式"管理模式具有资金使用效率高、使用成本低、便于内控等优势。在分析时,比较一下母公司报表与合并报表中"其他应收款"的相关金额,如果合并报表数字远远小于母公司报表数字,则其差额基本上代表了母公司向各子公司提供的资金规模。此时,其他应收款的质量将取决于各子公司的盈利能力和资产质量。但如果合并报表中的其应收款金额依然较大,远远超过了其占总资产的正常比例,则很有可能意味着超出部分的资金流向了控股股东或兄弟公司等关联方。具体情况可以结合此项目的附注披露信息做进一步的分析和判断。

四、流动负债质量分析

简单地说,流动资产通常是一年内可变现的资产项目,流动负债则通常为一年内应清偿的债务。因此,在任一时点上,两者的数量对比关系对企业的短期经营活动均产生十分重要的影响,此外,流动负债各构成部分的流动性、可控制程度等对企业短期经营亦有很大的影响,企业流动负债的质量分析及重点应关注以下几个方面:

(一)流动负债的强制性

流动负债的强制性可以简单理解为流动负债的流动性,即需要偿还的压力和时间长短。流动负债各个构成项目的偿付期限并不一致,有的项目强制性较大,在一年内甚至更短的时期内就要偿付(如短期借款一般都需要在年内偿付);有的项目强制性较小,可以在很长的时间甚至超过一年的一个营业周期以上的时间内清偿,如与关联企业往来结算而形成的其他应付款项。在判断一个企业的流动性风险时,应该把这些因素考虑在内。强制性较小的流动负债会在无形中降低企业的流动性风险。如果不对流动负债内部成分按照强制性进行区分与分析,往往会高估企业的流动性风险。

在对流动负债的强制性进行分析的过程中,应该特别注意应付票据与应付账款以及合同负债的规模变化与企业存货规模变化之间的关系。在企业存货规模增长不大,但企业应付票据与应付账款的规模增长较大,尤其是在账龄较长的情况下,这种应付票据与应付账款的规模增长可能在很大程度上代表了企业供应商的债权风险,当然这对于本企业来说倒是件好事。但如果该项目出现异动,则应该通过分析报表附注来判断异动的理由是否充分,是否为达到某种目的而另有隐情。

一般来说,真正给企业带来现实偿债压力的是那些强制性的债务,如当期必须支付的应付票据、应付账款、短期借款、应付股利以及契约性负债等。对于预收款项、部分应付账款以及其他应付款等,由于某些因素的影响,不必当期偿付或者不必用现金偿付,它们实际上并不构成企业短期付款的压力,属于非强制性债务。

此外,有些流动负债项目(如应付职工薪酬和应交税费)的期末余额在企业经营规模和经营业绩不出现太大波动的情况下会保持相对稳定,形成一定的债务沉淀,就好像这笔负债不需要归还一样,因此并未对企业形成实质性的偿债压力,我们也可以将其视为非强制性流动负债。

(二)企业短期贷款规模可能包含的融资质量信息

一般来说,企业从金融机构获得的短期贷款主要与企业的经营活动相关,通常用于补充企业流动资金的不足,在资产负债表中列入短期借款项目。然而在实践中,企业资产负债表期末短期借款的规模可能表现为远远超过实际需求数量(即一方面存有大量的货币资金,另方面又大规模借款),这可以通过比较短期贷款与货币资金之间的数量关系来考察。

出现上述现象的原因可能包括但不限于以下几点:第一,企业的货币资金中包含一部分由银行承兑汇票引起的保证金(通常按照应付票据的一定百分比确定)。第二,企业由于组织结构的原因存在众多异地分公司(或子公司)。尤其是在"分权管控"模式下,分公司(或子公司)的货币资金由各个分公司(或子公司)自行支配,汇集到一起在母公司报表(或合并报表)上显示的规模并不能代表母公司(或集团)实际可自由支配的货币资金规模。第三,融资环境和融资行为等因素(如银行为规避信贷风险,轻易不愿意发放长期贷款)也会导致企业融入过多的短期借款。

在融资环境和不当融资行为等各方面原因导致企业融入过多短期借款的情况下,由于相对于其他短期资金来源来说,短期借款的资本成本更高,偿付压力更大,因此会引起企业过高的财务费用,增加企业盈利的压力。而"短贷长投"更是企业应尽量避免的,因为稍有不慎企业就有可能因资金链断裂而破产。

(三)经营性负债的规模、结构及其变化所包含的经营质量信息

经营性负债又称商业债务,是指企业通过经营活动所产生的各项债务,如在采购和销售等经营活动中形成的对上游供应商和下游经销商的应付票据、应付账款、合同负债和预收款项等。经营性负债的规模在一定程度上反映了企业对上下游的议价能力,即企业利用商业信用推动其经营活动的能力。要特别关注应付票据与应付账款的规模变化及其与企业存货规模变化之间的关系。这是因为应付票据与应付账款构成了存货的财务来源,由于应付票据和应付账款的财务成本并不相同(在我国商业汇票普遍采用银行

承兑方式的条件下,应付票据是有成本的)。因此,企业应付票据和应付账款的相对规模变化,有助于透视整个行业所面临的生存环境变化,甚至有可能反映企业的经营管理质量和相对竞争优势。

1.在企业普遍采用赊购方式的情况下,应付账款的相对规模不断增加

在企业普遍采用赊购方式的情况下,如果应付账款相对于应付票据(我国企业普遍采用银行承兑汇票)来说规模不断增大。从债务企业的角度来看,这种增长在很大程度上代表债务企业在与供应商就结算方式谈判时有能力越来越强,企业成功地利用商业信用来支持自己的经营活动,同时又避免了采用商业汇票结算可能引起的财务费用。从债权企业的角度来看,之所以接受这种结算方式而不采用商业汇票结算方式,是因为对债务企业的偿债能力有信心,对到期收回商业债权有信心。

2.在企业普遍采用赊购方式的情况下,应付票据的相对规模不断增大

在企业普遍采用赊购方式的情况下,如果应付票据相对于应付账款来说规模不断增大,从债务企业的角度来看,这种增长可能意味着债务企业(因支付能力下降等原因)与供应商就结算方式谈判时的优势逐渐丧失,不得不采用商业汇票结算方式。同时,采用商业汇票结算不可避免地会引起财务费用的增加、货币资金的周转压力增大。从债权企业的角度来看,之所以只接受商业汇票结算方式,除了商业汇票具有更大的流动性外,还可能是因为对债务企业的偿债能力缺乏信心。不论如何,应付票据的相对规模扩大,至少可以使企业因推迟付款而减少当期的现金流出。

【例6-8】　黄东水泥2016年年报显示,在存货和营业成本的总体水平基本保持稳定的情况下,应付账款规模基本没有什么变化,而应付票据余额较2015年增加了4.15亿元,"购买商品,接受劳务支付的现金"减少了7亿元,其中的4.15亿元很可能就是采用这种结算方式而引起的现金支付减少。

3.预收款项与合同负债的规模变化及其信息含义

预收款项与合同负债规模的变化情况一般被业界认为是企业来年经营业绩的晴雨表,具有一定的预测价值。同时也会在一定程度上反映行业的景气程度变化、市场的整体需求变化、企业的相对竞争优势变化以及企业相对下游客户的议价能力变化。

另外有一点需要强调的是,由于预收款项与合同负债作为流动负债并不需要全额的现金偿付,而只需要发运相应金额的货物或者提供相应规模的劳务,两者之间相差个"毛利",因此,企业在拥有大规模的预收款项与合同负债时,真实的偿债能力往往要远远强于流动比率、速动比率等财务指标所显示出来的偿债能力。

4.企业税金缴纳情况与税务环境

很多时候,可以根据企业应交的所得税缴纳情况透视企业所处的税务环境。由于在资产负债表中各项目之间存在密切的对应关系,因此基于应交所得税、递延所得税资产(或负债)与利润表中的所得税费用之间的数量变化,可以在一定程度上透视企业的税务环境。比如,企业的盈利状况保持相对稳定,而应交所得税、递延所得税负债表现出不断增加的态势,则表明在纳税方面有税务局允许企业推迟交纳税款的可能,这对企业来说算是相对有利的税务环境。

五、资产结构质量分析

所谓资产结构,简单地说就是指各项资产相互之间的比例关系,它既可以是按照流动性确定的流动资产与非流动资产之间的比例关系,也可以是按照利润贡献方式确定的经营性资产和投资性资产之间的比例关系,还可以是按照企业业务板块确定的各类资产之间的比例关系,等等。由于不同的资产结构所表现出来的经济含义、管理含义具有显著区别,会从不同角度体现出企业资源配置战略的选择与实施状况,因此企业资产结构质量分析的意义重大。

(一)资产结构的有机整合性

资产结构的有机整合性,是指企业资产的不同组成部分(如流动资产和非流动资产,经营性资产和投资性资产,经营性资产内部的货币资金、商业债权、合同资产、存货、固定资产和无形资产等)经有机整合后从整体上发挥效用的状况,它强调各项资产与其他资产组合的增值性。企业管理的境界应该体现为最大限度地降低不良资产占用、加快资金周转并获取更多的盈利。任何资产项目,不管自身的物理质量有多高,如果不能与其他资产进行有机整合而发挥协同效应,为最终实现利润做出贡献,则仍属于不良资产的范畴。

资产结构的有机整合性要求企业不断进行资产结构的优化,尽力消除应收账款呆滞、存货积压、固定资产闲置、对外投资失控等现象。这也是企业进行资产重组所要实现的目标。

(二)资产结构的整体流动性

资产流动性大小与资产的风险大小和收益高低是相联系的。通常情况下,流动性大的资产,其风险相对要小,但收益也相对较小且易波动;反之,流动性小的资产,其风险相对较大,但收益相对较高且易稳定。当然也有可能出现不一致的情况。

资产结构的整体流动性可以通过流动性较强的资产在总资产中所占比例来衡量。一般地,企业资产结构中流动性强的资产所占比例越大,企业资产的整体流动性就越高,相应地,企业偿债能力也就越强,财务风险越小。但是,这并不意味着企业流动性较高的资产占总资产的比例越大越好。归根结底,资产的流动性是为企业整体的发展目标服务的,企业管理所追求的应该是资产结构的整体流动性与盈利性的动态平衡。

另外,资产结构还会影响成本结构,从而决定企业的经营风险。这是因为,企业的各项成本可以大致分为固定成本和变动成本两类,固定资产折旧和无形资产摊销都属于固定成本,相对而言属于刚性成本。由于经营杠杆效应的存在,如果资产结构中固定资产等长期资产所占比例过大,就会给企业带来大规模的固定成本。这意味着企业或者行业的退出门槛很高,转型较难,运营效率较低,经营风险较大。因此,企业应该努力寻求一个合理的资产结构,在可能的情况下增加企业资产整体的流动性,从而尽可能减少生产经营面临的各种风险,为企业的可持续发展奠定坚实的基础。

当然,考察企业资产结构的整体流动性,还要结合企业所处的特定行业,根据企业基本的资产结构特点进行分析。例如,制造业(尤其是重资产行业)企业和金融业企、互联网企业的资产结构、经营模式截然不同,使得资产结构的整体流动性体现出明显的行业特征,不能一概而论。

(三)资产结构与资本结构的对应性

对于那些主要包含诸如流动资产和固定资产等传统资产项目的资产结构的质量进行分析,还应考虑资产结构与资本结构的对应性。资产结构与资本结构的对应性主要体现在:首先,企业资产报酬率应能补偿企业资本成本;其次,资产结构中基于流动性的构成比例与资金来源的期限构成比例相互匹配。具体地说,流动资产作为企业最有活力的资产,应为企业偿还短期债务提供可靠保障;流动资产的收益率较低,所以应主要由资本成本相对较低的短期资金来源提供支持;长期负债的资金占用成本较高,因而应与企业的长期资产项目相匹配。有了这样的资产结构,才能保证企业有可能在允许的范围内将资本成本和财务风险降至合理水平,从而达到最佳的生产经营状态。资产结构与资本结构的对应性通常要求企业在所能承受的财务风险范围内运行。然而在某些情况下,企业也会出现"另类"的资产结构与资本结构的对应关系。例如,在竞争优势极其明显的情况下,企业通过大量采用预收方式销售和赊购方式采购,大规模增加商业信用资本,呈现出流动资产规模并不显著高于流动负债规模的局面(如格力电器),这被业内称为类金融模式。在这种情况下,流动资产的规模并不显著高于流动负债规模,但并不意味着企业的短期偿债能力存在问题,而恰恰是企业在行业中具有极强的竞争优势和良好商业信誉的表现。但是这种方式的运营管理潜藏一定的风险,一旦企业的资金链出现问题,就有可能发生连锁反应而使企业陷入支付危机。

(四)资产结构与企业战略承诺的吻合性

企业的资源配置战略主要是靠资产的有机整合和配置来实现的,无论资源配置战略的具体内容是什么,在资产结构上的表现一定是资产项目之间的不同组合。企业之所以要确立其资源配置战略,并将其与竞争者区分开来,完全是出于竞争的需要。尽管一个行业的经济特征在一定程度上限制了企业参与行业竞争时可供选择的资源配置战略的弹性,但是许多企业仍然可以通过制定符合自身特定要求的、难以复制的资源配置战略来保持竞争优势。

通常在上市公司年报的"经营情况讨论与分析"部分,企业都会表述自身所选择的资源配置战略,即战略承诺;而通过考察企业资产中经营性资产与投资性资产的结构关系,以及经营性资产的内部结构等方面,可以在一定程度上透视企业资源配置战略的具体实施情况,通过将企业实际的资源安排与企业战略承诺进行比较,便能判断公司资源配置战略具体的实施情况与所承诺的选择之间的吻合性,在我国现阶段,上市公司的资产结构与战略承诺之间的吻合性可以从两个层面来分析。其一,资产结构与全体股东的战略相吻合,即在财务上要求企业最大限度降低不良资产占用,提高资产周转率和盈利能力。其二,资产结构与控股股东的战略相吻合,即在控股股东的战略不同于全体股东战略的条件下,控股股东有可能以上市公司为融资平台谋求另外的发展,控股股东战略的实施也许就会表现为上市公司自身的不良资产占用(即掏空上市公司)。对于那些存在其他应收款巨额增加、存货超常增加、固定资产闲置等情况的上市公司,在其财务状况形成的过程中,往往能够看到控股股东战略(即利用上市公司融资能力为控股股东服务)实施的种种迹象。

第三节　长期偿债能力分析

一、长期偿债能力的含义

长期偿债能力是企业偿还长期债务的能力,它表明企业对债务负担的承受和偿还的保障能力,反映的是企业与所有者权益之间的对比关系,是用来评价企业长期偿债能力和继续举借债务能力的指标。企业对长期债务负有两种责任:一是足额偿还债务本金的责任;二是支付债务利息的责任。分析个别企业长期偿债能力,主要是为了确定该企业偿还债务本金和支付债务利息的能力。

企业可以用来偿还债务的资金来源除了自身拥有的财产、经营过程中赚取的利润,还包括向外部债务人举借债务所获得的资金。在评估企业的举债能力的大小时,债务人通常会考虑企业的债务与权益的相对比率。一般来说,企业债务与股东权益的比率越小,企业进一步举债的能力就越大。这是因为债权人在借出资金时主要考虑贷款的风险,债务与股东权益的比率越小,自有资金对借入资金的保障程度就越高,偿债风险也就越小。

长期偿债能力的强弱是反映企业财务安全与稳定程度的重要标志。企业短期偿债能力,主要考虑流动资产结构、流动负债结构以及流动资产与流动负债的对比关系,侧重从资产变现角度来分析。长期偿债能力则不同,它侧重从企业资本结构、盈利水平及现金流状况等方面衡量企业承担长期债务的能力。

【案例6-5】　74家上市家居企业资产负债率分析

2019年家居企业财报陆续发布,74家上市家居企业营收平均增速首次降至个位数,保持在9.56%。除了营收及净利润数据,一个企业资产负债率的表现和升降变化同样是反映所在行业发展趋势、企业自身营运能力和内在风险的重要指标。因此,资产负债率这一指标愈发受到投资者、供应链上下游企业及行业的整体关注。

资产负债率是企业期末总负债和总资产的比值。一般,企业资产负债率维持在40%～60%为合理水平,过高会产生偿债风险,过低则可能显示发展动力不足。年报显示,2019年74家上市家居企业平均资产负债率为41.5%,同比上涨0.98个百分点。

家居细分行业由于发展周期、营收模式与规模等因素,平均资产负债率也呈现出不同特点。其中,装饰装修企业均值最高,接近60%;定制、瓷砖、卫浴企业的均值居中,在40%左右;家纺垫底,平均资产负债率不到27%。74家企业中,近半数资产负债率维持在40%以下的普遍合理水平,超过60%的有10家。一般来说,资产负债率超过60%或70%就会被视作财务风险过高,可能发生偿债危机。另外,74家上市家居企业中近六成企业资产负债率较上年有所上升,四成有所下降。

资产负债率与所在行业的营收模式、企业规模等因素相关,电器品类平均资产负债率为39.12%,相比2018年的42.64%下降3.52个百分点。家具企业有相似的趋势,平均资产负债率从2018年的43.35%下降至39.45%。在家居行业中,装饰装修企业平均资产负债率最高,为59.85%,且仍有小幅上涨的趋势。装饰装修企业服务周期久、链条长,因而在供应链上下游和客户间分别存在大量应付和预收款项,再加上企业扩张过程中,往往通过短期借款筹资兴建工厂、仓储及物流体系等,导致行业整体负债率较高。其中全筑股份的负债率最高,达74.37%,不过报告期内同比有所下降,广田集团与东易日盛也超过70%,东易日盛2019年营收、净利润双降,受商誉减值影响,2019年资产负债增长超过10个百分点,升至70.76%。瓷砖卫浴企业负债率小幅上涨,从33.31%升至35.59%。定制家居企业平均资产负债率为37.97%处于比较合理的水平。

尽管资产负债率过高可能产生相应的偿债风险,但部分行业整体资产负债率过低,也反映了行业的增长周期与扩张势能。例如家纺行业,榜单中的4家家纺企业平均资产负债率仅为26.61%,低于家居行业平均水平。竞争环境依旧激烈以及转型线上营销收效不明显等原因导致家纺行业增长速度较慢,维持在低位的资产负债率也印证了这一行业的发展现状。

普遍来看,40%~60%对大部分企业来说是一个合理的资产负债率区间,但对于在不同行业发展阶段及不同规模和供应链地位的企业来说并不完全适用。规模较大的行业龙头如海尔智家、亚厦股份、红星美凯龙等,能够通过供应链整合能力和持续营收来降低财务风险,从而通过提升财务杠杆加速企业增长。

对于主业经营良好的家居企业来说,通过财务管理、善用杠杆,有望拉大与其他企业的竞争差距,到那时,强者恒强的格局恐怕更加难以撼动。

(资料来源:柴乔杉.219年74家上市家居企业资产负债事排行榜[EB/OL].乐居财经,2020-06-04.)

二、长期偿债能力的主要财务指标

(一)偿还本金的财务指标

1.资产负债率

资产负债率也称为债务比率,是企业债务总额与资产总额的比率,是对企业负债状况的总体反映,表示企业从债权人处筹集的资金占企业全部资产的比重,反映企业全部资金来源中有多少来自举借债务。这个指标也是衡量企业财务风险的主要指标。计算公式如下:

$$资产负债率 = \frac{负债总额}{资产总额} \times 100\% \tag{6-11}$$

资产负债率是衡量企业负债水平及风险程度的重要标志。负债对于企业来说是一把双刃剑:一方面,负债增加了企业的财务风险,举债越多,风险越大;另一方面,债务的成本低于股权资本的成本,增加债务可以改善获利能力。企业管理者需要在利润和风险之间取得平衡,确定适当的资产负债率水平。

一般认为,资产负债率的适宜水平是40%~60%。对于经营风险比较高的企业,为减少财务风险,应选择比较低的资产负债率,例如许多高科技企业的资产负债率都比较低;对于经营风险低的企业,可以选择比较高的资产负债率,例如供水、供电企业的资产负债率都比较高。因此,企业资产负债率的分析评价通常要结合同行业的平均水平或先进水平来进行。

该比率更多的是从债权人的角度理解企业的长期偿债能力,它考虑贷款是否有足够的资产做抵押,或在清算时是否能够得到足够的资产保证(债权人在清算时有优先权)。该指标值越小,债权人的债权就越有保障。如果进一步分析这种保障,还需要鉴别企业资产的品质和实际价值,以及企业负债的真实性。

通常而言,资产负债率越高,企业的偿债能力越会受到质疑。但是,由于行业特征不同,导致企业存在资产结构差异、营业杠杆差异等,从而使得不同行业的企业该指标差异较大。如房地产行业2020年资产负债率达到72.83%,而白酒行业的资产负债率只有30.72%。这是由于房地产行业的产品从购买土地到开发出房屋出售,通常需要2~3年的生产周期,产品的特征导致了它对长期资金,特别是长期负债的依赖;同时由于行业普遍采取预购房款的销售方式,产生了大量的合同负债,整个行业普遍存在高债务水平。结合该行业较低的流动比率和较高的资产负债率,房地产行业性风险较大。因此运用该指标评价企业的偿债能力时,一定要结合其相关的行业背景。

【例6-9】 根据表6-22负债总额数据表、表6-23资产总额数据表的数据资料计算资产负债率。

表6-22　甲、乙两公司的有关负债总额的数据表　　　　　　　单位:元

公司	2017年12月31日	2018年12月31日	2019年12月31日	2020年12月31日
甲公司	852 826 208	1 120 880 540	1 474 773 591	1 773 173 302
乙公司	197 548 673	289 103 189	316 365 985	317 208 659

表6-23　甲、乙两公司的有关资产总额的数据表　　　　　　　单位:元

公司	2017年12月31日	2018年12月31日	2019年12月31日	2020年12月31日
甲公司	1 946 983 642	2 200 215 282	2 665 503 954	3 163 509 191
乙公司	2 830 268 837	2 995 100 164	3 128 547 460	3 155 554 351

解析:

计算甲公司2020年的资产负债率如下:

$$资产负债率 = \frac{1\,773\,173\,302}{3\,163\,509\,191} \times 100\% = 56.05\%$$

同理,计算甲公司和乙公司三年的资产负债率如表6-24所示,并进行比较。

表6-24　甲、乙两公司的资产负债比率

公司	2017年	2018年	2019年	2020年
甲公司	43.80%	50.94%	55.33%	56.05%
乙公司	6.98%	9.65%	10.11%	10.05%

从计算的结果看,甲公司的资产负债率明显高于乙公司,并且在后两年略有上升,甲公司使用了越来越多的债务性资金。相对来说,乙公司的债务人受保障的程度比较高,

但也反映了乙公司利用负债经营比较保守或该公司的负债融资能力可能比较弱。

2.产权比率

产权比率是负债总额与股东权益总额之间的比率,也称为债务股权比率、资本负债率,它是衡量企业长期偿债能力的指标之一。其计算公式为:

$$产权比率 = \frac{负债总额}{所有者权益总额} \times 100\% \tag{6-12}$$

产权比率与资产负债率都是用于衡量长期偿债能力的指标,但侧重点有所不同。产权比率侧重于揭示债务资本与股权资本的相互关系,说明企业财务结构的风险性,以及所有者对偿债风险的承受能力;资产负债率侧重于揭示总资本中有多少是负债取得的,说明债权人的权益受保护程度。

【例6-10】 根据表6-22负债总额数据表、表6-25所有者权益数据表中的数据资料计算产权比率。

表6-25　甲、乙两公司的有关所有者权益总额的数据表　　　　　单位:元

公司	2017年12月31日	2018年12月31日	2019年12月31日	2020年12月31日
甲公司	1 094 157 433	1 079 334 741	1 190 730 363	1 390 335 888
乙公司	2 632 720 164	2 705 996 975	2 812 181 475	2 838 345 693

解析:

计算甲公司2020年的产权比率如下:

$$产权比率 = \frac{1\ 773\ 173\ 302}{1\ 390\ 335\ 888} \times 100\% = 1.275$$

同理,计算甲公司和乙公司三年的产权比率如表6-26所示,并进行比较。

表6-26　甲、乙两公司的产权比率

公司	2017年12月31日	2018年12月31日	2019年12月31日	2020年12月31日
甲公司	0.779	1.038	1.239	1.275
乙公司	0.075	0.107	0.112	0.112

两个公司在2018年都大幅提高了负债融资,相对乙公司,甲公司对债务风险承受能力相对较弱,风险压力比较大些。

3.权益乘数

权益乘数即权益总资产率,是指资产总额与股东权益的比率,它表示企业资产总额与股东权益的倍数关系,反映企业由于举债而产生财务杠杆效应的程度。其计算公式为:

$$权益乘数 = \frac{资产总额}{股东权益} \times 100\% \tag{6-13}$$

权益乘数越大,表明所有者投入企业的资本在资产总额中所占的比重越小,企业负债的程度越高;反之,则表明所有者投入企业的资本在资产总额中所占的比重越大,企业的负债程度越低,债权人权益受保护的程度也越高。

权益乘数和资产负债率多大为宜,通常没有定论。权益乘数的大小和资产负债率的

高低除了受企业所在行业、所处经营周期等因素的影响，与企业的举债程度有直接关系，反映管理层的经营理念和风险偏好。不过通常认为，具有较高的权益乘数（也就是较高的资产负债率）的企业财务风险相对较大。但并不是两个指标越小越好，因为企业的财务目的是使股东财富最大化，利用财务杠杆可以获得经营机会，借用债务人的资金为投资者赚取更多的利润。所以，企业应根据自身的实际情况采取不同的融资策略。这两个指标在不同行业的不同企业之间会存在很大的差异。

权益乘数的倒数称为股东权益比率，是指股东权益与资产总额的比率。它说明企业的资产中有多少是所有者投入资本所形成的，计算公式为：

$$股东权益比率 = \frac{股东权益}{资产总额} \times 100\% \qquad (6\text{-}14)$$

权益乘数与股东权益比率都是对资产负债率的补充，可以结合起来运用。按相同口径计算的股东权益比率与资产负债率之和为1。因而股东权益比率可以从另一个侧面反映企业的长期偿债能力。该比率越大，资产负债率就越小，企业的财务风险也越小，长期偿债能力就越强。

4.资产金融性负债率

资产金融性负债率也可以称为有息负债率，反映的是企业直接从银行等金融机构取得的借款等有息负债与资产总额之间的对比关系，是用来评价企业偿债能力的一个非常实用的指标。其计算公式为：

$$资产金融性负债率 = \frac{金融性负债总额}{资产总额} \times 100\% \qquad (6\text{-}15)$$

由于负债按照取得途径来分，至少包括经营性负债和金融性负债两种，其中经营性负债是企业在经营过程中基于企业的议价能力（一般会因企业在行业中的竞争地位和竞争优势不同存在差异）形成的，如应付票据、应付账款、预收款项、其他应付款等，在我国当前的市场经济环境下，大多数经营性负债是无成本的（至少表面上是这样），对企业来说并不构成固定的成本压力。金融性负债则是企业直接从银行等金融机构取得的有息负债，如短期借款、长期借款、一年内到期的非流动负债、长期应付款等，它们往往有固定的利息和确定的还款日，因此，企业的偿债压力相对较大。通过资产金融性负债率指标的计算，可以了解企业实际的偿付压力，进一步揭示企业真实的偿债能力。

【例6-11】 根据表6-23资产总额数据表、表6-27金融性负债数据表中的数据资料计算资产金融性负债率。

表6-27 甲公司的有关金融性负债的数据表 单位：元

项目	2017年	2018年	2019年	2020年
短期借款	64 928 700		92 240 190	274 143 091
一年内到期的非流动负债	150 000 000	50 000 000	260 091 995	100 097 242
长期借款	53 181 818	268 960 812	102 272 727	301 818 181
长期应付款			1 984 514	1 887 272
合计	214 928 700	318 960 812	194 512 917	676 058 514

解析：

计算甲公司2020年的资产金融性负债率如下：

$$资产金融性负债率 = \frac{760\,033\,711}{1\,390\,335\,888} \times 100\% = 0.2137$$

同理，计算甲公司和乙公司三年的资产金融性负债率如表6-28所示，并进行比较。由于乙公司没有金融性负债，所以该指标计算结果均为0。

表6-28　甲、乙两公司的资产金融性负债率

公司	2017年	2018年	2019年	2020年
甲公司	0.11	0.15	0.07	0.21
乙公司	0.00	0.0	0.0	0.00

从表中计算结果可以看出甲公司使用了金融性负债，而乙公司没有使用金融性负债。而且甲公司的资产金融性负债率总体趋势呈现上升趋势，2019年大幅下降，主要原因是前期到期债务大量清偿所致。相对于其资产负债率的指标，其实际偿债能力还是比较强的。

（二）偿还利息的财务指标

1.利息保障倍数

利息保障倍数是指企业的息税前利润与所需支付的利息费用的比率。该指标反映了企业已获取的利润承担其借款利息的能力。计算公式为：

$$利息保障倍数 = \frac{息税前利润}{利息费用} \tag{6-16}$$

式中，息税前利润是指扣除利息和税务支出之前的利润，可以用总利润加利息费用求得，用来说明是否有足够的利润支付到期的利息。即：

$$息税前利润 = 净利润 + 所得税费用 + 利息费用 \tag{6-17}$$

息税前利润是企业资本保全后为所有投资者创造的利润，只要企业的息税前利润大于0，就说明企业已耗费的本金支出包括对债权人债务本金的保证，因此超额部分可偿付本金之外的投资回报。支付政府所得税和股东红利之前，所有的息税前利润都可优先支付债权人利息。息税前利润只有具有可持续性，且该比率具有预测能力才能作为评价企业的偿债能力。因此分子中的息税前利润要考虑选用合适的税前利润起点，一般采用营业利润，不包括利润表中的营业外收支等偶然性利得损失，即息税前利润等于营业利润加利息费用。但是考虑到目前利润表中的营业利润中包含大量非经常性损益，也可以采用利润总额排除非经常性损益为税前利润的计算起点。

利息费用不仅包括计入财务费用的利息费用，还应包括已资本化的利息费用。企业为购建长期资产而专门借入的债务在长期资产购建期间发生的利息费用，不计入当期财务费用，而列入这些长期资产的购建成本，这些资本化的利息虽然不在利润表中反映，但作为企业的一项负债是需要偿还的。因此利息费用应包括全部利息。但在计算时可能会存在一个问题，那就是企业的利息费用的数据难以得到（在上市公司合并报表的财务费用附注中有可能找到这项数据），因为在我国的会计实务中将利息费用计入财务费用，而不单独记录

175

（财务费用还包括利息收入、手续费以及汇兑损益等）。在这种情况下，分析人员通常用财务费用代替利息费用进行计算，但这样会存在一定的误差。

这个指标一般要求大于1（等于1时说明企业全年的经营成果都要用于清偿债务利息），通常认为这个指标越大越好。利息保障倍数大于1，表明可供支付利息费用的收益大于需要支付的利息费用；如果该指标小于1，则表明可供支付利息费用的收益不足以支付利息费用。短期内，一家企业的利息保障倍数指标有可能低于1，而企业支付利息费用同样不存在问题，这是因为企业的一些费用项目在当期是不需要支付现金的，如企业的折旧费用、低值易耗品摊销等。

从长期来看，一家企业的利息保障倍数至少要大于1，否则企业就不能举债经营。需要指出的是，在实际的分析中，利用该指标观察企业的长期偿债能力，一般至少应计算5年的利息保障倍数，从长期来分析和判断企业是否拥有支付长期负债利息费用的能力。这是因为企业的经营受环境等因素的影响，有一定周期性。在收益高的年度，利息费用保障倍数指标可能会很高；在收益低的年度，可能无力偿付债务利息。通常认为企业的利息保障倍数应大于等于该企业历史上正常生产年度中该指标的最低值，所以从稳健性角度出发，应选择几年中最低的利息保障倍数作为最基本的标准。

一般教科书之所以认为利息保障倍数这个指标可以反映企业的偿债能力，是因为企业偿还利息的能力越强，就越容易举债成功（即在多数情况下，只要企业按期偿还利息，就会和银行保持良好的债权债务关系）。但实际上，企业偿还利息的能力至少在短时间内主要取决于企业的现金支付能力，而与利息保障倍数无关。因此，我们认为，利息保障倍数的作用仅仅在于从股东的角度评价企业当前的借债政策是否有利，它并不能真正反映企业的偿债能力。

【例6-12】根据表6-29息税前利润数据表中的数据资料计算甲、乙两个公司三年的利息保障倍数。

表6-29　甲公司的有关息税前利润的数据表　　　　　　　　单位：元

项目	2018年	2019年	2020年
营业利润	155 157 284	212 590 287	258 745 450
利润总额	156 005 110	210 506 985	259 522 795
非经常性损益	22 623 901	13 132 953	21 197 179
所得税影响额	4 855 243	2 508 230	4 571 031
利息费用	11 464 771	13 942 407	27 025 594
息税前利润（营业利润）	166 622 055	226 532 694	285 771 044
息税前利润（利润总额）	139 990 737	208 808 209	260 780 179

解析：

计算甲公司2020年的利息保障倍数如下：

（1）用营业利润算

$$利息保障倍数 = \frac{285\,771\,044}{27\,025\,594} = 10.58$$

（2）用利润总额算

$$利息保障倍数 = \frac{260\,780\,179}{27\,025\,594} = 9.65$$

由于营业外收支等利得损失具有很大的偶然性，因此用营业利润可以更好地评价企业的偿债能力。

同理，计算甲公司和乙公司三年的利息保障倍数如表6-30所示，并进行比较。由于乙公司没有利息支出，所以该指标无法计算，也无须计算。

表6-30 甲、乙两公司的利息保障倍数

项目	2018年	2019年	2020年
甲公司（营业利润）	14.53	16.25	10.57
乙公司（营业利润）	0.00	0.00	0.00
甲公司（利润总额）	12.21	14.98	9.65
乙公司（利润总额）	0.00	0.00	0.00

从表中计算结果可以看出甲公司的利息保障倍数呈下降趋势。采用两个不同的口径计算的结果来看，剔除了偶然因素后，甲公司的利息保障缩小了一些，在实际分析中还是要考虑偶然因素所带来的影响。不过，总体上两个指标数据所反映的公司偿债能力的特征还是一致的，总体上公司经营过程中还是发挥了借款的杠杆的正向作用。企业具有较好的营业利润，会在企业不断扩大投资、不断进行借款的过程中发挥着非常大的保障作用。

2.固定支出保障倍数

固定支出保障倍数的计算公式为：

$$固定支出保障倍数 = \frac{息税前利润}{固定支付费用} \times 100\% \qquad (6\text{-}18)$$

固定支出保障倍数考虑到企业除了利息费用之外，还有一些固定的支出，即无论企业是否盈利都会发生的支出，比如优先股的股利、偿债基金每年要求提取的费用（为了保证到期偿还负债而设立的）等。在计算这个比率时需要注意的是，如果是税后支付的固定费用，比如优先股股利，要折算成税前的数值进行计算。用这个比率来评价企业的偿债能力相对于利息保障倍数来说更保守、更稳健。

【案例6-6】 格力电器公司长期偿债能力分析

本部分以格力电器公司为例，进行长期偿债能力分析，并与同行业竞争对手美的、海尔进行比较。这三家公司的长期偿债能力的主要指标如表6-31所示。各指标的比较如图6-5、图6-6所示。

表6-31 三家电器行业公司的长期偿债能力比较表

指标	资产负债率（%）			产权比率		
年份	2017	2018	2019	2017	2018	2019
格力	68.91	63.10	60.40	2.22	1.71	1.53
美的	66.58	64.94	64.40	1.99	1.85	1.81
海尔	69.13	66.93	65.33	2.24	2.02	1.88

资产负债率（%）

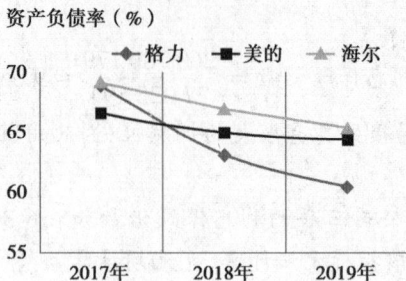

图6-5　三家电器公司资产负债率比较

产权比率（%）

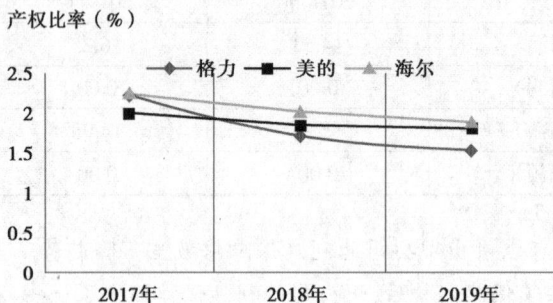

图6-6　三家电器公司产权比率比较

由表6-31、图6-5、图6-6可以看出,近三年来格力的资产负债率在三家公司中是最低的,且三家公司近三年的资产负债率都呈现下降的趋势。但是与2019年家电制造业绩效评价标准值进行比较后,发现2019年格力的资产负债率比行业标准值高出1个百分点,这说明格力的长期偿债能力较弱,低于整个家电制造业的平均水平。相应地,三家公司的产权比率在近三年也有下降的趋势,格力仍旧是三家公司中产权比率最低的,但是资本结构中负债占比仍旧很高,2019年格力电器的产权比率为1.53,企业的资本结构具有高风险的特点。从这两个长期偿债能力指标可以判断出格力电器目前面临的偿债风险高于行业平均水平,公司可能面临着较大的财务风险。但近三年来,格力电器的资产负债率和产权比率都有所降低,这在一定程度上反映出其长期偿债能力有提高的趋势。

(三)基于现金流量的偿债能力财务指标

1.现金与负债总额比率

现金与负债总额比率又称偿债保障比率,是指经营活动现金净流量与平均总负债的比率。用公式表示为:

$$现金与负债总额比率 = \frac{经营活动现金净流量}{平均负债总额} \times 100\% \qquad (6\text{-}19)$$

现金与负债总额比率反映了企业依据自身创造现金的能力所能够承担债务规模的大小。一般而言,该比率越高,企业承担债务的能力就越强,该比率越低,企业承担债务的能力就越弱。这个比率是一个从企业持续经营的动态角度看待长期偿债能力。在企业持续经营的前提下,考虑到企业的资金周转使用效率,企业可用于偿还债务的资金应该是动态的经营活动现金流量净额。指标计算中使用的是本期经营活动现金流量净额,暗含假设企业偿债期的经营活动现金流量净额与本期相同。通常认为该比率为0.2左右比较合适。

【例6-13】　根据表6-32负债总额数据表、表6-33经营活动现金净流量表中的数据资料计算现金与负债总额比率。

表6-32　甲、乙两公司的有关负债总额的数据表　　　　单位：元

公司	2017年	2018年	2019年	2020年
甲公司	852 826 208	1 120 880 540	1 474 773 591	1 773 173 302
乙公司	197 548 673	289 103 189	316 365 985	317 208 659

表6-33　甲、乙两公司的有关经营活动现金净流量的数据表　　　　单位：元

公司	2018年	2019年	2020年
甲公司	301 383 450	113 043 005	18 420 091
乙公司	488 562 140	210 629 140	269 878 443

解析：

$$现金与负债总额比率 = \frac{18\,420\,091}{\dfrac{1\,474\,773\,591 + 1\,773\,173\,302}{2}} \times 100\% = 0.02$$

同理，计算甲公司和乙公司三年的现金与负债总额比率如表6-34所示，并进行比较。

表6-34　甲、乙两公司的现金与负债总额比率

公司	2018年	2019年	2020年
甲公司	0.54	0.15	0.02
乙公司	3.38	1.33	1.70

从计算的结果看，甲公司的现金与负债总额比率较低，尤其是后两年急剧降低，究其原因在于扩大规模导致经营活动现金流量净额急剧减少，并且进行了大规模的借款。该指标已远远低于通常认为的正常值0.2，偿债风险较高。而乙公司没有使用有息负债，保证了公司较高的偿债安全性。

2.经营性资产现金回收比率

经营性资产现金回收比是指经营活动现金净流量与平均经营性资产的比率，用公式表示为：

$$经营性资产现金回收比率 = \frac{经营活动现金净流量}{平均经营性资产} \times 100\% \qquad （6-20）$$

经营性资产现金回收比率反映了企业一定时期经营性资产创造现金的能力。与同行业平均数的相比，该数值越大，表明企业经营性资产整体获现质量越好；该数越小，表明企业资产整体获现质量越差。

【例6-14】 根据表6-33经营活动现金流量净额数据表、表6-35甲公司经营性资产数据表、表6-36乙公司经营性资产数据表中的数据资料计算甲公司、乙公司的经营性资产现金回收比率。

表6-35　甲公司的有关经营性资产的数据表　　　　　　　　单位：元

项目	2017年	2018年	2019年	2020年
货币资金	569 825 656	588 303 216	473 902 314	468 310 197
应收票据	850 000	2 950 000	9 564 000	273 590
应收账款	377 883 434	440 945 902	585 652 701	650 015 745
存货	272 430 135	331 183 252	459 264 604	783 263 327
固定资产	450 800 844	445 828 595	648 515 297	734 607 025
无形资产	31 554 269	99 624 633	170 005 526	182 400 390
合计	1 703 344 338	1 908 835 598	2 346 904 442	2 818 870 274

表6-36　乙公司的有关经营性资产的数据表　　　　　　　　单位：元

项目	2017年	2018年	2019年	2020年
货币资金	927 868 735	1 036 582 266	711 853 633	690 691 751
应收票据	38 410 882	54 093 299	79 964 518	120 417 090
应收账款	217 936 593	284 367 232	317 185 506	300 223 854
存货	289 488 562	234 240 250	365 413 883	493 613 449
固定资产	739 153 801	667 218 994	683 122 864	643 078 678
无形资产	191 500 393	228 064 300	220 607 353	218 637 494
合计	2 404 358 966	1 467 984 075	1 666 294 124	2 466 662 316

解析：

计算甲公司2020年经营性资产现金回收比率如下：

$$经营性资产现金回收比率 = \frac{18\,420\,091}{\dfrac{2\,346\,904\,442 + 2\,818\,870\,274}{2}} \times 100\% = 0.01$$

同理，计算甲公司和乙公司三年的经营性资产现金回收比率如表6-37所示，并进行比较。

表6-37　甲、乙两公司的经营性资产现金回收比率

公司	2018年	2019年	2020年
甲公司	0.17	0.05	0.01
乙公司	0.25	0.13	0.13

从计算的结果看，甲公司的经营性资产现金回收比率较低，并显露出甲公司偿债能力下降的趋势且大幅下降，经营性资产创造现金的能力比较弱，这势必影响公司偿还短

期借款和即将到期的长期债务。

3.到期债务本息偿付比率

到期债务本息偿付比率是指企业的经营活动现金净流量对本期到期债务和利息支出的现金满足程度。用公式表示为：

$$到期债务本息偿付比率 = \frac{经营活动现金净流量}{本期到期债务 + 利息支出} \times 100\% \qquad (6\text{-}21)$$

到期债务本息偿付比率越大，表明企业偿付到期债务的能力越强；到期债务本息偿付比率小于1，则表明企业经营活动产生的现金不足以偿付到期债务本息，企业必须依靠投资活动与筹资活动的现金流入才能足额偿还债务。

三、长期偿债能力质量分析

按照财务理论，企业的非流动负债应该是形成企业的非流动资产和短期资产（流动资产）中长期稳定那部分的资金来源。它的质量也会对企业的财务状况质量产生重要影响，企业非流动负债的质量分析应重点关注以下几个方面。

（一）长期借款质量分析

1.长期借款利率水平分析

由于企业长期借款通常具有金额大、期限长的特点，因此，它带来的利息规模一般相对较大，对企业的盈利水平会造成较大的影响。一般而言，影响企业长期借款利率水平的因素主要有：

（1）企业的信用等级。信用等级较高，申请银行贷款的难度就会相对较低，给予的利率水平也会相对较低。

（2）担保方式，用资产抵押、票据质押或者第三方担保等方式以提高贷款申请的成功率，相应地，担保方式会在一定程度上决定贷款利率水平。

（3）贷款用途。贷款用途越合理，使用目的越符合银行贷款的投向要求，可能取得的贷款利率水平越低。

（4）企业内部管理规范程度和经营团队具备的管理能力。这些因素会影响贷款资金的安全程度，因而也会影响贷款的利率水平。

（5）投资项目可能带来的风险和效益。投资项目可能带来的效益越高、风险越小，贷款的资金安全性就越高，银行提供的贷款利率水平就有可能越低。

总之，获取的利率水平越低，长期借款的质量就越好。但从近几年的上市公司年报中可以看到，能获得长期借款的公司越来越少。主要原因是金融机构出于风险控制的考虑，一般不会轻易提供较长期限的贷款。

2.长期借款中贷款担保的方式

企业在信用等级较低时可以采用贷款担保的方式提高贷款申请的成功率。所采用的贷款担保方式不同，限制和约定的内容就有所不同，对企业正常经营活动可能造成的影响也会有所差异。

根据我国担保法的规定，担保方式有保证、抵押、质押、定金和留置五种，而贷款担保方式分保证、抵押、质押三种。保证担保是指保证人与贷款人约定，当借款人违约或者无力偿还贷款时,保证人按约定代为履行债务或承担相应的责任;抵押担保是指不转移对财产的占有,将其作为债权的担保,当债务人不履行债务时,债权人有权依照担保法的规定以该财产折价或者以拍卖、变卖该财产的价款优先受偿;质押担保则是指债务人或者第三人将其动产出质给债权人占有,当债务人到期不能清偿债务时,债权人有权就该动产优先受偿。保证担保是第三人介入的担保形式,而抵押担保和质押担保均是以一定的财产或物权作为担保物的担保形式。

一般情况下,贷款担保的限定条件越宽松,对企业正常经营活动可能造成的影响越小,长期借款的质量就越好。

3.长期应付款的复杂性与财务效应

长期应付款项目通常包括除长期借款和应付债券以外的其他多种长期应付款。由于其反映的内容比较庞杂,因此,在实务中有些企业会利用该项目达到各种目的。考察该项目的真实性就成为判断企业非流动负债质量的一个重要方面。

有些企业不根据合同或协议,或者根据不相关的合同或协议,虚列长期应付款项目的金额,之后再找机会套现资金、据为己有或挪作他用。也有些企业就融资租入的固定资产形成长期应付款,但对形成的固定资产不计提折旧,或任意计提折旧,从而使得与融资租赁相关的费用不入账或进行任意人为安排,以达到主观调节利润的目的。还有些企业为了调节利润、少计费用,将经营租赁作为融资租赁入账,从而形成不真实的长期应付款项目,推迟或者人为安排发生租赁费的时间,以达到调节企业当期利润的目的。此外,企业融资租入固定资产的安装调试费应先记入"在建工程"账户,待交付使用时再转入"固定资产"账户。但有些企业在融资租入需安装的固定资产时,将支付的安装调试费直接计入待摊费用,然后再摊入费用账户,造成融资租入固定资产原值核算不准确,并且虚增期间费用,虚减利润,少交所得税。

4.预计负债的合理性

《企业会计准则第13号——或有事项》将预计负债的计量分为初始计量和后续计量。初始计量按履行相关现时义务所需支出的最佳估计数进行,并应考虑货币时间价值;后续计量指企业应在资产负债表目对预计负债的账面价值进行检查,如有客观证据表明该账面价值不能真实反映当前最佳估计数,应做相应调整。

一个或有事项是否被确认为负债,在很大程度上要由人来主观判断,这样不可避免会出现有的企业利用该项目来进行利润操纵的现象。是否有利用预计负债操纵利润的嫌疑,要根据财务报告中的其他资料以及企业历史资料进行判断。

(二)或有负债的质量分析

在现实经济生活中,企业可能存在着另类"负债"。这类"负债"的金额大小、债权人以及付款日期的确定都取决于未来不确定事项的发生情况。这类负债就是我们所说的或有负债。

或有负债是指过去的交易或事项形成的潜在义务,其存在须通过未来不确定事项的发生或不发生予以证实;或者指过去的交易或事项形成的现时义务,履行该义务不是很可能导致经济利益流出企业或该义务的金额不能可靠地计量。

在我国,或有负债无论作为潜在义务还是现时义务,均不符合负债的确认条件,因而不予确认。所以或有负债并不是真正意义上的负债,也就是说,在资产负债表上并不存在这样一个项目。但是,如果或有负债符合某些条件,则应在企业的报表附注中予以披露。由于或有负债在未来的某个时点有可能会引起企业的经济利益流出,企业对或有负债的估计可能不准确或不完整,因此,在利用会计资料进行决策时,应该充分预见并分析这些或有负债对企业造成的潜在影响。

对或有负债的质量分析,主要是针对引起或有负债的原因进行分析。从前面对或有负债和预计负债的讨论可以看出,或有负债有的是由于外部经济环境变化引起的,有的是企业从事正常的经营活动所必须发生的(如质量保证引起的或有负债),有的则是由于企业自身管理不善而引起的。对引起或有负债的原因进行分析,有助于区分或有负债产生过程中的主观原因和客观原因,这一点对于企业管理者来说尤为重要。在实务中,容易引起或有负债的原因主要包括以下几个方面。

对已贴现商业承兑汇票形成的或有负债,如果贴现银行在汇票到期时不能从汇票的承兑方获得汇票上的资金,银行将从贴现企业的银行账户中将汇票上记载的资金额划走或者转为企业的短期借款。在这种情形下,企业贴现商业承兑汇票后,并没有与汇票彻底摆脱关系,有可能被银行划走资金。因此,附追索权的贴现方式会让企业形成或有负债,会计信息使用者需要进一步结合附注资料,分析这种或有负债转化为现时义务的可能性及其对企业未来现金流量造成的影响。

诉讼是指当事人不能通过协商解决争议,因而在人民法院起诉、应诉,请求人民法院通过审判程序解决纠纷的活动,如因产品质量、担保、专利权被侵犯等原因引起的诉讼。如果诉讼在起诉当年由法院做出终审判决,原告和被告应根据裁决结果进行相应的会计处理;而如果至起诉当年底法院尚未裁决,则该事项属于未决诉讼。对于未决诉讼和未决仲裁事项需要考虑的是:若企业败诉,因负有支付原告提出的赔偿金额的责任而对企业现金流量和生产经营造成的影响;若企业胜诉,根据款项收回的可能性来预测由此给企业带来的现金流入量的大小。

对于其他单位提供债务担保形成的或有负债,如果企业的担保金额较大,则意味企业未来发生巨额现金流出的风险将会加大,因此需要考虑此项担保对企业现金流量、经营业绩等方面造成的影响,甚至可以由此预测企业未来面临财务危机的可能性。

在特定的经济条件下,或有负债的不确定性可能会朝不利于企业的方向发展。在经济繁荣时,随着资金需求量的增加,借贷行为很有可能随之增加,而借贷行为的增加又必将导致担保行为的增加,体现为担保方的或有负债增加。经济一旦走向低迷,借贷者也就是被担保方的资金压力不断增大,不能按期还款,甚至彻底丧失还款能力的可能性就会加大,担保方的或有负债转化为预计负债或负债的可能性必将增加。因此,不管是企业内部还是外部信息使用者,都应该在理解和使用会计信息时注意到这种可能性,以规避风险。

(三)所有者权益质量分析

1.实收资本(股本)所包含的质量信息

实收资本是企业接受的投资者投入企业的资本,表明投资者对企业的基本产权关系。在实收资本项目中要通过明细科目详细记载各位投资者(股东)的实际投资情况,实收资本的构成比例是企业据以向投资者(股东)进行利润(股利)分配的主要依据。对公司制企业来说,股东一般按照出资比例(即股东的投资占公司的注册资本的比例)来行使表决权。

按照股东对公司的影响程度,一般可以将股东分为控股股东、重大影响股东和非重大影响股东(即小股东)三种类型。分析实收资本项目时,要关注股权结构、股权性质以及股东构成情况。由于控股东和重大影响股东在很大程度上决定企业未来的发展战略和方向,因此,应着重分析他们的背景、资源优势、自身的经营状况、投资目的等,以判断这些股东的立场是否与全体股东的立场一致;是站在全体股东的立场来真正支持企业谋求长期发展,还是站在自身立场来掏空企业以谋求自身发展。这些判断分析的结论对于预测企业的未来发展方向和趋势极具价值。

2.资本公积所包含的质量信息

(1)资本溢价(或股本溢价)。股东之所以向企业注入非分红性的资金(如资本溢价或股本溢价),主要有两方面的原因:第一,股东预期企业的股价将会由于其内在的高质量等原因而持续走高,将来可以通过高价出售获利;第二,股东预期可以通过长期持有分得高比例的现金股利,从而获得较高的投资报酬。无论是哪种原因,都表明股东对企业未来发展有较好的预期和较大的信心。

(2)其他资本公积。以权益结算的股份支付一般用于奖励机制,以换取职工的劳务等。在确认费用时并没有给出诸如现金等实质性的东西,这部分劳务报酬要到以后才确实支付。在行权时以股份来进行结算,所以企业在支付这部分支出时用的是股票而不是现金,职工可以用低于股票市价的价格购买股票,公司股本相应增加,股票面值和股票市价的差异就是资本公积,相当于公司以低于股票市价的价格把股票卖给了职工。

3.其他综合收益所包含的质量信息

(1)并不产生真实的财务后果。一般情况下,企业的正常经营过程所涉及的真实交易事项,如收入的赚取和费用的发生,均会引起货币资金的收付、债权债务的形成以及财产物资的流动等财务后果。而由资产的公允价值变动等原因引起的其他综合收益是尚未实现的损益,并不是以真实的交易事项为基础。因此,其他综合收益似乎有些难以"捕捉",并不是像真实交易事项那样产生实实在在的财务后果,但可以揭示这些项目可能在未来对企业业绩造成的影响。

(2)并不代表所有者真正享有的权益。从会计要素之间的对应关系来看,与收入对应的是资产的增加或负债的减少,与费用对应的则是资产的减少或负债的增加,二者配比的结果才是应产生的所有者权益数额,代表所有者真正享有的权益变化。但由其他综合收益所形成的所有者权益仅仅是相关资产和负债所对应的调整项目,如果这些价值发生变动的资产尚未进行处置、尚未实施期权或套期保值过程尚未结束,所形成的所有者权益就会继续存在于资产负债表中;一旦对这些资产进行处置、实施期权或完成套期保值,直接计入所有者权益的利得和损失就会结转进入利润表,计入当期损益,相应的所有者权益数额也会随之核销。因此,其他综合收益所形成的所有者权益只是相关资产和负债所对应的调整项目,并不代表所有者真正享有的权益。

(3)投入资本与留存收益的比例关系所包含的质量信息。投入资本总额大致反映了企业所有者对企业进行的累计投资规模,留存收益则大致反映了企业从最初成立以来的自身积累规模。因此,在企业没有大规模进行转增资本的情况下,通过计算投入资本与留存收益之间的比例关系,就可以揭示企业主要的自有资金来源,由此评价企业的资本充足性、自身积累和自我发展能力。

(四)资本结构质量分析

1.资本成本与投资效益的匹配性

一般来说,资本成本是指企业取得和使用资本所付出的代价,主要包括筹资过程中的筹资费用和使用过程中的使用费用。从成本效益的角度来分析资本结构质量,首先要关注资本成本与投资效益的匹配性问题,只有当体现企业投资效益的资产报酬率大于企业的综合(或加权)资本成本时,企业才能在向资金提供者支付报酬以后获取适当的净利润。也就是说,从财务效应的角度而言。质量较高的资本结构一般应表现为企业在融资后能够获得增量利润,即在企业具体的资本结构下所发生的综合资本成本不能超过企业利用这些资本所带来的投资效益。

2.资本的期限结构与资产结构的协调性

从期限构成的角度来看。企业资本(资金来源)中的负债项目按照偿还期限长短作为流动负债与非流动负债两部分,所有权权益项目则属于企业获取的永久性资本。

按照财务管理理论,企业所筹集资金的用途决定所筹集资金的类型;企业增加永久性流动资产或长期资产,应当通过长期资金来源(包括所有者权益和非流动负债)解决;季节性、临时性原因造成的流动资产中的波动部分,则应由短期资金来源解决。

如果企业的资金来源不能与资金的用途相互协调,在用长期资金来源支持短期波动性流动资产的情形下,由于企业长期资金来源的资本成本相对较高,企业的效益将会下降;在用短期资金来源支持长期资金需求和永久性流动资产的情形下,由于企业的长期资产和永久性流动资产的周转时间相对较长,企业有可能出现"短融长投"现象,承受较大的短期偿债压力。

也就是说,一般情况下,在企业资本的期限结构与资产结构相互协调时,企业的经营和资金周转会比较顺畅,资本结构才有可能表现出较高的质量。

3.资本结构面对企业未来资金需求的财务弹性

虽然企业可通过提高资本结构中的财务杠杆比率获得明显的财务杠杆效应和抵税效应,从而提高企业价值,但在过高的财务杠杆比率下,企业在财务上将面临两个主要压力:一是不能正常偿还到期债务的本金和利息;二是在企业发生亏损时,可能会由于所有者权益的比重相对较小而使企业的债权人受到侵害。受此影响,企业从潜在的债权人那里获得资金的难度将会大大增加。也就是说,当企业未来发展面临资金需求时,债务融资的难度会因企业目前过高的杠杆比率而大大增加。企业只能通过权益融资来解决资金问题,这样就相应地降低了企业的融资弹性,也就大大增加了融资难度。因此,一般情况下,具有过高的财务杠杆和财务风险的资本结构,会因适应企业未来资金需求的财务弹性较差而表现出相对较差的质量。

4.资本结构所决定的控制权结构与治理结构的合理性

资本结构是企业融资的结果,它决定了企业的产权归属,也规定了不同投资主体的权益以及所承受的风险,它通常会受到企业控制和经营理念的影响。

一般情况下,企业解决巨额资金问题通常有两种途径:要么向银行举债融资,要么由投资者追加投资(上市公司可通过增发股票的方式融资)。在融资决策中,资本成本问题往往并不是考虑的关键,财务风险和控制权问题相比较而言更重要。如果企业过度举债融资,会因财务风险超过承受极限而面临"灭顶之灾";但如果企业过度权益融资,就可能出现企业控制权旁落,由于恶意控股股东(即所谓治理结构的合理的"野蛮人")过度干预企业生产经营而"功败垂成"的情形。

此外,资本结构还决定了投资者对企业的控制程度和干预方式。投资者对企业控制权的实施有多种方式,不同的融资方式会影响控制权的选择。就股东的控制方式和干预方式来说,它会因股权结构不同而不同:如果股权比较集中,投资者拥有大额股份,他就会进入董事会,通过"用手投票"来控制和干预企业经营;如果股权比较分散,单个股东的股权比例很小,投资者大多通过在资本市场上"用脚投票"来间接实施对企业经营者行为和重大决策的控制及干预。

股权结构是公司治理结构的基础。现代公司治理理论认为,公司治理结构是用来处理不同利益相关者之间的利益关系,以实现经济目标的一整套制度安排。在这种制度安排中,股权结构是基础,它决定了股东大会的权力核心,进而决定了董事会、监事会和经理人员的构成及权力归属,也决定了出资人对管理者监督的有效性。因此,资本结构决定公司治理结构,进而影响企业价值,它的质量会直接关系到企业的生存与发展。

5.资本结构所决定的利益相关者之间的和谐性与公平性

企业的各资源提供者为增加企业价值这一目标而相互合作,构成了利益共同体。各利益相关者为了从企业获得更多的财富,总是在界定产权的利益相关者过程中朝着有利于自己的方向而努力,这一过程伴随着资源提供者向企业供给资源的增加或减少,伴随着资源提供者对企业控制权的此消彼长。利益相关者之间的和谐性与公平性决定了企业的长期可持续发展。

伴随着利益相关者的产权与控制权博弈过程,企业的资本结构总会发生变动。如何协调企业各利益相关者之间的冲突,使企业资本结构长期趋于稳定?怎样才有利于企业各利益相关者间的合作持久并使资源配置不断朝着有效的方向发展?这是公司治理的核心问题,限于本书讨论的主题,我们提醒读者特别关注如下两点:

第一,这种合作能够不断地创造令合作各方满意的价值,即合作是和谐的。这种令合作各方满意的价值首先必须能够从长远的角度补偿合作各方资源供给的成本,其次应能满足合作各方对财富增值的预期。

第二,合作所创造的价值在合作各方之间的分配可以令各方的利益群体满意,即合作是公平的这种公平应能够约束合作各方不会为了自己的利益而牺牲其他合作方或合作本身的利益。

因此,资本结构从某种程度上揭示了企业可持续发展的保障机制;利益相关者利益的公平与和谐。企业各资源提供者之间利益的公平与和谐有助于企业各资源提供者之间的这种产权与控制权博弈朝着均衡的方向发展,有助于企业资本结构的不断优化,而资本结构的不断优化是企业可持续发展的决定性因素与保障机制。

不和谐的公司治理经常会引发以下问题：主要股东变动频繁、股东间冲突不断、股东与管理层矛盾重重、公司董事内部不和谐（尤其是独立董事频繁更替）、公司董事会方案遭股东大会否决、大股东利用关联交易占用或转移资金和利润等。

四、不同资本引入战略所带来的财务效应

（一）战略视角下的资本分类方式

1.经营性负债资本

经营性负债资本也称商业信用资本，是指企业在自身的经营活动中通过商业信用所获得的资本。经营性负债资本体现在资产负债表的负债项目中，主要包括应付票据、应付账款、合同负债和预收款项等。经营性负债不只是在会计核算层面反映了企业与上下游企业或者用户进行结算时利用商业信用所产生的债务情况，更重要的是在战略和竞争力层面反映出企业在商业信用资本的引入方面所做的安排，即企业利用相对于同类企业更强的议价能力，一方面占用上游供应商的资金（通过应付票据和应付账款的规模得以反映），另一方面占用下游经销商或者消费者的资金（通过预收款项的规模得以反映），以获得大量的经营性负债资本。由于经营性负债资本通常具有综合成本低（综合成本往往低于贷款的平均成本）、综合偿还压力低于账面金额（与预收款项对应的偿还金额仅为商品或劳务的账面成本）以及固化上下游关系等特点。一般情况下，企业倾向于通过最大限度地利用与上下游的关系来获得这种资本。而这种获得绝不是被动的、自然形成的，而是一种具有战略性的主动谋求。在实务中，经营性负债资本通常成为具有行业竞争地位和优势的企业的一种有效的融资手段，也就是说，企业对商业信用资本的引入，绝不仅仅是企业上下游关系管理的局部问题，而是企业在资本引入战略下主观上对融资渠道所做的一种选择与安排。

2.金融性负债资本

金融性负债资本是指企业从金融机构或者资本市场通过债务融资形成的资本，它既可以通过向银行等金融机构举债获得，也可以在资本市场上通过发行债券、融资租赁等方式获得，主要包括长短期借款、交易性金融负债、应付利息、一年内到期的非流动负债、应付债券以及长期应付款等。金融性负债资本的一个显著特点是偿还本金的压力较大，并需要支付利息。

传统的报表分析往只关注这些负债的规模、偿还期限和结构，强调这些负债给企业带来的资本成本和风险，而不去考虑金融性负债资本本身所蕴含的战略含义。影响企业是否选择引入金融性负债资本的因素很多。从财务管理视角来看，通常包括企业的融资环境、融资成本、盈利能力、现有财务风险、融资潜力等。根据优序融资理论，为实现现有股东利益的最大化，在企业具有较强的盈利能力而又不能进一步引入经营性负债资本的情况下，企业往往会主动选择向银行借款或者发行债券等方式进行举债融资。而从公司治理视角来看，控制权偏好极有可能成为企业选择引入金融性负债资本的一个因素。相对于股权融资来说，从金融机构或者资本市场引入金融性负债资本，既可以解决企业发展和扩张过程中的资金问题，又可以保证企业的控制权不会被稀释，这种资本尤其受到

有家族控制偏好的家族企业的青睐。因此,企业选择引入金融性负债资本,仅仅是出于资本成本和风险的考虑,更有可能是出于控制权方面的考虑,它实质上是企业战略层面的问题。

此外,出于整个集团(不是母公司自身)的融资效率与效益的考虑,在很多企业集团中,往往会由母公司统一进行借款或发行债券,然后再通过各种渠道将筹得的资金"输送"给下面的子公司。这样做尽管会增加母公司利润表中的财务费用金额,但会降低集团的整体融资成本、提高集团的整体融资效率,因此这种资金集权管理模式成为很多企业集团财务战略的首选。

3.股东投入资本

资产负债表中反映股东入资的项目包括股本(实收资本)和资本公积,这是企业发展的原动力。股东对企业的入资具有极强的战略色彩。

(1)股权结构、股东范围、资本规模与企业战略。不同的股权结构设计、股东范围的选择以及资本规模的安排均是企业战略的直接反映。尽管随着企业经营环境、竞争地位、融资环境以及宏观政策等因素的变化,企业战略会相应地动态调整,但企业股东的入资情况仍然可以在一定程度上反映出企业的战略意图。反过来,股权结构、股东范围、资本规模又会在很大程度决定或者制约企业战略。一方面,股权结构的分散程度、股东范围的广泛程度直接影响企业控制权的表现形式,而企业的控制权又主导或决定着企业的战略选择;另一方面,股东入资所形成的资本规模与企业拥有的资源规模和融资能力密切相关,它也会直接制约企业的战略选择与实施。

(2)股权结构、公司治理、核心管理团队与企业战略。一般来说,公司治理要处理的是股东大会(或股东会)、董事会与企业经理层之间的关系,并确保公司在满足各利益相关者的权益要求的基础上实现持续、健康的发展,而董事会是公司监督与控制体系的顶点。在公司治理结构中,股东根据出资比例形成了公司的股权体构;股东根据持股比例享有剩余收益权。以股权结构为基础,股东行使投票权,产生了公司董事会。董事会是公司战略目标的决定机构,并决定公司核心管理团队的人选,核心管理团队负责实施董事会做出的公司决定。影响股权结构因素的股东利益决定了公司资本的来源渠道,体现的是公司的资本引入战略。而资本引入战略反过来又会影响公司董事会的治理效率。

4.企业留存资本

企业留存资本是指企业实现的净利润中,股东没有分配而留存在企业的权益部分,在规模上相当于我们通常所指的留存收益部分,这部分企业留存资本在资产负债表上主要表现为"盈余公积""未分配利润",也是企业自身累积的利润。企业留存资本可以视为原股东在企业经营期间对企业所追加的投资,它是企业最稳定的内部融资来源,既不会令企业增大偿还压力,也不会使股东的控制权受到影响。企业留存资本的规模大小既取决于企业的盈利能力,也取决于企业的股利(或利润)分配政策。

企业留存资本对企业的战略含义在于,在一定的盈利规模下,企业可以通过制定不同的股利分配政策(如现金股利、股票股利或者二者的组合等)来改变企业的融资结构(如资产负债率),并对企业的战略特别是融资战略形成支撑。在企业负债率高、投资支出压力较大、现金资本相对紧张的条件下,企业可以通过选择股票股利或者股票股利与现金股利相结合的分配方式,尽力降低现金股利支出的规模,使企业的股东权益在进行利润分配后仍然维持较高的规模,从而对降低企业的现金流出量、提高企业的债务融资能力起到一定的战略支撑作用;反之,在企业负债率较低或资产负债率虽高但金融性负债规模较低、现金流量充足、投资现金支出压力不大的条件下,企业可以选择激进的股利分配政策,提高现金股利的分配规模。

上述对资本的重新分类以及进一步的分析表明,当我们把企业的融资结构与企业战略联系起来时,企业负债和股东权益的组合状况就有了更深远的战略含义——企业试图利用什么资本来实现企业的发展目标。显然,处于不同发展阶段、不同竞争地位的企业,出于不同的考虑,可以选择不同的资本引入战略来支撑其未来发展。

需要说明的是,从战略角度对企业的资产负债表进行分析,我们关注的是整体性和框架性的战略信息挖掘。我们不可能也没必要将每个项目均与企业战略联系起来,我们现在的分析忽略了与企业战略分析关联度较低的项目,如负债中的应付职工薪酬、应交税费等。

(二)不同资本引入战略所带来的财务效应

我们可以按照企业经营性负债资本、金融性负债资本、股东投入资本以及企业留存资本四类资本在负债和股东权益总规模中的比重大小,将企业按照不同的资本引入战略分为几种类型:以经营性负债资本为主的经营驱动型、以金融性负债资本为主的举债融资驱动型、以股东入资为主的股东驱动型、以留存资本为主的利润驱动型以及各类资本并驾齐驱的并重驱动型。

当然,在很多情况下,企业会灵活运用各类资本为自身发展提供充足的资本动力。不同的资本引入战略显示了不同类型的企业资本驱动模式,会为企业带来不同的财务效应。

1.以经营性负债资本为主的经营驱动型企业

以经营性负债资本为主的经营驱动型企业,往往处于同行业竞争的主导地位,经营性负债通常在负债中的占比较高。这类企业的战略内涵十分清晰:利用自身独有的竞争优势,最大限度地占用上下游企业的资金,以支撑企业自身的经营与扩张。

经营驱动型企业战略的财务效应是:第一,企业经营与扩张所需资金大量来自没有资金成本的上下游企业,从而最大限度地降低企业的资本成本。第二,由于应付账款完全是利用企业自身的商业信用形成的,没有固定的付款时间要求,而预收款项的负债规模包(经营主导型)含了毛利因素,有高预收款项的企业的实际负债规模并没有计算出来的资产负债率高,因此利用这些经营性负债所取得的资金会在一定程度上降低企业的偿债压力。第三,在一定程度上固化了企业与上下游企业的业务与财务联系,使其成为整体上的经济联盟体。当然,也存在一种例外情况,即当企业的经营活动缺乏市场竞争力、资金周转不灵、难以为继时,在资产负债表也会表现为经营性负债长期居高不下。此种财务状况的形成,不能认为是企业的资本引入战略成功实施的结果,而是经营出现严重困难所导致的。

2.以金融性负债资本为主的举债融资驱动型企业

以金融性负债资本为主的举债融资驱动型企业,往往是一些得到国家政策扶持的行业中的企业以及大型央企,其金融性负债在负债总规模中的占比通常较高。这类企业要么处于快速扩张阶段,股东入资和经营性负债难以满足其巨额的资金需求;要么得到政府的扶持,获得大量的政策性贷款。电力、能源、交通、房地产等行业的企业通常都会表现出高(有息)负债率的特点。其战略内涵十分清晰:在一定的融资环境下,最大限度地利用企业的融资环境和融资能力,获得充足的资金来支持企业发展,尽可能使企业顺利维持下去而免于破产清算,或者在较短时间内快速壮大。

举债融资驱动型企业战略的财务效应是:第一,向银行等金融机构举债或者通过资本市场进行债务融资,虽然可以有效解决企业发展过程中的资金问题,但会带来较大的偿付压力和财务风险。第二,由于债务融资均存在一定的资本成本,因而利息负担会成为企业发展的一把双刃剑。因此,盈利前景看好的企业会借此驶入发展的快车道,而一些盈利状况堪忧的企业会由此跌入万丈深渊。第三,为降低融资环境动态不确定性的影响,企业极易出现过度融资问题。

3. 以股东入资为主的股东驱动型企业

以股东入资为主的股东驱动型企业,往往处于企业发展的初级阶段。比如,大量的创新创业企业和互联网企业在初创期都是靠获得风险投资得以存活,即采用所谓的"烧钱"模式。在这个阶段,企业债务融资活动和经营活动还难以带来企业经营与发展所需的资金,在资产负债表上的表现是:股东权益中的"实收资本(或者股本)"和"资本公积"这两个项目占企业负债与股东权益之和的比重较大。在企业发展一段时期以后,这种状况可能会随着企业自身商业信用和盈利能力的提升而有所改变。

当然,如果企业经营一段时期之后,资本引入战略仍然表现为股东驱动型,可能意味着企业的产品经营持续不能获得理想利润,企业的债务融资能力较低,或者企业在债务融资方面没有作为。

股东驱动型企业战略的财务效应是:第一,由于股东投入资本成本在很大程度上由企业的盈利状况决定。因此这种资本引入战略会极大地缓解企业的经营成本(主要是人工成本和资本成本)压力,这一点对于初创期企业持续经营下去尤为关键。第二,在非现金入资的情况下,股东入资资产估价的公允性会影响企业未来的资产报酬率和权益报酬率,也有可能在一定程度上改变股东间的利益关系。第三,股东入资所带来的资源优势和投资偏好,显著影响企业的经营战略以及企业未来的发展方向。

4. 以留存资本为主的利润驱动型企业

以留存资本为主的利润驱动型企业,其盈余公积和未分配利润之和在企业负债与股东权益之和中的占比通常较高(至少盈余公积和未分配利润之和应大于实收资本与资本公积之和)。出现这种情况通常是由于企业在行业中处于优势地位,盈利能力较强,在长期发展过程中累积了相当规模的留存收益。

从本质上讲,用留存资本来支持企业的发展,等同于股东对企业的再投资。因此,利润驱动型企业的发展战略内涵与股东驱动型企业的发展战略内涵是一致的。

利润驱动型企业战略的财务效应是:第一,在这类企业中留存收益成为企业资本的主要来源,可以大大降低企业融资的外部依赖性,在降低企业的财务风险和经营压力方面所带来的效应是显而易见的。第二,这类企业通常盈利能力很强,在行业中具有较明显的竞争优势,在资本市场上也易受追捧。如果长期坚持这种资本引入战略而不积极增加债务融资和股权融资比例,通常意味着企业的经营战略和融资战略过于保守,没有利用自身优势积极筹措资金以寻求更大、更快的发展,这样企业反而有可能成为收购对象(成为"野蛮人"捕获的猎物)。

5.并重驱动型企业

均衡利用各类资本的并重驱动型企业是那些发展到一定阶段,综合利用各种资本进一步发展的企业。实际上,大多数优质企业均属于此类。在企业发展的不同阶段,不同类型资本的贡献度会有明显的差异,因此,均衡利用各类资本的并重驱动型企业的发展战略内涵也会有所不同。

本章小结

偿债能力是指企业偿还到期债务的能力。企业的偿债能力按照其债务到期时间的长短可分为短期偿债能力和长期偿债能力。短期偿债能力是指企业用流动资产偿还流动负债的能力。短期偿债能力是企业的任何利益相关者都应重视的问题。衡量短期偿债能力的指标主要有营运资本、流动比率、速动比率等指标;长期偿债能力是企业偿还长期债务的能力,它表明企业对债务负担的承受和偿还的保障能力,衡量长期偿债能力的指标主要有资产负债率、产权比率、权益乘数、利息保障倍数、资产金融性负债率等指标。基于现金流量的偿债能力指标有现金与负债总额比率、经营性资产现金回收比率、到期债务本息偿付比率等财务指标。由于财务指标固有的局限性,还需要进一步进行质量分析,包括短期偿债能力所进行的流动质量项目的质量分析、流动负债的质量分析、资产结构的质量分析及长期负债项目的质量分析和资本结构的质量分析,关注不同的资本引入战略所带来的财务效应。

思考题

1.简述偿债能力的内涵。

2.衡量短期偿债能力的指标主要有哪些? 如何计算?

3.流动比率与速运比率的局限性主要有哪些?

4.衡量长期偿债能力的指标主要有哪些? 如何计算?

5.基于现金流量的偿债能力指标有哪些? 如何计算?

6.如何进行流动资产项目的质量分析?

7.流动资产结构的质量分析应从哪些方面进行?

8.如何进行资本结构的质量分析?

9.什么是经营性负债资本? 什么是金融性负债资本?

10.简述以金融性负债资本为主的举债融资驱动型企业的财务效应。

🏛 案例讨论与分析

1.开阳证券分析师刘念做年报数据统计发现,过去的一年中,A股80家建材业上市公司存货总额达700.6亿元,与前一年同期的510.6亿元相比,增幅达37%。这80家公司上年实现的归属于母公司股东的净利润总额约为327.2亿元,同比增长率为-294%。

同年A股28家煤炭采选业上市公司存货总额达433.35亿元,与前一年同期的349亿元相比,增幅为24.1%。这28家公司上年实现的归属于母公司股东的净利润总额为99.53亿元,同比增幅为15.3%.

问题:考虑影响存货增长的因素,刘念应该如何分析上一年这两个行业的偿债能力的变化?

2.某网络公司一直以来由创始股东提供资金,近五年客户数量增长极其迅速,利润在近两年逐渐从负转正,但是经营活动现金流量净额始终为负数。

一家固定资产规模庞大的钢铁制造公司,近年来由于原材料涨价和产品跌价,企业利润大幅度下降,甚至出现亏损,但是企业的经营现金流量仍旧保持较好的净流入。网络公司由于发展急需资金,钢铁制造公司则由于经营资金短缺,二者均向银行提出短期借款申请。

问题:如果你是银行的信贷员,你该如何考虑是否向上述两家公司提供短期贷款?

3.佳酿公司的资产负债表、利润表和现金流量表的部分项目如表6-38至表6-41所示。

表6-38　2020年12月31日资产负债表　　　　　　　　　　　　单位:万元

资产	年末数	年初数	负债和股东权益	年末数	年初数
货币资金	200	150	应付账款	1 500	1 400
应收账款	1 900	2 050	短期借款	1 300	1 700
减:坏账准备	100		流动负债合计	2 800	3 100
存货	1 500	1 600	长期借款	1 200	1 000
流动资产合计	3 500	3 800	负债合计	4 000	4 100
长期股权投资	500	800	股本	3 000	3 000
固定资产	6 000	5 800	资本公积	3 000	2 800
非流动资产合计	6 500	6 100	所有者权益合计	6 000	5 800
资产合计	10 000	9 900	负债和所有者权益合计	10 000	9 800

表6-39　2020年度利润表　　　　　　　　单位:万元

项目	金额
营业收入	7 000
减：营业成本	3 000
销售费用	500
管理费用	1 500
财务费用	500

续表

项目	金额
加：投资收益	100
营业利润	1 600
利润总额	1 600
减：所得税费用(25%)	400
净利润	1 200

表6-40　2020年现金流量表　　　　　　　　　　单位:万元

项目	金额
一、经营活动产生的现金流量:	
销售商品、提供劳务收到的现金	7 150
经营活动现金流入小计	7 150
购买商品、接受劳务支付的现金	2 800
支付给职工以及为职工支付的现金	1 500
支付的各项税费	400
支付其他与经营活动有关的现金	200
经营活动现金流出小计	4 900
经营活动产生的现金流量净额	2 250
二、投资活动产生的现金流量:	
收回投资收到的现金	200
投资活动现金流入小计	200
购建固定资产、无形资产和其他长期资产支付的现金	350
投资支付的现金	300
投资活动现金流出小计	650
投资活动产生的现金流量净额	−450
三、筹资活动产生的现金流量:	
取得借款收到的现金	200
筹资活动现金流入小计	200
分配股利、利润或偿付利息支付的现金*	1 550
偿还债务支付的现金	400
筹资活动现金流出小计	1 950
筹资活动产生的现金流量净额	−1 750
现金及现金等价物净增加额	0.5
期初现金及现金等价物余额	200
期末现金及现金等价物余	250

注：*其中利息支出 500 万元,现金红利 10 050 万元。

表6-41　现金流量表附注　　　　单位：万元

净利润	1 200
加：固定资产折旧	200
坏账准备	100
财务费用	500
投资损失	−100
存货的减少	100
应收账款的减少	150
应付账款的增加	100
经营活动产生的现金流量净额	2 250

（1）请计算佳酿公司的流动比率、速动比率。

（2）请计算佳酿公司的资产负债率和资产金融性负债率。

（3）请计算佳酿公司的利息保障倍数（报表附注列示的财务费用主要是利息支出，利息收入和汇兑损益金额比重很小）。

（4）如果由于本年度的广告效应，公司预计下年度产品销量将会增加，从而增加了本年度的在产品和产成品存货量，存货在现有的报表基础上增长300万元。企业相应调整了本年度的股利发放，减少股利支出300万元，而且企业不准备增加任何有息借款。则企业现有的这些偿债能力指标该如何变化？计算说明变化后的数值。

（5）如果公司下年初拟出售1 000万元房产类固定资产，预计出售价格达2 500万元，收益支付25%的所得税后的资金用于回购股票，股东权益中的股本将减少500万元，其余的减少资本公积。企业的该项决策将会对上述哪些偿债能力指标产生影响？计算说明受影响指标的新数值。

第七章　盈利能力分析

学习目标

通过本章的学习,应当了解盈利能力的基本思路与利润质量恶化的外在表现形式;掌握盈利能力的基本内涵及其各项财务指标的计算,并能应用相关财务指标对盈利能力进行分析,同时在分析时结合盈利能力的质量分析;掌握盈利质量的分析方法。

引导案例

同仁堂盈利能力分析

近几年,国家大力鼓励医药卫生事业发展,投入加大导致资本市场发展迅速,医药工业继续保持良好发展势头,医药工业盈利水平平稳增长。同仁堂是中药行业久负盛名的中华老字号。公司始终恪守"炮制虽繁必不敢省人工,品味虽贵必不敢减物力"制药的古训,坚持"修合无人见,存心有天知"的企业文化,以"尊古不泥古,创新不失宗"为宗旨,大力推动传统中成药生产走向制药工业现代化。上市20多年,同仁堂已发展成为拥有国内最先进传统中成药生产基地、传统中成药年产量最大的现代中药产业集团。以下是对同仁堂2016—2018年财务报表的分析,从中可对同仁堂的盈利能力进行研究,从而使公司管理层更清楚地了解公司的基本情况,为制定公司经营策略奠定基础,同时也能为相关投资者进行投资提供参考。

从下表可以看出,2016—2018年,同仁堂净资产收益率由12.51%增长至12.83%,销售毛利率由45.98%增长至46.75%,销售净收益率先增长后下降,由12.92%增长至13.02%,又由13.02%下降至12.83%。从整体来看,盈利指标都处于增长中,可见同仁堂盈利能力在不断增强。从行业角度看,医药制造业的净资产收益率从2016年的13.92%下降至2018年的8.46%,销售毛利率3年间呈小幅上升,由55.75%上升至58.19%,销售净收益率从15.14%下降至10.73%,除了销售毛利率保持稳定外,其他都呈现下降趋势。在此背景下,同仁堂的净资产收益率、销售毛利率和销售净收益率均保持增长趋势,盈利能力增长是一个积极的信号。

表7-1　同仁堂盈利能力分析(%)

时间	净资产收益率		销售毛利率		销售净利率	
	同仁堂	行业	同仁堂	行业	同仁堂	行业
2018年	12.83	8.46	46.75	58.19	12.83	10.73
2017年	12.55	10.91	45.24	57.75	13.02	13.69
2016年	12.51	13.92	45.98	55.75	12.92	15.14

目前中国正快速步入老龄化社会,老龄人口急剧增长。医药市场有很大的投资前景,同仁堂具有很好的研发能力和品牌优势,推断能力较强且易被消费者接受,盈利指标表现良好,多数指标高于行业平均水平,这些都反映出同仁堂具有一定的投资价值,但投资者在进行投资时也应该注意可能存在的风险。

(资料来源:殷全威.同仁堂企业投资价值分析[J].河北企业,2020(3).)

第一节　盈利能力分析的内涵

一、盈利能力分析的目的

盈利能力是指企业一定时期内获取利润的能力。它是一个相对的概念,是通过将利润与一定的收入、资产或所有者和债权人的投入资本相比较而获得的。作为企业四大财务能力之首,企业经营业绩的好坏最终要通过盈利能力来反映。无论是企业的内部经营管理者、债权人还是股东,都非常关心盈利能力。

对内部经营管理者来说,进行盈利能力分析的目的主要有两个:一是利用盈利能力的有关指标反映和衡量企业经营业绩。企业经营管理者的根本任务就是通过自己的努力使企业赚取更多的利润。反映企业盈利能力的各项收益数据可以评价包括高管在内全体员工的工作业绩的好坏。因此,通过将盈利能力指标与预算目标、历史数据、同行业平均数据,以及标杆企业的同类数据相比较,可以衡量工作业绩的优劣。二是通过盈利能力分析发现经营管理中存在的问题。盈利能力是企业各环节经营活动的具体表现,企业经营的好坏都会通过盈利能力表现出来。通过对盈利能力的深入分析,可以发现经营管理中的重大问题,进而采取措施解决问题,提高企业的经营管理水平。

对于投资者和债权人而言,盈利能力分析则是其决策依据之一。具有更强盈利能力的企业往往意味着更高的投资回报率和更可靠的偿债保证,因而投资者更愿意投入资本,债权人也更乐于借予资金。

二、盈利能力的类型

企业报表的使用者最关心的通常是企业赚取利润的能力,如果有足够的利润就可以偿还债务、支付股利和进行投资等。评价企业盈利能力的指标有很多,主要有3类:第一类是经营活动赚取利润的能力,即经营获利能力,又称业务获利能力,反映企业在经营活动中平均每一元销售收入创造收益的能力。第二类是企业的资产对企业利润的贡献,即资产经营盈利能力,又称资产获利能力,反映企业用投资者投入企业的每一元资金创造收益的能力。第三类是企业给股东带来的投资回报,即资本经营盈利能力,又称市场获利能力,反映企业投资者在资本市场上的每一元投资创造收益的能力。因此,可以从不同的角度出发为判断企业的盈利能力设计相应的分析指标。它们分别是:

(1)根据业务量与收益构造的业务获利能力指标;

(2)根据企业资产与收益构造的资产获利能力指标;

(3)根据金融市场投资者投资与其收益构造的市场获利能力指标。

在这3个角度的盈利能力分析中,针对分析的业务量或资金投入,各自有不同口径的利润概念与之匹配,以便能够在经济含义和因果关系上体现出业务或资金投入与收益之间的关联关系。

(1)根据企业所有业务产生净利润的顺序,分为销售毛利、核心利润、营业利润、息税前利润和净利润。

(2)根据企业产生利润的业务性质,分为经营活动产生的经营利润和企业全部活动产生的利润。

(3)根据利润贡献的方式不同,资产分为经营性资和投资性资产。

对应不同的分析目的,构建盈利能力分析指标时将选取不同的盈利能力分析角度和收益口径。

在这些传统的盈利能力指标之外,近年来,分析者还结合现金流量表构造了从会计信息质量的角度反映企业盈利能力的一些指标以及反映上市公司盈利情况的独特的盈利能力指标,它们体现账面收入或利润未来可实现程度,这些盈利质量指标也将在本章介绍。

第二节 盈利能力的财务分析

一、经营获利能力分析

(一)销售毛利率

销售毛利率是销售毛利与营业收入的比率,其计算公式如下:

$$销售毛利率 = \frac{销售毛利}{营业收入} \times 100\% \tag{7-1}$$

式中,毛利等于营业收入减去营业成本。这个比率用来计量管理者根据产品成本进行产品定价的能力,也就是企业的产品还有多大的降价空间。但是要注意,由于各个企业所处行业和会计处理方式不同,产品成本的组成有很大的差别,因此在用这个指标比较两个企业时要注意分析具体情况。

对销售毛利率的分析应注意以下几点：

1.关注行业特点

销售毛利率具有明显的行业特点,会随着行业的不同而高低各异,但同一行业的销售毛利率一般相差不大。营业周期短、固定费用低的行业,销售毛利率通常比较低,如零售业;生产周期长的行业,如造船业,销售毛利率低则无法弥补巨大的固定成本。报告期的销售毛利率除了与目标值进行比较外,还必须与行业平均值和行业先进水平进行比较,以评价企业的盈利能力在同行业中所处的位置,并进一步分析差距形成的原因,找出提高盈利能力的途径。

2.关注企业的战略

销售毛利率的变动是产品或劳务的价格、原材料购买成本和产品生产成本、产品或经营的品种结构三者变动的结果。因此,对销售毛利率的分析应建立在战略分析的基础上,比如,实行产品差异化战略的公司往往制定高价,实行低成本战略的公司往往以低于竞争对手的成本购入原材料或能够更有效地组织生产,这些因素将对销售毛利率有重大影响。

3.关注其他原因

分析销售毛利率的高低,要把影响企业毛利率的外部因素和内部因素结合起来考虑才有意义。外部因素主要是指外部经济环境的变动;内部因素主要包括开拓市场的意识和能力、成本管理水平等。

【例7-1】 根据表7-2、表7-3的数据资料计算销售毛利率。

表7-2　甲、乙两公司的有关营业收入的数据表　　　　　　　　　单位：元

公司	2018年	2019年	2020年
甲公司	1 743 112 347	2 170 444 393	2 354 433 784
乙公司	1 707 293 239	1 956 068 629	2 260 929 874

表7-3　甲、乙两公司的有关营业成本的数据表　　　　　　　　　单位：元

公司	2018年	2019年	2020年
甲公司	1 409 343 139	1 767 638 525	1 859 589 297
乙公司	1 251 964 557	1 415 257 675	1 620 862 552

解析：

计算甲公司2020年销售净毛利率如下：

$$销售毛利率 = \frac{2\,354\,433\,784 - 1\,859\,589\,297}{2\,354\,433\,784} \times 100\% = 21.02\%$$

同理,计算甲公司和乙公司三年的销售毛利率如表7-4所示,并进行比较。

表7-4　甲、乙两公司的销售毛利率

公司	2018年	2019年	2020年
甲公司	19.15%	18.56%	21.02%

续表

公司	2018年	2019年	2020年
乙公司	26.67%	27.65%	28.31%

从计算的结果看,甲、乙两个公司的销售毛利率比较平衡,但甲公司销售毛利率低于乙公司。乙公司的销售毛利率较高,这意味着乙公司可能在其行业中处于领头羊的地位或可能是自身具有独立的品牌经营。

(二)销售净利率

销售净利率是指企业实现的净利润与营业收入之间的对比关系,反映企业单位营业收入带来的净利润是多少。它是反映企业销售经营盈利能力的最终指标。其计算公式如下:

$$销售率净利 = \frac{净利润}{营业收入} \times 100\% \tag{7-2}$$

销售净利率的大小主要受营业收入和净利润的影响,这两个项目分别是利润表中的第一项和最后项。从利润的源泉到最终的净利润,中间要经过营业成本、税金及附加、三项期间费用、资产减值损失、公允价值变动收益、投资收益、营业外收入、营业外支出及所得税费用等多个环节。因此,这些项目的变化都会影响销售净利率的大小。

销售净利率用以揭示企业在一定时期总的获利水平。但企业业务不仅包括正常的营业业务,还包括偶尔发生的营业外业务,因此利润总额中包含不稳定、非持续的、通常会临时波动的营业外收支因素,这使得销售净利率虽能揭示特定时期的获利水平,但难以反映获利的稳定性和持续性。另外,利润总额中的投资收益、资产减值损失、公允价值变动收益以及上述营业外收支净额等因素均与营业收入毫无关系。因此,销售净利率并不能真正反映企业基于经营规模的相对盈利能力。同时,该比率还受企业筹资决策的影响,财务费用作为筹资成本,是企业新创造价值的部分,但在计算利润总额时却被扣除了。这将导致在销售收入、销售成本等因素相同的情况下,因企业的资本结构不同、财务费用水平不同,所计算出的销售利润率有所差异,但这与经营活动没有直接关系。

【例7-2】 根据表7-2营业收入数据表、表7-5净利润数据表中的数据资料计算销售净利率。

表7-5　甲、乙两公司的有关净利润的数据表　　　单位:元

公司	2018年	2019年	2020年
甲公司	129 975 147	180 404 313	220 339 531
乙公司	226 236 846	271 097 446	297 273 941

解析:

计算甲公司2020年销售净利率如下:

$$销售净利率 = \frac{220\,339\,531}{2\,354\,433\,784} \times 100\% = 9.36\%$$

同理,计算甲公司和乙公司三年的销售净利率如表7-6所示,并进行比较。

表7-6　甲、乙两公司的销售净利率

公司	2018年	2019年	2020年
甲公司	7.46%	8.31%	9.36%
乙公司	13.25%	13.86%	13.15%

从计算的结果看,各个年度甲公司的销售净利润率都明显低于乙公司的,但是差距在不断缩小,并且甲公司销售净利率有明显上升的趋势。除了产品定价原因外,还需进一步分析甲、乙两公司的成本构成、费用构成、投资收益、营业外收支等内容,以确定两个公司销售净利润差距的深层次原因。

【案例7-1】 18家白酒上市企业盈利能力排行,贵州茅台稳居第一

经过一年的"洗牌",白酒企业的对抗赛愈演愈烈。2019年,全国18家白酒上市公司中一线品牌业绩持续强势增长,"茅五洋泸"以1 744.9亿元的营收总额,占据整个白酒上市企业总营收的73.24%。在头部企业中,茅台以854.3亿元的营收和412.06亿元的净利润占据榜首,业绩大比例高于"五洋泸";而五粮液和泸州老窖在涨幅上依旧坚挺,洋河股份在业绩上坚守前三,并在2019年省外营收超省内近11亿元。业内人士认为,贵州茅台和五粮液的正增长并不意外,基于在高端白酒市场的强势地位,白酒行业以"茅五"为引领的趋势再次得到强化。

根据贵州茅台2015—2019年对外公布的年度报表中提供的各项数据,可以整理出各项与销售经营盈利能力有关的分析指标(表7-7)。

表7-7　贵州茅台2015—2019年销售经营获利能力分析表

项目	2015年	2016年	2017年	2018年	2019年
营业收入(万元)	3 265 958.37	3 886 219.00	5 821 786.13	7 363 887.24	8 542 957.35
营业成本(万元)	353 833.74	341 010.41	594 043.64	652 292.18	743 001.39
营业利润(万元)	2 215 899.20	2 426 562.52	3 894 000.75	5 134 298.77	5 904 148.93
净利润(万元)	1 645 499.66	1 793 064.31	2 900 642.32	3 782 961.78	4 397 000.08
销售毛利率(%)	92.23	91.23	89.80	91.14	91.30
销售净利率(%)	50.38	46.14	49.82	51.37	51.47

表7-8和表7-9给出了贵州茅台与五粮液、洋河股份及泸州老窖在销售经营盈利能力上的比较分析。

表7-8　"茅五洋泸"2015—2019年销售毛利率比较分析表(%)

企业	2015年	2016年	2017年	2018年	2019年
贵州茅台	92.23	91.23	89.80	91.14	91.30
五粮液	69.20	70.20	72.01	73.80	74.46
洋河股份	61.91	63.90	66.46	73.70	71.35
泸州老窖	49.40	62.43	71.93	77.53	80.62

表7-9　"茅五洋泸" 2015—2019年销售净利率比较分析表(%)

企业	2015年	2016年	2017年	2018年	2019年
贵州茅台	50.38	46.14	49.82	51.37	51.47
五粮液	29.60	33.41	35.07	35.07	38.37
洋河股份	33.42	33.78	33.23	33.59	31.94
泸州老窖	22.47	23.48	25.03	26.89	29.35

从表7-8和表7-9中可以看出,"茅五洋泸"作为中国白酒行业的四大龙头企业,其销售毛利率和销售净利率的表现都非常优秀,四家企业近五年的销售毛利率几乎都在60%以上(除了2015年泸州老窖的销售毛利率为49.40%)。其中贵州茅台2015—2019年中有四年销售毛利率都超过91%,销售净利率都在50%左右,在"茅五洋泸"中稳居第一,销售经营盈利能力非常强劲,在同业竞争者中具有绝对的优势。

(资料来源:刘一博,魏茹.18家上市白酒业绩对比:洗牌后的悲喜分化[N].北京商报,2020-05-11.)

(三)核心利润率

核心利润用来反映企业自身的经营活动所带来的利润,这是张新民教授在其财务报表分析一书中提出的新概念,其计算公式为:

$$核心利润 = 毛利 - 税金及附加 - 期间费用 \tag{7-3}$$

式中,期间费用包括管理费用、销售费用、研发费用和利息费用。

核心利润率的计算公式为:

$$核心利润率 = \frac{核心利润}{营业收入} \times 100\% \tag{7-4}$$

由于利润表中形成营业利润的其他收益、公允价值变动收益、投资收益以及资产处置收益等与营业收入无直接关系,并不是企业开展经营活动所谋求的经营成果,因此,只有将核心利润与营业收入相比较,而非将营业利润更不是将利润总额或净利润与营业收入相比较,才能更加客观地评价管理层在经营活动中的经营绩效和管理能力。

【例7-3】 根据表7-2营业收入数据表、表7-3营业成本数据表、表7-10税金及附加数据表、表7-11期间费用数据表中的数据资料计算甲公司、乙公司的三年核心利润率。

表7-10　甲、乙两公司的税金及附加的数据表　　　　单位:元

公司	2018年	2019年	2020年
甲公司	8 223 874	8 819 853	7 473 556
乙公司	13 611 596	16 804 303	25 814 560

表7-11　甲、乙两公司的有关期间费用的数据表　　　　单位:元

项目		2018年	2019年	2020年
甲公司	销售费用	86 475 344	104 523 790	108 479 459
	管理费用	116 185 748	165 174 611	209 375 002
	财务费用	4 133 969	25 958 871	35 916 873

续表

项目		2018年	2019年	2020年
乙公司	销售费用	6 818 872	82 273 566	104 154 717
	管理费用	112 108 471	126 143 053	150 580 091
	财务费用	−5 000 641	−2 009 655	−7 494 610

解析：

计算甲公司2020年核心利润率如下：

$$核心利润 = 2\,354\,433\,784 - 1\,859\,589\,297 - 7\,473\,556 - 108\,479\,459 -$$
$$209\,375\,002 - 35\,916\,873$$
$$= 133\,599\,597$$

$$核心利润率 = \frac{133\,599\,597}{2\,354\,433\,784} \times 100\% = 5.67\%$$

同理，计算甲公司与乙公司三年的核心利润率如表7-12所示，并进行比较。

表7-12　甲、乙两公司的核心利润率(%)

公司	2018年	2019年	2020年
甲公司	7.05	4.53	5.67
乙公司	15.60	20.44	16.23

从计算的结果看，甲公司的核心利润率低于乙公司的，且都有波动，甲公司呈"U"型特征，而乙公司呈倒"U"型特征。乙公司的核心利润率远高于甲公司较高，说明乙公司可能在其行业中处于领头羊的地位或可能是自身具有独立的品牌经营。

(四)核心利润获现率

核心利润获现率反映的是核心利润与经营活动产生的现金流量总金额的比率，其计算公式为：

$$核心利润获现率 = \frac{经营活动产生的现金流量净额}{核心利润} \times 100\% \qquad (7\text{-}5)$$

衡量企业自身经营活动的获利能力，不仅应从数量维度考察企业获利的绝对规模（核心利润）和相对规模（核心利润率），还应从质量维度考察企业盈利的含金量和持续性。其中，核心利润的质量可以通过核心利润获现率来考察。由于经营活动产生的现金流量净额与核心利润的计算口径并非完全一致，因此，在计算时往往需要进行一些调整。在实务中，一般认为持续具有较高核心利润获现率的企业质量更优。

【例7-4】　根据表7-2营业收入数据表、表7-3营业成本数据表、表7-10税金及附加数据表、表7-11期间费用数据表、表7-13经营活动现金净流量数据表中的数据资料计算甲公司、乙公司连续三年的核心利润获现率。

表7-13　甲、乙两公司的有关经营活动现金净流量的数据表　　　　单位：元

公司	2018年	2019年	2020年
甲公司	301 383 450	113 043 005	18 420 091

公司	2018年	2019年	2020年
乙公司	488 562 140	210 629 140	269 878 443

解析：

核心利润 = 2 354 433 784 − 1 859 589 297 − 7 473 556 − 108 479 459 − 209 375 002 −
　　　　　35 916 873
　　　　= 133 599 597

$$核心利润获现率 = \frac{18\ 420\ 091}{133\ 599\ 597} \times 100\% = 13.79\%$$

同理,计算甲公司与乙公司三年的核心利润获现率如表7-14所示,并进行比较。

表7-14　甲、乙两公司的核心利润获现率(%)

公司	2018年	2019年	2020年
甲公司	245.26	114.96	13.79
乙公司	183.38	52.67	73.53

从计算的结果看,甲公司的核心利润获现率变现呈下降趋势,且下降幅度非常大,尤其2020年,甲公司只有13.79%,说明甲公司的核心利润中变现程度很低。乙公司核心利润获现率也呈下降趋势,且有波动。两个公司相同的变化特征说明其核心利润的变现降低主要来自系统性风险的影响。

二、资产获利能力分析

企业的盈利能力还应当从投入资产与获得利润的关系来评价。销售经营盈利能力分析主要是以营业收入为基础,就利润表本身相关的盈利能力水平指标所进行的分析,没有考虑投入与产出的对比关系,只是在产出之间进行比较。它是盈利能力的基本表现,但不能全面反映企业的盈利能力,因为高利润指标可能是靠高资本投入实现的。因此,还必须从资产占用的角度进行分析,才能更合理地评价企业的盈利能力。资产经营盈利能力就是企业通过运营资产产生利润的能力。

(一)经营性资产报酬率

经营性资产报酬率的计算公式为:

$$经营性资产报酬率 = \frac{核心利润}{平均经营性资产} \times 100\% \tag{7-6}$$

式中,平均经营性资产是经营性资产年初余额和年末余额之和除以2得到的。由于企业自身经营活动动用经营性资产创造核心利润,因此该比率可以反映企业管理层利用经营性资产在经营活动中创造价值的能力,是对企业经营活动获利能力的考察。将企业资产总额分为经营性资产和投资性资产两个部分,并分别计算各自的报酬率,有助于分析者进一步了解经营活动和对外投资活动的相对盈利能力,识别企业的相对盈利区域,便于企业管理层及时发现问题,进行战略调整,优化资产结构,提高企业的盈利能力。

除了一般性地比较企业年度间、企业间的经营性资产报酬率以外,还应注意:经营性资产种类繁多,不同经营性资产的利润贡献方式可能存在较大差异。例如,在企业从事一般经营活动的同时兼营投资性房地产业务情况下,投资性房地产业务的租金收入(属于营业收入)与普通产品销售(营业)收入对利润的贡献方式显然不同。因此,应特别关注经营性资产的结构性差异对企业利润贡献造成的不同影响。

【例7-5】 根据表7-2营业收入数据表、表7-3营业成本数据表、表7-10税金及附加数据表、表7-11期间费用数据表、表7-13经营活动现金流量净额数据表中的以及第六章中的表6-34甲公司经营性资产、表6-35乙公司经营性资产的数据资料计算甲公司、乙公司的经营性资产报酬率。

解析:

计算甲公司2020年经营性资产报酬率如下:

$$经营性资产报酬率 = \frac{133\ 599\ 597}{\dfrac{2\ 346\ 904\ 442 + 2\ 818\ 870\ 274}{2}} \times 100\% = 5.17\%$$

同理,计算甲公司与乙公司三年的经营性资产报酬率如表7-15所示,并进行比较。

表7-15 甲、乙两公司的经营性资产报酬率(%)

公司	2018年	2019年	2020年
甲公司	6.80	4.62	5.17
乙公司	13.76	25.52	17.76

从计算的结果看,甲乙两个公司的经营性资产报酬率的变化特征基本一致,都呈倒"U"型特征。但是从数据大小来看,乙公司的经营性资产报酬率远远高于甲公司,说明乙公司经营资产产生现金流的能力很强,意味着其盈利质量比较高,企业利用经营性资产在经营活动中创造价值的能力比较高。

(二)总资产报酬率

总资产报酬率是指企业息税前利润(EBIT)与全部资产平均额之间的比率。该指标反映了企业在未进行任何利润分配之前的资产报酬水平,是评价资产综合利用效果、企业总资产获利能力以及企业经济效益的核心指标。其计算公式如下:

$$总资产报酬率 = \frac{息税前利润}{平均总资产} \times 100\%$$
$$= \frac{净利润 + 所得税 + 利息支出}{平均总资产} \times 100\% \quad (7\text{-}7)$$

式中,利息支出是指企业在生产经营过程中实际支出的借款利息和债券利息,包括计入财务费用的利息费用和资本化的利息。平均总资产的计算公式如下:

$$平均总资产 = \frac{期初资产总额 + 期末资产总额}{2} \quad (7\text{-}8)$$

总资产报酬率公式中,分母之所以用平均数,是因为分子数据来自动态的利润表,反映一定期间内的经营成果,而分母数据来自静态的资产负债表,要使分子、分母在时间上保持一致,资产总额应该使用平均资产指标。这个指标只能提供一个粗略的近似值,因为它没有考虑期间内资产的临时性变化，而这种变化可能与季节性因素有关。对于非季节性的企业来说，假设资产在整个会计期间是均匀分布的，用期初数和期末数的平均数作为分母。对于季节性的企业来说，最好采用季度末的平均值进行滚动计算。

总资产报酬率全面地揭示了在不考虑资产的来源及融资种类差异的前提下，各类融资同等使用可以获得的平均收益率，是不受筹资活动影响的企业的真实盈利的反映，因而这一指标更具有普遍性。一般情况下，企业可以将该指标与市场利率进行比较，如果该指标大于市场利率，则表明企业可以适度利用财务杠杆进行负债经营，获取尽可能多的收益。

根据总资产报酬率指标的经济内容，可将其做如下分解：

$$总资产报酬率 = \frac{息税前利润}{平均总资产} \times 100\%$$

$$= \frac{营业收入}{平均总资产} \times \frac{息税前利润}{营业收入} \times 100\% \quad (7\text{-}9)$$

$$= 资产周转率 \times 销售息税前利润率 \times 100\%$$

可见，影响总资产报酬率的因素有两个：一是总资产周转率，该指标作为反映企业营运能力的指标，是企业资产使用效率的直接体现；二是销售息税前利润率，该指标反映了企业销售经营的盈利能力。因此，资产经营盈利能力是由企业经营业务的盈利水平和资产运用效率两个因素共同决定的。

另外，由于利润的多少与企业资产的结构有密切关系，因此，评价总资产报酬率时要与企业资产结构、经营周期、企业特点、企业战略结合起来进行。例如，对于那些固定资产或无形资产规模较大的行业或企业（如电信行业），其固定资产折旧和无形资产摊销的数额较大，简单地考虑以息税前利润为基础计算的总资产报酬率对企业盈利能力做出评价可能抑制其对基础设施（如固定资产）投资的积极性，从而不利于该行业或企业的可持续发展。为此，分析者需要考察以息税折旧摊销前利润（EBITDA）为基础计算的息税折旧摊销前利润率（又称益比达比率），其计算公式为：

$$息税折旧摊销利润率 = \frac{息税折旧摊销前利润}{平均总资产} \times 100\% \quad (7\text{-}10)$$

【例7-6】 根据表7-16折旧摊销数据表、表7-17乙公司息税前利润数据表以及表6-22总资产数据表、表6-28甲公司的息税前利润表中的数据资料计算甲公司、乙公司连续三年的总资产报酬率、息税折旧摊销利润率。

表7-16　甲、乙两公司的有关折旧摊销的数据表　　　　　　单位：元

	项目	2018年	2019年	2020年
甲公司	固定资产折旧	42 321 339	45 790 312	54 709 373
	无形资产摊销	165 312	3 254 656	4 694 932
	长期待摊费用摊销	619 197	1 189 746	1 588 352
乙公司	固定资产折旧	128 774 604	114 053 540	106 212 058
	无形资产摊销	4 498 232	4 956 142	4 963 497
	长期待摊费用摊销	238 067	0	1

表7-17　乙公司的有关息税前利润的数据表　　　　　　　　单位：元

项目	2018年	2019年	2020年
利润总额	270 066 348	324 258 231	355 146 651
利息费用	−5 000 641	−2 009 655	−7 494 610
息税前利润	265 065 707	322 248 576	347 652 041

解析：

计算甲公司2020年总资产报酬率如下：

$$总资产报酬率 = \frac{133\,599\,597}{\frac{2\,665\,503\,954 + 3\,163\,509\,191}{2}} \times 100\% = 9.83\%$$

计算甲公司2020年息税折旧摊销前利润率如下：

息税折旧摊销前利润 = 286 548 389 + 54 709 373 + 4 694 932 + 1 588 352 = 347 541 046

$$息税折旧摊销前利润率 = \frac{347\,541\,046}{\frac{2\,665\,503\,954 + 3\,163\,509\,191}{2}} \times 100\% = 9.83\%$$

同理，计算甲公司与乙公司三年的总资产报酬率、息税折旧摊销前利润率如表7-18所示，并进行比较。

表7-18　甲、乙两公司的总资产报酬率、息税折旧摊销前利润率

项目		2018年	2019年	2020年
甲公司	总资产报酬率（%）	8.08	9.23	9.83
	息税折旧摊销前利润率（%）	10.16	11.29	11.92
乙公司	总资产报酬率（%）	9.10	10.52	11.06
	息税折旧摊销前利润率（%）	13.68	14.41	14.60

从计算的结果看，甲、乙两个公司的总资产报酬率、息税折旧摊销前利润率的变化特征基本一致，都呈上升趋势。但是从数据大小来看，乙公司的总资产报酬率、息税折旧摊销前利润率均高于甲公司，说明乙公司无论是经营业务的盈利水平还是资产运用效率，尤其是长期资产运用的效率都比较高。

【案例7-2】　易明医药资产经营盈利能力持续下降，前景堪忧

2017年起，我国密集地发布了有关医药、医保、医疗的相关政策，国家越来越重视医疗卫生的发展。在这种大环境下，医药行业的竞争加剧，如何提升盈利能力也备受关注。易明医药于2016年上市，是西藏第五家上市的医药公司。

对企业进行盈利能力的分析不仅可以衡量其特定时期的经营业绩，预测所有者投资收益的高低，还可以推测出隐藏的管理盈利方面的不足，成为企业偿债能力的重要保障。对企业盈利能力的分析可分为销售经营盈利能力分析、资产经营盈利能力分析以及资本经营盈利能力分析。表7-19是易明医药上市前后近七年的资产经营盈利能力相关指标变动表。

表7-19　易明医药2013—2019年资产经营盈利能力相关指标变动表

项目	2013年	2014年	2015年	2016年	2017年	2018年	2019年
总资产报酬率（%）	19.00	20.85	17.09	12.74	9.80	3.99	6.25
总资产周转率（次）	1.44	1.38	1.04	0.87	0.55	0.66	0.69
销售息税前利润率（%）	30.82	22.22	19.16	13.98	17.86	6.09	9.00

　　总资产报酬率是最能反映一个企业的资产经营盈利能力的指标，而总资产报酬率的影响因素有总资产周转率和销售息税前利润率，因此，可以主要从这3个指标来分析易明医药的资产经营盈利能力。

　　易明医药在2019年的财报中显示其固定资产、股权资产等都未发生重大变化，但表7-18表明，易明医药的总资产报酬率在2014年略有小幅上升之后，就开始连年下降，至2018年，降幅已经高达16.6个百分点，直到2019年才有小幅回升，但总体还是比2014年下降了14.6个百分点。通过分析总资产报酬率的两个影响因素可发现，易明医药的总资产周转率自2013年起就呈现出连年下降的趋势，直到2017年已经跌至0.55次/年，而后两年略有小幅回升；其销售息税前利润率也有大幅下降，从2013年的30.82%一度降至2016年的13.98%，2017年略有回升外，达到17.86%，而后又开始快速下降，至2019年仅有9.00%。因此，从总体上看，易明医药近七年的总资产周转率和销售息税前利润率呈现出大幅下降的趋势，降幅背后的原因应当引起关注。同时，这样的趋势也说明易明医药的资产使用率和销售经营的盈利能力有所下降，共同导致了易明医药资产经营盈利能力变弱这一问题，企业必须对此加以重视，迅速找到背后痛点，及时采取改进措施。

　　（资料来源，王远.制药企业盈利能力分析——以易明为例[J].商场现代化，2019(7).）

三、资本获利能力分析

　　一般而言，资本分为债权资本和所有者权益资本，由于债权人无法分享净利润，此处资本经营盈利能力主要指所有者权益的盈利能力。所有者投资进行资本经营的目的是获得投资报酬，一个公司投资报酬的高低直接影响到现有投资者是否继续投资，以及潜在的投资者是否追加或重新投资。投资者十分关心投入公司的资本运用效益，因为这会关系到投资报酬的高低，但资产报酬率高并不意味着所有者投资的收益就高，因为公司的总投资包括权益性投资和债务性投资，公司运用债务资本带来的利润支付利息以后若有剩余，权益性投资的收益率就会提高，否则就会降低。衡量所有者投资盈利能力的指标主要是净资产收益率和普通股权益资本报酬率。

　　（一）净资产收益率

　　净资产收益率也叫权益收益率、净值报酬率或权益报酬率，是企业净利润与平均净资产的比值，用以衡量股东权益的收益水平。该指标充分体现了股东投入企业的自有资本获取净收益的能力，反映了股东投资和收益的关系。其计算公式为：

$$净资产收益率 = \frac{净利润}{平均净资产} \times 100\% \tag{7-11}$$

式中

$$平均净资产 = \frac{期初净资产 + 期末净资产}{2} \qquad (7\text{-}12)$$

【例7-7】 根据表7-4净利润数据表以及表6-24净资产的数据表中的数据资料计算甲公司、乙公司的净资产报酬率。

解析：

计算甲公司2020年净资产收益率如下：

$$净资产收益率 = \frac{220\,339\,531}{\dfrac{1\,190\,730\,363 + 1\,390\,335\,888}{2}} \times 100\% = 17.07\%$$

同理，计算甲公司与乙公司三年的净资产收益率如表7-20所示，并进行比较。

表7-20 甲、乙两公司的净资产收益率(%)

公司	2018年	2019年	2020年
甲公司	11.96	15.89	17.07
乙公司	8.48	9.83	10.52

该指标越高，说明投资者投资带来的收益越高，企业资本的盈利能力越强；反之，说明企业资本的盈利能力较弱。从计算的结果看，甲乙两个公司的净资产报酬率的变化特征均呈逐年上升的特征，说明企业的盈利能力越来越好。但是从数据大小来看，甲公司的净资产产生盈利的能力远远高于乙公司。

将净资产收益率进行分解后，可以看到净资产收益率的影响因素主要有三个：销售净利率、总资产周转率和权益乘数。

$$
\begin{aligned}
净资产收益率 &= \frac{净利润}{平均总资产} \times 100\% \\
&= \frac{净利润}{营业收入} \times \frac{营业收入}{平均总资产} \times \frac{平均总资产}{平均净资产} \times 100\% \qquad (7\text{-}13) \\
&= 销售净利率 \times 总资产周转率 \times 权益乘数
\end{aligned}
$$

销售净利率是反映销售经营盈利能力的指标，总资产周转率则反映了资产的利用效率，两者的乘积是以净利润为基础计算的总资产报酬率，反映的是资产经营盈利能力，而权益乘数则与资本结构密切相关。从资本安全的角度而言，净资产占总资产的比重越高，公司的资本结构就越安全，风险就越低；反之，则越不安全，风险越高。可见，净资产收益率是一个既反映盈利能力又反映资本安全程度的综合性指标。

净资产收益率充分体现了投资者投入企业的自有资本获取净收益的能力，突出反映了投资与报酬的关系。在当前市场经济体制下，以股份制形式来做大企业、增强实力，所有权与经营权分离，效益是投资者关心的问题。该指标通用性强，适用范围广，不受行业的局限。通过对该指标的综合对比分析，可以看出企业盈利能力在同行业中所处的地位，以及与同类企业的差异。通常，企业的净资产收益率越高，表明企业自有资本获取收益的能力越强，运营效益越好，对企业投资人、债权人的保证程度越高。

(二)普通股权益资本报酬率

在股份公司中,股本结构比较复杂,有普通股和优先股之分。财务制度规定优先股股利在提取任意盈余公积金和支付普通股股利之前支付。因此,应该说普通股股东是公司资产的真正所有者和风险的主要承担者。在股份公司中,资本利润率应以普通股股东所创造的利润进行考核,计算公式如下:

$$普通股权益资本报酬率 = \frac{净利润 - 优先股股利}{平均普通股股东权益} \times 100\% \tag{7-14}$$

式中,

$$平均普通股股东权益 = \frac{期初普通股股东权益 + 期末普通股股东权益}{2} \tag{7-15}$$

其中,分子是息税后净利润减去支付给优先股股东的股利后得到的,考虑了企业资本结构的影响;分母是期初数加上期末数除以2得到的,考虑了普通股股东权益的变化。这个数据对普通股股东是非常有意义的,股东可以用这个数据和自己要求的收益率相比较,决定是否继续投资该企业。对管理层来说这个数据也有实际意义,用这个数据和企业的资产报酬率相比较,如果比资产报酬高很多(如格力电器),则说明企业利用财务杠杆为股东创造了更多价值。该指标也是证券市场监管部门用于衡量上市公司盈利能力、提出监管要求(如IPO、再融资等)的常用指标。

【例7-8】 某公司2018—2019年有关资料如表7-21所示。

表7-21 某公司2018—2019年部分财务数据　　　　单位:万元

年份	净利润	优先股股息	普通股权益平均额	普通股权益报酬率(%)
2018	1 560	60	15 000	10.00
2019	2 260	60	18 000	12.22

表7-20显示,2019年普通股权益报酬率比2018年增加2.22个百分点,其变动的原因用差额分析法分析如下:

(1)净利润变动对普通股权益报酬率的影响:

$$\frac{2\ 260 - 60}{15\ 000} - \frac{1\ 560 - 60}{15\ 000} = 4.67\%$$

(2)普通股权益平均额变动对普通股权益报酬率的影响:

$$\frac{2\ 260 - 60}{18\ 000} - \frac{2\ 260 - 60}{15\ 000} = -2.4\%$$

两因素共同作用的结果是普通股权益报酬率上22.2个百分点。

该指标从普通股东的角度反映企业的盈利能力。该指标越高,说明企业盈利能力越强,普通股股东可得收益也越多,为了对普通股权益报酬率进行进一步的分析,首先应找到影响普通股权益报酬率的因素。根据计算公式可知,影响普通股权益报酬率的因素有三个:净利润、优先股股利和普通股权益平均额。因为优先股股利比较固定,所以应重点分析净利润和普通股权益平均额。

净利润是影响普通股权益资本报酬率的重要因素,企业净利润越大,普通股权益报酬率就越高。影响普通股权益报酬率的另一因素是普通股权益平均额,它与普通股权益报酬率成反比关系。

普通股权益报酬率与净资产收益率(ROE)的最主要区别在于从投入总资本中剔除的部分不同。净资产收益率仅仅是剔除债务资本,而普通股权益报酬率既不包括从债权人处融得的资本,也不包括从优先股股东处融资获得的资本。债权人投资通常获得固定的报酬或有些情况下没有报酬,优先股股东也获得固定的股利,但是普通股股东不能得到固定的报酬。普通股股东的求偿权排在债权人和优先股股东之后,因此普通股权益报酬率对普通股股东十分重要。运用该指标时应注意以下问题:

1. 必要时需要考虑其他综合收益

股东权益报酬率的分子一般采用企业利润表上的净利润数值。但是,如果要分析企业股东权益回报的完整情况,还应考虑利润表中的其他综合收益,这些也是股东在当期获得的未在当期确认的损益。因此也可以采用利润表综合收益总额作为分子。

2. 必要时扣除非经常性损益的影响

如果分析股东权益报酬率的目的在于对未来进行预测,那么分析企业具有的持续性的报酬率更有价值,分析者可对企业各项损益是否具有持续性、重复性、可预测性进行判断将非经常性损益从分子中扣除。我国证监会界定的非经常性损益指与公司正常经营业务无直接关系,以及虽与正常经营业务相关,但由于其性质特殊和偶发性,影响报表使用者对公司经营业绩和盈利能力做出正常判断的各项交易和事项产生的损益。

3. 必要时扣除少数股东权益的影响

由于股东权益报酬率的分析对象是合并公司中每公司股东取得回报的情况,当企业合并报表上存在少数股东权益时,该指标的分子和分母最好选取归属于母公司股东的净利润和归属于母公司的股东。

【案例7-3】 格力电器公司盈利能力分析

以格力电器为例,对其2017—2019年的盈利能力进行分析,并与美的和海尔两家同行业竞争对手进行比较。三家公司的盈利能力主要指标如表7-22所示。

表7-22 三家电器公司的盈利能力比较表(%)

指标	销售净利率			总资产报酬率			净资产收益率		
年份	2017	2018	2019	2017	2018	2019	2017	2018	2019
格力	15.18	13.31	12.53	13.61	13.01	10.08	36.96	33.06	24.26
美的	7.73	8.34	9.09	10.83	9.36	9.79	24.50	24.69	25.28
海尔	5.68	5.33	6.14	8.44	7.76	8.73	21.44	18.98	20.42

将格力电器、美的和海尔三年的盈利能力按照不同指标分别绘制成柱状图进行比较,如图7-1—图7-3所示。

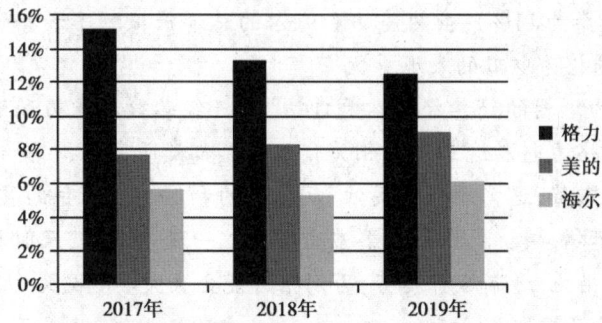

图7-1　三家电器行业公司销售净利率比较

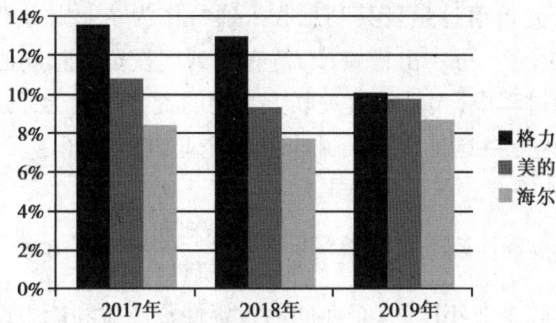

图7-2　三家电器行业公司总资产报酬率比较

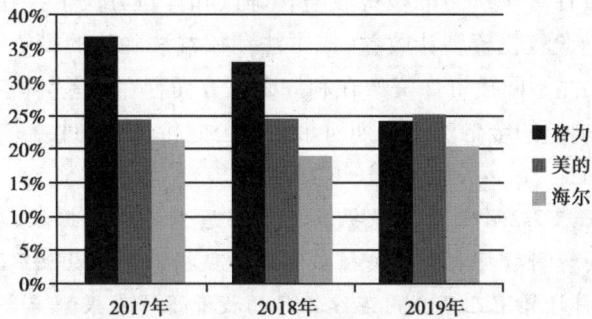

图7-3　三家电器行业公司净资产收益率比较

　　由图7.1—图7.3可以明显看出,与同行业其他两家电器公司相比,格力电器的盈利能力是最强的。在2017—2019这三年间,格力电器的销售净利率和总资产报酬率在三家公司中一直处于领先地位,结合2019年家用电器制造业绩效评价标准值的相关数据来看,格力电器2019年销售净利率为13.61%,处于行业优秀值18.9%与良好值10.5%之间,这说明格力电器的销售经营盈利能力在家电行业也处于靠前的位置,而美的和海尔显然都低于良好值,仍有较大的进步空间。格力电器的净资产收益率在2017年和2018年也是三家公司中最高的,且高出的幅度较大,而在2019年,格力电器的净资产收益率有所下降,位列第二名,但与最高的美的相差不大。2019年,格力电器的总资产报酬率为10.08%,净资产收益率为24.26%,均高于行业优秀值(行业优秀总资产报酬率为7.8%、行业优秀净资产收益率为11%),虽然美的和海尔的总资产报酬率和净资产收益率也都高于行业优秀值,但是格力电器的表现更优秀。

综合来看,格力电器的销售经营盈利能力,资产经营盈利能力和资本经营能力在这三家公司中最强。格力电器这三年的相关指标虽然都处于高位,但是这三个盈利能力指标都呈现出下滑的态势,这需要引起关注;反观美的和海尔近三年的盈利能力指标,稳中有进,表现一直都不错。因此,格力电器应当关注这一变动趋势,及时找到盈利能力指标下降的原因并采取措施,遏制这种趋势,否则很可能会丧失其领先地位。

(三)投资性资产报酬率

投资性资产报酬率是反映投资性资产的盈利能力。这里的投资性资产包括直接对外投资所形成的以公允价值计量且其利息收入通常作为企业财务费用的减项且其变动计入当期损益的金融资产、可供出售资产、持有至到期投资和长期股权投资等项目。由于现阶段的企业运营过程中,大量相关关联方占用的资金通常会通过预付账款以及其他应收款等项目,从理论上讲这部分资产并未参与企业自身的经营活动,因而不属于经营性资产,应列入投资性资产。其计算公式为:

$$投资性资产报酬率 = \frac{核心利润}{平均投资性资产} \times 100\% \qquad (7\text{-}16)$$

除了一般性地比较企业年度间、企业间的投资性资产盈利能力以外,还应注意:以公允价值计量且其变动计入当期损益的金融资产和非流动资产中有诸多形态的投资性资产,不同形态的投资性资产产生的投资收益在确认和计量方法上存在较大差异,如金融资产处置收益、长期股权投资转让收益、成本法和权益法确认的投资收益以及利息收益等。因此,应特别关注不同投资性资产在利润确认方面存在的差异。在以公允价值计量且其变动计入当期损益的金融资产当期所带来的公允价值变动收益金额较大时,可以将其归入投资收益范围。

【例7-9】 根据表7-2营业收入数据表、表7-3营业成本数据表、表7-10税金及附加数据表、表7-11期间费用数据表等有关核心利润的数据资料以及表7-23有关投资性资产数据表中的数据资料计算甲乙两公司连续三年的投资性资产报酬率。

表7-23 乙公司的有关投资性资产的数据表 单位:元

项目		2017年	2018年	2019年	2020年
甲公司	交易性金融资产	5 074 456	1 043 500	2 654 196	1 127 682
	可供出售金融资产	18 006 362	17 258 131	—	—
	持有至到期投资	1 000 000	1 500 000		
	长期股权投资	105 427 155	104 365 435	120 179 876	113 612 155
	总计	111 501 611	124 167 066	122 834 072	114 739 837
乙公司	交易性金融资产	—	121 570	38 287 212	4 097 366
	可供出售金融资产	—	—	95 740 001	67 814 692
	持有至到期投资				

项目		2017年	2018年	2019年	2020年
乙公司	长期股权投资	185 934 296	254 124 296	443 373 690	447 024 126
	总计	185 934 296	254 245 866	577 400 903	518 936 184

解析：

计算甲公司2020年投资性资产报酬率如下：

$$投资性资产报酬率 = \frac{133\,599\,597}{\dfrac{122\,834\,072 + 114\,739\,837}{2}} \times 100\% = 112.47\%$$

同理，计算甲公司与乙公司三年的投资性资产报酬率如表7-24所示，并进行比较。

表7-24　甲、乙两公司的投资性资产报酬率（%）

公司	2018年	2019年	2020年
甲公司	104.29	79.62	112.47
乙公司	121.05	96.16	66.95

该指标越高，说明投资者投资性资产带来的收益越高，企业资本投资的盈利能力越强；反之，说明企业投资性资产的盈利能力较弱。从计算的结果看，甲乙两个公司的投资性资产报酬率的变化特征均呈不稳定的特征，而且乙企业的指标还处于下降趋势，这应引起乙公司的重视，进一步分析投资战略与策略的合理性。

四、上市公司盈利能力的财务指标

上市公司盈利能力反映了企业市场获利能力，是比较特别的一类。严格地说，除了每股收益外，每股净资产、市盈率、市净率等比率并不直接表明投资的获利能力，却受到企业获利能力的影响，是证券市场的投资者依据企业获利能力进行企业估值的工具。

（一）每股收益

每股收益，也称每股盈余或每股盈利，反映企业一定时期平均对外发行的股份所享有的净利润。用公式表示为：

$$每股收益 = \frac{可供普通股股东分配的净利润}{发行在外的普通股加权平均数} \tag{7-17}$$

一般来说，在利润质量较好的情况下，每股收益越高，表明股东的投资效益越好，股东获取较高股利的可能性也就越大。这个指标是普通股股东最关心的指标之一，而且其数值直接影响企业支付普通股股利的多少，如果没有足够的收益就不能支付股利。当然，股利的实际支付还要受企业现金状况的影响。

运用该指标时需注意：

1.净利润的可持续性和可预测性

一般情况下，该指标分子使用净利润数据，但不含少数股东的净利润。当企业净利润中包含大量偶然性、一次性的非经常性损益时，更好的做法是使用扣除非经常性损益的净利润。

2.普通股平均股数的计算

该指标的分母使用计算期发行在外的普通股平均股数,不包括企业的库存股。由于企业发行在外的普通股数量变化在年内并非均匀的,因此当企业在期间内新发或回购普通股时,应该按月甚至按天数计算加权平均数。企业新增的股价如果是利润分配转增方式而来的,则不论转增发生在哪个月份,对企业的所有者权益总额来说都没有任何改变,因此转增的股价视同公司年初就存在的股本。

【例7-10】 计算甲、乙公司2020年的每股收益。甲公司于2020年4月底发放前一年的股利,以资本公积转增股本,每10股转增5股,公司的总股本由249 768 480股增至374 652 720股。乙公司近三年的普通股数分别为9 644 509 287、976 949 049、972 200 314股。两家公司在2018年至2020年三年间没有断发或者回购股票,采用转增方式增加的股份视同公司年初就存在的股本。

表7-25 甲、乙公司的有关归属母公司的净利润的数据表 单位:元

公司	2018年	2019年	2020年
甲公司	120470892	181634611	225080075
乙公司	212179204	263776243	291660094

解析:

计算甲公司2020年每股收益如下:

$$每股收益 = \frac{225\,080\,075}{374\,652\,720} = 0.60(元/股)$$

同理,由于两家公司在这三年都没有新发或回购股票,因此,其三年的每股收益情况如表7-26表示。

表7-26 甲、乙公司的三年的每股收益 单位:元/每股

公司	2018年	2019年	2020年
甲公司	0.48	0.73	0.60
乙公司	0.22	0.27	0.30

甲公司由于资本公积转增股本,导致2020年的每股收益下降,如果排除转增的影响,甲公司2020年的每股收益将达到0.90元。甲公司这三年的每股收益不断增长,乙公司也是如此,说明这两家公司这三年的业绩都在提高。

(二)每股净资产

每股净资产指标反映投资者持有的每股权益在企业中对应的净资产或股东权益的金额。企业的净资产由股东投入和利润累积形成,所以通常也将该指标列入有关盈利分析指标的类别。该指标的一般计算公式为:

$$每股净资产 = \frac{净资产}{期末普通股股数} \tag{7-18}$$

如果企业没有增发,则每股净资产反映了企业通过累积利润扩大企业股东权益的规模,每股净资产越高,企业累积利润越多,股东权益规模越大。

指标计算要点：

(1)分子中不包括少数股东权益。

(2)分母是期末发行在外的普通股，不包括企业的库存股。

【例7-11】 根据表7-27归属母公司的净资产的数据表和普通股股数的资料计算计算甲、乙两公司连续三年的每股净资产。

表7-27　甲、乙公司的有关归属母公司的净资产的数据表　　　单位：元

公司	2017年	2018年	2019年	2020年
甲公司	984 065 090	1 011 607 099	1 116 510 391	1 299 064 292
乙公司	2 601 745 087	2 660 099 988	2 766 913 027	2 790 878 660

解析：

计算甲公司2020年每股净资产如下：

$$每股净资产 = \frac{1\ 299\ 064\ 292}{374\ 652\ 720} = 3.47$$

同理，计算甲公司和乙公司三年的每股净资产见表7-28：

表7-28　甲、乙公司三年的每股净资产　　　单位：元/每股

公司	2018年	2019年	2020年
甲公司	4.05	4.47	3.47
乙公司	2.76	2.83	2.87

甲公司2020年转增了股本，导致每股净资产下降，甲公司和乙公司在这三年内都进行了现金股利的支付，也影响了每股净资产的变化。

(三)市盈率

市盈率也就是市价与每股收益的比率，是普通股每股市价与每股收益的比率。用公式表示为：

$$市盈率 = \frac{普通股每股市价}{普通股每股收益} \tag{7-19}$$

市盈率是反映市场对企业期望的指标。市盈率越高，市场对企业的未来越看好。但是，这个比率不能用于不同行业间企业的比较，因为市盈率与企业的增长率相关，不同行业的增长率不同，不同行业的企业之间比较这个数据是没有意义的。

市盈率的问题之一是会计利润会受各种公认会计政策的影响，也会受到不同行业发展前景预期的影响，这使得企业间的比较产生困难。

运用市盈率时，需注意的问题：

(1)每股收益的取值

在市盈率的计算中，每股收益的取值通常使用最近一期的企业的每股收益，但是，当企业公布了预测的盈余，或者分析者通过分析已知企业的预计每股收益时，使用这种预计的每股收益作为分母计算出的市盈率，则更能够显示出股票市场定价合理与否。

（2）市盈率反映投资者对企业前景的预期

市盈率的分子是股票市价，因此，该比率体现了市场对企业为股东创造价值的能力的一种预期，影响市盈率高低的内在因素与这种预期有关，包括预期股东权益报酬率的高低、预期未来经营收入的增长率、预期经营业务和财务的风险程度等。市盈率高的企业，说明市场上对该企业的未来增长有良好的预期，因此相比当下的收益，投资者愿意支付更高的价格；反之，则投资者只愿意支付较低的价格。

（3）市盈率分析的相对性

对于同一行业，股权结构和产品类似的企业，分析者通常会进行市盈率比较，同一时期市盈率低的股票，可能是因为市场低估了其价值；反之，则认为其价值被高估。但是这样的分析结果一定要关注影响市盈率的内在因素是否有差异，仅靠指标数值单一地横向比较，结论可靠性较差。

市盈率中的每股收益是根据企业财务报表计算的数据，但股票价格却是市场上多种因素共同作用的结果，包括投资者的心理因素、制度环境等，因此，进行市盈率分析时一定要考虑市场非理性因素的影响。

【例7-12】 2020年最后一个交易日12月30日，甲公司的股票收盘价格为17.23元/股，乙公司的股票收盘价格为9.75元/股。计算甲公司和乙公司当时的市盈率。

$$甲公司市盈率 = \frac{17.23}{0.6} = 28.72（倍）$$

$$乙公司市盈率 = \frac{9.75}{0.30} = 32.5（倍）$$

两家公司的市盈率相差不大，乙公司的略为高些。如果市场在12月30日这天对这两家公司当年的业绩的预测与实际没有偏差的话，接近的市盈率表明市场对这两家公司的价值判断没有很大的差别。

（四）市净率

市净率也称市倍率，是股票的市场价格与企业股东权益账面价值的比值。严格意义上讲，该指标不是盈利性指标，而是股票估值的指标，但按惯例，该指标在盈利能力分析中讲授。

$$市净率 = \frac{每股市场}{每股净资产} \qquad (7\text{-}20)$$

市净率越高，说明市场对企业的估值超过账面价值越多。

运用此指标应注意的问题如下。

1.影响市净率的根本因素

影响企业市净率高低的根本因素是投资者所判断的企业超过当前账面价值为投资者创造超额利润的能力。当预期未来股东权益报酬率只能等于股东的必要报酬率时，股票市净率为1；当预期未来股东权益报酬率超过股东必要报酬率越多时，企业的利润增长率越高，则股票的市净率高于1并且值越大；反之，当预期未来股东权益报酬率低于股东必要报酬率时，股票市净率小于1。

2.市净率的相对性

在市场上,如果影响一个企业的市净率的根本因素没有改变,市净率却变得过高或过低,则说明市场对该企业的估值可能偏高或偏低。投资者可以根据相同行业不同企业的市净率高低判断其中的某只股票价格是否存在高估或低估。

同样,市场的非理性因素也会造成企业股票市价的过高或者过低,分析者选取比较对象进行比较时,要考虑市场的状况,不能简单地得出本只股票价值被低估或高估的结论。

【例7-13】 计算甲公司和乙公司2020年年末的市净率,每股净资产的数据见表7-27。

$$甲公司市净率 = \frac{17.23}{3.47} = 4.965(倍)$$

$$乙公司市净率 = \frac{9.75}{2.85} = 3.42(倍)$$

(五)股利支付率

股利支付率是每股股利与每股收益之比。用公式表示为:

$$股利支付率 = \frac{每股股利}{每股收益} \times 100\%$$

股利支付率反映普通股股东在全部获利中可获取的股利份额。单纯从股东利益角度看,此比率越高,股东所获取的回报越多。可以通过该指标分析企业的股利政策,因为股票价格会受股利的影响,企业为了稳定股票价格可能采取不同的股利政策。在资本市场上有时会出现这样的情况;支付现金股利的企业其股票价格不会迅速上涨,配股或者送股的企业其股票价格反而上涨很多。这与国家的税收政策、政策、资本市场当时的行情、股民的心态等各方面因素都有关系。

【例7-14】 根据表7-29股利支付数据表、前文中普通股股数的资料计算甲、乙两公司连续三年的股利支付率。

表7-29　甲、乙公司的有关归属母公司的股利支付的数据表　　　　　单位:元

公司	2018年	2019年	2020年
甲公司	99 907 392	74 930 544	37 465 272
乙公司	153 774 302	215 284 023	244 640 936

解析:

计算甲公司2020年每股股利如下:

$$每股股利 = \frac{股利发放额}{普通股股数} = \frac{37\ 465\ 272}{374\ 652\ 720} = 0.10$$

$$股利支付率 = \frac{0.10}{0.60} = 0.17$$

同理,计算甲公司和乙公司三年的股利支付率见表7-30。

表7-30　甲、乙公司三年的股利支付率

项目		2018年	2019年	2020年
每股股利	甲公司	0.40	0.30	0.10
	乙公司	0.16	0.22	0.25
股利支付率	甲公司	0.83	0.41	0.17
	乙公司	0.72	0.82	0.84

表中结果显示,甲公司的股利支付率呈下降趋势,乙公司的股利支付比较稳定且缓慢上升。

（六）股票收益率

股票收益率即股利与市价的比率,是指企业普通股每股股利与普通股每股市价的比率。用公式表示为:

$$股票收益率 = \frac{普通股每股股利}{普通股每股市价} \tag{7-21}$$

由上式分子、分母可以看出,股票价格的波动和股利水平的任何变化均会导致股票收益率的变化。股票收益率粗略地计量了在当年投资当年回收的情况下收益的比率。

【例7-15】 根据前文每股股利、每股市价的数据计算甲公司和乙公司2020年年末的股票收益率。

$$甲公司股票收益率 = \frac{0.10}{17.23} = 0.01$$

$$乙公司股票收益率 = \frac{0.25}{9.75} = 0.03$$

第三节　盈利质量分析

一、利润的构成

（一）利润表的基本结构

我国企业利润表的排列及各项目的含义受企业会计准则的制约。以上市公司为例,利润表的基本结构见表7-31。

表7-31　利润表（主体部分）

营业收入
减：营业成本
税金及附加
销售费用
管理费用

续表

研发费用
财务费用
其中：利息费用
利息收入
减：资产减值损失
信用减值损失
加：其他收益
投资收益
公允价值变动收益
资产处置收益
二、营业利润
加：营业外收入
减：营业外支出
三、利润总额
减：所得税费用
四、净利润
五、其他综合收益的税后净额
六、综合收益总额

利润表中各项目之间的联系可简单地通过下列计算公式给出：

$$营业利润 = 营业收入 - 营业成本 - 税金及附加销售费用 - 管理费用 -$$
$$研发费用 - 财务费用 - 资产减值损失 - 信用减值损失 + \tag{7-22}$$
$$其他收益 + 投资收益 + 公允价值变动收益 + 资产处置收益$$

$$利润总额 = 营业利润 + 营业外收入 - 营业外支出 \tag{7-23}$$

$$净利润 = 利润总额 - 所得税费用 \tag{7-24}$$

$$综合收益总额 = 净利润 + 其他综合收益的税后净额 \tag{7-25}$$

（二）利润表中需要明确的内容

对于利润表，需要进一步明确以下内容：

1.主营业务与其他业务

当今市场经济环境下企业经营日益多元化，主营业务与其他业务经常动态地交织在一起，很难划分。因此企业的各种经营业务所产生的收入和成本均在营业收入和营业成本中统一列示，而不再对其进行主营业务和其他业务的区分。

2.营业的内涵

利润表"营业收入"中的"营业"概念与"营业利润"中的"营业"概念需要特别说明下。"营业收入"是指企业在从事销售商品、提供劳务和让渡资产使用权等日常经营业务过程中所形成的经济利益的总流入。而"营业利润"中的"营业"范围更广,既包括对产品或者劳务的经营,也包括资产减值损失等与管理和决策有关的项目对利润的影响,还包括通常不认为是日常经营活动的对外投资活动所产生的投资收益以及公允价值变动收益,以及反映政府补贴的其他收益和资产处置收益等。这样便导致利润表中的"营业利润"与"营业收入"在口径上存在较大的不可比性。

因此,我们有必要进一步分层次认识利润表和企业的经营成果。

(1)毛利。这是一个非常重要的概念,它反映企业的初始获利空间大小,往往与企业所处行业的特点和企业在行业中的竞争优势有关。毛利的计算公式为:

$$毛利 = 营业收入 - 营业成本$$

(2)核心利润。核心利润用来反映企业自身的经营活动所带来的利润。本书中有关利润表的许多分析内容就是以对核心利润的分析为基础的。核心利润中的计算公式为:

$$核心利润 = 毛利 - 税金及附加 -$$
$$期间费用(销售费用、管理费用、研发费用、利息费用)$$

(3)营业利润。营业利润既包含经营活动所获取的核心利润,也包含对外投资活动所获取的投资收益,还包含难以进行归类的资产减值损失和公允价值变动收益。

$$营业利润 = 核心利润 + 利息收入 - 资产减值损失 - 信用减值损失 + 其他收益 +$$
$$投资收益 + 公允价值变动收益 + 资产处置收益$$

3.综合收益总额

综合收益总额项目反映净利润和其他综合收益扣除所得税影响后的净额相加的合计金额。其中,其他综合收益是指企业根据会计准则规定未在当期损益中确认的各项利得和损失。现行会计准则在引入公允价值之后,把企业全部已确认但未实现的利得或损失也纳入利润表,从而能够更加全面地反映企业的经营成果。

二、利润各项目的质量分析

(一)营业收入质量分析

营业收入是指企业在销售商品、提供劳务及他人使用本企业资产等日常活动中形成的经济利益的总流入。高质量的营业收入应该既表现为有充足的现金回款,又表现出持续的增长态势,以彰显企业在行业中的市场占有率和核心竞争力。营业收入作为企业获取利润的主要来源,其质量会在一定程度上决定企业的利润质量。因此,营业收入项目质量分析是利润质量分析的基础。

一般地,在对企业的营业收入进行分析时,应着重从卖什么、卖给谁和靠什么等方面入手。具体地说,对企业的营业收入项目进行质量分析,应考虑以下几个方面。

1.卖什么——营业收入的品种构成分析

为分散经营风险,企业大多会选择从事多种产品或劳务的经营活动。在从事多品种经营的情况下,掌握企业营业收入的具体构成情况对信息使用者来说十分重要;占总收入比重大的产品或劳务是企业目前业绩的主要增长点,而企业销售产品或者劳务结构的变化往往会传递出企业市场环境的变化、经营战略的调整、竞争优势的变化等信息。信息使用者可以通过对体现企业主要业绩的产品或劳务的未来发展趋势进行分析,来初步判断企业业绩的持续性。需要指出的是,如果企业对某一类产品或者对某一个类型产品过度依赖,就会对某些外界环境变化因素异常敏感,这将加大企业的经营风险。分析中对这样的企业所处的经营环境应尤为关注。

企业能否持续盈利,主要取决于由战略、管理、技术、市场、服务等因素所形成的企业综合竞争优势,即所谓的"护城河"。分析者可通过关注董事会报告(或者管理层讨论),分析企业是否有意开发具有发展潜力、代表未来发展方向的产品,是否可能对企业营业收入的品种构成做出调整,以便找出决定企业现在和未来竞争优势的关键性产品,同时进一步结合行业发展特征和环境变化,判断企业营业收入的未来发展趋势。

在对企业营业收入的品种构成进行分析的过程中,需要强调的是,除了关注其结构与变化还要注重考察企业现有业务结构与企业战略之间的吻合性。与企业战略关联度低的业务规模即使较大,也不能认为是符合企业发展战略的高质量的业务。

2.卖给谁——营业收入的地区构成分析

从消费者的心理与行为表现来看,不同地区的消费者对不同品牌的产品具有不同的偏好。在企业为不同地区提供产品或劳务的情况下,营业收入在不同地区的构成情况对信息使用者也具有重要价值;占总收入比重大的地区是企业过去业绩的主要增长点,分析不同地区的消费偏好和消费习惯的变化趋势,研究企业产品在不同地区的市场潜力,有助于预测企业业绩的持续性和未来发展趋势。

具体地说,在分析中要考虑以下几个方面:第一,要分析地区的经济发展后劲与企业业务发展前景的关系,考虑地区的经济总量、经济结构的调整对企业未来市场的影响;第二,要分析地区的政治经济环境,若特定地区政治经济环境的不确定因素比较多,如行政领导人的更迭、特定地区经济政策的调整等,一般会对企业原有的发展惯性产生较大的影响;第三,要分析国际政治经济环境的变化,如过去几年战争导致某些地区动荡,金融危机导致某些地区的发展停滞,低碳经济对企业所在地区和行业产生影响等。

3.卖给谁——营业收入的客户构成分析

一般情况下,若其他条件相同,企业的销售客户越分散、集中率越低,说明企业产品销售(或劳务提供)的市场化程度越高,行业竞争力越强,营业收入的持续性就会越好。同时,企业的销售客户越分散,销售回款因个别客户的坏账所产生的波动会越小,营业收入的回款质量也就越有保障。因此,通过分析营业收入的客户构成情况,有助于判断企业营业收入的质量和业绩的波动性。

4.靠什么——关联方交易对营业收入的贡献程度分析

在集团化经营的情况下,集团内各企业之间有可能发生关联方交易。虽然关联方之间的交易也有企业间正常交易的成分,但由于关联方之间的特殊利益关系,它们有可能为了"包装"某个企业的业绩而人为地制造一些业务。信息使用者必须关注关联方交易成的营业收入在交易价格、交易实现时间等方面是否存在非市场化因素,考察企业绩的真实性和市场化能力。一般来说,在相同的市场环境下,参与竞争的各方最终会实现优胜劣汰,只有靠市场获得持续发展的企业才具有核心竞争力。

5.靠什么——部门或地区行政手段对营业收入的贡献程度分析

在我国现阶段市场经济的发展过程中,部门或地区行政手段对企业营业收入的影响不容忽视;一些新兴产业在发展初期十分需要部门或地区行政手段的支持。而在企业步入稳定发展阶段以后,或者在企业所处的行业已经发展成熟的情况下,部门或地区行政手段的影响应当逐步淡化。然而,我国仍有部分企业(尤其是央企)业绩的保持始终需要借助部门或地区的行政手段,这样的企业即便在过去表现出较高的盈利水平,在未来也不一定会一直保持盈利优势,一旦政府的扶持政策发生改变,其营业收入就会因"前途未卜"而出现较大的波动性。

(二)营业成本项目质量分析

营业成本是指与营业收入相关的已经确定了归属期和归属对象的成本。在不同类型的企业里,营业成本有不同的表现形式。在制造业或工业企业里,营业成本表现为已销产品的生产成本;在商品流通企业里,营业成本表现为已销商品的购进成本;在服务类企业里,营业成本则表现为所提供劳务的服务成本。

在此,需要解释一下营业总成本和营业成本的区别:营业成本包括产品和服务的直接成本,而营业总成本包括经营活动中产品和服务的直接成本以及发生的其他成本费用。比如,贵州茅台销售白酒时,生产白酒的粮食、工人工资、酒瓶及盒子、水电费、固定资产折旧等直接成本就是营业成本,加上销售过程中的广告费、销售人员工资以及企业管理过程中发生的费用等所有营业开支,就是营业总成本。

工业企业产品销售成本是指已售产品的实际生产成本,它是根据已销产品的数量和单位生产成本计算出来的。已销商品的成本即商品采购成本,是商业企业为销售商品在采购时支付的成本。它又分为国内购进商品成本和国外购进商品成本。国内购进商品成本包括国内购进商品的原始进价即实际支付给供货单位的进货价款、购入环节交纳的税金和国内购进商品并已出口所收取的退税数额(作为当期出口商品成本的减项);国外购进商品成本中还要包括关税等系列相关费用。而服务类企业营业成本的构成项目会因所处行业不同而有所不同,基本上都包括与所提供劳务直接相关的人力、物力等方面的开支。

影响企业的营业成本的因素,既有企业不可控的因素(如受市场因素的影响而产生的价格波动),又有企业可以控制的因素(如在一定的市场价格水平条件下,企业可以通过选择供货渠道、采购批量等来控制成本水平),还有企业通过成本会计系统的会计核算对营业成本的人为处理因素。因此,对营业成本的质量评价应综合考虑多种因素。一般地,在分析中至少应关注以下几个方面:

(1)营业成本的计算是否真实?会计核算方法(如存货计价方法、固定资产折旧方法等)的选择是否恰当、稳健?当期有无发生变更?其变更是否对营业成本产生较大影响?

(2)营业成本是否存在异常波动?导致其异常波动的因素可能有哪些?哪些是可控因素?哪些是不可控因素?哪些是暂时性因素?哪些是对企业长期发展造成影响的因素?影响程度如何?

(3)关联方交易及地方或部门行政手段对企业"低营业成本"所做的贡献如何?其持续性如何?

需要强调的是,对营业成本与期末存货余额之间相对规模的异常波动应格外关注。以制造企业为例,在不考虑企业当期在生产、储存和销售过程中可能会发生毁损的情况下,当期的营业成本和期末存货的加总应该等于当期可供出售产品成本的总额(即期初余额加上当期入库的存货总额)。在实务中,企业的营业成本往往是在期末经汇总一并结转,而不是在每次销售产品时立即结转,因此在营业成本和期末存货余额之间往往存在此消彼长的关系,在企业的生产、销售规模趋于稳定的情况下,营业成本与期末存货余额之间的相对规模应该大体保持不变。当营业成本与期末存货余额之间的相对规模出现异常波动,尤其是企业的毛利率也随之发生异常波动时,若这种现象无法用正常的理由进行解释,则很可能是企业出于某种动机,通过"低转成本"或者"高转成本"等手段人为操纵利润的一种迹象。

(三)期间费用项目质量分析

期间费用是指不受企业产品产量或销量增减变动影响,不能直接或间接归属于某个特定对象的各种费用。这些费用容易确定发生期间和归属期间,但很难判别其归属对象,因而在发生的当期应从损益中扣除。我国把期间费用分为销售费用、管理费用、研发费用与利息费用三种。

对各项期间费用的质量分析应强调两个方面的内容:

一是分析期间费用的质量,不能只强调各项期间费用发生的规模,更应强调各项费用发生后所带来的效益。大部分的期间费用在规模上都是相对固定的,即不能简单通过压缩规模来控制期间费用。有些期间费用如广告费、研发费、人力资源开发费用等,虽然可以通过企业决策来改变其发生规模,但是规模的压缩往往会直接影响企业的发展前景。所以在期间费用控制方面,不要片面强调节约和压缩,而要强调效益,不要追求费用最小化,而要追求成本效益最大化。

二是分析期间费用的质量,应关注各项费用对人的行为和心理所产生的影响。适当的费用宽松可以调动员工的积极性、创造性和忠诚度,这对企业是有益的。否则,得到控制的仅仅是费用的发生规模,而其结果可能是企业效益和效率更大幅度的下降。如果在企业的费用预算管理中考虑心理因素,所带来的增量效用可能会远高于增量费用支出。只要企业在发展,控制期间费用发生的绝对规模就不应该成为期间费用预算管理的首要目标,相应地,成本费用率也不应该成为期间费用质量的唯一考核标准。

1.销售费用项目质量分析

销售费用是指企业在销售商品和材料、提供劳务的过程中发生的费用。一般包括应由企业负担的运输费、装卸费、包装费、保险费、销售佣金、差旅费、展览费、广告费、租赁费(不包括融资租赁费用)、销售人员的薪酬以及专设销售机构的经常性费用等。

从销售费用的基本构成来看,有的与企业的业务活动规模有关,如运输费、装卸费、整理费,包装费、保险费、销售费用、差旅费、展览费、委托代销手续费、检验费等;有的与企业从事的销售活动人员的待遇有关,如销售人员的薪酬;有的与企业的未来发展、开拓市场、扩大企业品牌的知名度等有关,如广告费、促销费。从企业管理层对上述各项费用的有效控制来看,尽管管理层可以对诸如广告费、营销人员的薪酬等项目采取控制措施来降低其规模。但是这种做法要么对企业的长期发展不利,要么会影响有关人员的工作积极性。因此,我们认为,在企业业务得到发展的情况下,企业的销售费用不应盲目降低。

对销售费用的质量分析包括以下几个方面:

(1)计算销售费用与营业收入和核心利润的比率,通过同行业比较和前后期比较,结合行业竞争状况和企业在销售费用控制方面的举措,考察销售费用支出的有效性;

(2)分析销售费用中诸如广告费、促销费、展览费、销售网点业务费等企业营销策略有关的项目所占比重的变化情况,关注这些项目对企业长期销售能力改善、企业长期发展可能做出的贡献,考察销售费用的长期效应;

(3)在销售费用存在异常波动的情况,结合行业竞争态势和竞争格局的变化、企业营销策略的变化以及相关会计政策的变化等因素,判断销售费用波动的合理性,关注是否有人为主观操纵的迹象。

2.管理费用项目质量分析

管理费用是指企业行政管理部门为管理和组织企业生产经营活动而发生的各项费用支出,包括由企业统一负担的管理人员的薪酬、差旅费、办公费、劳动保险费、职工待业保险费、业务招待费、董事会会费、工会经费、职工教育经费、咨询费、诉讼费、商标注册费、技术转让费、排污费、矿产资源补偿费、聘请中介机构费、修理费、房产税、土地使用税、车船税、印花税、审计费以及其他管理费用等。

管理费用的项目比较庞杂,对其进行质量分析的难度较大。总体而言,有些项目的支出规模与企业规模有关,对其实施有效控制可以促进企业管理效率提高;而对有些项目(如企业研发费、职工教育经费等)的控制或压缩反而会对企业的长远发展产生不利影响,不宜盲目降低其规模。一般情况下,在企业的规模、组织结构、管理风格和管理手段等方面变化不大的情况下,企业的管理费用规模也不会有太大变化。

与销售费用类似,对管理费用质量也可以从支出的有效性、长期效应以及异常波动的合理性等几个方面来考察。

3.研发费用项目质量分析

研发费用是指企业与研究与开发相关、直接作为费用计入利润表的相关资源消耗,包括研发人员人工费用、研发过程中直接投入的各项费用、与研发有关的固定资产折旧费、无形资产摊销费以及新产品设计费等。

我国将研发费用作为一项单独的费用在利润表上列示,是从上市公司2018年年度报告开始的。在此之前,研发费用是与管理费用一起并称为管理费用来列示的。

从当期效益的观点来看,研发费用将直接减少企业当期的核心利润、营业利润、利润总额和净利润。

但是,从企业持续发展的战略来看,当企业需要研发来维持技术能力以保持竞争力时,研发费用就有了战略含义。因此,研发费用的规模及其运用的有效性在很大程度上与企业未来的竞争力乃至生存状况有关。

由于企业所处的竞争环境以及企业自身经营特点的复杂性,一般难以根据研发费用的规模来判断企业的未来竞争力。但是,研发费用的恰当性分析可以结合企业的营业收入规模、企业所处行业的技术进步特征、同行业主要竞争对手的研发投入状况以及企业营业收入和毛利率的持续变化等方面来进行。

4.利息费用项目质量分析

利息费用指计入特定会计期间的企业资金的筹集和运用中发生的各项利息支出。在利润表上，在2017年年度报告以前，利息费用与利息收入一起在"财务费用"项目反映。在2018年年度报告后，上市公司被要求除了列示财务费用外，还要将利息费用与利息收入分别列示。

一般情况下，企业贷款利息水平的高低主要取决于三个因素：贷款规模、贷款利息率和贷款期限。

(1)贷款规模。企业贷款规模的降低可以导致计入利润表的财务费用下降，增加企业的当期利润。但是，我们更应关注贷款规模下降的恰当性，即是否与企业经营战略调整相适应，是否与企业未来的资金需求相适应，是否有可能因贷款规模的降低而限制企业的未来发展。

(2)贷款利息率和贷款期限。从企业融资的角度来看，贷款利息率的具体水平主要取决于以下几个因素：一定时期资本市场的供求关系、贷款规模、贷款的担保条件以及贷款企业的信誉等。在利率的选择上，可以采用固定利率、变动利率或浮动利率等。可见，影响贷款利率的既有企业不可控的因素，也有企业可以控制的因素。在不考虑贷款规模和贷款期限的条件下，企业的利息费用将随着利率水平而波动。在分析中，应主要关注可控性因素的影响，了解企业贷款利率升降所揭示的融资环境、企业信誉等方面的变化，对企业因贷款利率的宏观下调等不可控因素而出现的财务费用降低不应给予过高的评价。

(四)资产减值损失与信用减值损失项目质量分析

资产减值损失是指企业计提各种资产减值准备所形成的损失。上市公司自2018年年度报告开始，将原"资产减值损失"分为"资产减值损失"和"信用减值损失"分别披露。金融资产减值准备所形成的预期信用损失计入"信用减值损失"项目。

按照现行会计准则的要求，企业应遵循谨慎性原则，于每个会计期末对其资产进行减值测试，对出现减值迹象(即公允价值低于以历史成本为基础的账面价值)的资产要计提减值准备，并相应确认资产减值损失。对资产减值损失与信用减值损失项目进行质量分析时，应关注以下两个方面：

(1)在谨慎性原则下，需要选择账面价值与公允价值中较低的一个作为资产价值的披露标准。也就是说，只要资产按照其账面价值进行披露而不计提任何减值准备，就表明该项资产的质量良好，实现了保值增值。而只有在资产由于某种原因发生贬值时，才需要通过计提减值准备将其账面价值降至公允价值。因此，资产减值损失与信用减值损失反映了企业各相应项目的贬值程度，在一定程度上揭示出这些资产的保值质量以及企业对这些资产的管理质量。涉及的资产主要包括各类债权、存货、固定资产、无形资产以及长期股权投资等。

(2)在对各项资产进行减值测试时，关键环节是要恰当地确定各项资产的公允价值，而公允价值的确定从某种程度上说不可避免主观上的估计和判断。因此，资产减值损失的确认问题实质上属于会计估计问题，既然是估计，就存在人为因素，即存在企业利用主观估计因素蓄意操纵利润的可能。因此，资产减值损失计提恰当与否将直接影响企业利润的真实性与利润质量。

（五）其他收益项目质量分析

上市公司自2017年度报告开始,将原属于企业营业外收入的部分政府补贴收入归入"其他收益"项目并"升格"为营业内,作为营业利润的重要支柱进行披露计入其他收益的政府补助是指那些与企业日常活动相关,但不宜确认收入或冲减成本费用的政府补助。对其他收益项目的质量分析,应注意以下要点:

(1)企业业务与政府政策的关联度。显然,能够获得政府补贴的企业,一般来说从事的是政府支持的业务。这意味着,企业的业务和发展方向是受到政府激励、支持或者扶植的。这种政策环境有利于企业在特定时期快速发展。

(2)企业对政策的研究能力。企业能够获得政府补贴,部分是因为企业处于政府支持的产业或者从事政府支持的业务。但企业还要对支付的补贴政策进行动态、及时的研究。能够持续不断获得政府补贴的企业,一般是在政府补贴政策方面研究能力较强的企业。

(3)企业主营业务的市场竞争力。政府之所以向企业发放补贴,一般是希望通过补贴来支持、鼓励或者扶持企业的发展。因此,正常的补贴逻辑应该是享受补贴的企业主营业务的市场竞争力由于各种原因表现得较弱,或者企业遇到暂时的经营性困难。这意味着享受补贴的企业往往是当期市场竞争力较弱的企业。

当然,既然是政策,一般不会是一家企业独自享受。因此有可能出现这样的情形:竞争力强的企业由于也符合补贴政策,因而也享受了相关的补贴。

(4)政府政策的阶段性。需要注意的是,由于政府对经济政策的动态调整以及企业发展的动态变化,支付的补贴政策经常变化。因此,完全靠政府持续的补贴生存的企业不会有持续的竞争力。

（六）公允价值变动收益项目质量分析

公允价值变动收益是指以公允价值计量且其变动计入当期损益的金融资产、投资性房地产等项目的公允价值变动所形成的计入当期损益的利得(或损失)。按照现行会计准则的要求,以公允价值计量且其变动计入当期损益的金融资产、投资性房地产等项目在资产负债表上应按照公允价值(即市场价格)列示,当这些资产的期末公允价值高于(或低于)其账面价值时,差额需要确认为公允价值变动收益(或损失)。对该项目的质量分析应关注以下两点:

(1)由于引起公允价值变动收益(或损失)的以公允价值计量且其变动计入当期损益的金融资产、投资性房地产等项目期末作为企业的资产列示于资产负债上,并未真正出售交割,因此这种收益(或损失)仅仅是种持有收益(或损失),即一种未实现的收益(或损失),也就是我们平时所说的浮盈(或浮亏),不会给企业带来真实的现金流量。也许在这些资产真正出售交割时,利润表中这种浮盈(成浮亏)会因为市场价格的变化而不复存在,因此,这种公允价值变动收益(或损失)的存在会影响企业利润的质量。

(2)在市场不活跃或者正常的情况下,对于投资性房地产来说,绝对客观的公允价值难以获取,因此该项目便不可避免地存在一定的主观因素,这样就会或多或少影响企业利润的真实性。

（七）投资收益项目质量分析

投资收益是指企业对外投资所取得的收益（或发生的损失）。一般而言，投资收益是由企业拥有或控制的投资性资产所带来的收益，主要包括两部分：

（1）投资性资产的持有收益，即在其持有期间从被投资企业获得的一定形式的利润；

（2）投资性资产的处置收益，即在处置投资性资产时，售价与初始取得成本之间的差额。

以公允价值计量且其变动计入当期损益的资产，要求以公允价值计量，在资产负债表日，企业应将其因公允价值变动所带来的损益计入公允价值变动损益（即计入当期损益）。处置该项资产时，其售价与账面价值之间的差额确认为投资收益，同时将以前确认的公允价值变动损益转入当期的投资收益。

可供出售金融资产在持有期间的投资利息和现金股利应当计入投资收益。在资产负债表日，可供出售金融资产应当以公允价值计量，但公允价值变动损益只能计入资本公积而不计入当期损益。处置该项资产时，应将其售价与账面价值之差计入投资收益，将以前计入资本公积的公允价值变动损益也转入投资收益。

对于持有至到期投资与贷款和应收款项，企业在持有期间应采用实际利率法，按照摊余成本和实际利率计算确定利息收入，将利息收入计入投资收益。处置该项投资时，应将其售价与账面价值之间的差额计入投资收益。

投资企业对合营企业和联营企业的长期股权投资（持股比例一般为20%～50%）在持有期间需要采用权益法，将被投资企业所实现的净利润（或者发生的净亏损）的相应份额（按照其持股比例）确认为投资收益；投资企业对其子公司的长期股权投资（持股比例一般在50%以上）在持有期间则需要采用成本法，将子公司所宣告分派的现金股利按照其持股比例确认为投资收益。处置该项长期股权投资时，其售价与账面价值之间的差额确认为投资收益。

综上所述，在持有期间公允价值变动损益并没有计入投资收益，而是分别计入公允价值变动损益和资本公积，只有在处置时才将公允价值变动损益转入投资收益。因此从本质上说，公允价值计量属性的引入并没有改变投资收益的数额，处置收益仍然等于售价与初始取得成本之间的差额。

在对企业的投资收益项目进行质量分析时，应从以下两个方面去考察。

1.对利润含金量的分析

（1）在持有期间获取的投资收益。由于投资企业对合营企业和联营企业的长期股权投资采用权益法，将被投资企业所实现的净利润（或者发生的净亏损）的相应份额确认为投资收益，因此这种投资收益的含金量取决于被投资企业的分红政策，可以肯定的是，只要被投资企业不将净利润全部用于分红，投资企业所确认的投资收益就会存在不同程度的"水分"，有可能造成投资企业有利润而没有现金流。而投资企业对其子公司的长期股权投资采用的是成本法，将子公司所宣告分派的现金股利按照其持股比例确认为投资收益，因此投资企业（即母公司）的这种投资收益的含金量基本上是有保障的，其他投资性资产在持有期间所带来的投资收益，无论是股利还是利息，一般情况下都会带来相应的现金流入。

（2）在处置时获取的投资收益。由于在利润表上将售价与初始取得成本之间的差额确认为投资收益,而在现金流量表上"收回投资收到的现金"主要取决于各项投资性资产的售价高低。因此,处置收益的含金量具有很大的不确定性,难以一概而论。

2.对利润持续性的分析

无论企业持有哪种投资性资产,均意味着相应金额的资产在投资期间实实在在地流出了企业,即这部分资产并不在企业的直接控制之下,除了债权性投资能带来固定的利息收益之外,其他投资性资产给企业带来的收益大小主要取决于被投资企业的收益情况和分红政策,因而均具有一定的波动性和不可预测性,这会在一定程度上影响企业利润的持续性。

（八）资产处置收益项目质量分析

上市公司自2017年度报告开始,将原属于企业营业外收入的资产处置利得归入"资产处置收益"项目并"升格"为营业内,作为营业利润的重要支柱进行披露。

对于企业的资产处置收益需要注意的是:企业可能会因处置非流动资产而获得利润（处置收益）。从而"改善"营业利润的规模。但实际上,这种"改善"与企业的营业收入没有一点关联,而且这种"改善"不具有可持续性。

靠资产处置收益改善营业利润的企业,可能其产品的营业状况正在经历困难时期。

（九）营业外收入与营业外支出项目质量分析

营业外收入是指企业获取的与其日常生产经营活动没有直接关系的各种收入,主要包括非货币性资产交换利得、债务重组利得、企业合并损益、盘盈利得、因债权人原因确实无法支付的应付款项、教育费附加返还款、罚款收入、捐赠利得等。营业外支出则是指企业发生的与其日常生产经营活动没有直接关系的各项损失,主要包括盘亏损失、非常损失、罚款支出、公益性捐赠支出等。

营业外收入与营业外支出项目质营业外收入并不是由企业常规的经营资金耗费所产生的。因此,在会计核算上,应当严格区分营业外收入与营业收入的界限。

而营业外支出这种企业经营过程中的资金耗费通常不会带来任何经济利益,实际上是一种纯粹的"意外"损失。因此,它和营业外收入之间不会像营业收入和营业成本那样存在配比关系,甚至可以说它们之间一点关系都没有。营业外收入和营业外支出均不是经营活动引起的,一般不会涉及流转税,但它们也是企业盈亏的一部分,因此应计入利润总额,与营业利润一起缴纳企业所得税,当然需要按照税法上先行调整为应纳税所得额。由于营业外收入和营业外支出通常情况下具有偶发性或者一次性的特点。因此,如果它们在企业的利润中占比过大,就会影响企业利润的持续性。

（十）所得税费用项目质量分析

所得税费用是指企业根据会计准则确认的应从利润总额中扣除的一个费用项目,它是用经过调整后的本期利润总额乘以企业所适用的税率计算得到的,利润总额减去所得税费用后的差额即净利润。

在多数情况下,计算所得税费用的基数即便是经过调整的利润总额,也不一定等于应纳税所得额。简单地说,计算所得税费用的基数是基于会计准则对利润总额进行调整后的结果（我们可以把它称为调整后的会计利润）,而计算应缴所得税的基数是应纳税所得额(我们可以把它称为应税利润),它是基于税法对利润总额进行调整后的结果。

当会计准则与税法在确认应税项目和可抵扣项目上存在不一致的规定时,两者就会产生差异,有时这种差异还很大。那么在现行会计准则和税法下,会计利润、应纳税所得额、所得税费用、应缴所得税以及递延所得税资产(负债)之间到底存在什么样的关系呢?它们之间的关系可以大致通过下列公式予以揭示:

$$所得税费用 = 调整后的会计利润 \times 所得税税率 \qquad (7\text{-}26)$$

$$应交所得税 = 应纳税所得额(即应税利润) \times 所得税税率 \qquad (7\text{-}27)$$

$$递延所得税资产 = 应纳税所得额(即应税利润) \times 所得税税率 \qquad (7\text{-}28)$$

在以上公式中,若所得税费用大于应交所得税,计算结果为负数,则应确认为递延所得税负债。从以上分析可以看出,所得税费用由于其计算基数是按照会计准则调整后的会计利润,当会计准则与税法在确认应税项目和可抵扣项目上存在不一致的规定时,它和企业实际需要缴纳的所得税之间或多或少存在一些差异。因此,它既不会与利润表中的利润总额存在固定的税率关系,也不会直接反映出企业当期实际缴纳的所得税规模。可以简单地认为,它与应缴所得税之间的差异大小可大体反映出会计准则与税法在确认该企业经营成果问题上的分歧大小。

(十一)其他综合收益项目质量分析

其他综合收益是指企业根据会计准则的规定未在当期损益中确认的各项利得和损失。简单地说,其他综合收益是建立在资产负债观的基础之上,反映报告期内企业与所有者以外的其他各方之间的交易或事项所引起的净资产的变动额。它突破了传统会计利润的实现原则,在引入公允价值之后,把企业全部已确认但未实现的利得或损失也纳入利润表,使公允价值作为计量属性的使用成为这种必然的趋势。

其他综合收益虽然在当期属于未实现损益,既不纳入计税范围,也不会带来实际的现金流量,但是有可能在未来影响企业的经营成果,因此对信息使用者来说具有一定的预测价值。

三、利润质量分析

企业作为以盈利为目的的经济组织,利用各种经济资源赚取利润的能力(即盈利能力)通常是决定其生存和发展的一项最根本的能力。企业的盈利能力是采购能力、生产能力、营销能力、创新能力、费用管控能力及规避风险能力等一系列能力的最终体现,也是企业各环节经营后果的综合体现,当然企业在经营活动和管理过程中存在的大多数问题也会通过盈利能力反映出来。

在传统的财务报表分析中,企业的盈利能力分析主要是以资产负债表和利润表为基础,结合表内各项目之间的逻辑关系构建一套财务指标体系,通过将这些指标的计算结果与企业以往年份、对标企业以及同行业平均水平进行比较来对企业的盈利能力加以评价。财务指标尽管是通过衡量利润的相对规模来评价企业的盈利能力,相对于毛利、利润总额以及净利润等绝对指标来说,在一定程度上增加了不同企业之间的可比性,但它们仍然只关注数量维度的盈利能力问题,并没有考虑质量维度的盈利能力因素。在日常管理实践中,有的企业利润表中利润很高,但是企业真正的盈利能力并不一定很强,这通常是企业在利润质量方面出现问题所致。扭亏为盈绝不能仅仅强调利润金额上的"转负为正",更应强调利润质量上的"起死回生"。

考察利润的质量,可以从以下三个方面入手:第一,利润的含金量。从当期来看,利润应能带来相应的现金流量,并且具有较强的支付能力(缴纳税金、支付股利等)。第二,利润的持续性。即从长期来看,企业实现的利润既要有一定的成长性,又要避免波动性,这样更利于我们对企业的未来发展走势做出判断。第三,利润与企业战略的吻合性。企业不同的战略选择会导致不同的资产结构(指经营性资产与投资性资产的比例关系),直接带来不同的盈利模式,产生不同的利润结构,因而利润结构与资产结构的吻合度可以在一定程度上体现企业战略的实施效果。

(一)利润的含金量分析

利润的含金量是指企业的主要利润构成项目获得现金流量的能力。利润的含金量分析实际上是对利润的结果进行分析。从利润给企业带来的结果来看,企业利润各项目均会引起资产负债表项目的相应变化;企业收入的增加,对应资产的增加或负债的减少;费用的增加,对应资产的减少或负债的增加。从利润主要项目所对应的资产负债表项目来看,主要涉及货币资金、应收账款、应收票据、其他应收款(或应收股利、应收利息)、存货(在易货贸易的条件下,企业营业收入的增加对应存货的增加)、长期股权投资、固定资产、无形资产等。但一般认为企业赚取利润最终能够带来充足的可自由支配的现金,应该是最理想的状态,因此,考察企业利润的质量,有必要分析利润的含金量。

会计上的利润是基于权责发生制核算出来的企业经营成果,收入和费用的确认时间与企业实际收付现金的时间并不一致。但是一般来说,在企业回款和付款等各项经营活动相对正常的情况下,利润与现金流量之间会保持一个大体稳定的比例关系。此外,在核算过程中,无论是收入的确认还是成本费用的确认,都会受到会计政策的主观选择性的影响,存在一定的人为因素,同时也不可避免地给企业提供一定的利润操纵空间,出于判断利润真实性的考虑,也需要在一定程度上关注利润的含金量问题,因此,考察企业利润的含金量就成为衡量利润质量非常重要的一个方面。具体操作是,通过对企业利润各主要项目与相应的现金流量项目进行比较分析,来判断企业利润的含金量。具体地说,我们应该主要开展以下三个利润项目的含金量分析。

1.核心利润的含金量分析

核心利润是企业开展经营活动所赚取的经营成果,因此通过与经营活动产生的现金流量净额进行比较。就可以了解核心利润产生现金净流量的能力。由于两者在计算口径上存在差异,因此,需要将核心利润调整为同口径核心利润后再与经营活动产生的现金流量净额进行比较。同口径核心利润可以按照如下公式进行调整:

$$同口径核心利润 = 核心利润 + 固定资产折旧 + 其他长期资产价值摊销 + 利息费用 - 所得税费用 \tag{7-29}$$

之所以对利润表中的核心利润进行若干调整,将同口径核心利润与现金流量表中经营活动产生的现金流量净额进行比较,是因为利润表中的核心利润在计算时减除了当期的固定资产折旧、其他长期资产价值摊销等非付现费用和属于筹资活动范畴的财务费用,但没有减除企业的所得税费用。而在现金流量表中,经营活动产生的现金流量净额在计算时并未减除上述非付现费用,却减除了企业实际缴纳的所得税;而企业支付的利息在现金流量表中是作为筹资活动产生的现金流出项目,与企业的经营活动没有直接关系。因此,只有将企业利润表中的核心利润调整为同口径核心利润,才能使利润表数据与现金流量表的相应数据在口径上大体一致,才可以进行基本的数量比较。

在稳定发展的条件下,同口径核心利润应该与现金流量表中的经营活动现金流量净额大体相当。在实务中,对于传统存货周转率大于每年2次的传统行业的企业,通常认为经营活动产生的现金流量净额是核心利润的1.2~1.5倍较合适。如果差距巨大(这里主要指后者严重不足),则应该分析原因。可能的原因主要有以下几种:

(1)企业收款不正常减少,导致回款不足,从而引起现金流量表中经营活动产生的现金流量净额恶化。比较一下企业利润表中两年的营业收入数字、资产负债表年末与年初商业债权(应收账款与应收票据之和)的规模变化、资产负债表年末与年初商业负债(应付账款与应付票据之和)的规模变化,以及现金流量表中两年的销售回款情况,我们就可对企业的销售回款是否基本正常做出初步判断。

(2)企业付款不正常增加,导致现金流量表中经营活动产生的现金流量净额下降。如由于企业商业信用下降、行业竞争加剧等原因,导致现金流量表中经营活动产生的现金流量净额下降等重大变化。当然,现实中也存在一些不正常的采购行为,如有些制造企业在原材料成本相对较低的时期购入超过当期消耗量的原材料进行储备;有些房地产企业在预测今后房价继续上涨的情况下囤地;等等。这些行为虽然会导致当期付款的不正常增加,但会因此带来企业未来现金流出量的减少,从而提升企业未来利润的含金量。

(3)企业存在不当的资金运作行为,如某些企业"支付其他与经营活动有关的现金"巨大,"其他"活动成了主流活动。

(4)企业在经营活动的收款和付款方面主要与关联方发生业务往来。在这种情况下,企业与关联方之间的业务往来,不论是在核心利润的各个要素(如营业收入、营业成本、销售费用,管理费用等)的确认上,还是在各项经营活动的现金流量的流出规模与时间的控制上,均具有较强的可操纵性。在这种情况下,难以按照一般的报表之间的逻辑关系进行分析。

(5)企业报表编制有错误。如果找不到正常的理由来解释企业的这种巨大差异,那么还有种可能是由于各种原因企业将现金流量表编错,使得信息使用者难以根据一般的逻辑关系对此加以分析。

2.投资收益的含金量分析

一般而言,投资收益主要有两大来源渠道:投资性资产的持有收益,即在持有期间从被投资企业获取的一定形式的利润;投资性资产的处置收益,即在处置投资性资产时,售价与初始取得成本之间的差额。

(1)持有收益的含金量分析。由于投资企业对合营企业和联营企业的长期股权投资采用权益法,将被投资企业所实现的净利润(或者发生的净亏损)的相应份额确认为投资收益,因此这种投资收益的含金量取决于被投资企业的分红政策。可以肯定的是,只要被投资企业不将净利润全部用于分红,投资企业所确认的投资收益就会存在不同程度的"泡沫",有可能造成投资企业有利润而没有现金流。而投资企业对其子公司的长期股权投资采用的是成本法,将子公司所宣告分派的现金股利按照其持股比例确认为投资收益,因此投资企业(即母公司)的这种投资收益的含金量基本上是有保障的。其他投资性资产在持有期间所带来的投资收益,无论是股利还是利息,一般情况下都会带来相应的现金流入。

由于在被投资企业宣告发放股利和实际发放股利之间总有一段时间差,因此分析投资收益的含金量时,为准确起见,应使用与投资收益相对应的"现金回款"同投资收益进行比较。在企业主要以长期股权投资和长期债权投资为主且年内没有发生投资转让的情况下,与本期投资收益相对应的现金回款的计算公式为:

$$投资收益的现金回款 = 现金流量表中的"取得投资收益收到的现金"金额 +$$
$$年末资产负债表中"应收股利"与"应收利息"之和 - \quad (7\text{-}30)$$
$$年初资产负债表中"应收股利"与"应收利息"之和$$

(2)处置收益的含金量分析。由于在利润表上通常将投资性资产的售价与账面价值之间的差额确认为投资收益,在现金流量表上"收回投资收到的现金"则主要取决于各项投资性资产的售价高低。因而,处置收益的含金量具有很大的不确定性,难以一概而论。

3.其他收益的含金量分析

从目前上市公司的实际情况来看,政府补贴收入往往会导致企业直接获得货币资金。因此,一般来说,其他收益获得现金的能力较强,质量较高。

(二)利润的持续性分析

利润的持续性是指企业盈利能力在过去与未来一段时期内持续发展的状况,一般情况下,我们说企业具有较强的盈利能力,应该强调它在行业中保持相对稳固的竞争地位和核心竞争力,具有较光明的市场发展前景,而不是仅仅关注当期盈利的规模,更何况企业会受到某些偶然的政策、市场因素或者内部某些因素的影响。企业实现的利润水平是否具有持续性是判断企业投资价值的核心要素。不具备持续盈利能力的企业,其前景处于高度不确定状态,持续经营的会计基本假设可能"摇摇欲坠"。此外,如果企业在某一期间所实现的利润规模是采用人为手段粉饰(甚至造假)的结果,那么这样的利润因缺乏持续性迟早会露出马脚。因此,利润的持续性分析应成为衡量企业利润质量的另一重要方面。利润的持续性可以从成长性和波动性两个方面分别考察。

1.利润的成长性分析

成长性是企业发展的灵魂,是衡量企业财务状况和预测企业发展前景的重要方面。由于在利润的构成中,核心利润最能体现企业在行业中的竞争地位和核心竞争力,因此,可通过核心利润及核心利润率的增长幅度来考察企业在核心业务上的盈利能力变化趋势。而核心利润的高低关键取决于产品销售等业务带来的营业收入的增长幅度,因此,通常情况下,营业收入的增减变化可以在一定程度上反映企业的成长性和未来的发展趋势。此外,企业毛利及毛利率的走势也是考察企业核心竞争力变化的一个非常重要的方面(具体内容见成长能力分析一部分内容)。

2.利润的波动性分析

利润的波动性是指企业利润无法相对保持稳定而出现业绩变化的区间范围,可以通过企业各期利润的相对变化幅度来加以衡量。我们认为,如果企业的利润构成中存在某些无法持续发生的"非经常性损益"项目,就会在一定程度上影响企业利润的波动性。在此基础上,还要分析企业所面临的内外部环境、自身的竞争优势以及战略调整情况等各方面因素对利润波动性可能产生的影响。

(三)利润的战略吻合性分析

企业不同的资源配置战略选择会导致不同的资产结构(指经营性资产与投资性资产的比例关系),直接带来不同的盈利模式,不同的盈利模式又产生不同的利润结构,因而企业的利润结构与资产结构之间的吻合性可以在一定程度上体现企业资源配置战略的实施效果。也就是说,可以通过企业的利润结构与资产结构之间的对应关系来判断利润的战略吻合性。

在分析企业的利润结构与资产结构之间的对应关系时,为便于比较,我们通常的做法是忽视"资产减值损失""信用减值损失""公允价值变动收益"这三个常规"小项目"。在金额较大时,可将前两者归入核心利润部分,将后者归入广义投资收益的范围,将营业利润分为核心利润和投资收益两个部分。

1.利润结构与资产结构的匹配性分析

在分析中,通常采用母公司数据,分别计算经营性资产与投资性资产的比例关系以及核心利润与投资收益的比例关系。如果不考虑不同的商业模式、行业间的盈利性差异以及企业处在不同的发展阶段而产生的盈利差异等各种因素,可以简单地通过如下比较大体上对上市公司自身利润的战略吻合性加以评价;从长期来看,如果两者大致相当,则说明企业战略的实施效果较好,利润的战略吻合性较高;如果两者相差较大,在一些主客观因素无法给出合理解释的情况下,一般认为企业战略的实施效果不够好,利润的战略吻合性较低。

2.企业各类资产的盈利能力分析

在传统的财务指标中,通常只将资产总额与利润总额(或者息税前利润总额)进行比较,计算总的资产报酬率。但由于企业会选择实施不同的战略,导致不同的资产结构(经营性资产与投资性资产的比例关系),产生不同的利润结构,因此,通常情况下,各类资产的相对盈利能力是不同的,有必要对企业的各类资产分别进行盈利能力分析(这里主要从数量维度考虑),以帮助分析者找出企业资产中相对较强的盈利区域,这样更有利于企业管理者及时调整经营战略,也有利于投资者更清晰地判断企业未来的发展趋势。

资产管理和利润操纵倾向。通过比较投资收益与投资性资产、核心利润与经营性资产之间的相对盈利能力差异,也可以对企业的资产管理、利润操纵等方面做出判断。

(1)投资性资产的盈利能力与经营性资产的盈利能力大体相当。这时一般认为企业的内部产品经营活动与对外投资所涉及的产品经营活动所具有的盈利能力相当,管理效率相当。在这种情况下,企业的管理活动应该集中在提高现有资产的利用率(企业现有资产利用率、周转率还有提升空间)或者扩大产品经营规模与对外投资规模(企业现有资产利用率、周转率已经处于较高水平)上。

(2)投资性资产的盈利能力强于经营性资产的盈利能力。这时一般认为企业对外投资的效益高于企业内部经营产品的效益。经营性资产的盈利能力较弱,可能意味着企业在经营性资产方面存在不良占用(或非经营性占用)、资金周转缓慢、产品在市场上没有竞争优势等,在管理上,企业应该考虑的重点是提高内部资产的利用率、消除不良占用和提升产品在市场上的竞争力等,在现有经营状况难以为继的情况下,企业还应当考虑产品结构的战略调整。

另外,投资性资产的盈利能力强,虽然可能说明企业的投资性资产获利能力较强,但也有可能意味着企业在对外投资的收益确认方面存在较大的虚假和泡沫成分。在这种情况下,企业的泡沫利润虽然可以"填充"企业近期的财务业绩,但可能对企业未来发展产生不良影响。这时,需要视具体情况做具体分析。

(3)投资性资产的盈利能力弱于经营性资产的盈利能力。这时一般认为企业对外投资的效益在下降。经营性资产的盈利能力较强,可能意味着企业在经营性资产方面管理质量较高,产品在市场上有明显竞争优势等。

投资性资产的盈利能力偏弱,企业应该考虑的重点是做出继续持有还是出售有关投资的决策,或者通过加强对投资对象的管理来提升对外投资的盈利能力。

四、利润质量恶化的外在表现

企业利润的质量恶化往往是一个较为缓慢的过程,甚至具有一定的隐蔽性和欺骗性。但通常情况下,利润质量的恶化总会反映在企业经营的某些方面,因此信息使用者可以根据某些外在表现及时发现企业利润质量恶化的蛛丝马迹。常见的情况如下:

(一)企业扩张过快

虽然我们在评价企业利润质量时强调成长性问题,指出成长性是企业发展的灵魂,是衡量企业财务状况和预测企业发展前景的重要方面,但无数上市公司失败的案例告诉我们,毫无节制的野蛮生长有可能使企业多年的努力毁于一旦,"过快成长等于加速灭亡"便成为一句管理魔咒。企业在多元化经营的过程中必然面临一个问题:企业对于正在拓展的其他领域,无论是在技术上、管理上还是在营销上,都要有一个逐步适应、探索的过程。企业在发展过程中不可避免地会受到来自资金、资源、管理水平等各方面的制约,这就注定了企业并不是无所不能而是技有所长,如果企业在一定时期内扩张过快,涉及的领域过多、过宽,那么,企业把触角延伸到自己不擅长的领域的概率就会加大,这时所获利润的质量就有恶化的可能。

(二)企业过度举债

企业过度举债,除了发展、扩张性原因以外,还有可能是由于企业通过正常经营活动、投资活动难以获得正常的现金流量支持,即利润的含金量下降。在企业由于回款不力等原因面临利润质量恶化的情况下,通常难以满足经营活动正常的现金需求,企业只能依靠扩大贷款规模来解决资金短缺的难题。但大贷款规模会因企业未来承担更多的利息支出而使企业的业绩雪上加霜,因此,我们一般认为,过度举债往往会导致企业一步步地走向财务困境,这也是企业利润质量恶化的外在表现。

（三）注册会计师(会计师事务所)频繁变更,审计报告出现异常

对于注册会计师而言,企业是他们的客户,注册会计师一般不愿轻易失去客户。只有在审计过程中,当注册会计师与企业管理者就报表编制出现重大意见分歧、难以继续合作时,注册会计师才有可能出于审计风险的考虑而主动放弃客户。因此,对于频繁变更注册会计师事务所的企业,会计信息使用者应当考虑企业因业绩下降而不得已造假的可能,这种情况下公布的企业业绩即便维持了原有水平,企业利润质量也极有可能出现恶化。此外,如果企业年报的公布日期比正常的要晚,甚至审计人员发生了变化通常也是企业利润质量恶化的一种迹象。

（四）企业变更会计政策和会计估计

根据一致性原则,企业一旦确定了会计政策和会计估计基础,一般不得随意变更。但如果企业赖以决策的基础发生了变化,或者获得了新的信息、积累了更多的经验、内外部环境发生了变化等,企业可以对会计政策进行变更或者对会计估计进行修订,但要给出充足的理由。

然而在实务中,有很多企业在并不符合会计准则要求的情况下变更会计政策和会计估计,如变更固定资产的折旧方法、延长固定资产的折旧年限、压低应收账款等资产项目的减值准备计提比例等,其变更的目的不排除借此改善企业财务业绩。因此,尤其是在企业面临不良经营状况时,企业有变更会计政策和会计估计的举动,且恰好有利于企业账面利润的改善,那么这种变更便成为企业利润质量恶化的一种信号。

（五）应收账款规模不正常增加,应收账款平均收账期不正常变长

应收账款是因企业赊销而引起的债权。在企业赊销政策一定的条件下,企业的应收账款规模通常与企业的营业收入保持一定的相关性,企业的应收账款平均收账期也应保持相对稳定。值得注意的是,企业的应收账款规模在一定程度上与企业在赊销过程中所采用的信用政策有关(尤其是那些产品在市场上可替换性强、市场竞争激烈的企业);放宽信用政策(放松对顾客信誉的审查、放宽收账期),将会刺激销售,扩大应收账款的规模,延长应收账款平均收账期。

因此,企业应收账款的不正常增加、应收账款平均收账期的不正常变长,有可能是企业为了增加营业收入而放宽信用政策的结果。过宽的信用政策可以刺激企业营业收入立即增长,但是,企业会面临未来发生大量坏账的风险,利润的含金量会受到影响。

（六）应付账款规模不正常增加,应付账款平均付账期不正常延长

应付账款是因企业赊购商品或其他存货而引起的债务。在企业供应商的赊销政策一定的条件下,企业的应付账款规模应该与企业的采购规模保持一定的对应关系。在企业产销较为平稳的条件下,企业的应付账款规模还应该与企业的营业收入保持一定的对应关系,企业的应付账款平均付账期也应保持相对稳定;如果企业的购货和销售状况没有发生很大变化,企业的供应商也没有主动放宽赊销的信用政策,但企业的应付账款规模却不正常增加,应付账款平均付账期也不正常延长,就有可能成为企业支付能力恶化、资产质量恶化、利润质量恶化的一种外在表现。

（七）企业存货周转过于缓慢

存货周转过于缓慢，表明企业在产品质量、价格、存货控制或营销策略等方面出现了些问题。存货周转越慢，企业存货占用资金也就越多。过多的存货除了占用资金，引起企业过去和未来的利息支出外，还会使企业承担存货过时的风险，并产生过多的存货损失以及存货保管成本，这些因素都会在一定程度上降低利润的持续性。

（八）企业无形资产或者开发支出等资产项目规模不正常增加

从无形资产会计处理的一般惯例来看，企业自创无形资产所发生的研究和开发支出一般应计入当期损益，而在资产负债表上作为无形资产列示的主要是企业从外部取得的无形资产。如果企业出现无形资产或者开发支出的不正常增加，有可能是因为收入不足以弥补应当归于当期的花费或开支，企业为了减少研究和开发支出对利润表的冲击而利用这些虚拟资产将费用资本化，从而形成企业"虚盈实亏"的现象。因此，我们有理由认为，企业无形资产或者开发支出等资产项目规模不正常增加是企业盈利能力下降、利润质量恶化的一种掩盖方式。

（九）企业的业绩过度依赖非经常性损益项目

正常情况下，无论企业采用何种战略，营业利润都应该成为企业业绩的主要支撑。但是在实务中，有些企业在利润增长潜力挖尽的情况下，为了维持一定的利润水平，有可能通过非经常性损益项目来弥补核心利润和投资收益的不足。企业通过获取固定资产的处置收益来增加利润就是一种很常见的手段，虽然这一做法在当期有助于企业维持表面繁荣的局面，但如果所出售的项目是企业生产经营中所需要的固定资产，就会使企业的未来经营规模和长期发展战略受到直接冲击，未来的盈利能力和利润质量也必定会受到负面影响。

（十）企业利润表中的销售费用、管理费用等项目规模出现反常走势

企业利润表中的销售费用、管理费用等期间费用基本上可以分成固定和变动两个部分。其中，固定部分主要包括折旧费、人头费等不随企业业务量的变化而变化的费用；变动部分则是指那些随企业业务量的变化而变化的费用。这样，企业各个会计期间的总费用还是会呈现出随企业业务量的变化而变化的特征。当业务量增加时，费用总额一般会相应增加；而当业务量下降时，企业为了改变这种局面，往往会发生更多的诸如广告费、促销费、新产品开发研制费等支出。可见，在企业正常的发展过程中，大规模地降低期间费用的发生水平是有难度的。当然，企业采取有效的成本费用控制措施会使费用有一定的下降，但如果这种下降缺乏持续性，仅在某一期间出现异常下降，这往往是企业为缓解业绩恶化而采用人为操纵的手段所带来的结果。

（十一）企业反常压缩酌量性支出

酌量性支出是指企业管理层可以通过自身决策来改变其发生规模的支出，如研究和开发支出、广告费支出、职工培训支出等，我们在前面的分析中已经指出，此类支出可能并不在当期带来全部效益，但对企业的未来发展非常有利。因此，其发生水平通常与企业当期的经营规模和业绩变化不是直接的线性关系，而与企业的经营战略和管理风格有更密切的联系，一般在一定时期内表现出相对稳定的开支状态。如果这类支出的规模相

对于营业收入的规模来说大幅降低,就应考虑有反常压缩的可能。也就是说,企业明能为了避免当期利润规模大幅下降,蓄意缩小酌量性支出规模或推迟其发生的时间。这种迹象往往预示着企业的利润质量可能会进一步恶化。

(十二)企业有足够的可分配利润,但长期不进行现金分红

企业股东投资的主要目的有:获取现金股利,控制被投资企业以实现企业的战略目标,耐心持有以实现投资的增值,等等。其中,获取现金股利是股东投资最基本的一个投资目的,而企业支付现金股利一般需具备两个条件:第一,企业应有足够的可供分配利润(即未分配利润);第二,企业要有足够的货币支付能力。显然,如果企业有足够的可供分配利润但不进行现金股利分配,无论企业如何解释,我们首先应当怀疑企业没有现金支付能力,或者怀疑管理层对企业未来的发展前景信心不足。在企业没有明确的未来发展规划的情况下,这完全可以认为是企业利润质量下降的一种外在表现。

> **本章小结**
>
> 　　盈利能力是指企业一定时期内获取利润的能力。盈利能力是一个相对的概念,是通过将利润与一定的收入相比较而获得的,企业经营业绩的好坏最终可通过企业的盈利能力来反映。无论是企业的经理人员、债权人还是股东(投资者),都非常关心企业的盈利能力。对企业盈利能力的分析根据企业的资源投入和经营特点分为市场经营获利能力分析、资产经营获利能力分析、资本经营获利能力分析三个方面。反映企业销售经营获利能力的指标主要包括销售毛利率、销售净利事、核心利润率、核心利润获现率等;反映资产经营盈利能力的指标主要为经营性资产报酬率、总资产报酬率等。反映资本经营盈利能力的指标主要有净资产收益率、普通股权益资本报酬率、投资性资产报酬率等;对于上市公司而言,除了上述财务指标外,还经常用每股收益、市净率、市盈率、股利支付率、股票收益率等指标衡量上市公司的盈利能力。在运用这些财务指标的同时,要结合营业收入、营业成本、期间费用、投资收益、利润等项目的质量分析,方可比较客观、准确地反映其实际的盈利能力。

思考题

1.简述盈利能力的内涵。

2.简述销售经营盈利能力分析包括的主要财务指标,这些指标是如何计算的?

3.简述净资产收益率与普通股权益资本报酬率的区别。

4.什么是核心利润? 如何计算核心利润率?

5.核心利润与净利润有什么不同?

6.如何进行营业收入的质量分析?

7.如何进行营业成本的质量分析?

8.如何进行投资收益的质量分析?

9.如何进行利润的质量分析?

10.利润质量恶化的表现有哪些?

案例讨论与分析

1.开阳证券分析师刘念做年报数据统计时发现,过去的一年中,A股80家建材业上市公司存货总额达700.6亿元,与前一年同期的510.6亿元相比,增幅达37%。这80家公司上年实现的归属于母公司股东的净利润总额为327.2亿元,同比增长率为-294%。

同年A股28家煤炭采选业上市公司存货总额达433.35亿元,与前一年同期的349亿元相比,增幅为24.1%。这28家公司上年实现的归属于母公司股东的净利润总额为999.53亿元,同比增幅为15.3%。

问题:考虑影响存货增长的因素,刘念应该如何分析上年度这两个行业的偿债能力的变化?

2.某网络公司一直以来由创始股东提供资金,近五年客户数量增长极其迅速,利润在近两年逐渐从负转正,但是经营活动现金流量净额始终为负数。另外一家固定资产规模庞大的钢铁制造公司,近年来由于原材料涨价和产品跌价,企业利润大幅下降,甚至出现亏损,但是企业的经营现金流量仍旧保持较好的净流入。网络公司由于发展急需资金,钢铁制造公司则由于经营资金短缺,均向银行提出短期借款申请。

问题:如果你是银行的信贷员,你该如何考虑是否向上述两家公司提供短期贷款?

3.投资者网2019年4月18日发表了谢莹洁的文章《金龙汽车"骗补"余波扎心 2018非净利下滑96%》。主要内容如下:

无论金龙汽车的营收、销量实现了怎样的超越,但净利润始终难以突破2亿元,毛利率也徘徊在20%以下。这究竟是骗补风波带来的后遗症,还是产品本身缺乏竞争力?耐人寻味。新能源汽车补贴带来的好运,正变成厦门金龙汽车集团股份有限公司(600686.SH,以下简称"金龙汽车")的噩梦。2018年12月,公司公布的整改情况公告显示,近三年来被处以行政罚款26亿元。其实,危机源于三年前的骗补,金龙汽车旗下子公司苏州金龙因骗补作为典型被公示处罚。不久后,新能源汽车补贴提前退坡的新政出台,金龙汽车的业绩因此直接遭受重挫。2019年一季度,在客车行业普遍回暖的背景下,金龙汽车销量下滑12%。

扣非净利润下滑超九成

就在4月4日,金龙汽车公布了2018年年报,2018年公司实现销量6.19万辆,营业收入达182.9亿元,同比增长3.13%。但归属于母公司的净利润仅1.59亿元,同比下滑66.82%,扣非后净利润仅1 222万元,同比下降96%。

对于净利润大幅减少的情况,金龙汽车在年报中称,主要是受苏州金龙新能源补助金额影响。2017年其恢复新能源补助资质后。中央财政补贴收入影响2017年度净利润3.6亿元。2018年没有该事项。

新能源汽车补贴退坡带来的负面影响,可能比财务报表中所呈现的更为严重。根据年报,公司对1年以内的应收账款计提1%的坏账准备。这种缓和账务处理形成了利润"水分"。《投资者网》研判财务报表时发现,金龙汽车的应收账款呈逐年上涨之势,从2017年的100.6亿元上涨到2018年的129.95亿元,相当于2018年总营业收入的71%,这意味着下游客户付款周期在延长。

年报显示,公司1年以内的应收账款为51.99亿元,按照修改后的1%计提标准。公司只计提5 199万元的坏账损失,如果按照同行公司5%计提标准,则有计提2.6亿元,仅此一项,公司就增加了超2亿元的账面利润。

除此之外,2018年公司财务费用仅1 200万元,相比2017年的2亿元大降94%;2018年公司非经常性损益项目总额达到1.47亿元,同样为利润贡献不少。

营收与业绩不匹配是否意味着公司过于依赖财政补贴? 2020年补贴将全面退坡。行业竞争愈加激烈,公司该如何应对内忧外患的困境?

2019年开局不利

面对新能源汽车补贴全面退坡危机,公司从2018开始展开一场全方位的"自救"。如整合资源,布局海外市场;2019年金龙汽车还通过开拓新的业务增长点来实现增长,包括扩大金龙无人驾驶客车的量产规模,加大培育专用车市场,加快龙海新基地建设等。

不过成效如何仍有待验证,今年一季度,金龙汽车生产、销售各类客车1.04万辆、1.08万辆,同比分别下降19.12%、12.02%。从开年销量情况来看,2019年金龙汽车业绩或继续承压。

对比来看,宇通客车(14.300、0.42、3.03%)、中通客车(7.930、-0.44、-5.26%)、亚星客车(11.220,-1.25,-10.02%)等多家主流的上市商用车企业在客车业务上均收获了正向增长,商用年产销量同比分别增长5%和2.2%。

此外,《投资者网》梳理财务报表发现,1998—2018年间,公司营业收入从4.81亿元一路飙升至12.21亿元,增长2.54倍,但净利润仅从4 546.65万元增加到1.59亿元。

这点显示公司盈利能力长期处于偏低水平。财务报表显示,2001年至今,金龙汽车毛利率从未超过20%。对此有市场人士解释称,全龙汽车以合资起家,多年未有效理顺产权关系,旗下子公司、孙公司股权极度分散。造成了少数股东权益过高,摊薄归属净利润,进而对股价形成束缚。

但问题在于,2018年公司已成功收购台湾三阳持有的金龙联合公司25%的股权,"三龙"整合已迈出实质性的一步,公司盈利水平仍然未得到提高。财务报表显示,2018年公司毛利率为14.02%,远低于客车板块19.86%的平均毛利率。

不仅如此,公司债务风险还居高不下,2018年金龙汽车总资产258.2亿元,总负债208.6亿元,资产负债率高达80.8%,远远超过60%的行业警戒线。债务压力下,公司还能顺利度过新能源汽车前期烧钱阶段吗? 如何保证不被拖入借新偿旧的恶性循环?

由此看来,自身产品竞争力不足、长年依赖补贴,或是公司盈利水平较低的更深层次原因。事实上,金龙汽车研发费用投入在行业内一直处于中等水平,远低于竞争对手宇通客车。以2018年年报为例,2018年金龙汽车研发费用为6.63亿元,人均研发投入约33.5万元;同期宇通客车研发费用为18.63亿元,人均研发投入约48.2万元。

要求:

(1)新能源汽车补贴对上市公司利润结构有什么影响?

(2)企业研发费用与毛利率之间是什么关系?

(3)请列举企业营业收入增长、净利润下降的多种原因。结合行业背景和企业具体经营情况,分析苏州金龙出现这种情形的最可能的原因。

第八章　发展能力分析

学习目标

　　通过本章的学习,应当了解发展能力的基本思路与基本内涵;掌握发展能力的主要财务指标的计算方法和运用,同时运用财务指标进行发展能力分析时需要与企业的质量分析相结合;理解发展能力分析运用需要注意的问题。

引导案例

同仁堂成长能力分析

　　近几年,国家大力鼓励医药卫生事业发展,投入加大导致资本市场发展迅速,医药工业继续保持良好的发展势头,医药工业盈利水平平稳增长。同仁堂是中药行业久负盛名的中华老字号。公司始终恪守"炮制虽繁必不敢省人工,品味虽贵必不敢减物力"制药的古训,坚持"修合无人见,存心有天知"的企业文化,以"尊古不泥古,创新不失宗"为宗旨,大力推动传统中成药生产走向制药工业现代化。上市20多年,同仁堂已发展成为拥有国内最先进传统中成药生产基地、传统中成药年产量最大的现代中药产业集团。以下是对同仁堂2016—2018年财务报表的分析,从中可对同仁堂的成长性进行研究,从而使公司管理层更清楚地了解公司的基本情况,为制定公司经营策略奠定基础,同时也能为相关投资者进行投资提供参考。

　　从表8-1可以看出,同仁堂的营业收入增长率这3年呈下降趋势,分别为10.96%、10.63%、6.23%,扣非净利润增长率3年间从4.85%下降至0.22%。除了这两个指标下降外,净利润增长率却在增长,由2016年的6.59%增长至2018年的11.49%。可以看到同仁堂2016—2018年所有成长性指标均为正,说明同仁堂正在逐步发展中。同样,医药制造行业也处于快速发展阶段,行业营业收入增长率为15.86%、13.52%和13.7%,净利润增长率为105.4%、28.56%和59.42%。然而,同仁堂的成长性指标虽为正,但却低于医药制造行业的平均水平,即同仁堂虽处在上升的成长轨道中,但是仍有较大的提升空间,可以努力追赶行业中优秀企业的前进脚步。

表 8-1　同仁堂成长性分析(%)

时间	营业收入增长率		净利润增长率		扣非净利润增长率	
	同仁堂	行业	同仁堂	行业	同仁堂	行业
2018年	6.23	13.7	11.49	59.42	0.22	−610.26
2017年	10.63	13.52	9.02	28.56	9.75	16.75
2016年	10.96	15.86	6.59	105.40	4.85	48.64

目前中国正快速步入老龄化社会,老龄人口急剧增长。医药市场有很大的投资前景,同仁堂具有很好的研发能力和品牌优势,推断能力较强且易被消费者接受,成长性指标表现良好,多数指标高于行业平均水平,这些都反映出同仁堂具有一定的投资价值,但投资者在进行投资时也应该注意可能存在的风险。

(资料来源:殷全威.同仁堂企业投资价值分析[J].河北企业,2020(3).)

以上案例告诉我们,对上市公司进行财务分析时,应该以经营管理者制定和调整公司战略为基础,考察公司成长性,从公司的发展能力来判断公司的发展前景与投资价值。如何去度量企业的成长能力及其质量,通过本章的学习解决这些问题。

第一节　发展能力分析的内涵

发展能力,也称成长能力或增长能力,它是企业通过自身的生产经营活动,不断扩大积累而形成的发展潜力。企业所追求的目标通常被概括为生存、发展与获利,从中可以窥见发展对于企业的重要性,它是企业实现盈利的根本途径。企业能否健康发展取决于多种因素,包括外部经营环境、企业内在素质及资源条件等。传统的财务分析仅关注企业的静态财务状况与经营成果,强调偿债能力和盈利能力分析,对企业的发展能力不够重视。随着市场经济的发展和竞争的进一步加剧,人们越来越注重企业发展的态势、潜能及其成长性,尤其是从动态上把握企业的发展过程和发展趋势。

在竞争激烈的市场经济条件下,企业市场价值在很大程度上取决于企业未来的盈利能力,取决于企业未来的销售收入、收益以及股利的增长;同时应该看到,增强企业偿债能力、盈利能力及营运能力最终都是为了使企业能够长久地发展壮大,企业不断壮大发展是企业利害关系各方所期望的。因此,发展能力分析对于判断企业未来一定时期的发展后劲、行业地位、面临的发展机遇与盈利变化,以及制订中长期发展计划、进行经营决策等具有重要的意义和作用。

企业发展能力的大小是一个相对的概念,即分析期的销售收入、资产、股东权益和利润相对于上一期的销售收入、资产、股东权益和利润的变化程度。仅仅选用增长额这一指标只能说明企业某一方面的增加额度,无法反映企业在某一方面的增加幅度,既不利于不同规模企业之间的横向对比,也不能准确反映企业的发展能力,因此在实践中通常使用增长率来进行企业发展能力分析。当然,企业不同方面的增长率相互作用、相互影响。企业要想获得可持续发展,就必须在销售收入、资产、股东权益和利润等各方面谋求协调发展,避免单项发展能力分析带来的片面性,正确、合理地评价企业的发展能力。所以从这个意义上讲,企业发展能力分析可以分为企业单项发展能力分析和企业整体发展能力分析,同时结合企业的发展质量分析进行方可得到客观、准确的结论。

第二节　市场增长能力分析

一、市场增长能力的主要财务指标

(一)营业收入增长率

营业收入增长率往往是衡量企业经营状况和市场占有能力、预测企业经营业务拓展趋势的重要标志。不断增加的营业收入是企业生存的基础和发展的条件。通常具有高成长性的企业都是主营业务突出、经营比较单一的企业。营业收入增长率是指本期营业收入增加额与上期营业收入的比率,是评价企业发展能力的基础性指标。计算公式为:

$$营业收入增长率 = \frac{本期营业收入 - 上期营业收入}{上期营业收入} \times 100\% \qquad (8-1)$$

需要注意的是,如果上期的营业收入为负值,则计算公式中的分母应取其绝对值。收入增长率是衡量企业经营状况和市场占有能力、预测企业经营业务拓展趋势的重要标志,不断增加的营业收入是企业生存的基础和发展的条件。若该指标大于0,说明企业本年的销售收入有所增长,指标越高,表示增长速度越快,企业市场前景越好;若该指标小于0,说明企业的产品或服务不符合市场需求,或者在售后服务等方面存在问题,市场份额萎缩。

营业收入增长率可以作为衡量公司的产品生命周期的一个重要参考指标,用以判断公司发展所处的阶段。经验数据告诉我们,在不考虑行业差异的情况下,如果营业收入增长率超过10%,一般说明企业产品处于成长期,将继续保持较好的增长势头,企业尚未面临产品更新的风险,属于成长型企业;如果一家企业的营业收入增长率连续几年保持30%以上,那么可以认为这家企业具备高成长性,往往会成为市场受追捧的投资对象;如果营业收入增长率在5%~10%,一般说明企业产品已进入稳定期,不久将进入衰退期,需要着手新产品的开发;而如果该比率低于5%,基本上说明企业产品已进入衰退期,保持市场份额已经很困难,业务利润开始滑坡,如果没有开发出新产品,企业将日趋衰落。

在对收入增长率进行分析时应注意以下几点:

(1)要判断企业在销售方面是否具有良好的成长性,必须分析销售增长是否具有效益性。正常情况下,一个企业的收入增长率应高于其资产增长率,只有这样才说明企业在销售方面具有良好的成长性。

（2）收入增长率作为相对量指标，同绝对量的营业收入相比，消除了企业规模对该指标的影响，更有利于企业之间或本企业不同年度之间的比较。但应注意相对量指标会受到增长基数的影响，如果增长基数（上期销售）特别小，即使营业收入出现小幅增长，增长率指标也会较大，不便于企业间的比较。即某个时期的收入增长率可能会受到某些偶然的和非正常因素的影响，而无法反映出企业实际的销售发展能力。为了消除这些因素对收入增长率的影响，并反映较长时期的销售增长情况，可以计算多年的收入平均增长率。计算公式为：

$$n\text{年收入平均增长率} = \left(\sqrt[n]{\frac{\text{本年营业收入总额}}{n\text{年前营业收入总额}}} - 1 \right) \times 100\% \qquad (8\text{-}2)$$

利用该指标能够反映企业经营业务的增长态势和稳定程度，避免因少数年份业务波动对企业发展潜力的错误判断。实务中一般可以计算最近 3~5 年收入平均增长率。

（3）可以利用某种产品收入增长率指标来观察企业产品的结构情况，从而可以分析企业的成长性。计算公式为：

$$\text{某种产品的收入增长率} = \frac{\text{某种产品本期营业收入增加额}}{\text{上期营业收入}} \times 100\% \qquad (8\text{-}3)$$

式中，某种产品营业收入可从利润表附注信息中得到。

根据产品生命周期理论，每种产品的生命周期一般可分为四个阶段，每种产品在不同阶段有不同的销售情况。在诞生期，产品刚刚研发成功，投入生产，产品销售规模较小，而且增长比较缓慢，即该种产品收入增长率较低；在成长期，产品市场不断拓展，生产规模不断扩大，销售量迅速增加，该阶段的产品销售增长较快，即收入增长率较高；在成熟期，由于市场已经基本饱和，销售量基本趋于稳定，该阶段的产品销售将不再有大幅度的增长，即该产品的收入增长率相比上一期变动不大；在衰退期，该产品的市场开始萎缩，该阶段的产品销售增长速度开始放慢甚至出现负增长，即该产品的收入增长率较上一期变动比较小，甚至出现负数。根据这一原理，借助该指标可以大致判断企业经营的产品所处的生产周期阶段，从而可以判断企业发展前景。

（二）毛利和毛利率的增长率

行业毛利率的平均水平会在一定程度上反映所处行业的基本特征，如行业的竞争状况、行业的成熟程度等，行业内企业毛利率的相对水平会在一定程度上反映企业产品在市场上的相对竞争实力。而产品的竞争实力又是企业核心竞争力的重要决定因素。因此，分析企业毛利率的水平及其走势非常必要。其公式为：

$$\text{毛利增长率} = \frac{\text{毛利增加额}}{\text{上期毛利}} \times 100\% \qquad (8\text{-}4)$$

$$\text{毛利率增长率} = \frac{\text{毛利率增加额}}{\text{上期毛利率}} \times 100\% \qquad (8\text{-}5)$$

如果企业拥有较高的毛利率，可能是由于以下几种原因：第一，企业所从事的产品经营活动具有垄断地位，在这种情况下，我们应该关注企业所的垄断地位会保持多久。第二,企业所从事的产品经营活动由于各种原因具有较强的核心竞争力,在这种情况下,我们应该关注企业长期保持其核心竞争力的能力。第三,企业所从事的产品经营活动由于行业周期性波动而暂时走高,在这种情况下,我们应该关注企业所从事行业的周期性变化规律。第四,企业由于盲目生产产品导致产大于销、存货积压,从而引起毛利率的提高,在这种情况下,我们应该关注企业的产品生产决策是不是基于市场的未来需求,或者是纯粹的决策失误。第五,企业会计处理不当,故意选择调高毛利率的手段,在这种情况下,我们应该考虑它对企业未来业绩的影响,同时要关注注册会计师出具的审计报告的意见类型与措辞。

如果企业与行业平均水平相比拥有较低的毛利率,则可能是由于以下几种原因:第一,企业产品的生命周期已经进入衰退期,在这种情况下,通常会伴随着全行业毛利率的普遍下滑,我们应该关注企业在产品转型、产品开发等方面的举措,分析企业有无盈利模式转变的战略性思考。第二,企业产品在品牌、质量、成本和价格等方面没有竞争力,在这种情况下,我们应该关注企业的核心竞争力到底体现在哪些方面,未来发展前景如何。第三,企业会计处理不当,故意选择调低毛利率的手段,在这种情况下,我们同样应该关注注册会计师出具的审计报告的意见类型与措辞,并考虑它对企业未来业绩的影响。无论是哪种情况造成的毛利率下滑,都意味着当期企业单位产品的盈利能力在下降。

(三)利润增长率

利润可表现为营业利润、利润总额、净利润等多种指标,因此,利润增长率也有不同的表现形式。

由于净利润是企业经营业绩的综合结果,因此,净利润的增长是企业成长性的基本表现。净利润增长率是本期净利润增加额与上期净利润的比率,其计算公式为:

$$净利润增长率 = \frac{本期净利润增加额}{上期净利润} \times 100\% \tag{8-6}$$

需要注意的是,如果上期净利润为负值,则计算公式中的分母应取其绝对值。该公式反映的是净利润的增长情况。如果一个企业营业收入增长,但利润并未增长,那么从长远看,它并没有增加股东权益。同样,如果一个企业净利润增长,营业收入并未增长,也就是说净利润的增长并不是来自营业收入,很可能来自非经常性损益项目,那么这样的增长对于企业而言也是无法持续的,因为非经常性损益并不代表企业真实的盈利能力,具有较大的偶然性,因此,利用营业利润增长率这一比率可以更好地考察企业利润的成长性,营业利润增长率是指本期营业利润增加额与上期营业利润的比率,其计算公式为:

$$营业利润增长率 = \frac{本期营业利润增加额}{上期营业利润} \times 100\% \tag{8-7}$$

同样,如果上期营业利润为负值,则计算公式中的分母应取其绝对值。分析营业利润增长情况时,应结合企业的营业收入增长情况。

(四)核心利润与核心利润率的增长率

对于以自身经营为主的企业,核心利润应该成为企业一定时期财务业绩的主体。因此,通过计算和比较企业近几年来核心利润的增长率,既可以考察企业基本业绩的历史变化趋势,还可以据此大体判断企业未来业绩的走势。其计算公式为:

$$核心利润增长率 = \frac{核心利润增加额}{上期核心利润} \times 100\% \qquad (8\text{-}8)$$

$$核心利润率增长率 = \frac{核心利润率增加额}{上期核心利润率} \times 100\% \qquad (8\text{-}9)$$

应当特别关注企业的核心利润年度间的非经营性变化。非经营性变化是指通过会计调整来人为安排核心利润的过高或过低情况。实际上,毛利率变化、销售费用变化和管理费用变化时考虑的会计调整因素,必然会综合反映到核心利润的变化上。核心利润与营业收入之比就是核心利润率。很明显,核心利润率是企业经营活动基本盈利能力的表现。通过计算企业核心利润率的增长率,可以进一步把握企业自身经营活动的盈利能力的变化情况。同时,将企业的核心利润率与其目标核心利润率、特定企业的核心利润率以及同行业平均核心利润率进行比较,可以更清晰地认识企业的核心竞争力和竞争地位。

二、市场增长能力的运用

【案例8-1】 格力、美的、海尔的市场增长能力分析

三家公司2015—2019年毛利率数据如表8-2所示。

表8-2　格力、美的、海尔2015—2019年毛利率比较(%)

公司	2015年	2016年	2017年	2018年	2019年	5年平均
格力	32.46	32.70	32.86	30.23	27.58	31.17
美的	25.84	27.31	25.03	27.54	28.86	26.92
海尔	27.93	31.03	31.00	29.14	29.83	29.79

由表8-2可知,三家公司的毛利率基本在25%~32%之间,从5年平均水平来看,格力最高,海尔次之,美的表现较差。

从变化趋势来看(图8-1),海尔和美的均呈现不同程度的波动,但相比5年前,毛利率水平均有提高,美的提高的幅度更大,表现出可继续降低成本费用的潜力。而格力近三年毛利率呈下降趋势,且下降幅度大,2019年为三家公司最低。一方面因为2019年家电行业整体表现不佳,家电出货均价下降。格力也曾在当年11月开始由"防守"转向"进攻"价格策略。另一方面也与2019年格力空调业务占比下降,其他业务占比上升有关。但在同样的行业背景下,格力此前一直保持第一的毛利率水平被美的、海尔反超,说明格力的竞争战略或成本费用管理还是需要引起重视。

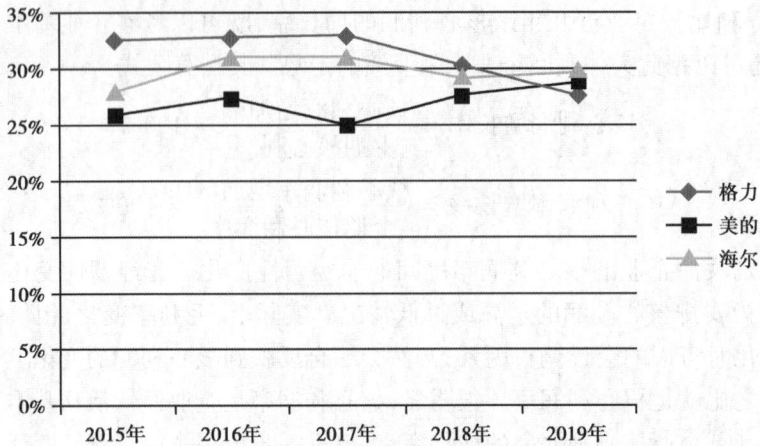

图 8-1　格力、美的、海尔 2015—2019 年毛利率变化趋势

【案例 8-2】　金新农并购武汉天种前后的发展能力分析

金新农是一家主营猪用复合预混料、乳猪饲槽料、猪用配合料及浓缩料的研发、生产和销售的民营饲料企业,于 2011 年在深交所挂牌上市。武汉天种致力于外来瘦肉型种猪的本土化选育与改良,是国内规模较大、较专业的种猪育种公司。此前,金新农处于产业上游,并购武汉天种之后,金新农形成了饲料养殖产业链,成为主营业务涵盖全系猪用饲料研产销、种猪繁育、动保兽药等的现代化科技型农业集团公司。

金新农之所以要并购武汉天种,是因为它希望通过此次并购发展下游产业,形成产业链。若并购成功,则能将母公司生产的猪饲料用于下游子公司,形成相对完善的产业结构,减少市场风险,并在一定程度上发挥财务协同作用,降低金新农交易费用,实现区域扩张,形成经济规模。而目标的企业武汉天种具有一定地理优势,从长远来看有助于其实现跨区域扩张,打开华中地区市场,并拓宽公司经营业务,提升竞争力,形成一定规模经济。表 8-2 是金新农并购武汉天种前后各项发展能力指标的变化表。

表 8-3　金新农并购武汉天种前后发展能力指标比较表

项目	并购前(2016)	并购后(2017)	并购后(2018)	并购后(2019)
收入增长率(%)	10.30	10.80	−8.52	−14.30
资产增长率(%)	39.48	3.10	15.39	2.54
营业利润增长率(%)	42.99	−29.48	−263.71	205.86
净利润增长率(%)	62.09	−39.09	−346.47	169.23

从表 8-3 可知,金新农在并购武汉天种后发展能力有所下降。从中期来看,并购完成后一年内,其资产增长率、净利润增长率和营业利润增长率出现大幅下滑甚至负增长趋势,而收入增长率在略有小幅上涨后,也呈现出负增长趋势。对比金新农 2016 年度和 2017 年度财务报表,其营业收入增加从正面反映并购事件在一定程度提升了金新农的业务量。然而,其净利润和营业利润分别下降 39% 和 29%,对背后原因进行深入分析可知:

(1)金新农在并购完成后没有及时进行有效的资源整合,在生产经营方面增加了大

量的管理费用,导致利润项目下降,管理效率降低,产生了负面协同作用;

(2)金新农在2017年计提的资产减值损失是2016年的5.5倍,其原因在于并购完成后金新农增加了大量生产性生物资产,该类资产减值往往与疾病和生命周期相关,因此生物资产存活率低最终导致资产减值损失大幅增长。

从更长期进行评价,金新农并购后第二年,除了资产增长率外,其他指标均出现了更大幅度的下滑,进一步说明并购使得全新农总资产增加,但其获利能力却无法与其拥有的资源相匹配,使金新农的发展能力降低。到了并购完成后的第三年,可以看到资产增长率也出现了大幅下滑,收入增长率更是进一步下滑。从这两点可以看出,并购事项并未给金新农带来预期的效果。然而,营业利润增长率和净利润增长率却大幅激增,查看财务报表可知,在营业收入下降的情况下,营业利润激增主要是因为2019年金新农的投资收益比上年翻了一番,而营业外收入也呈现大幅上涨,从2018年的640.94万元增加至2019年的1 041.98万元。因此并购事项所产生的正面效应并不大。

出现这一问题的主要原因在于金新农在并购后对产业链整合力度不够,未将新形成的产业链与其自身发展战略进行充分整合。武汉天种为金新农注入了种猪生猪养殖新业务,但2017年畜牧养殖业务在金新农主营业务占比不超过1/5,2018年更是下降为12%,由此可知金新农对该项业务的重视程度不够,未发挥产业链整合后的活力,中长期的并购绩效并未达到预期。

(案例来源:宋已子,邢慧茹.农业上市公司产业链并购绩效研究——以金新农并购武汉天种为例[J].现代商贸工业,2019,40(32).)

第三节　资产增长能力分析

一、资产增长能力的主要财务指标

(一)资产增长率

资产增长率是指企业本期的资产增加额与本期期初的资产总额之间的比率,可用来反映企业在资产投入方面的增长情况。计算公式如下:

$$资产增长率 = \frac{本期资产增加额}{本期期初资产总额} \times 100\% \qquad (8\text{-}10)$$

与销售收入增长率的原理相似,资产增长率也存在受偶然因素影响导致短期异常波动的缺陷。为弥补这一不足,可以计算多年的平均资产增长率,以反映较长时期内的资产增长情况。其计算公式为:

$$n年总资产平均增长率 = \left(\sqrt[n]{\frac{本期期末资产总题}{n年前期末资产总额}} - 1 \right) \times 100\% \qquad (8\text{-}11)$$

在评价一个企业的资产规模增长是否适当时,必须与销售增长、利润增长等情况结合起来分析。只有在一个企业的销售增长、利润增长超过资产规模增长的情况下,才是适当的、正常的,才属于效益型增长。所以,企业资产增长率高并不意味着企业的资产规模增长就一定恰当。从企业自身的角度来看,企业资产的增加应该主要取决于企业利润的增加,而企业利润的增加能带来多大程度的资产增加又取决于企业的股利政策。

除了通过计算资产增长率对资产增长状况进行分析,还可以对各类别资产的增长情况进行分析,如分别计算流动资产增长率、固定资产增长率、无形资产增长率等,计算方法和资产增长率相同,不再赘述。

(二)股东权益增长率

股东权益增长率也叫资本积累率,是指企业本期所有者权益增长额同期初所有者权益的比率。该指标反映了企业当年资本的积累能力,是评价企业发展潜力的重要指标。其计算公式为:

$$股东权益增长率 = \frac{本期所有者权益增加额}{期初所有者权益} \times 100\% \qquad (8\text{-}12)$$

股东权益增长率体现了企业资本积累状况,是企业发展强盛与否的标志,也是企业扩大再生产的源泉,展示了企业的发展潜力,反映了投资者投入企业资本的保全性和增长性。该指标越高,表明企业的资本积累越多,企业资本保全性越强,应对风险、持续发展的能力越强。该指标若为负值,表明企业资本受到侵蚀,所有者权益受到损害,应充分重视。

对资本扩张情况进行分析时,还应注意所有者权益各类别的增长情况。一般来说,实收资本的快速扩张来源于外部资金的加入,反映企业获得了新的资本,表明企业具有进一步发展的基础,投资者对企业未来前景充满信心。如果资本的扩张主要来源于留存收益的增长,就表明企业通过自身经营活动不断积累发展后备资金,这既反映出企业在过去经营良好,也反映了企业具有进一步发展的后劲。

二、资产增长能力的运用

【案例8-3】 格力电器公司发展能力分析

本部分以格力电器公司为例,对其2015—2019年的发展能力进行分析,并与美的、海尔两家同行业竞争对手进行比较。三家公司的发展能力的主要指标如表8-4所示。各指标比较如图8-2和图8-3所示。

表8-4 三家电器行业公司的发展能力比较表(%)

公司	指标	2015年	2016年	2017年	2018年	2019年
格力	资产增长率	3.50	12.78	17.87	16.86	12.69
	股东权益增长率	7.61	13.09	21.62	38.68	21.01
	收入增长率	−29.04	10.80	36.92	33.61	0.02
	营业利润增长率	−15.99	29.15	49.26	18.65	−4.49
	净利润增长率	−11.43	22.98	44.99	17.20	−5.88
美的	资产增长率	7.11	32.41	45.43	6.29	14.51
	股东权益增长率	22.52	23.10	20.22	11.49	16.27

续表

公司	指标	2015年	2016年	2017年	2018年	2019年
美的	收入增长率	-2.28	14.88	51.35	7.87	7.14
	营业利润增长率	10.90	16.89	24.84	18.20	16.11
	净利润增长率	16.99	16.42	17.33	16.33	16.75
海尔	资产增长率	-7.76	72.79	15.21	6.07	11.52
	股东权益增长率	1.50	15.84	24.07	15.22	16.45
	收入增长率	-7.41	32.59	33.68	12.17	9.05
	营业利润增长率	-22.26	10.21	37.51	13.05	25.23
	净利润增长率	-15.99	12.99	35.27	7.94	26.24

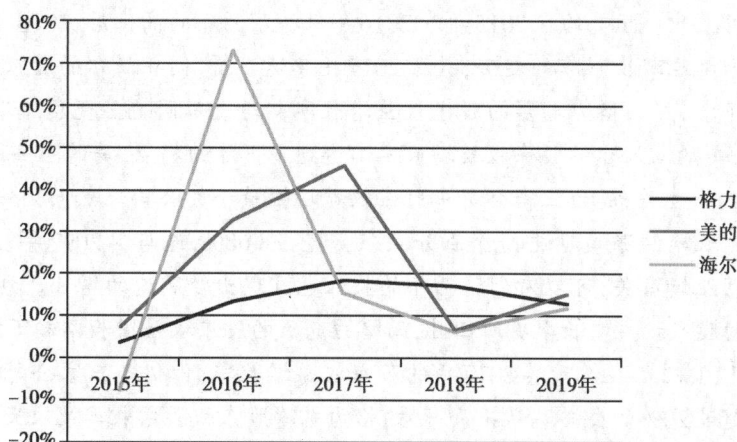

图8-2　三家电器行业公司资产增长率指标变动

　　从图8-2来看,美的和海尔的资产增长率在2015—2019年间经历了大起大落。美的的资产增长率在2015—2017年快速增长,而后在2018年又大幅下降,且成为当年三家公司中唯一一家资产增长率跌破10%的公司。然而到了2019年,美的的资产增长率又有缓步上升的趋势,成为三家公司中资产增长率最高的公司。而海尔则在2016年达到资产增长率的峰值72.79%,这一数值在三家公司近五年的资产增长率中也是最高的。而后,其资产增长率在2017年急剧下降,以15.21%成为三家公司中的最低值,这一下降趋势并未就此结束,2018年其资产增长率又进一步下降至6.07%,直至2019年才略回升至11.52%。格力电器的资产增长率在2015—2017年间先快速上升,而后增速放缓。从2017年开始又呈现出逐年缓步下降的趋势。从整体上看,格力电器的资产增长率没有经历大幅波动,且目前还有继续下降的趋势。因此,从资产增长率的角度来看,格力电器的发展较美的和海尔来说更为平稳,但是稳中缺少了一点动力,即目前可能存在某些问题,暂时阻碍了其在资产方面的发展能力。

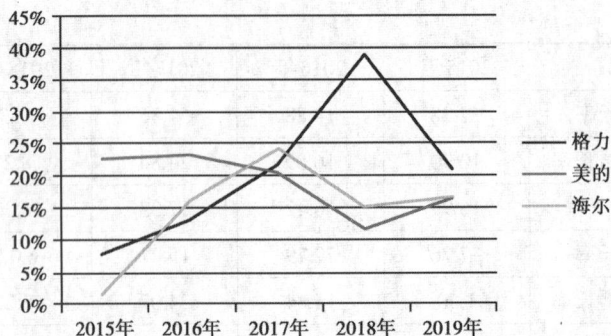

图8-3　三家电器行业公司股东权益增长率指标变动

从图8-3来看,2015—2019年格力电器、美的和海尔的股东权益增长率都有一定幅度的波动,相对来说,格力电器的波动幅度较大。2015—2017年,格力、海尔的股东权益增长率都在稳步上升。而美的在2015年和2016年保持了两年的高位后,2016年开始,其股东权益增长率都呈现出下降的趋势,并于2017年急速下滑,同年海尔的股东权益增长率也开始急剧下滑,然而格力电器的股东权益增长率却与众不同地呈现急速攀升的趋势。到了2018年,美的与海尔的股东权益增长率都达到了下降的拐点,美的当年以11.49%的增长率跌破15%大关,成为三家公司中股东权益增幅最小的公司。然而,格力电器2018年股东权益增长率的涨幅超过17个百分点,达到了38.68%,这与其2017年、2018年这两年优秀的经营业绩有关,可以看到这两年的收入也呈现出较高速的增长。到了2019年,美的和海尔的股东权益增长率有所回升,而格力电器的股东权益增长率却下滑了17个百分点,只有21.01%,已经低于其2017年的股东权益增长率,但仍是三家公司中股东权益增长率唯一超过20%的公司。从报表来看,格力电器股东权益增长率此次大幅下滑主要和2019年的收入增长急速下滑,以及利润负增长相关。总体而言,格力电器的发展能力虽在2019年有所下降,但仍处于较好的水平,只要能关注异常下滑的原因,并及时采取措施遏制这样的趋势,相信格力电器一定还能继续保持其良好的发展势头。

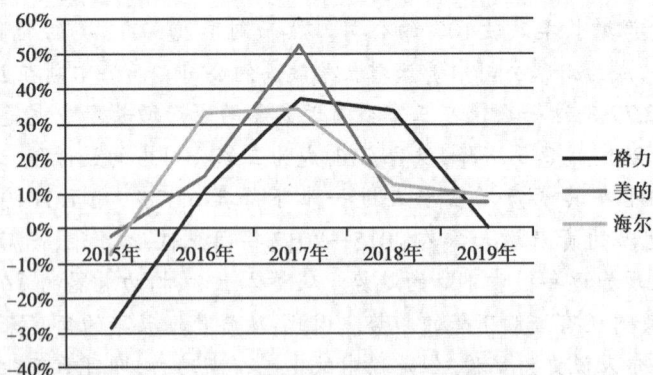

图8-4　三家电器行业公司收入增长率指标变动

图8-4和图8-5分别展现了三家公司近五年的收入增长率、营业利润增长率和净利润增长率的变动情况。从图8-4来看,近五年三家公司在收入增长率上都出现了较大的波

动,且格力电器收入增长率的波动是三家公司中最剧烈的。从图8-5和图8-6来看,美的近五年的营业利润增长率和净利润增长率都是三家公司中最为平稳的,海尔和格力电器的营业利润增长率和净利润增长率在这五年中都经历了大起大落。

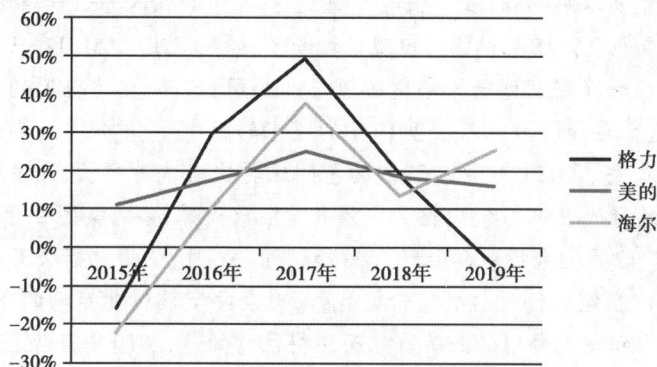

图8-5　三家电器行业公司营业利润增长率指标变动

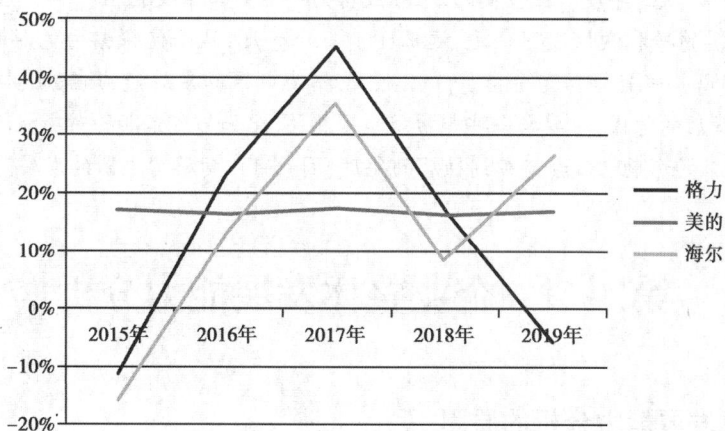

图8-6　三家电器行业公司净利润增长率指标变动

　　2015年格力电器的收入增长率为-29.04%,这主要是因为格力电器在2014年高调宣布转型,格力电器在当年公告中展望,公司将继续以空调产业为支柱,大力开拓发展新能源、生活电器、工业制品、模具、手机、自动化设备等新兴产业,将格力电器从单纯的家电制造企业向新能源行业及装备制造企业拓宽,且在格力电器高调进军手机市场后,格力电器还开始着手进军新能源汽车。转型的成果在2015年各项数据中并未很好地体现,但从2015年开始,格力电器的收入增长率、营业利润增长率和净利润增长率都呈现出快速增长的趋势,尤其是2017年,格力电器的营业利润增长率和净利润增长率都达到了三家公司中的最高位,也是唯一一家净利润增长率突破40%的公司。这说明,格力电器近两年的转型战略开始发挥作用,格力电器的积极转型和布局非常具有战略前瞻性。而海尔在这三年的变动趋势基本与格力电器相同,只是上涨幅度小于格力电器,故海尔应该还有继续进步的空间。此外,2015—2017年间,美的的收入增长率涨幅较大,这与其营业利润增长率和净利润增长率的变动幅度并不匹配,这主要是因为美的的销售实力强,但是公司的成本和费用管理不佳,导致销售收入的高速增长优势并未传递给利润项目。到了2018年,三家公司的收入增长率都有不同幅度的下降,这主要和市场需求的变化有关。由此带来的是格力电器和海尔在2015—2017年营业利润增长率和净利润增长率高速增长后的首降。2019年三家公司在这三个指标上的变化可谓完全不同,美的依旧保持平稳发展;海尔的收入增长率虽然仍略有下降,但营业利润增长率和净利润增长率已经出现了增长的趋势,且成为2019年三家公司中唯一一个营业利润增长率和净利润增长率均突破20%的公司;然而,格力电器的三个指标都出现了进一步下降,这主要和格力电器在2019年的股东转股事件、举报奥克斯空调产品不合格后的空调价格战有关。2019年1月,65岁的董明珠再次当选董事长,此番连任成功使得格力仍将是董明珠的时代。同年4月,格力电器开启混改大幕,格力集团公开转让所持有的格力电器股票,并于12月迎来股权转让的大结局。同年6月,格力电器公开举报奥克斯空调产品不合格,随后,在空调行业打响了价格战,面对全年空调行业市场的下滑,董明珠此举稳住了格力电器当年空调部门的业绩。然而值得注意的是,2019年声势浩大的百亿补贴行动并未给格力电器带来非常高的收入回报,财报数据显示,格力电器四季度仅取得收入约431亿元,低于第二、三季度。更重要的是,导致格力电器第四季度利润大幅下滑,2019年10—12月,格力电器的净利润仅25.8亿元,远低于前三个季度,从而使得格力电器的营业利润增长率和净利润增长率直接转为负值。总体上看,格力电器的发展能力在2019年表现出明显的下降,究其背后的原因,主要与一些非常规事项相关(比如与奥克斯的对决、价格战等事件),非常规事项带来的影响未必会持续到往后的年度,因此可以对格力电器的发展能力保持信心。

第四节　企业整体发展能力分析

一、整体发展能力分析的原因

除了对企业发展能力进行单项分析,还需要分析企业的整体发展能力。其原因在于:销售收入增长率、资产增长率、股东权益增长率、利润增长率、核心利润增长率等指标只是从不同的侧面来考察企业的发展能力,不足以涵盖企业成长能力的全部。另外,这些指标之间相互作用、相互影响,不能割裂开来看待。因此,在实际运用时,在对单个方面增长情况计算分析的基础上,还应该将这些指标相互联系起来进行综合分析,才能正确、合理地评价企业整体发展能力。

二、整体发展能力的分析

(一)分析思路

企业整体发展能力的分析思路可以概括为:首先,分别计算收入增长率、资产增长率、股东权益增长率、利润增长率等指标的实际值。其次,分别将上述增长率指标实际值与以前不同时期增长率数值、同行业先进水平进行比较,分析营业收入、资产、股东权益、收益等方面的发展能力。再次,比较收入增长率、资产增长率、股东权益增长率、利润增长率、核心利润增长率等指标之间的关系,判断不同方面增长的效益性以及它们之间的协调性。最后,根据以上分析结果,运用一定的分析标准,判断企业的整体发展能力。一般而言,只有一个企业的收入增长率、资产增长率、股东权益增长率、核心利润增长率保持同步增长,且不低于行业平均水平,才可以判断这个企业具有良好的发展能力。

(二)分析框架

根据上述思路可形成企业整体发展能力分析框架,如图8-7所示。

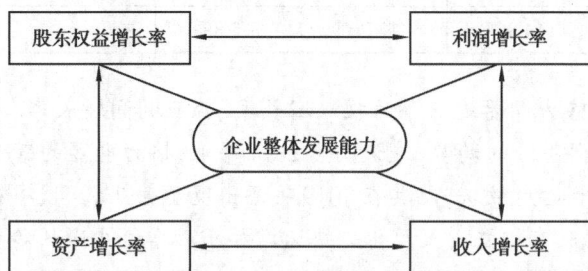

图8-7 企业整体发展能力分析框架

(三)应注意的问题

在应用上述分析思路进行分析时,应注意以下几个方面。

(1)对销售增长的分析。销售增长是企业营业收入的主要来源,也是企业价值增长的源泉。一个企业只有不断开拓市场,保持稳定的市场份额,才能不断扩大营业收入,增加股东权益;同时,为企业进步扩大市场,开发新产品和进行技术改造提供资金来源,最终促进企业的进一步发展。

(2)对资产增长的分析。资产是取得销售收入的保障。企业要实现销售收入的增长,在资产利用效率一定的条件下就需要扩大资产规模。扩大资产规模,一方面可以通过负债融资实现;另一方面可以依赖股东权益的增长,即净利润和净投资的增长。

(3)对股东权益增长的分析。股东权益的增长一方面来源于净利润,净利润主要来自营业利润,营业利润又主要取决于销售收入,销售收入的增长在资产使用效率保持一定的前提下则依赖于资产投入的增加;另一方面来自股东的净投资,而净投资取决于本期股东投资资本的增加和本期股利的发放。

(4)对收益增长的分析。收益增长主要表现为净利润的增长。对于一个持续增长的企业而言,其净利润的增长主要来源于营业利润,而营业利润的增长又应该主要来自营业收入的增加。

总之,在运用时应注意这几种增长率之间的相互关系,否则无法对企业的整体发展能力做出正确的判断。

三、整体发展能力的应用

【案例8-4】 格力电器公司整体增长能力分析

通过分析格力电器2017—2019年的单项增长指标判断该企业的整体增长能力。有关数据见表8-5。

表8-5　格力电器2017—2019年单项增长率一览表(%)

项目	2017年	2018年	2019年	行业平均值	行业优秀值
股东权益增长率	21.62	38.68	21.01	—	—
资产增长率	17.87	16.86	12.69	8.7	11.9
收入增长率	36.92	33.61	0.02	9.7	18.1
营业利润增长率	49.26	18.65	-4.49	8.5	15.1
净利润增长率	44.99	17.20	-5.88	—	—

由表8-4可知,格力电器近三年的收入增长率、营业利润增长率、净利润增长率和资产增长率均都呈现出下降的趋势,这说明自2017年来,格力电器的营业收入、营业利润、净利润和资产的增长速度放缓,尤其在2019年还出现了营业利润、净利润较上一年减少的情况,而近三年的股东权益则呈现出先快速增加而后增速减慢的趋势。为了更全面地判断格力电器的增长能力,表8-5中还列示了2019年家电行业均值,该值来自2019年家电制造业企业绩效评价标准值。进一步分析可知,在2017—2019年期间,格力电器的资产增长率均高于行业优秀值,除了2019年的数据外,其余年度的收入增长率和营业利润增长率也均高于行业优秀值。综合可知,除了2019年格力电器表现较异常外,其余两年的销售收入、营业利润和资产规模增长情况都超过了行业优秀水平,反映出各方面的增长情况都非常不错。

进一步观察表8-5可知,格力电器发展能力的问题主要集中于2019年,虽然总体来说近三年格力电器的股东权益增长率、资产增长率、收入增长率、营业利润增长率和净利润增长率都呈现出下降的趋势,但这只能说明它在某些方面的增幅放缓,而只有2019年,收入增长率近乎为0,表明2019年的销售收入与上一年比较几乎没有任何增长,而营业利润和净利润已经出现了负增长,表明这两项较上一年减少。在案例8-3中已经说明了2019年的部分情况,这主要是因为2019年格力电器发生了一些具有偶然性、特殊性的情况,而这几个偶发事件的影响是否会持续到往后年度还有待进一步观察。

再比较各类型的增长率之间的关系。

首先看销售增长率和资产增长率,可以看到在2017年格力电器的销售增长率仍高于资产增长率,而自2018年起,其销售增长率大幅下滑,与资产增长率的差距越来越大,这说明近两年的资产规模增长不一定具有良好效益,因为只有在一个企业的销售增长、利润增长超过资产规模增长的情况下,这种资产规模增长才属于效益性增长,才是适当的。

其次比较股东权益增长率和净利润增长率。格力电器2018—2019年的净利润增长率都远低于股东权益增长率,表明这两年股东权益的增加并非主要来自销售业绩的增长,且随着销售业绩增长幅度减小,股东权益增速也在放缓。而2019年净利润出现了负增长,这使得股东权益的增长进一步受挫,在2018年升至38.68%的基础上突然大幅下滑至21.01%。

再次比较净利润增长率和营业利润增长率。可以发现,格力电器自2017年以来,当增长率为正时,净利润增长率均低于其当年的营业利润增长率,这反映出其净利润的增长主要来自营业利润的增加,而2019年两个增长率均为负时,净利润负增长的幅度要高于营业利润负增长幅度,这都说明其净利润的变动主要受到营业利润的影响。

最后比较营业利润增长率和收入增长率。可以发现,只有2017年,格力电器的营业利润增长率高于收入增长率,而近两年的营业利润增长率都远低于收入增长率,除了特殊事件的影响外,这可能说明近几年格力电器的营业收入增长未必高于其营业成本、营业税费、期间费用等成本的增加,格力电器对成本费用的控制水平还要进一步提高。

综合以上分析,对格力电器的增长能力可以得出一个初步结论,即2019年之前,受到自2014年转型战略成功的影响,格力电器在各方面都具有较好的增长能力,因此总体的增长实力较强,但自2018年以来,受到家电制造行业整体需求的变动,以及2019年几个特殊偶发事件的影响,格力电器的各项增长能力都有所收缩,发展能力受阻,因此格力电器应当关注2019年导致销售收入负增长的异常事件,及时采取措施进行应对,但同时应当保持资产正增长的势头,尽快调整好发展方向,找回发展动力。当然,考虑到企业增长能力还受到其他许多复杂因素的影响,要对企业增长能力得出更为全面、准确的结论,还需要利用更多的资料进行更深入的分析。

第五节　企业发展能力质量分析

一、可持续增长分析

(一)可持续增长率法的原理

杜邦分析法自产生以来备受好评,但随着经济与环境的发展以及对企业目标的认识,人们对杜邦分析法进行了变形、补充,发展出新的综合分析法可持续增长率法。为便于理解可持续增长率分析体系的原理,在这里,我们先对可持续增长率做一简单介绍。可持续增长率是指在不增发新股,不改变经营效率(不改变销售净利率和总资产周转率)和财务政策(不改变资本结构和股利支付率)的条件下,公司销售所能达到的最大增长率,它体现的是一种可持续的平衡发展的理念。

在不改变资本结构的条件下,负债随股东权益同比例增长,并共同决定了资产所能扩展的速度,后者反过来限制了销售的增长率。由于不发行新股,股东权益的增长取决于留存收益比率及利用该权益取得的报酬率,因此,可持续增长率计算公式如下:

$$
\begin{aligned}
可持续增长率 &= 净资产收益率 \times 留存收益比率 \\
&= 销售净利率 \times 总资产周转率 \times 权益乘数 \times (1 - 股利支付率)
\end{aligned} \tag{8-13}
$$

从上述计算公式中看到,可持续增长率的大小受销售净利率、总资产周转率、财务杠杆作用以及股利支付率四个财务比率的影响。这四个比率实际上分别反映了利润管理、资产管理、筹资活动、股利政策;前两者实际上反映的是企业的经营战略,后两者体现了企业的财务战略。如果某一年公式中的四个财务比率有一个或者多个比率提高,在不发行新股的情况下,实际增长率就会超过上一年可持续增长率,而本年的可持续增长率也会超过上年的可持续增长率,这种超常增长是改变财务比率的结果,但是公司不可能每年都提高这四个财务比率,所以这种超过企业可持续增长率的增长会加速企业资源的消耗,并且通常是无法持续的;反之,四个财务比率中的一个或多个比率下降,将会导致实际增长率低于上一年可持续增长率,从而本年的可持续增长率也会低于上一年可持续增长率,这种情况会造成企业资源的浪费,因此企业应当制定符合自身发展需要的经营政策和财务政策,努力使企业实际增长率与可持续增长率相一致,以实现平衡发展。

在经营分析中如何应用可持续增长率呢?我们可以运用可持续增长率分析体系结合因素分析法分析企业实际销售增长率发生增减变动的原因。如实际销售增长率与可持续增长率或预算目标相比高出很多,那么需要分析支撑高速增长的原因究竟是什么,能持续多长时间。一般而言,实际销售增长率/可持续增长率的合理范围是4~6倍之间。

(二)可持续的增长

增长分析主要侧重于分析企业是否能够保持一种平衡的增长即可持续的增长,我们既可以通过增长能力分析实现这一目标,也可以通过可持续增长率分析达到目的。

企业应按照可持续增长的思想,正确对待可持续增长率与实际增长率之间的关系。并不是说企业的增长不可以高于或低于可持续增长率,问题在于管理人员必须事先预计并且解决公司超出可持续增长率的增长所导致的财务问题。例如一个企业如果要使实际的增长速度超过可持续增长率,也就是企业要想超速发展,只能是通过以下途径,要么是增强自身的获利能力(提高销售净利率),要么是提高自身的经营效率(提高资产周转率),要么是改变自身的财务策略(降低股利支付率或提高财务杠杆水平)。当然,这几个方面同时调整和改变也是可行的。但需要指出的是,提高经营效率并非总是可行的,而改变财务策略是有风险和极限的,因此超常增长只能是短期的。

由上述可知,企业的实力和承担风险的能力决定了企业的增长速度。任何企业都应控制销售的增长,使之与企业的各项财务能力平衡,而不是盲目追随市场。然而在现实中,一些企业由于发展过快陷入危机甚至破产,另一些企业由于增长太慢遇到困难甚至被其他企业收购,这说明不当的增长速度足以毁掉一个企业。

(三)可持续的增长的应用

【案例8-5】 栖霞公司的增长陷阱

南京栖霞建设股份有限公司(以下简称"栖霞建设")成立于1999年,是国家一级资质房地产开发企业,经营业绩年均复合增长率达50%以上,以每年都进行现金分红的股利政策被相关专业机构授予"中国最重分红回报上市公司"称号。2002年登陆沪市之后,在2003年和2004年实现了超速增长,然而在2005年这种迅猛的增长势头却戛然而止,营业收入增长率出现了大幅下滑,2006年和2007年也始终徘徊在行业平均水平附近,公司陷入了超速增长的陷阱。下面让我们分析其掉入陷阱的症结所在(表8-6)。

表8-6 栖霞建设可持续增长率因素分析

项目	指标	2003年	2004年	2005年	2006年	2007年
经营效率	销售净利率(%)	15.31	10.74	11.57	10.69	14.44
	资产周转率(%)	0.39	0.40	0.36	0.51	0.51

续表

项目	指标	2003年	2004年	2005年	2006年	2007年
财务政策	利润留存率(%)	30.50	33.79	29.37	37.06	35.16
	权益乘数	2.80	3.89	4.10	2.70	3.09
增长率	可持续增长率(%)	5.37	6.00	5.29	5.78	8.70
	实际增长率(%)	31.27	102.85	35.94	74.52	23.53
	实际/可持续	5.82	17.14	6.7	12.89	2.70

由表8-6可以看出，栖霞建设在2003年和2004年实现了超速增长，尤其是2004年的实际增长率到了惊人的102.85%。此时的实际/可持续的比例也高达17.14。对这种超高速增长进行因素分析可以发现，与2003年相比，2004年主要是财务政策中的权益乘数增加，提高了财务杠杆，销售净利率反而下降，利润留存率也提高了，这说明支撑栖霞地产2003年、2004年超速增长的最主要原因不是经营效率的提高，而是外部融资的巨额增加。

通过表8-7可以看出，栖霞建设在上市后的几年始终维持较高的资产负债率，进一步观察可以发现，负债中短期借款占据了绝大部分，2003—2005年的短期负债占负债总额始终保持在80%以上，2003年甚至达到了99.66%！结合房地产企业营业周期长的特点，栖霞建设本应该保持营业收入增长与融资能力相适应，尽量避免用短期资金做长期投资。然而，由于公司在2004年有好几个项目到期竣工，因此其融资的目的主要是进行后期建设，预计回收期较短，公司从降低成本的角度考虑选择了短期借款，但这种依靠外部短期借款融资的增长方式有巨大的财务风险。从短期偿债能力可以看出，2003年和2004年公司的现金流量利息保障倍数一度跌至-136.42和-186.10。很显然，这种增长模式是不能长久持续的。果然，公司的实际增长率在2005年开始迅速下降，即便在2006年进行了股权融资，但由于之前的债务额度过高，2006年、2007年的增长也始终停留在行业平均水平附近。

表8-7　栖霞建设资本结构与偿债能力指标

项目	2003年	2004年	2005年	2006年	2007年
资产负债率(%)	64.33	74.30	75.59	63.01	67.64
流动负债权益比率(%)	182.87	321.48	375.41	124.20	178.37
流动负债/负债合计(%)	99.66	82.02	83.59	57.94	67.23
现金流量利息保障倍数	-136.42	-186.10	-1.75	12.26	-23.38

由此可知，公司借款能力饱和以及还款压力巨大造成外部融资不足是可持续增长率下降的根本原因。公司在之前几年大量贷款，负债率较高，从某种意义上讲银行贷款等财务资源已经被耗尽，而之前的分析也表明公司的超高速发展在很大程度上依赖于银行借款，一旦停止，增长也就不复存在。

（资料来源：栖霞建设地产营业收入增长与融资能力的协调[EB/OL].百度文库.）

由上述案例分析可知,企业的实际增长率与可持续增长率相偏离是正常且经常的事情,因此,在利用可持续增长率指标进行分析的时候,主要是通过对过去5年乃至更长时期的财务指标进行可持续增长率的计算,比较分析各年度影响可持续增长率的4项基本指标的变化情况,与分析期内的企业销售收入实际增长率进行比较,来分析实际增长率与可持续增长率之间的差异,进而评价企业经营效率的优劣和财务政策的稳定性。企业经营管理者应该以可持续增长率为企业增长速度的参照系,并时刻注意保持公司目标与其经营效率和财务资源之间的平衡。

二、收益增长的稳定性与持续性分析

(一)收益增长的稳定性分析

企业收益增长的稳定性是反映企业成长性质量的重要指标。只有企业收益较为稳定或稳步增长的企业,其生产和再生产才能正常进行,企业的发展前景才会具有强大的后劲和潜力。企业收益稳定性是指企业收益变动水平基本处于一种稳定的状态,而稳定的状态具体有两种表现形式:一种是在连续几个会计期间,企业收益水平围绕固定收益水平线上下波动且波动幅度很小;另一种是随时间延续,企业收益水平呈不断稳定上升的趋势。企业收益的稳定性取决于企业业务结构是否多元化,商品结构是否单一,应收账款结构和负债结构是否稳定,以及面临的外部宏观经济环境是否稳定。企业收益的稳定性是企业实现可持续发展的基础,也是经营者和投资者判断企业未来发展前景的主要依据。一般认为,企业收益越稳定,企业收益质量就越高,企业的发展能力就越好。对企业收益稳定性的度量需要对企业收益增长率进行连续若干年的趋势分析,通过判断连续多期的净利润增长率、销售增长率来衡量企业收益的稳定性。如果近几年净利润、销售收入以相似的增长率增长,那么企业收益的稳定性就很高;相反,收益的稳定性就很低。当然,也可以直接通过收入、利润的趋势分析图进行分析。

【案例8-6】 格力电器收益稳定性分析

格力电器2016—2019年的有关数据如表8-8、图8-7所示。

表8-8 格力电器2016—2019年收益稳定性分析表

项目	2016年	2017年	2018年	2019年
净利润(万元)	1 552 463	2 250 860	2 637 903	2 482 725
净利润增加额(万元)	290 091	698 397	387 043	155 178
销售收入(万元)	10 830 257	14 828 645	19 812 318	19 815 303
销售收入增加额(万元)	1 055 743	3 998 388	4 983 673	2 985
净利润增长率(%)	22.98	44.9	17.20	−5.88
销售增长率(%)	10.80	36.92	33.61	0.02

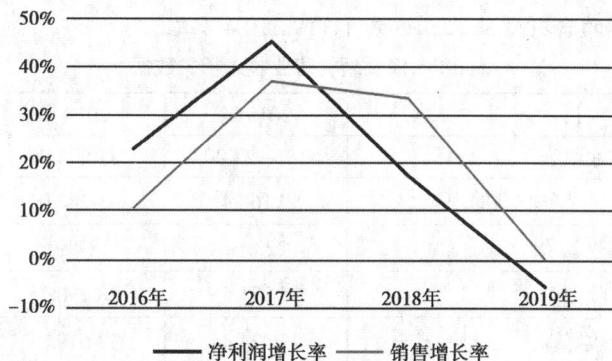

图8-8 2016—2019年格力电器收益稳定性趋势

综合表8-8和图8-8可知,格力电器在2016—2019年间的净利润与销售增长都呈现出先增后降的趋势。从2016年开始,格力的净利润与销售剧增,涨幅分别为22.98%和10.80%,并且在2017年保持了这种良好的势头,销售增长率突破85%,净利润增长率更是接近45%。结合格力实际情况分析,这主要是因为格力于2015年开始关注转型战略与前瞻性布局,在2017年转型战略的作用显现,成绩喜人。然而,到了2018年,格力的销售与净利润增长率都有所下降,尤其是净利润增长率,降幅达27.79个百分点,到了2019年,净利润甚至出现了负增长,同时2019年格力的销售增长也出现了停滞,销售增长率仅为0.02%。进一步结合实际情况分析可知,2018年家电行业开始呈下行态势,市场需求变动快,家电行业竞争激烈,到了2019年,这种不景气的行业状况并未得到改善,甚至由于格力与奥克斯事件、格力发动百亿补贴价格战等情况,家电行业前进的脚步更加艰难。而格力由于上述事件也给自己造成了一些损失,最直观的表现就在于百亿补贴价格战让格力在2019年第四季度销售与利润大幅下降,远低于前三季度的水平,这直接拉低了格力整体盈利水平,表现在财务数据上就是销售的停滞和净利润负增长。因此,格力目前面临一些潜在的风险,需要警惕是否会进一步恶化。

【案例8-7】 海优新材收入增长案例

上海海优威新材料股份有限公司(以下简称"海优新材")是一家主要生产用于光伏组件封装胶膜产品的公司,其在近日发布了招股说明书申报稿,拟在科创板IPO。表面上,该公司近三年来都有比较"漂亮"的营收表现,一直保持着稳定增长态势,可若深入分析其财务状况,不难发现该公司仍面临着比较大的资金周转压力,经营活动产生的现金流量净额长期为负,且从财务数据勾稽角度看,报表数据与生产数据之间有较大差异,不排除其为达到上市的目的虚增收入粉饰业绩的可能。

招股书披露,海优新材报告期内的营业收入分别为6.44亿元、7.15亿元和10.63亿元,同期销售商品、提供劳务收到的现金为3.00亿元、3.53亿元和5.92亿元,销售收到的现金仅相当于同期收入的46.66%、49.32%和55.65%,除了2019年略高之外,其余两年收到的现金均不到收入的一半(表8-9)。

以2019年为例,海优新材销售商品、提供劳务收到的现金为59 168.41万元,相比同期营业收入106 322万元少了4 715.59万元。因销售现金流量包括了增值税,因此在财务数据构精时必须考虑营收的税率问题,即2019年营业收入在考虑增值税税收影响后,与销售现金流量相关的含税营业收入达到了 119 310.4 万元。

表8-9　海优新材营业收入相关数据　　　　　　单位：万元

项目	2019年	2018年	2017年
营业收入	106 322.00	71 543.29	64 375.65
销售商品、提供劳务收到的现金	59 168.41	35 282.01	30 034.55
预收款项	223.14	87.57	98.43
应收票型	25 371.55	28 190.75	20 127.28
应收账款	27 474.44	22 619.81	28 363.59
应收票据坏账准备	536.00	416.42	121.72
应收账款坏账准备	1 097.35	696.04	70.72
已背书未终止确认的商业票据	17 934.01	12 952.99	9 315.41
承兑汇票贴现净额	2 134.61	11 309.45	339 387

2019年末预收款项223.14万元，比上一年年末增加了135.57万元。增加的预收款项虽然在2019年有现金流入，但仅是预收，并不在该年度结算，因此，需要将其从现金流量冲抵，冲抵后将销售现金流量与含税营业收入勾稽，两者间相差60 277.56万元。理论上，这一金额应该相当于应收票据及应收账款增加的规模。

可实际上，公司2019年末应收票据为25 371.55万元，应收账款为27 474.44万元，此外还有应收票据坏账准备536万元、应收账款坏账准备1 097.35万元。将这些项目综合起来看，2019年末应收款项账面原值为54479.3万元，相比2018年末的应收款项账面原值51 923.02万元增加2 556.3万元，远没有达到理论上新增的60 277.56万元，偏差57 721.25万元。是否还有其他影响因素导致数据出现偏差呢？招股书披露："公司为提高资金周转效率，通常将票据通过贴现或背书等方式转手。在上述过程中，公司对于商业承兑汇票及信用等级一般的银行承兑汇票，在贴现时不对其终止确认，相应的现金流作为筹资活动现金流入列报。在后续票据到期，承兑方付款时，由于公司不存在相关资金流入或流出，现金流量表不作其他处理。"由此可见，票据的贴现和背书可能对上述营业收入与销售现金流量之间的差异造成影响。

然而，即便我们考虑到2019年信用等级一般的银行汇票和商业承兑汇票贴现净额2 134.61万元和年末已背书未终止确认的商业票据17 934.01万元的影响，仍有37 652.63万元的含税营业收入难以排除被虚增的可能。而用相同的逻辑去分析海优新材2018年营业收入与销售现金流量之间的差异，可发现也有19 390.86万元含税营业收入存在虚增的可能。

（资料来源：胡振明.海优新材资金周转压力大营业收入虚增迹象明显[EB/OL].新浪财经，2020-06-07.）

（二）收益增长的持续性分析

收益的持续性主要反映的是企业历史收益所呈现出来的规律能否在未来得以延续。我们认为，如果企业的利润构成中存在某些无法持续发生的"非经常性损益"项目，就会在一定程度上影响企业利润的持续性。在此基础上,还要分析企业所面临的内外部环境、自身的竞争优势以及战略调整情况等各方面因素对利润持续性可能产生的影响。企业的经营交易事项按发生的频率可以分为经常发生的经营交易事项和不经常发生的经营交易事项,而且不同经营交易事项的收益构成部分具有不同的信息含量,因此可以把企业的收益分为经常性收益和非经常性收益两类。

1.经常性收益

这类性质的会计收益预期将持续到公司未来会计年度,是企业的核心收益,亦是企业未来得以持续发展的源泉,与企业未来总收益有很强的相关性,投资者可以据此预测企业未来的收益能力及可持续发展能力。企业总收益中经常性收益所占比例越大,企业未来收益就越稳定,收益质量就越高。

2.非经常性收益

这类性质的会计收益仅发生在当前会计年度,在以后会计年度很难再发生,具有一次性、偶发性的特点。非经常性收益没有持续性,对企业未来收益没有预测价值,投资者无法通过非经常性损益预测企业的前景。由此可知,如果一个企业的总收益中所包含的非经常性收益比例越高,则其收益的持续性就越差,相应的收益质量也就越低。对企业收益持续性主要通过非经常性收益占净利润的比重来衡量。其计算公式为:

$$\text{非经常性收益占净利润的比率} = \frac{\text{非经常性收益的}}{\text{净利润}} \times 100\% \qquad (8-14)$$

式中,

$$\text{非经常性收益} = \text{净利润} - \text{扣除非经常性损益后的净利润} \qquad (8-15)$$

非经常性损益是指公司发生的与经营业务无直接关系,以及虽与经营业务相关,但由于其性质、金额或发生频率而影响了真实、公允地反映公司正常盈利能力的各项收入、支出。关于哪些项目应该属于非经常性损益项目,难以穷举,只能依据会计准则进行实质性判断。

根据财政部和中国证监会的现行规定,对非经常性损益项目的相关信息,上市公司应该在利润表下面以补充资料的形式予以披露,而在披露上市公司的净资产收益率和每股收益两个财务指标时,也应该同时披露扣除非经常性损益后的两个指标的相关结果。在判断某项损益是否为非经常性损益时,除了考虑该项损益与生产经营活动的联系外,更重要的是考虑该项损益的性质、金额或发生频率的大小。具体地说,在经营活动、投资活动以及筹资活动中,都有可能产生一些非经常性损益。

(1)经营活动可能涉及的非经常性损益项目。企业在商品经营活动中,对于显失公允的关联购销交易产生的损益、资产的处置或置换损益、债务重组损失、有关资产的盘盈或盘亏,以及相关的补贴收入、税收优惠等应作为非经常性损益处理。这些项目通常在利润表中体现为"营业外收入(或支出)""其他收益"等项目。需要说明的是,其他收益中包含的各种税收优惠及税收返还、财政补助等其他各种补贴收入,若符合相关规定,且能在未来较长期限内获得,则应该将这些收益作为企业经常性损益的组成内容。信息使用者可以结合其他收益、营业外收入(或支出)项目的附注说明来加以判断。

另外,对企业资产计提减值准备而发生资产减值损失是企业在持续经营过程中经常发生的事项,因此不应该将资产减值损失看作非经常性损益。但在我国部分上市公司中,在企业扭亏为盈或保持盈利势头的关键年份,往往出现资产减值损失这类"小项目"成为业绩主要支撑项的情形。这时信息使用者就应该对这种"小项目的大贡献"的可持续性进行考察。

(2)投资活动可能涉及的非经常性损益项目。企业发生的投资活动通常包括股权投资和债权投资两种基本类型,由此获取的投资收益能否作为企业的经常性损益应该根据其形成的具体来源进行分析。

①企业基于战略发展的考虑进行各种长期投资,其主要目的并不在于短期内转让以获取价差收益。因此,通过对外的长期股权、债权投资在持有期间所获取的正常投资收益应该作为经常性损益。但是,长期投资的处置收益属于"一次性"的偶发业务,由此产生的损益应该全部作为非经常性损益处理,否则无法合理地评价企业的盈利能力。

②企业进行各种短期投资(包括委托理财产品)的目的主要在于获取短期内的价差收益。由于在经营活动中收入和支出之间存在时间差,可能导致部分资金闲置,因此,如果企业利用暂时闲置的资金(而非借入的资金)直接进行(而非委托其他单位进行)短期投资,则可以将此类投资产生的收益作为企业的经常性损益处理。因此,在实务利润表中的"公允价值变动收益"通常不列入非经常性损益,但由于它属于未实现损益,如果在企业利润构成中占比过大,则要额外关注该项目对企业利润持续性所造成的影响。

③如果企业向其他企业拆出资金或委托金融机构发放贷款,应该作为企业的投资活动。如果此类活动产生的收益高于或低于银行同期贷款利率,则应该将实际获取的收益与按照同期银行贷款利率计算的结果之间的差额作为非经常性损益处理。

(3)筹资活动可能涉及的非经常性损益项目。筹资活动可能涉及的非经常性损益项目主要有三类,即企业进行工程项目建设获得的财政贴息收益计入当期损益的部分,企业向关联企业及其他企业拆入资金时实际支付的资金使用费与按照银行同期贷款利率计算的结果之间的差额,以及由于汇率变动而形成的汇兑差额。这些项目大多数都会反映在企业的财务费用中,但信息使用者能否获取相关信息,要视上市公司对财务费用附注披露的详略程度而定。

(4)其他应作为非经常性损益的项目。其他应作为非经常性损益的项目如捐赠支出、债务重组损失、罚款收入或支出、非常损失等(不含前面提及的项目),基本上都列示于营业外收入或支出项目中。此外,由于公司会计政策在制定以后一般应该保持相对稳定,因此会计政策变更不应是经常发生的事项,由于变更会计政策对以前年度进行追溯调整而引起的以前年度损益的变化应该作为当年的非经常性损益处理。这方面信息可以在股东权益变动表中找到。

【案例8-8】 泰恩康IPO被否,经营可持续性遭质疑

2019年8月22日,证监会发行监管部公告披露,广东泰恩康医药股份有限公司(以下简称"泰恩康")在接受发审委会议审核中遭到否决。

据证监会第十八届发审委2019年第103次会议审核结果公告,发审委围绕四大主题对泰恩康提出共计13个问题。其中,该公司经营可持续性及商誉减值合规性被发审委重点关注。

招股书显示,2015—2017年,泰恩康代理运营业务占主营业务收入比例分别为72.18%、76.20%及75.07%;公司自产产品收入占主营业务收入比例分别为27.56%、23.70%及23.97%。

可以看出,该公司收入增长主要靠代理业务拉动。

然而,由于业务代理关系的特有性质会引发经营风险,发审委对泰恩康近三年代理业务收入占比均超70%这一情况表示格外关注。

在审议会议中,发审委要求泰恩康就核心代理产品授权的稳定性及代理业务的可持续性进行补充说明。同时,要求其结合当前业务结构、自产产品的销售情况与市场前景、在研项目储备等,总结公司的核心竞争力与竞争优势,并对公司未来业务发展重点做出说明。

众所周知,2017年1月9日,国家卫计委颁布《关于在公立医疗机构药品采购中推行"两票制"的实施意见(试行)》,宣告全国"两票制"的开始。

"两票制"是指药品生产企业到流通企业开一次发票,流通企业到医疗机构开一次发票。政策目的是有效减少药品流通环节,降低药品虚高价格;加强药品监管,实现质量、价格可追溯;促进相关企业转型升级,提高行业集中度,促进产业发展。

"两票制"及"带量采购"的实行,是否会给泰恩康带来代理产品被替换或大幅降价的风险,以及是否会对公司财务状况或经营成果构成其他不利影响,这同样是发审委重点关注的问题。

对此,在当日上会期间,发审委对该公司提出问询,要求其就"两票制"政策实施后的经销商模式、毛利率、产品售价等方面的变化情况做出说明。九州通医药集团董事长刘宝林在早前接受媒体采访时表示:"由于两票制压减了流通环节,上游厂家出于成本、风险、管理、运营等方面的考虑,更加偏向于与网络覆盖广、物流配送能力强、经营行为规范、资金实力雄厚的大型药品流通企业合作。"公开资料显示,2015—2017年,泰恩康营业收入分别为3.70亿元、3.65亿元及4.49亿元;九州通同期的营业收入分别为495.89亿元、615.57亿元及739.43亿元。双方营业收入悬殊,差额将近165倍。国家药品监督管理局等单位曾多次表示,要将我国13 000多家医药流通企业减少至3 000家左右。这意味着将有75%以上的药商被淘汰出局。

泰恩康过度依赖代理业务,且销售规模远不及行业巨头,上会被发审委质疑其经营可持续性并不是毫无根据的。

(资料来源:黄欢欢.时代IPO快讯:泰恩康IPO被否代理业务可持续性遭质疑[N].时代周报,2019-08-31.)

本章小结

　　发展能力,也称成长能力或增长能力,它是企业通过自身的生产经营活动,不断扩大积累而形成的发展潜力。企业发展能力分析可以分为企业单项发展能力分析和企业整体发展能力分析。衡量单项发展能力的指标主要有销售收入增长率、资产增长率、股东权益增长率、核心利润增长率。除了对企业发展能力进行单项分析,还需要分析企业的整体发展能力。企业整体发展能力的分析思路可以概括为:首先,分别计算收入增长率、资产增长率、股东权益增长率、利润增长率等指标的实际值。其次,分别将上述增长率指标实际值与以前不同时期增长率数值、同行业先进水平进行比较,分析营业收入、资产、股东权益、收益等方面的发展能力。再次,比较收入增长率、资产增长率、股东权益增长率、核心利润增长率等指标之间的关系,判断不同方面增长的效益性以及它们之间的协调性。最后,根据以上分析结果,运用一定的分析标准,判断企业的整体发展能力。除了进行财务指标的财务分析外,还需要对发展能力进行质量分析,关注企业的可持续增长与企业收益增长的稳定性和持续性方面的内容。在收益增长的持续性方面重点关注非经常性损益项目。

思考题

1.简述市场增长能力的主要指标有哪些,这些指标如何计算?

2.如何计算核心利润增长率、核心利润率增长率?

3.如果企业与行业平均水平相比拥有较低的毛利率,则可能的原因是什么?

4.企业整体发展能力分析的基本逻辑框架是什么?

5.如何进行企业的发展能力分析?

6.如何进行发展能力的质量分析?

7.可持续增长的内涵是什么?

8.如何进行发展能力的稳定性分析?

9.简述非经常性损益项目的具体内容。

案例讨论与分析

　　A公司是国资委下属的大型国有独资企业。2020年公司发行了50亿元企业债券,债券的初始评级是AAA。2020年,国内经济继续迅速增长,为公司业绩增长及业务整合创造了良好的外部环境。截至2020年末,50亿元债券筹集资金已全部用于10个电力项目,项目进展顺利,部分项目已建成投产,开始产生经济效益。

　　2020年,公司未发生股权变更或重大人事变动。公司独创的管理体系运行多年,已逐渐成熟,内部管理水平高,具备很强的多元化企业管理能力。公司坚持"集团多元化、利润中心专业化"的发展战略,扩张核心业务的同时,加大非主营业务、非核心资产的剥离力度。公司盈利能力和经营规模继续向主营行业的大型企业集中,多元化格局下的主营业务更加清晰,竞争能力进一步增强。

公司2020年实现主营业务收入近800亿元,石化、零售和食品业务是公司销售的三大主要来源,电力业务收入的增幅最大。公司2020年实现利润75亿元,增幅近53%,利润增幅远远超过收入增幅,其原因一方面在于公司强化成本费用管理的作用得到体现,另一方面在于公司为净化主业,出售部分非核心资产,获得了较高的投资收益。公司近几年债务融资活动增多,资产负债比例上升。

债券由B银行股份有限公司提供担保。2020年B银行股票首次境外公开发行,成功上市。B银行的公司治理结构进一步完善,资本充足率提高,不良贷款率继续下降,资产负债稳健增长,税前利润稳步提高。截至2020年末,公司总资产45 857亿元,股东权益2 876亿元,2020年实现经营收入1 287亿元,税前利润553亿元。

值得关注的是,受原材料价格上升的影响,A公司近年来主营业务利润率有所下降,而且公司近年来投资项目较多,规模较大,有些项目尚处于培育期,其盈利水平易受市场波动影响。

A公司2018—2020年主要财务数据见表8-10。

表8-10　A公司2010—2012年主要财务数据　　　　　　　　单位:万元

项目	2018年	2019年	2020年
资产总额	8 850 043	10 767 576	13 687 542
流动资产	3 678 025	4 112 268	5 364 565
应收账款	415 073	496 335	654 225
存货	21 912	36 333	32 530
流动负债	1 202 276	1 400 442	1 591 788
短期债务	1 163 445	1 446 097	1 997 306
长期债务	1 373 688	2 249 417	2 930 555
少数股东权益	1 768 349	1 991 497	2 458 144
所有者权益	3 074 921	3 290 557	3 723 436
主营业务收入	4 891 158	6 679 856	7 942 205
主营业务利润	1 019 180	1 193 909	1 333 170
利润总额	322 144	460 505	752 251
净利润	164 449	193 559	466 308
利息支出	66 153	75 279	162 217

请根据上述资料计算A公司的销售净利率、总资产报酬率、净资产收益率、流动资产周转率、应收账款周转率、存货周转率、总资产周转率、流动比率、资产负债率、产权比率、利息保障倍数、收入增长率、资产增长率、股东权益增长率和利润增长率,并利用这些指标值分析A公司的盈利能力、营运能力、偿债能力和发展能力。

第九章 企业综合分析与业绩评价

学习目标

企业综合分析是财务报表单项分析的深化,本章节分别介绍了杜邦分析体系、沃尔综合评分体系、帕利普财务分析体系的内涵及具体运用。通过本章的学习,应当掌握企业综合分析中各分析方法的基本内容,能够熟练使用这些方法对企业进行综合分析和业绩评价。

引导案例

杜邦公司:大象无形、大智若愚

说到综合分析,肯定会想到杜邦分析,说到杜邦分析,又会想到杜邦公司。

著名的美国杜邦公司,由法裔移民爱里迪尔·依涅·杜邦于1802年在美国创立,距今已有200多年的历史了。杜邦公司早期是制造火药的工厂,现在是世界第二大化工公司。在全球70个国家经营业务,共有员工79 000多人。杜邦以广泛的创新产品和服务涉及农业、营养、电子、通信、安全与保护、家居与建筑、交通和服装等众多领域。

对于企业来说,一般公司的寿命也就在10年以内,全球较著名的跨国公司能够活过50年的也没有几家,杜邦已经是一家进入第2个百年的老公司了,其基业长青的秘诀何在? 200多岁的老杜邦是如何保持"小杜"的活力和强健体魄的?

杜邦之所以能够保持年轻态,首要的一点就是观念上"随变",而不是"僵化"。正如杜邦公司董事长兼首席执行官贺利得说的那样:"我们决意要建立一个世代延续的公司。很多观察者想把杜邦标注为这样或那样的公司。我们是一家化学公司吗? 我们将要成为一家生物科学公司吗? 从很多方面来说,这些都是错误的提问。正确的提法应该是:'我们是一个强大的,在世界范围内探索人类基本需求并为之提供解决之道的公司吗?'对于这个问题的回答是大声说'对!'"

其次是公司有着优异的战略导航:大象无形、大智若愚。

战略就是选择,就是取舍,不舍不得,大舍大得。有所为,有所不为,才能大有作为。

杜邦是一家典型的战略导向型公司,其最成功之处就是战略眼光的超前和独到,有许多公司喜欢抓住过去不放,而杜邦更喜欢抓住未来。杜邦对与未来发展战略不相匹配的产业采取了非常果断的处理手段,曾经卖出了与公司发展战略相悖,却能获取高额利润的石油业务,现在又卖出了最赚钱的莱卡业务。看似很傻,但是在历史上能够成就丰功伟业的优秀企业大都有一种看似"犯傻"的愚蠢举动,不要忘了"大象无形、大智若愚"的古训。

再次就是财务上他们始终坚持"利润最大、风险最小"的经营战略,始终谨慎而坚定地保证预定的净资产收益率:杜邦公司对投资收益率的考核采取的是一套综合标准,而并非只对企业的经营效果进行评价。具体做法是首先从整个公司的综合经济效益出发,再加上对各个部门的评价,包括对新开发项目的特别评价。如果一家企业不能达到10%的净资产收益率,不论其他方面有多大的优势,都必须关闭,无一例外。这是杜邦公司绝对不能违反的"法律",也是保证"利润最大"经营决策的具体措施。

第一节　财务综合分析与评价目的与内容

综合分析法具体是指将反映企业各方面的指标纳入一个有机的整体之中,以全面系统地对企业经济活动进行分析与评价的一种方法。在实际中,企业的各项经济活动、各种财务报表、各项指标之间并不是相互割裂、毫无联系的,而是相互联系、相互影响的。单独分析任何一项或一类财务指标,都难以全面评价目标企业的财务状况和经营成果。这就需要分析者将企业生产经营活动看作一个大系统,将不同财务报表和指标联系起来,对目标企业整体做出系统、全面的评价。因此,财务综合分析法并不是建立一套新的分析体系,其实质或作用就在于总体掌握,联动分析。

一、财务综合分析与评价的目的

财务分析从盈利能力、营运能力和偿债能力的角度对企业的筹资活动、投资活动和经营活动状况进行深入、细致的分析,以判明企业的财务状况和经营业绩,这对于企业投资者、债权人、经营者、政府及其他与企业利益相关者了解企业的财务状况和经营成果都是十分有益的。但前述财务分析通常是从某一特定角度,就企业某一方面的经营活动做出分析,这种分析只是就单项财务能力所做的分析及评价,其结论很可能具有片面性,不足以全面评价企业的财务情况,很难对企业总体财务状况和经营业绩的关联性做出综合结论。为弥补财务分析的这一不足,有必要在财务能力单项分析的基础上,将有关指标按其内在联系结合起来进行综合分析,从整体上相互联系地全面评价企业的财务状况及经营成果,这就是财务综合分析。因为财务综合分析往往与企业的业绩评价联系在一起,因此,实务中又叫财务综合分析与评价。

财务综合分析与评价的目的在于:通过财务综合分析,明确企业财务活动与经营活动的相互关系,找出制约企业发展的"瓶颈";通过财务综合分析,评价企业财务状况及经营业绩,明确企业经营水平的高低、在行业中所处的位置以及发展方向;通过财务综合分析,为企业利益相关者进行投资决策提供参考;通过财务综合分析,为完善企业财务管理和经营管理提供依据。

二、财务综合分析与评价的内容

财务综合分析与评价至少应包括以下两方面内容：

（一）综合分析企业的财务状况和收益能力

企业财务目标是资本增值的最大化。资本增值的核心在于资本收益能力的提高，而资本收益能力的提高要受到企业各方面、各环节财务状况的影响。因此，综合分析企业财务状况及收益能力，是以分析、衡量企业资本收益能力作为着眼点的。衡量企业资本收益能力的指标有多种，其中以净资产收益率最为主要。

财务综合分析的做法之一，就是以净资产收益率为核心，通过对净资产收益率指标的层层分解，找出企业经营各环节的多种因素对其收益能力的影响，综合评价企业各环节及各方面的经营业绩，进而达到改善企业经营，提高管理水平，实现企业财务目标的目的。杜邦财务分析体系是进行这种分析的最基本方法。

（二）综合评价企业的经营业绩和管理业绩

虽然将财务目标与财务环节联系起来进行分析，可以解决单项指标分析或单方面分析给评价带来的困难，但还不能给相互关联指标的表现以综合定量评价。因此，往往难以准确得出公司经营业绩改善与否的定量结论。企业经营业绩综合评价正是为解决这一问题产生的。利用业绩评价的不同方法对企业经营业绩及管理业绩进行量化分析，可以得出企业经营业绩评价的综合量化结论。

综合业绩评价最经典的方法是沃尔评分法和杜邦分析体系。在此基础上又形成了多种由不同的指标和评价方法构成的综合评价体系。

第二节　杜邦综合分析体系

一、杜邦综合分析体系的含义

杜邦财务分析体系亦称杜邦财务分析法，简称杜邦分析法（Du Pont Analysis），由美国杜邦公司首创，是从财务角度评价公司盈利能力和股东权益回报水平，进而评价企业绩效的经典方法。杜邦分析法从评价企业的净资产收益率指标出发，利用各主要财务比率指标间的内在有机联系，将指标层层分解，形成一个完整的指标体系，揭示指标变动的原因和趋势，使分析者对企业财务情况的分析有一个全局的视野，满足分析者全面分析和评价企业财务能力和经营绩效的需要。杜邦分析法的核心是根据各主要财务比率指标之间的内在联系，建立财务分析指标体系，综合分析企业财务状况。采用这一方法，将反映企业盈利状况的总资产净利率、反映资产营运状况的总资产周转率和反映偿债能力状况的资产负债率按其内在联系有机结合起来，并将这些比率进一步分解为多项财务指标，使财务比率分析的层次清晰、因果关系明确，为报表分析者全面、仔细地了解企业的经营和盈利状况提供方便。在指标层层分解的基础上,再结合财务分析的其他方法,可以对影响净资产收益率的原因做出深入的揭示。

　　净资产收益率(权益净利率)是杜邦财务分析体系的核心比率,它有很好的可比性,可以用于不同企业之间的比较。同时,该指标又是股东极为重视的指标,它能反映出公司为股东创造的净收益的水平。此外,这个指标有较强的综合性,通过分解和分析它,可以使分析者深入到企业经营管理的不同层面,发现问题、解决问题、提高效益。

　　杜邦分析法有助于企业管理层更加清晰地看到影响净资产收益率的各种因素,为管理层提供了一张明晰的考察公司资产管理效率,争取实现股东投资回报最大化的路线图。

　　在前面利润表的分析中,我们注意到有些公司每年净资产收益率不是一成不变的,有时上升有时下降。那么为什么会出现下降? 下降的原因是什么? 是否有其合理性? 如果降低不合理,问题又出在哪里? 该如何加以解决? 杜邦财务综合分析法可以帮助我们解决上述疑惑。

二、杜邦综合分析法的原理

　　杜邦分析公式如下:

$$净资产收益率 = 销售净利率 \times 总资产周转率 \times 权益乘数$$

其公式推导过程如下:

$$净资产收益率 = \frac{净利润}{平均股东权益} \times 100\%$$

$$= \frac{净利润}{平均总资产} \times \frac{平均总资产}{平均股东权益} \times 100\% \qquad (9\text{-}1)$$

$$= 总资产净利率 \times 权益乘数$$

总资产净利率又可表达为:

$$总资产净利率 = \frac{净利润}{营业收入} \times \frac{营业收入}{平均总资产} \times 100\% \qquad (9\text{-}2)$$

$$= 销售净利率 \times 总资产周转率$$

综合式(9-1)和式(9-2),可以得出净资产收益率的杜邦等式:

$$净资产收益率 = \frac{净利润}{营业收入} \times \frac{营业收入}{平均总资产} \times \frac{平均总资产}{平均股东权益} \times 100\% \qquad (9\text{-}3)$$

$$= 销售净利率 \times 总资产周转率 \times 权益乘数$$

　　利用这种方法进行分析时,可把各项财务指标间的关系绘制成杜邦分析图(图9-1)。

　　由杜邦分析图可知,该体系是一个多层次的财务比率分解体系,各项财务比率可在每个层次上与本公司历史或同业财务比率比较,然后向下一级继续分解,逐级向下分解,逐步覆盖公司经营活动的每个环节,以实现全面、系统评价公司经营成果和财务状况的目标。

净资产收益率 4.9%

总资产净利率 2.59% × 权益乘数 1.89=1/（1-资产负债率 47.15%）

销售净利润 2.66% × 总资产周转率0.97次

净利润 67 010 ÷ 营业收入 2 516 810　　营业收入 2 516 810 ÷ 年均总资产 2 587 180

总收入 2 529 146　　总成本费用 2 462 136　　期末流动资产 466 913 + 期末非流动资产 2 266 277

总收入		总成本费用		期末流动资产		期末非流动资产	
营业收入	2 516 810	营业成本	2 002 403	货币资金	110 665	长期股权投资	102 165
其他收益	11 267	税金及附加	226 905	应收账款	64 184	其他权益工具投资	930
投资收益	8 867	销售费用	74 108	应收款项融资	7 016	固定资产	703 414
公允价值变动收益	0	管理费用	61 757	预付账款	17 038	在建工程	247 996
资产减值损失	-14 712	研发费用	15 666	其他应收款	21 199	油气资产	831 814
信用减值损失	1 378	财务费用	27 816	存货	181 921	使用权资产	189 632
营业外收入	4 971	营业外支出	17 278	其他流动资产	64 890	无形资产	84 832
资产处置收益	565	所得税费用	36 203			商誉	42 808
						长期待摊费用	10 258
						递延所得税费用	24 259
						其他非流动资产	28 160

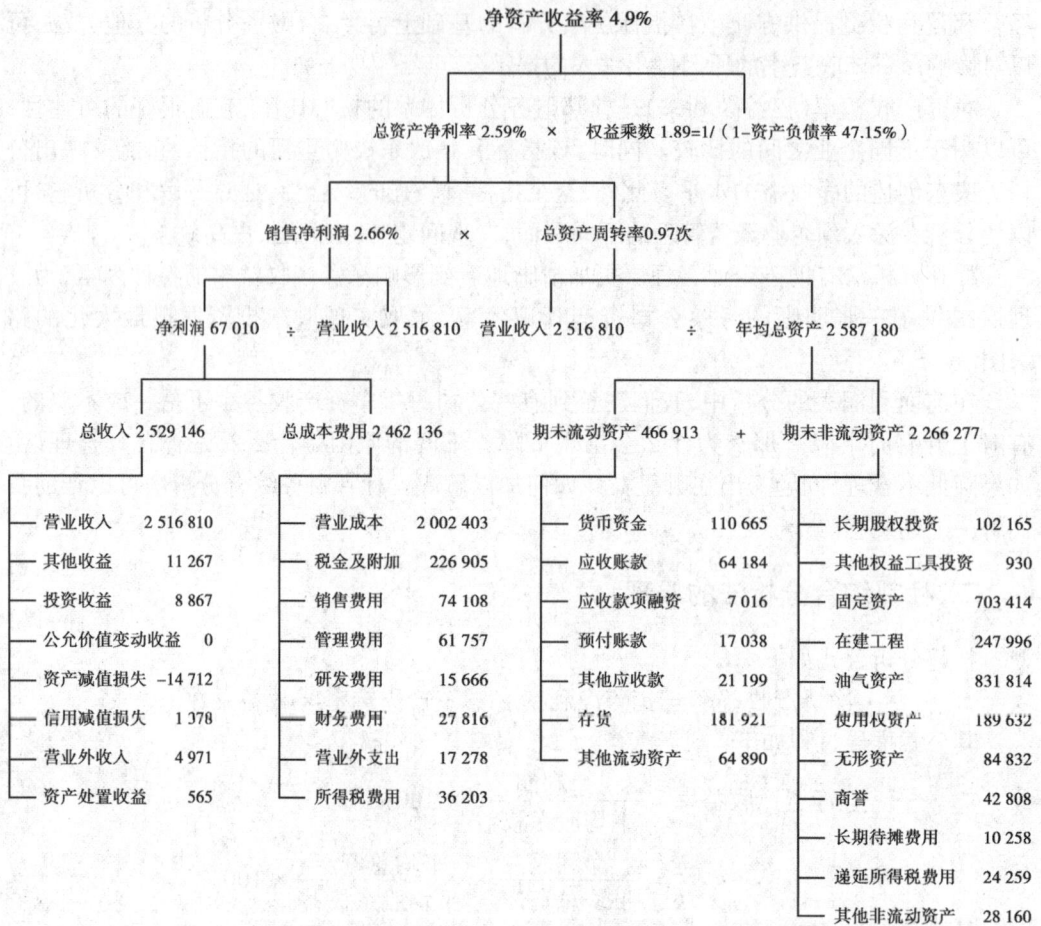

图9-1 　中国石油 2019 年杜邦分析图（单位：百万元）

注：中国石油天然气股份有限公司相关财务信息见本章附录。

杜邦分析图的左边部分分解出来的销售净利率和总资产周转率，可以反映公司的经营战略，主要分析公司的盈利能力和营运能力，并展示出公司盈利能力和营运能力之间的内在联系。杜邦分析图的右边部分分解出来的财务杠杆（以权益乘数表示），可以反映公司的财务政策，主要分析公司的资本结构。资产投资收益能力和财务杠杆共同影响净资产收益率的水平。因此，公司必须使其经营战略和财务政策相匹配。

三、杜邦综合分析法的应用及实例分析

（一）杜邦综合分析法的应用

杜邦等式和图9-1可以帮助管理层更加清晰地看到净资产收益率的决定因素，以及销售净利率与总资产周转率、资本结构之间的关系，给管理层提供了一幅考察公司资产管理是否使股东投资回报最大化的路线图。杜邦分析法是对公司财务状况的综合分析。它通过几个主要财务比率之间的关系，全面、系统、直观地反映出公司的财务状况，从而大大节省了财务报表使用者的时间。利用杜邦分析图进行分析需要注意以下几方面。

1.净资产收益率

净资产收益率是综合性最强的财务分析指标,是杜邦分析体系的核心比率。财务管理的目标是使股东财富最大化。净资产收益率反映公司所有者投入资本的盈利能力,说明公司筹资、投资、资产营运等各项财务及其管理活动的效率。不断提高净资产收益率是股东财富最大化的基本保证,这一财务分析指标是公司所有者、经营者都十分关心的。净资产收益率高低的决定因素主要有三个,即销售净利率、总资产周转率和权益乘数。这样分解之后,就可以将净资产收益率这一综合指标发生升降变化的原因具体化,比只用一项综合性指标更能说明问题。

2.销售净利率

销售净利率是反映公司商品经营盈利能力最重要的指标,是实现净资产收益率最大化的保证。要想提高销售净利率,一是要增加营业收入,二是要降低成本费用。增加营业收入具有重要意义,它既有利于提高销售净利率,又可提高总资产周转率。降低成本费用是提高销售净利率的一个重要因素,从杜邦分析图可以看出成本费用的基本结构是否合理,从而找出降低成本费用的途径和加强成本费用控制的办法。如果公司财务费用支出过高,就要进一步分析其负债比率是否过高;如果管理费用过高,就要进一步分析其资金周转情况;等等。为详细了解公司成本费用的发生情况,在具体列示成本总额时,还可根据重要性原则,将那些影响较大的费用(如利息费用等)单独列示,以便为寻求降低成本的途径提供依据。

3.资产总额

影响总资产周转率的一个重要因素是它由流动资产与非流动资产组成,它们的结构合理与否将直接影响资金周转速度的快慢。一般来说,流动资产直接体现公司的偿债能力和变现能力,而非流动资产体现公司的经营规模和发展潜力,两者之间有一个合理的比率关系。如果发现某项资产比重过大,影响资金周转,就应深入分析原因。例如,若公司持有的货币资金超过业务需要,就会影响公司的盈利能力;如果公司占有过多的存货和应收账款,既会影响盈利能力,又会影响偿债能力。因此,还应进一步分析各项资产的占用数额和周转速度。

考察公司经营战略,应将销售净利率和总资产周转率联系起来分析,仅从销售净利率的高低并不能完全看出公司业绩好坏。比如,一些公司为了提高销售净利率就要增加产品附加值,往往需要增加投资,引起周转次数的下降。与此相反,为了加快周转就要降低价格,引起销售净利率下降。通常,销售净利率较高的制造业,周转次数都较低;周转次数很高的零售业,销售净利率很低。采取"高盈利、低周转"还是"低盈利、高周转"的方针,是公司根据外部环境和自身资源作出的战略选择。因此,真正重要的是两者共同作用得到的总资产净利率,它可以反映管理者运用公司资产赚取盈利的能力。

4.权益乘数

权益乘数主要受资产负债率指标的影响。负债比率较大,权益乘数就较高,说明公司的负债程度比较高,给公司带来了较多的杠杆利益,同时,也带来了较多的风险。对权益乘数的分析要联系营业收入分析公司的资产使用是否合理,联系权益结构分析公司的偿债能力高低。在资产总额不变的条件下,适当开展负债经营可以减少所有者权益所占的份额,从而达到提高净资产收益率的目的。在权益总额及权益结构相对稳定的情况下,加速资金周转也可以提高公司的偿债能力和盈利能力。

杜邦分析法的作用是解释指标变动的原因,为采取措施指明方向。应当指出,杜邦分析是一种分解财务比率的方法,并不另外建立新的财务指标,因而它可以用于各种财务比率的分析。也就是说,杜邦分析法和其他财务分析方法一样,关键不在于指标的计算,而在于对指标的理解和运用。通过杜邦分析法自上而下地分析,不仅可以了解公司财务状况的全貌以及各项财务指标间的结构关系,还可以查明各项主要财务指标增减变动的影响因素及存在的问题。杜邦分析法提供的上述财务信息,较好地解释了指标变动的原因,不仅为进一步采取具体措施指明了方向,还为决策者优化资产结构和资本结构、提高公司偿债能力和经营效益提供了基本思路,即提高净资产收益率的根本途径在于扩大营业、改善资产结构、节约成本费用开支、合理配置资源、加速资金周转、优化资本结构等。

从杜邦分析图中可以发现提高净资产收益率的四种途径:第一,使营业收入增长幅度大于成本费用的增长幅度;第二,减少公司的销货成本或经营费用;第三,提高总资产周转率,即在现有资产基础上增加营业收入,或者减少公司资产;第四,在不危及公司财务安全的前提下,扩大债务规模,提高负债比率。

（二）实例分析

公司经理为改善财务决策而进行财务分析,可以将净资产收益率分解为销售净利率、总资产周转率、权益乘数,以找到问题产生的原因。该分析体系要求在每一个层次上对财务比率进行分解和比较,通过与上年比较可以识别变动的趋势,通过与同业比较可以识别存在的差距。分解的目的是识别引起变动或产生差距的原因,并衡量其重要性,为后续分析指明方向。

下面以中国石油为例,说明杜邦分析法的运用。

【案例9-1】 中国石油的基本财务数据见表9-1。

表9-1 中国石油财务比率计算表

项目	2019年	2018年	规模变动情况		2017年
			增减额	增减率（%）	
净资产收益率（%）	4.90	5.29	-0.39	-7.37	2.67
销售净利率（%）	2.662	3.115	-0.45	-14.50	1.825
总资产周转率（次）	0.973	0.980	-0.01	-1.02	0.840
权益乘数	1.892	1.732	0.16	9.24	1.741
资产负债率（%）	47.15	42.27	4.88	11.54	42.55

注:净资产收益率＝销售净利率×总资产周转率×权益乘数。

2019年净资产收益率＝2.662%×0.973×1.892＝4.90%

2018年净资产收益率＝3.115%×0.980×1.732＝5.29%

净资产收益率的变动＝4.90%-5.29%＝-0.39%

与2018年相比,2019年公司净资产收益率下降了0.39个百分点,公司整体业绩不如上年。运用因素分析法可以定量分析销售净利率、总资产周转率、权益乘数对净资产收益率的影响程度。

具体分析如下:

(1)销售净利率变动的影响:

$$(2.662\%-3.115\%)\times 0.980 \times 1.732 = -0.77\%$$

(2)总资产周转率变动的影响:

$$2.662\% \times(0.973-0.980)\times 1.732 = -0.03\%$$

(3)权益乘数变动的影响:

$$2.662\% \times 0.973 \times(1.892-1.732)= 0.41\%$$

通过分析可知,中国石油2019年净资产收益率降低的主要不利因素是销售净利率降低,使净资产收益率降低0.77个百分点;其次是总资产周转率降低,使净资产收益率降低0.03个百分点。有利的因素是权益乘数提高,使净资产收益率增加0.41个百分点。不利因素超过有利因素,所以净资产收益率降低0.39个百分点,由此应重点关注销售净利率降低的原因。

上述结果表明,中国石油2019年的销售净利率较2018年降低了0.45个百分点,同比下降14.50%,而且净利润的降幅大于营业收入的增幅,主要原因是公司2019年的经营支出为23 950.48亿元,比2018年的22 519.92亿元增长6.4%。其中,炼油与化工板块经营支出为8 889.15亿元,比2018年的8 665.23亿元增长2.6%,主要原因是原油、原料油成本增加以及辅材动力等生产成本上升,同时受国内炼化产能过剩、毛利空间收窄、化工产品价格下降及公司推进内部价格市场化等因素影响,2019年经营利润同比下降69.2%。销售板块经营支出为21 659.56亿元,比2018年的20 095.55亿元增长7.8%,主要原因是外购成品油支出增加,但始终处于经营亏损状态。天然气与管道板块经营支出为3 649.15亿元,比2018年的3 371.11亿元增长8.2%,主要原因是购气支出增加,销售进口气净亏损307.10亿元,比上年同期增亏58.03亿元。综合上述原因,中国石油未能有效地控制成本与费用,导致公司亏损,盈利能力下降。

该公司权益乘数2019年较2018年增长9.24%。权益乘数越大,公司负债程度相对越高,偿还债务能力越弱,财务风险程度越高。这个指标同时也反映了财务杠杆对利润水平的影响。财务杠杆具有正反两方面的作用:在收益较好的年度,它可以使股东获得的潜在报酬增加,但股东要承担负债增加引起的风险;在收益不好的年度,则可能使股东潜在的报酬下降。该公司的权益乘数近3年处于1.741~1.892,即资产负债率在40%~50%,2019年资产负债率为47.15%,行业平均资产负债率为45.13%,高于行业平均值,表明中国石油长期偿债能力减弱,应关注公司财务风险,必须使其经营战略和财务政策相匹配,否则将影响公司后续的盈利能力。

综上所述,杜邦分析法以净资产收益率为主线,将公司在某一时期的营业成果以及资产营运状况全面联系在一起,层层分解、逐步深入,构成一个完整的分析体系。它能帮助管理者发现公司财务和经营管理中存在的问题,为改善公司经营管理提供十分有价值的信息,因而得到普遍的认同,并在实际工作中得到广泛的应用。

该方法作为一种综合分析方法,从结果倒推原因,若与其他分析方法相结合,不仅可以弥补自身的缺陷和不足,也可以弥补其他方法的缺点,使分析结果更完整、更科学。比如以杜邦分析法为基础,结合专项分析,进行一些后续分析,可以对有关问题形成的原因有更深入、更细致的了解;也可结合比较分析法和趋势分析法,将不同时期的杜邦分析结果进行对比,从而形成动态分析,找出变化的规律,为预测、决策提供依据;或者与一些公司财务风险分析方法结合,进行必要的风险分析,为管理者决策提供依据。从公司绩效评价的角度来看,杜邦分析法只包括财务方面的信息,不能全面反映公司的实力,有很大的局限性,在实际运用中需要加以注意,分析时必须结合公司的其他信息。

四、杜邦分析体系的局限性

杜邦分析体系虽然被广泛使用,但也存在某些局限性。

(一)计算总资产净利率的总资产与净利润不匹配

总资产为全部资产提供者享有,而净利润专属于股东,两者不匹配。由于总资产净利率的投入与产出不匹配,该指标不能反映实际的报酬率。为了改善该比率,要重新调整分子和分母。

公司资金的提供者包括无息负债的债权人、有息负债的债权人和股东,无息负债的债权人不要求分享收益,要求分享收益的是股东和有息负债的债权人,因此,需要计量股东和有息负债债权人投入的资本,并且计量这些资本产生的收益,两者相除才是合乎逻辑的报酬率,才能准确反映企业的基本盈利能力。

(二)没有区分金融活动损益与经营活动损益

传统的杜邦分析体系不区分经营活动和金融活动。对于大多数公司来说,金融活动是净投资,他们在金融市场上主要是筹资,而不是投资。筹资活动不产生净利润,而是支出净费用。这种筹资费用是否属于经营活动费用,在会计准则制定过程中始终存在很大争议,各国的会计准则对此的处理不尽相同。

(三)没有区分金融资产与经营资产

从财务管理角度看,公司的金融资产是尚未投入实际经营活动的资产,应将其与经营资产相区别。由此,金融资产和金融损益匹配,经营资产和经营损益匹配,可以据此正确计量经营活动和金融活动的基本盈利能力。

(四)没有区分金融负债与经营负债

既然要把金融活动分离出来单独考察,就需要单独计量筹资活动成本。负债的成本(利息支出)仅仅是金融负债的成本,经营负债是无息负债。因此,必须区分金融负债与经营负债,利息与金融负债相除,才是真正的平均利率。此外,区分金融负债与经营负债后,金融负债与股东权益相除,可以得到更符合实际的财务杠杆。经营负债没有固定成本,本来就没有杠杆作用,将其计入财务杠杆,会扭曲杠杆的实际效应。

(五)对短期财务结果过分重视

对短期财务结果过分重视,有可能助长公司管理层的短期行为,忽略公司长期的价值创造。

（六）在反映未来的公司财务状况方面具有一定的局限性

财务指标反映的是公司过去的经营业绩,在反映未来的公司财务状况方面具有一定的局限性。在目前的信息时代,顾客、供应商、雇员、技术创新等因素对公司经营业绩的影响越来越大,而杜邦分析法在这些方面无能为力。

第三节　沃尔综合评分体系

一、沃尔评分法的原理

沃尔评分法又叫综合评分法,它通过对各项选定的财务比率进行评分,然后计算综合得分,据此评价企业整体情况。由于创造这种方法的先驱者之一是亚历山大·沃尔,因此命名为沃尔评分法。亚历山大·沃尔在20世纪初出版的《信用晴雨表研究》和《财务报表比率分析》中提出了信用能力指数的概念,把若干个财务比率用线性关系结合起来,以此评价公司的信用能力。他选择了7个财务比率,分别确定其在总评价中的占比,总分为100分,然后确定标准比率,并与实际比率相比较,评出各项指标的得分,最后求出总评分,即信用能力指数,以此对公司的财务状况做出排序或评价。

沃尔评分法采用的7个指标分别是流动比率、净资产／负债、资产／固定资产、销售成本／存货、销售额／应收账款、销售额／固定资产和销售额／净资产,分别赋予25％、25％、15％、10％、10％、10％和5％的权重,总分为100分(表9-2)。

表9-2　沃尔评分法的基本原理

财务比率	权重(%) (1)	标准值(%) (2)	实际值(%) (3)	相对值 (4)=(3)/(2)	评分 (5)=(1)×(4)
流动比率	25	2.00			
净资产／负债	25	1.50			
资产／固定资产	15	2.50			
销售成本／存货	10	8.00			
销售额／应收账款	10	6.00			
销售额／固定资产	10	4.00			
销售额／净资产	5	3.00			
合计	100				

沃尔评分法的主要思想在于将分散的财务指标通过一个加权体系综合起来,使多维度的评价体系变成一个综合得分,这样就可以用综合得分对企业做出综合评价。如果综合得分接近100分,说明企业的综合业绩接近于行业的平均水平;如果综合得分明显超过

100分,则说明企业的综合业绩优于行业的平均水平;如果综合得分大大低于100分,则说明企业的综合业绩较差,应当积极采取措施加以改善。

二、对沃尔评分法的评价

沃尔评分法的优点在于简单易用,便于操作,尤其可用于企业财务风险预警体系的构建。但它在理论上存在一定的缺陷:它未能说明为什么选择这7个比率,而不是更多或更少,或者选择其他财务比率;它未能证明各个财务比率所占权重的合理性;也未能说明比率的标准值是如何确定的。沃尔评分法从技术上讲也有一个问题,即某个指标严重异常时,会对总评分产生不合逻辑的重大影响。这个问题是由财务比率与其权重相乘引起的。财务比率提高一倍,评分增加100%;而缩小时,其评分只减少50%。

因而,在采用此方法进行财务状况综合分析和评价时,应注意以下问题:

（一）合理选择财务比率

所选择的比率应尽可能具有全面性、代表性,且最好具有变化方向的一致性。

（二）合理分配比率权重

通常分配的标准是依据各个比率的重要程度,越重要的比率分配的权重越高。

（三）合理确定同行业标准值

财务比率的标准值依分析目的而定,可以是企业的竞争企业的水平,也可以是同行业的平均水平,其中最常见的是选择后者。

（四）设定评分值的上下限

为了避免个别比率异常对总分造成不合理的影响,还可以为每个比率的得分确定一个上限和下限,即每个比率的得分最高不能超过其上限,最低不能低于其下限。

尽管沃尔评分法在理论上还有待证明,在技术上也不完善,但还是在实践中广泛应用。耐人寻味的是很多理论上相当完善的经济计量模型在实践中往往很难应用,而企业实际使用并行之有效的模型却又在理论上无法证明。这可能是人类对经济变量之间数量关系的认识还相当肤浅造成的。

第四节　帕利普财务分析体系

杜邦财务分析体系自产生以来在实践中得到了广泛应用与好评。随着经济与环境的发展、变化和人们对企业目标认识的进一步升华,许多人对杜邦财务分析体系进行了变形、补充,使其不断完善与发展。美国哈佛大学教授帕利普等在其所著的《企业分析评价》一书中,将财务分析体系界定为几种新的关系式,根据这些关系式构建的财务分析体系称为帕利普财务分析体系。因此,帕利普财务分析体系是在杜邦分析体系的基础上进行加工、补充和发展,他以可持续增长率为核心,将反映企业盈利能力、营运能力以及偿债能力的指标联系在一起,使财务综合分析的方法更加完善。

帕利普财务分析体系中的关系式主要有以下几项:

一、可持续增长比率

可持续增长比率可用如下公式表示：

$$可持续增长率 = 净资产收益率 \times \left(1 + \frac{支付现金股利}{年净利润}\right) \qquad (9\text{-}4)$$

二、净资产收益率

净资产收益率可用如下公式表示：

$$V = \sum_{t=1}^{n} \frac{CF_t}{(1+r)^t} \qquad (9\text{-}5)$$

三、与销售净利率相关的指标

与销售净利率相关的指标有销售收入成本率、销售毛利率、销售收入期间费用率、销售收入研发费用率、销售净利润率、销售收入非营业损失率、销售息税前利润率、销售税费率等。

四、与总资产周转率相关的指标

与总资产周转率相关的指标有流动资产周转率、营运资金周转率、固定资产周转率、应收账款周转率、应付账款周转率、存货周转率等。

五、与财务杠杆作用相关的指标

与财务杠杆作用相关的指标有流动比率、速动比率、现金比率、负债与权益比率、负债与资本比率、负债与资产比率、以收入为基础的利息保障倍数、以现金流量为基础的利息保障倍数等。

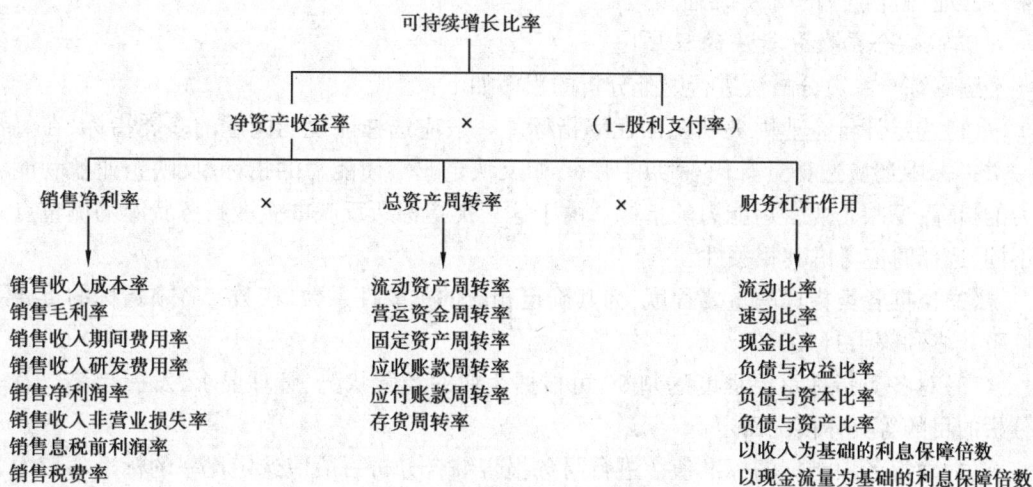

图9-2 帕利普财务分析体系图

与传统的财务分析体系相比,新体系将关注的视野往前提了,从净资产收益率提前到可持续增长率。为此,除了要关注和分析传统财务分析体系中的内容外,还要关注公司的股利分配政策。净资产收益水平和股利分配政策共同影响公司的可持续增长能力。而对可持续增长能力的关注可以使分析者具有更为全面的战略眼光。

第五节　企业经营业绩综合评价

一、综合系数分析

在进行财务报告分析时,一项财务比率只能反映企业某一方面的财务状况或某一方面的财务能力。为了全面了解企业的财务状况和财务能力,还可以利用综合系数分析法来进行分析。

（一）综合系数分析法的概念

综合系数分析法也叫综合评分法,在财务分析中,是指在进行分析时选定若干财务比率,将选定的财务比率指标用线性关系结合起来,并分别给定各自的分数比重,然后通过与标准比率进行比较,确定各项指标的得分及总体指标的累计分数,根据所得分数对企业某类或整体综合的业绩水平做出评价的方法。

最初的财务比率综合分析法也称沃尔评分法。其发明者是亚历山大·沃尔。他在1928年出版的《信用晴雨表研究》和《财务报表比率分析》中提出了信用能力指数的概念。沃尔把若干个财务比率用线性关系结合起来,以评价企业的信用水平。他选定了流动比率、产权比率、固定资产比率、存货周转率、应收账款周转率、固定资产周转率和主权资本周转率7项财务比率。按其重要程度对每一个比率确定一个标准分值,满分为100分,然后将实际比率与标准比率进行比较,确定各项指标的得分及总体指标的累计得分,以此来综合地评价企业的财务状况。

（二）综合系数分析法的程序

运用综合系数分析法进行财务分析的程序如下:

（1）选定评价企业财务状况的比率指标。一般应选择能说明问题的多类指标,在每一类指标中还应选择具有代表性的比率,如反映企业偿债能力的指标,反映企业盈利能力的指标,反映企业营运能力的指标。由于这三类指标所反映的企业财务状况的侧重点不同,选择时应考虑其相关性。

（2）根据各类指标的重要程度,为其确定相应的重要性系数（权数）,各项指标的重要性系数之和等于1（100%）。

（3）对各类指标重要程度的判断,可根据企业的经营状况、管理要求、发展趋势以及分析的目的等具体情况而定。

（4）确定各项指标的标准值。进行财务报告综合分析一般应选定比率的标准值作为对比的对象,可以作为财务比率标准值的通常是行业平均比率值,也可以将企业的预算值或目标值作为比率标准值。

（5）利用企业财务报告的信息，分别计算各项指标的实际值，将实际值与标准比率进行对比，以此来评价企业财务比率的优劣。

（6）计算各指标实际值与标准值的比率，即关系比率。

（7）计算各项比率指标的综合得分，将各项得分加总，即可以得到整个企业的综合得分。利用该综合得分来全面评价企业的财务状况。一般情况下，综合得分合计数为100或接近100，表明企业财务状况基本符合标准要求。如与100有较大的差距，则表明企业财务状况不佳，存在不同程度的问题。

当今社会上的综合系数评分方法各有不同，与沃尔评分法相比也有较大的发展，但是基本原理还没有摆脱沃尔评分法的框架。

一般认为，企业财务评价的内容包括四大方面：盈利能力、偿债能力、营运能力和成长能力，它们各自的重要程度没有统一的标准。根据中联财务顾问有限公司和中联资产评估有限公司近年连续发布的中国上市公司业绩评价报告内容来看，报告中对上述四大能力的计分权重分别为：财务效益状况36%，资产营运状况18%，偿债能力状况18%，发展能力状况28%。业内还有种说法，认为盈利能力、偿债能力（含营运能力）和成长能力的比重安排可以是5:3:2。

反映上述四大能力的还有一系列财务指标，分析评价时企业可以根据行业和自身的特点加以选择和关注。但是为了使评价客观，指标的选择和评分计算应当有其稳定性和权威性。

【案例9-2】　下面以ABC公司为例，说明综合系数分析法的运用。

ABC公司综合业绩评价指标及评价标准见表9-3。根据表9-3的资料计算ABC公司的财务状况评分。

表9-3　ABC公司综合业绩评价指标及评价标准

指标	评分值	标准比率（%）	行业最高比率（%）	最高评分	最低评分	每分比率差（%）
盈利能力						
总资产报酬率	20	5.5	15.8	30	10	1.030
销售净利率	20	26	56.2	30	10	3.020
净资产收益率	10	4.4	22.7	15	5	3.660
偿债能力						
自由资本比率	8	25.9	55.80	12	4	7.475
流动比率	8	95.7	253.60	12	4	39.457
营运能力						
应收账款周转率	8	29	96	12	4	16.750
存货周转率	8	80	303	12	4	55.750
成长能力						
销售增长率	6	2.5	38.900	9	3	12.130

续表

指标	评分值	标准比率（%）	行业最高比率（%）	最高评分	最低评分	每分比率差（%）
净利润增长率	6	10.1	51.200	9	3	13.700
总资产增长率	6	7.3	42.800	9	3	11.830
合计	100	—	—	150	50	—

表9-3中的标准比率以本行业平均数为基础,在给每个指标评分时,应规定其上限和下限,以减少因个别指标异常对总分造成的不合理影响。本例中,上限定为正常评分值的1.5倍,下限定为正常评分值的0.5倍。此外,给总分采用"加"或"减"的关系来处理。例如,表9-3中总资产报酬率每分比率差为1.03%[(15.8%-5.5%)÷(30-20)×100%]。这意味着总资产报酬率每提高1.03%,多给1分,但该项最高得分不得超过30分。

采用这种方法对该公司综合财务状况进行打分,公司共得124.94分(计分过程见表9-4)。公司的财务状况属中等偏上水平。

二、企业综合绩效评价体系

(一)综合绩效评价体系的内涵及在我国的发展

综合绩效评价是综合分析的一种,一般是站在企业所有者(投资人)的角度进行的。综合绩效评价是指运用数理统计和运筹学的方法,通过建立综合评价指标体系,对照相应的评价标准,采用定量分析与定性分析相结合的方式,对企业一定经营期间的盈利能力、资产质量、债务风险以及经营增长等经营业绩和努力程度等各方面进行的综合评判。科学的评价企业绩效,可以为出资人行使经营者的选择权提供重要依据,可以有效地加强对企业经营者的管理和约束,可以为有效激励企业经营者提供可靠的依据,还可以为政府有关部门、债权人、企业职工等利益相关者提供有效的信息支持。

表9-4 ABC公司财务状况评分表

指标	实际比率（%）①	标准比率（%）②	差异(%)③=①-②	每分比率差（%）④	调整分⑤=③÷④	标准评分值⑥	得分⑦=⑤+⑥
盈利能力							
总资产报酬率	10	5.5	4.5	1.03	4.37	20	24.37
销售净利率	33.54	26	7.54	3.02	2.5	20	22.5
净资产收益率	13.83	4.4	9.43	3.66	2.58	10	12.58
偿债能力							
自由资本比率	72.71	25.9	46.81	7.475	6.26	8	14.26
流动比率	166	95.7	70.3	39.475	1.78	8	9.78
营运能力							
应收账款周转率	86.1	29	57.1	16.75	3.41	8	11.41

续表

指标	实际比率(%) ①	标准比率(%) ②	差异(%) ③=①-②	每分比率差(%) ④	调整分 ⑤=③÷④	标准评分值 ⑥	得分 ⑦=⑤+⑥
存货周转率	99.4	80	19.4	55.75	0.35	8	8.35
成长能力							
销售增长率	17.7	2.5	15.2	12.13	1.25	6	7.25
净利润增长率	−1.74	10.1	−11.84	13.7	−0.86	6	5.14
总资产增长率	46.36	7.3	39.06	11.83	3.30	6	9.30
合计					24.94	100	124.94

1999年,财政部、国家经济贸易委员会、人事部和国家发展计划委员会颁布了《国有资本金效绩评价规则》,确定了企业评价指标体系。制订该项规则的目的是"完善国有资本金监管制度,科学解析和真实反映企业资产运营效果和财务效益状况"。该指标体系由8项基本指标、16项修正指标和8项评议指标共32项指标构成,从定量和定性两个方面对国有资本金效绩分析评价进行了规范,其所运用的分析方法即综合系数法。

国有资本金效绩评价主要是以政府为主体的评价行为,由政府有关部门直接组织实施,也可以委托社会中介机构实施。评价对象是国有独资企业、国家控股企业。除政府外的其他评价主体在对其投资对象进行评价时,也可以参照此规则执行。

2006年,有关部门对上述评价体系进行了调整,并明确该评价体系可以用于国有及非国有企业业绩的考核。这一新的指标体系的评价内容、评价指标项目及权重见表9-5。

表9-5　企业综合评价指标及权重表

评价内容	财务绩效		管理绩效 定性评议指标
	基本指标	修正指标	
一、盈利能力状况	净资产收益率 总资产报酬率	销售(营业)利润率 利润现金保障倍数 成本费用利润率 资本收益率	战略管理 发展创新 经营决策 风险控制 基础管理 人力资源 行业影响 社会贡献
二、资产质量状况	总资产周转率 应收账款周转率	不良资产比率 流动资产周转率 资产现金回收率	
三、债务风险状况	资产负债率 已获利息倍数	速动比率 现金流动负债比率 带息负债比率 或有负债比率	
四、经营增长状况	销售(营业)增长率 资本保值增值率	销售(营业)利润增长率 总资产增长率 技术投入比率	

（二）综合绩效评价的内容

企业综合绩效评价由财务绩效定量评价和管理绩效定性评价两部分组成。

1.财务绩效定量评价

财务绩效定量评价是指对企业一定期间的盈利能力、资产质量、债务风险和经营增长四个方面进行定量对比分析和评判。

（1）企业盈利能力分析与评判：主要通过资本及资产报酬水平、成本费用控制水平和经营现金流量状况等方面的财务指标，综合反映企业的投入产出水平以及盈利质量和现金保障状况。

（2）企业资产质量分析与评判：主要通过资金周转速度、资产运行状态、资产结构以及资产有效性等方面的财务指标，综合反映企业所占用经济资源的利用效率、资产管理水平与资产的安全性。

（3）企业债务风险分析与评判：主要通过债务负担水平、资产负债结构、或有负债情况、现金偿债能力等方面的财务指标，综合反映企业的债务水平、偿债能力及其面临的债务风险。

（4）企业经营增长分析与评判：主要通过销售增长、资本积累、效益变化以及技术投入能力等方面的财务指标，综合反映企业的经营增长水平及发展后劲。

2.管理绩效定性评价

管理绩效定性评价是指在企业财务绩效定量评价的基础上，通过采取专家评议的方式，对企业一定期间的经营管理水平进行定性分析与综合评判。

管理绩效定性评价指标包括战略管理、发展创新、经营决策、风险控制、基础管理、人力资源、行业影响、社会贡献等方面。

（三）综合绩效评价指标

企业综合绩效评价指标由22个财务绩效定量评价指标和8个管理绩效定性评价指标组成。

1.财务绩效定量评价指标

财务绩效定量评价指标由反映企业盈利能力状况、资产质量状况、债务风险状况和经营增长状况四方面的基本指标和修正指标构成。其中，基本指标反映企业一定期间财务绩效的主要方面，由其可以得出财务绩效定量评价的基本结果。修正指标是根据财务指标的差异性和互补性对基本指标的评价结果进行补充和矫正。

（1）企业盈利能力状况，也称财务效益状况，是四类能力中权重最高的。利用净资产收益率、总资产报酬率两个基本指标和销售（营业）利润率、利润现金保障倍数、成本费用利润率、资本收益率四个修正指标进行评价，主要反映企业一定经营期间的投入产出水平和盈利质量。

（2）企业资产质量状况，也称资产营运状况，是利用总资产周转率、应收账款周转率两个基本指标和不良资产比率、流动资产周转率、资产现金回收率三个修正指标进行评价，主要反映企业所占用经济资源的利用效率、资产管理水平与资产的安全性。

（3）企业债务风险状况，也称财务状况，是利用资产负债率、已获利息倍数两个基本指标和速动比率、现金流动负债比率、带息负债比率、或有负债比率四个修正指标进行评价,主要反映企业的债务负担水平、偿债能力及其面临的债务风险。

(4)企业经营增长状况,也称发展状况,是利用销售(营业)增长率、资本保值增值率两个基本指标和销售(营业)利润增长率、总资产增长率、技术投入比率三个修正指标进行评价,主要反映企业的经营增长水平、资本增值状况及发展后劲。

2.管理绩效定性评价指标

风险控制、企业管理绩效定性评价指标包括战略管理、发展创新、经营决策、基础管理、人力资源、行业影响、社会贡献八个方面的指标,主要反映企业在一定经营期间所采取的各项管理措施及其管理成效。

(1)战略管理评价主要反映企业所制定战略规划的科学性,战略规划是否符合企业实际,员工对战略规划的认知程度,战略规划的保障措施及其执行力,以及战略规划的实施效果等方面的情况。

(2)发展创新评价主要反映企业在经营管理创新、工艺革新、技术改造、新产品开发、品牌培育、市场拓展、专利申请及核心技术研发等方面的措施及成效。

(3)经营决策评价主要反映企业在决策管理、决策程序、决策方法、决策执行、决策监督、责任追究等方面采取的措施及实施效果,重点反映企业是否存在重大经营决策失误。

(4)风险控制评价主要反映企业在财务风险、市场风险、技术风险、管理风险、信用风险和道德风险等方面的管理与控制措施及其效果,包括风险控制标准、风险评估程序、风险防范与化解措施等。

(5)基础管理评价主要反映企业在制度建设、内部控制、重大事项管理、信息化建设、标准化管理等方面的情况,包括财务管理、对外投资、采购与销售、存货管理、质量管理、安全管理、法律事务等方面的情况。

(6)人力资源评价主要反映企业人才结构、人才培养、人才引进、人才储备、人事调配、员工绩效管理、分配与激励、企业文化建设、员工工作热情等方面的情况。

(7)行业影响评价主要反映企业主营业务的市场占有率、对国民经济及区域经济的影响与带动力、主要产品的市场认可程度、是否具有核心竞争能力以及产业引导能力等方面的情况。

(8)社会贡献评价主要反映企业资源节约、环境保护、吸纳就业、工资福利、安全生产、上缴税费、商业诚信、和谐社会建设等方面的贡献程度和社会责任的履行情况。

本章小结

财务报表综合分析是单项分析的深化,本项目分别介绍了杜邦财务分析体系、帕利普财务分析体系以及我国绩效评价分析体系的内涵及应用。

财务综合分析是在财务能力单项分析的基础上,将有关指标按其内在联系结合起来,从整体上,相互联系地全面评价企业的财务状况及经营成果。财务综合分析往往与企业的业绩评价联系在一起,因此,在实务中又叫财务综合分析与评价。

综合系数分析法也叫综合评分法,在财务分析中是指在进行分析时,选定若干财务比率,将选定的财务比率指标用线性关系结合起来,并分别给定各自的分数比重,然后通过与标准比率进行比较,确定各项指标的得分及总体指标的累计分数,根据所得分数对企业某类或整体综合业绩水平做出评价的方法。

科学地评价企业绩效,可以为出资人行使经营者的选择权提供重要依据;可以有效地加强对企业经营者的管理和约束;可以为有效激励企业经营者提供可靠的依据;还可以为政府有关部门、债权人、企业职工等利益相关者提供有效的信息支持。

思考题

1.什么是企业的财务综合分析?为什么要进行财务综合分析?

2.什么是杜邦财务分析法?其分析原理和框架是怎样的?

3.怎样利用杜邦分析图进行企业财务分析?

4.如何利用杜邦财务分析体系中的三因素分析法对企业净资产收益率进行分析?

5.杜邦分析存在哪些局限性?如何克服?

6.请阐述沃尔评分法在财务预警中的作用?

7.请阐述帕利普分析的基本原理。

8.衡量企业综合财务状况和经营成果的财务指标有哪几类?其代表性的财务指标有哪些?

案例讨论与分析

【材料1】 中国石油天然气股份有限公司财务分析

要求:请根据附录所示中国石油天然气股份有限公司的财务报表,分别使用杜邦分析法、沃尔评分法、帕利普财务分析法进行企业财务分析,比较结果,并进行企业综合绩效评价。

【材料2】 国药股份:新冠肺炎疫情下的财务情况

要求:请用杜邦分析法分析国药股份的企业财务状况并做出评价。

国药股份:新冠肺炎疫情下的财务情况

国药集团旗下的医药商业上市公司。前身是中国医药公司,1999年12月21日由中国医药集团总公司发起并组建成立,2002年在上海证券交易所成功上市。2006年7月,中国医药集团总公司将其持有的公司全部58.67%的股权以增资的方式投入国药控股股份有限公司。公司通过2007年和2008年分配、转股方案的实施,目前注册资本为47 880万元。

该公司是我国医药商业领域的排头兵,以经营麻特药品和高端处方药为主要特色,立足北京辐射全国医药市场,致力于为客户提供专业的第三方医药物流服务。经营范围涵盖医药工业制造、医药商业、进口保税与第三方物流、麻醉药品等多项业务,业态丰富。目前共经营药品品规17 000多个,拥有供应商1 600余家,商业客户有1 200余家,覆盖全国31个省份。公司拥有自主开发并独立运营的B2B医药电子商务网站——国药商城,主要针对全国中小城市零售终端药店及营利性医疗机构,通过建立零售分销和零售学术两支队伍,深入全国各地,采用线下推广和线上交易相结合的营销方式,致力于全面覆盖全国零售终端。

国药股份长期承担国药医药储备与应急供应任务,为国家防病治病、保障人民健康和促进行业发展发挥着重要作用。

国药股份2016—2020年的财务报表如表9-6—表9-8所示。

表9-6　国药股份合并资产负债表　　　　　　　　单位:万元

项目	2016年	2017年	2018年	2019年	2020年
货币资金	167 734	546 204	509 913	570 216	622 461
应收票据	60 000	61 378	59 454	—	529
应收账款	259 540	908 707	983 555	1092 414	544 731
预付款项	4 073	19 969	27 560	28 296	15 070
其他应收款	416	20 618	14 335	24 188	15 718
存货	117 041	273 976	334 330	335 646	304 957
其他流动资产	1 087	876	3 182	1 748	2 054
流动资产合计	609 890	1 831 727	1 932 329	2 167 601	2 210 959
发放贷款及垫款	—				
可供出售金融资产	7 033	3 437	—		
长期股权投资	48 226	56 606	78 559	79 484	99 793
投资性房地产	396	434	404	374	377
固定资产	53 760	58 483	55 393	60 865	55 719
在建工程	1105	461	7 453	1 212	1 324
无形资产	6 750	23 550	24 282	26 378	25 612
开发支出	2 896	4 324	4 446	6 067	7 426
商誉	245	15 490	15 804	20 377	20 377
长期待摊费用	572	1 125	1 237	1 114	1 605
递延所得税资产	4 337	6 651	7 153	10 699	10 060
其他非流动资产	4 936	14 308	110 16	31 330	42 966
非流动资产合计	130 257	184 868	218 648	251 764	279 535
资产总计	740 146	2 016 596	2 150 977	2 419 365	2 490 493
短期借款	—	123 637	98 355	34 892	47 183
应付票据	88 627	95 468	113 198	162 347	164 354
应付账款	195 059	681 248	702 527	778 046	734 679
预收账款	2 779	8702	—	—	—
应付职工薪酬	5 966	10 029	11 627	18 291	15 378

续表

项目	2016年	2017年	2018年	2019年	2020年
应交税费	1 964	15 766	15 859	22 233	14 227
应付利息	——	2046	2 328	2800	3 714
应付股利	118	201	——	——	——
其他应付款	29 273	109 409	108 826	133 469	134 219
一年内到期的非流动负债	——	——	——	4 221	7 012
其他流动负债	——	——	——	——	3
流动负债合计	323 786	1 046 506	1 062 517	1 160 329	1 123 715
长期借款	——	——	4171	——	——
预计负债	——	——	——	1 955	
长期递延收益	4 603	4 181	3 300	3 954	4 553
递延所得税负债	193	4259	4035	4 643	4 084
其他非流动负债	9 884	16 006	15 988	32 608	48 739
非流动负债合计	14 680	24 446	27 494	43 160	57 376
负债合计	338 466	1 070 951	1 090 012	1 203 489	1 181 091
实收资本(或股本)	47 880	76 693	76 440	75 450	75 450
资本公积	8 939	233 648	234 895	234 895	234 895
减：库存股	——	——	990	——	——
盈余公积	36 035	42 144	51709	60 748	60 748
未分配利润	254 312	463 263	559 596	680 371	770 502
其他综合收益	5 022	2 371	1 589	2 769	2 245
归属于母公司股东权益合计	352 188	818 119	923 239	1 053 709	1 144 364
少数股东权益	49 493	127 525	137 726	162 167	165 039
所有者权益(或股东权益)合计	401 681	945 644	1 060 965	1 215 876	1 309 402
负和所有者权益债(或股东权益)合计t	740 160	2 016 596	2 150 977	2 419 365	2 490 493
营业总收入	1 338 642	3 628 475	3 873 983	4 464 448	4 037 861
营业收入	1 338 642	3 628 475	3 873 983	4 464 448	4 037 861
营业总成本	1 282 302	3 471 575	3 705 027	4 236 993	3 879 028
营业成本	1 239 255	3 345 073	3 532 073	4 073 687	3 723 580
研发费用	——	——	3 044	4 493	5 187
税金及附加	2 818	8 434	8 515	10373	10 498
销售费用	21 547	69 401	104 366	104 841	103 495
管理费用	18 695	38 383	40 225	42 544	36 948

续表

项目	2016年	2017年	2018年	2019年	2020年
财务费用	−1501	15 034	15 226	1 055	−681
资产减值损失	1 488	−4 749	−93	21	−648
投资收益	13 152	14 630	29 577	11 459	22 060
对联营企业和合营企业的投资收益	13 134	13 506	29 549	22 789	32 762
营业利润	69 492	176 979	203 846	243 608	191 322
营业外收入	1 719	564	53	183	1 270
营业外支出	102	3 474	1 578	1 135	857
非流动资产处置损失	13	—	—	—	—
利润总额	71 109	174 070	202 321	242 656	191 735
所得税费用	14 714	40 150	43 056	54 608	40 810
净利润	56 394	133 920	159 266	188 048	150 925
归属于母公司所有者的净利润	54 761	114 149	140.410	160 390	138 269
少数股东损益	1 634	19772	18 856	27 658	12 656
基本每股收益(元)	1.43	1.55	1.83	2.11	1.83
稀释每股收益(元)	1.43	1.55	1.83	2.11	1.83

表9-7　国药股份合并现金流量表　　　　　单位：万元

项目	2016年	2017年	2018年	2019年	2020年
销售商品、提供劳务收到的现金	1 431 441	3 993 165	4 343 693	4 841 158	4 376 693
收到的税费返还	—	—	—	—	102
收到的其他与经营活动有关的现金	5 342	22 393	38 687	25 311	71 164
经营活动现金流入小计	1 436 783	4 015 558	4 382 379	4 866 469	4 447 959
购买商品、接受劳务支付的现金	1 297 517	3 700 286	4 023 266	4 414 609	4 006 664
支付给职工以及为职工支付的现金	27 844	57 154	62 335	66 824	70 462
支付的各项税费	35 450	88 963	103 532	122 044	124 950
支付的其他与经营活动有关的现金	16 847	61 706	95 081	85 385	115 716
经营活动现金流出小计	1 377 658	3 908 109	4 284 214	4 688 862	4 317 792
经营活动产生的现金流量净额	59 125	107 449	98 165	177 607	130 167
收回投资所收到的现金	—	62	—	—	1 427
取得投资收益所收到的现金	19	1 448	659	13 216	721
处置固定资产、无形资产和其他长期资产所收回的现金净额	12	24	28	93	130
投资活动现金流入小计	31	1 534	687	13 309	2 278

续表

项目	2016年	2017年	2018年	2019年	2020年
购建固定资产、无形资产和其他长期资产所支付的现金	3 988	7 325	13 246	8 572	6 905
投资所支付的现金	180	4 500	6 020	90	1 140
取得子公司及其他营业单位支付的现金净额	—	—	880	3 181	−121
投资活动现金流出小计	4 168	11 825	20 146	11 843	7 924
投资活动产生的现金流量净额	−4 137	−10 290	−19 459	1 466	−5 647
吸收投资收到的现金	—	102 067	305	998	768
其中：子公司吸收少数股东投资收到的现金	—	245	300	998	768
取得借款收到的现金	—	259 807	202 987	83 058	118 372
收到其他与筹资活动有关的现金	—	39 771	4 239	4 836	17 370
筹资活动现金流入小计	0	401 645	207 532	88 891	136 511
偿还债务支付的现金	30 000	177 799	224 289	150 755	106 080
分配股利、利润或偿付利息所支付的现金	6 768	29 245	61 258	53 292	72 840
其中：子公司支付给少数股东的股利、利润	554	3 324	9 651	8 113	11 533
支付其他与筹资活动有关的现金	6 748	32 430	29 276	6527	30 652
筹资活动现金流出小计	43 516	239 474	314 823	210 574	209 571
筹资活动产生的现金流量净额	−43 516	162 171	−107 291	−121 682	−73 061
汇率变动对现金及现金等价物的影响	—	—	−27	−68	−2
现金及现金等价物净增加额	11 471	259 330	−28 611	57 323	51 457
加：期初现金及现金等价物余额	146 449	274 643	533 972	505 361	562 685
期末现金及现金等价物余额	157 921	533 972	505 361	562 685	614 142
净利润	56 394	133 920	159 266	188 048	150 925
资产减值准备	1 488	−4 749	1 578	1 930	1 116
固定资产折旧、油气资产折旧、生产性生物资产折旧	4 521	6 215	6 518	7 002	7 182
无形资产摊销	359	1 852	2 181	2 841	3 164
长期待摊费用摊销	156	444	1778	494	513

项目	2016年	2017年	2018年	2019年	2020年
处置固定资产、无形资产和其他长期资产的损失	9	52	71	53	−7
固定资产报废损失	—	—	—	10	2
财务费用	1 209	15 927	17 532	2 986	3 603
投资损失	−13 152	−14 630	−29 577	−11 459	−22 060
递延所得税资产减少	−996	920	−220	−4 183	639
递延所得税负债增加	−37	−370	−380	135	−734
存货的减少	352	−8 845	−60 262	−1 295	30 041
经营性应收项目的减少	−48 790	−71 708	−74 752	−163 263	−10 714
经营性应付项目的增加	58 394	48 420	74 402	151 093	−41 141
其他	−813	—	30	3 215	6 991
经营活动产生现金流量净额	59 125	107 449	98 165	177 607	130 167
现金的期末余额	157 921	533 972	505 361	562 685	614 142
现金的期初余额	146 449	274 643	533 972	505 361	562 685
现金及现金等价物的净增加额	11 471	259 330	−28 611	57 323	51 457

表9-8　国药股份股利发放情况表　　　　　　　　　　　　单位：元

年度	2016年	2017年	2018年	2019年	2020年
每股股利	0.2	0.45	0.4	0.638	0.55

附录一

中国石油天然气股份有限公司合并资产负债表

单位:百万元

项目	2015年	2016年	2017年	2018年	2019年
资产					
流动资产:					
货币资金	73 692	98 617	136 121	95 489	110 665
应收票据	8 233	11 285	19 215	—	—
应收账款	52 262	47 315	53 143	59 522	64 184
应收款项融资	—	—	—	16 308	7 016
预付款项	19 313	16 479	10 191	17 554	17 038
其他应收款	14 713	10 846	14 128	17 415	21 199
存货	126 877	146 865	144 669	177 577	181 921
其他流动资产	54 254	50 258	47 695	54 376	64 890
流动资产合计	349 344	381 665	425 162	438 241	466 913
非流动资产:					
长期股权投资	70 999	79 003	81 216	89 432	102 165
其他权益工具投资	—	—	—	760	930
可供出售金融资产	2 832	2 031	1 937	—	—
固定资产	681 561	670 801	695 034	689 306	703 414
在建工程	225 566	215 209	196 192	219 623	247 996
油气资产	870 350	845 729	811 604	800 475	831 814
使用权资产	—	—	—	—	189 632
无形资产	71 049	71 490	72 913	77 272	84 832
商誉	45 589	46 097	41 934	42 273	42 808
长期待摊费用	27 534	26 013	26711	28 529	10 258
递延所得税资产	16 927	20 360	26 724	23 498	24 259
其他非流动资产	25 426	31 268	25 483	31 760	28 169
非流动资产合计	2 044 750	2 015 285	1 979 748	2 002 928	2 266 277
资产总计	2 394 094	2 396 950	2 404 910	2 441 169	2 733 190
负债和股东权益					
流动负债:					
短期借款	70 059	71 969	93 881	69 780	70 497
应付票据	7 066	9 933	10 697	8 127	13 153

续表

项目	2015年	2016年	2017年	2018年	2019年
应付账款	202 885	198 617	224 514	246 671	260 102
预收款项	50 930	60 590	67 176	—	—
合同负债	—	—	—	68 144	82 490
应付职工薪酬	5 900	5 396	6 955	10 189	10 169
应交税费	34 141	45 199	57 431	83 288	67 382
其他应付款	59 933	28 195	32 804	33 922	34 699
一年内到期的非流动负债	36 167	71 415	81 536	75 370	92 879
其他流动负债	4 326	7 949	1 673	939	30 048
流动负债合计	471 407	499 263	576 667	596 430	661 419
非流动负债：					
长期借款	329 461	243 675	195 192	177 605	174 411
应付债券	105 014	129 212	94 666	91 817	116 471
租赁负债	—	—	—	—	164 143
预计负债	117 996	125 392	131 546	132 780	137 935
递延所得税负债	13 116	13 646	12 667	17 022	21 418
其他非流动负债	12 812	12 734	12 562	16 339	12 815
非流动负债合计	578 399	524 659	446 633	435 563	627 193
负债合计	1 049 806	1 023 922	1 023 300	1 031 993	1 288 612
股东权益：					
股本	183 021	183 021	183 021	183 021	183 021
资本公积	128 008	128 377	128 639	129 199	127 314
其他综合收益	−36 277	−28 320	−27 433	−32 397	−27 756
专项储备	11 648	13 188	13 366	13 831	12 443
盈余公积	186 840	186 840	188 769	194 245	197 282
未分配利润	706 728	706 213	707 448	726 168	738 124
归属于母公司股东权益合计	1 179 968	1 189 319	1 193 810	1 214 067	1 230 428
少数股东权益	164 320	183 709	187 800	195 109	214 150
股东权益合计	1 344 288	1 373 028	1 381 610	1 409 176	1 444 578
负债和股东权益总计	2 394 094	2 396 950	2 404 910	2 441 169	2 733 190

注：因四舍五入，个别数据存在误差。以下附录情况相同。

附录二

中国石油天然气股份有限公司合并利润表

单位：百万元

项目	2015年	2016年	2017年	2018年	2019年
一、营业收入	1 725 428	1 616 903	2 015 890	2 374 934	2 516 810
减：营业成本	1 300 419	1 235 707	1 584 245	1 839 562	2 002 403
税金及附加	200 255	187 846	196 095	219 291	226 905
销售费用	62 961	63 976	66 067	69 083	74 108
管理费用	79 659	75 958	66 490	68 148	61 757
研发费用	—	—	11 075	12 826	15 666
财务费用	23 826	20 652	21 648	18 879	27 816
其中：利息费用	—	—	22 408	22 718	30 409
利息收入	—	—	2 901	3 779	3 631
加：其他收益	—	—	8 003	10 855	11 267
投资收益	26 627	28 968	6734	11 956	8 867
其中：对联营企业和合营企业的投资收益	—	—	5 968	11 647	8229
信用减值损失	—	—	—	494	1 378
资产减值损失	−28 505	−12 858	−26 054	−34 741	−14 712
资产处置收益	—	−1 935	−1 184	673	565
二、营业利润	56 430	46 939	57 769	136 382	115 520
加：营业外收入	12 956	10 220	3 612	3 218	4 971
减：营业外支出	11 220	11 967	8 298	22 836	17 278
三、利润总额	58 166	45 192	53 083	116 764	103 213
减：所得税费用	15 802	15 778	16 295	42 790	36 203
四、净利润	42 364	29 414	36 788	73 974	67 010
(一)按经营持续性分类：					
1.持续经营净利润	42 364	29 414	36 788	73 974	67 010
2.终止经营净利润					
(二)按所有权归属分类：					
1.归属于母公司股东的净利润	35 653	7 900	22 793	53 030	45 677
2.少数股东损益	6 711	21 514	13 995	20 944	21 333
五、其他综合收益的税后净额	−20 239	9 589	−1 365	−2 648	8 930
(一)归属于母公司股东的其他综合收益的税后净额	−16 552	7 957	887	−4 694	4 641

续表

项目	2015年	2016年	2017年	2018年	2019年
1.不能重分类进损益的其他综合收益					
（1）其他权益工具投资公允价值变动	—	—	—	−162	96
2.将重分类进损益的其他综合收益					
（1）权益法下可转损益的其他综合收益	130	313	−326	220	417
（2）可供出售金融资产公允价值变动损益	270	−128	−36	—	—
（3）外币财务报表折算差额	−16 952	7 772	1 249	−5 022	4 128
（二）归属于少数股东的其他综合收益的税后净额	−3 687	1 632	−2252	2 316	4 289
六、综合收益总额	22 125	39 003	35 423	71 326	75 940
（一）归属于母公司股东的综合收益总额	19 101	15 857	23 680	48 066	50 318
（二）归属于少数股东的综合收益总额	3 204	23 146	11 743	23 260	25 622
七、每股收益					
（一）基本每股收益（元）	0.19	0.04	0.12	0.29	0.25
（二）稀释每股收益（元）	0.19	0.04	0.12	0.29	0.25

附录三

中国石油天然气股份有限公司合并现金流量表

单位：百万元

项目	2015年	2016年	2017年	2018年	2019年
经营活动产生的现金流量					
销售商品、提供劳务收到的现金	2 005 109	1 885 956	2 335 730	2 737 929	2 865 719
收到的税费返还	4 749	3 100	7 019		
收到其他与经营活动有关的现金	8 783	4 806	5 581	17 233	14 984
经营活动现金流入小计	2 018 641	1 893 862	2 348 330	2 755 162	2 880 703
购买商品、接受劳务支付的现金	1 242 184	1 165 458	1 499 728	1 856 841	1 954 120
支付给职工以及为职工支付的现金	118 103	118 124	123 825	143 267	156 287
支付的各项税费	333 729	272 632	292 931	326 038	340 449
支付其他与经营活动有关的现金	63 313	72 469	65 191	75 760	70 237
经营活动现金流出小计	1 757 329	1 628 683	1 981 675	2 401 906	2 521 093
经营活动产生的现金流量净额	261 312	265 179	366 655	353 256	359 610
投资活动产生的现金流量					
收回投资所收到的现金	22 858	1 315	3 173	16 089	15 186
取得投资收益所收到的现金	11 202	12 584	9 408	8 401	7 725

续表

项目	2015年	2016年	2017年	2018年	2019年
处置固定资产、油气资产、无形资产和其他长期资产收回的现金净额	2 076	2 197	1 305	1 701	2 088
投资活动现金流入小计	36 136	16 096	13 886	26 191	24 999
购建固定资产、油气资产、无形资产和其他长期资产支付的现金	223 860	189 421	237 004	275 834	326 762
投资支付的现金	28 155	2 562	20 428	18 169	31 185
投资活动现金流出小计	252 015	191 983	257 432	294 003	357 947
投资活动产生的现金流量净额	−215 879	−175 887	−243 546	−267 812	−332 948
筹资活动产生的现金流量					
吸收投资收到的现金	1 596	940	1 470	2 211	2 640
其中：子公司吸收少数股东投资收到的现金	1 596	940	1 470	2 211	2 640
取得借款收到的现金	793 571	707 907	730 252	704 281	836 458
收到其他与筹资活动有关的现金	185	84	85	—	—
筹资活动现金流入小计	795 352	708 931	731 807	706 492	839 098
偿还债务支付的现金	781 553	744 299	774 113	770 141	785 751
分配股利、利润或偿付利息支付的现金	55 096	30 127	51 837	61 968	61 759
其中：子公司支付给少数股东的股利、利润	5 314	2 401	12 621	15 207	14 245
子公司资本减少	299			86	182
支付其他与筹资活动有关的现金	3 843	1 512	582		18 682
筹资活动现金流出小计	840 791	775 938	826 532	832 195	866 374
筹资活动（使用）/产生的现金流量净额	−45 439	−67 007	−94 725	−125 703	−27 276
汇率变动对现金及现金等价物的影响	−999	2 873	−3 538	2 513	1 069
现金及现金等价物净增加/（减少）额	−1 005	25 158	24 846	−37 746	455
加：期初现金及现金等价物余额	73 778	72 773	97 931	123 700	85 954
期末现金及现金等价物余额	72 773	97 931	122 777	85 954	86 409

第十章 企业价值分析

学习目标

　　企业价值评估是财务报表分析的最基本目标之一,也是从事价值投资与价值管理的基本前提。本章节分别介绍了企业价值评估基础,使用现金流折现模型、剩余收益折现模型、价格乘数估值模型进行企业价值评估的具体运用,以及企业估值评估模型的比较。通过本章的学习,应当掌握企业价值评估的具体方法的基本内容,能够熟练使用这些方法对企业进行价值分析和评价。

引导案例

贵州茅台:你的价值也醉人

　　2001年7月31日,贵州茅台(股票代码为600519)在上海证券交易所成功上市,发行价格为31.39元/股,募资金额共计22.4亿元。此后,经过多年的分红及派息,截至2021年8月14日,盘中最高的不复权股价为2021年2月的2627.88元/股。作为A股"神话"的贵州茅台,自4月28日发布2021年一季度报告后,股价连跌5个交易日,累计下跌逾9%,市值缩水逾2400亿元。截至2021年8月14日,贵州茅台收盘价为1700元/股,最低探至1620元/股。在2—5月的3个月时间内,累计跌幅接近28%,贵州茅台市值最大损失近9500亿元,几乎等于五粮液或农业银行的总市值。

　　茅台酒是中国的传统特产酒,贵州茅台酒股份有限公司(简称"贵州茅台")总部位于中国贵州省遵义市茅台镇,其主导产品贵州茅台酒历史悠久、源远流长,具有深厚的文化内涵,是我国大曲酱香型白酒的鼻祖和典范。

　　贵州茅台财务报告显示,2020年贵州茅台实现营业总收入979.93亿元,同比增长10.29%。尽管贵州茅台取得了历史上最好的业绩,但是高增长已经不复存在。2016—2019年财务数据显示,其收入增长率分别为20.06%、52.07%、26.43%和15.10%。相比之下,2020年收入增长率已降至5年来的新低。贵州茅台增长变缓,与收入基数大直接相关,也与茅台战略重点的调整有关。2016年以来,贵州茅台实现了销量和利润的大幅增长,并不断实施价格管理、渠道直销、品牌价值维护等多重战略,这也需要公司相对稳定的增长率来支撑。同时,合理增长可以有效降低茅台酒过快增长带来的价格失控和品牌形象的负面影响,对公司长远发展具有重要意义。然而,近两年贵州茅台销售增长率降低,尤其2021年一季度财务报告揭示其销售增长率已降到个位数,经营性净现金出现负增长,给其股价带来不利影响。与此同时,估值太高是造成近期贵州茅台股价连续杀跌的根本原因。2019年贵州茅台大涨109%(复权),2020年再度大涨逾71%。股票价格连续上涨,以致股价脱离了基本面的支撑,造成估值偏高的局面。以2021年最高价计算,当时的动态市盈率高达71倍,即使经过大幅调整,动态市盈率也高达43倍,依然远远超过市场平均市盈率,也远高于贵州茅台自身的历史平均市盈率。

企业价值评估是财务报表分析的最基本目标之一,也是从事价值投资与价值管理的基本前提。财务报表提供了关于公司经营活动的可以得到的最广泛的数据和信息,这些信息全面反映了公司价值。但是,由于财务报表使用者未必是会计专家,不一定能把财务报表中的真实信息与歪曲和"噪声"区分开来,从而难以对企业内在价值作出准确评估。有效的企业分析通过加深对企业所在行业及其竞争策略的了解,可以从公开的财务报表数据中获取企业管理者的内部信息,增进对公司当前业绩与未来前景的了解,从而有助于作出准确的企业价值评估。利用财务报表进行企业分析与价值评估一般需要以下步骤:企业经营战略分析、会计分析、财务分析、业绩预测与价值评估。可见,利用财务报表进行企业价值评估所包含的工作内容远远超越财务报表分析的工作内容。那么,如何通过财务报表分析进行企业价值评估? 如何评价企业价值评估的合理性呢?

利用财务报表进行企业价值评估的方法很多,本章主要介绍常用的三种方法:现金流折现模型、剩余收益折现模型和价格乘数估值模型。

第一节 企业价值评估基础

一、企业价值评估的产生和发展

企业的根本目标是追求价值最大化,这也是企业管理的核心。但是,究竟是什么原因使价值成为企业管理核心的呢? 在管理的实践中应该怎样实现企业价值最大化呢? 如何知道在管理过程中是否实现了这个目标呢? 企业价值评估的存在可以让我们解决这些问题。

那么,何为企业价值评估呢? 它为何有如此神奇的力量? 了解它的历史以及发展概况是认识其本质的关键。

(一)企业价值评估的产生

企业价值评估是评估行业的一个独立分支,因此其产生要追溯到评估行业。评估行业的发展在国际上已有近200年的历史,其萌芽是对非正式的民间不动产的估价,随后因为个体之间不动产转让项的日益频繁和多样化,自发的经验评估已经不再能够满足社会的需求,这样就促使了资产评估行业的产生。起初,资产评估主要局限于房地产、机器设备等单项不动产领域。但是随着产权交易的产生和快速发展,尤其是国外并购热潮的出现,无形资产评估、企业价值评估等新领域也相继出现。

总体而言,企业价值评估是因评估企业整体价值的动机而产生的,它所评估的内容当然离不开企业整体,其产生初期主要涉足的三个方面更能体现它的特点:第一,评估一个整体企业的价值。它不仅仅与企业购并问题紧密相关,还与新证券的合理定价有关。第二,评估企业股权(所有者权益)的价值。由于部分股权的转让和交易的情况比企业整体转让或交易的情况要多得多,因此主要部分是股权的价值评估。但由于部分股权的价值已与具体资产对应,所以仍需评估企业价值。第三,评估企业无形资产的价值。无形资产不可能离开企业而独立产生作用,只有依附于企业其他有形资产并与它们共同作用才能产生经济效益。因此,无形资产的评估总是与企业价值评估紧密相联的。

由以上三个方面可以看出,企业价值评估和企业的整体息息相关,同以往的单项资产评估截然不同,更加体现了组织资本的价值。

（二）企业价值评估的发展

在巨大的市场需求推动和资本市场日益重视企业价值创造的背景下,企业价值评估得到迅速发展,尤其是在美国、英国等西方发达国家,不仅在应用领域得到极大拓展,企业价值评估理论也因实践的推动而日益完善。

1.企业价值评估因资本市场的发展而日益受到重视

我投资的原则是,先评估公司的内在价值,再使之与市场价值对比,如果内在价值高于市场价值,则买入该公司的股票,甚至买入整个公司。

——沃伦·巴菲特

股东财富的增加不是靠短期盈利实现的,资本市场的短期膨胀也不可能为股东创造实实在在的财富。无论对于企业管理者,还是投资者、分析师和投资银行家等资本市场参与者而言,只有采用科学的估值模型对企业进行价值评估,才能制订合理的经营和投资决策,致力于企业的长期价值创造或投资于能创造长期价值的企业。如果市场参与者忘记了这些简单的原理,后果可能是灾难性的,如20世纪70年代大型企业集团的兴衰、80年代美国的恶意收购案、90年代日本泡沫经济的破灭、1998年东南亚金融危机、因特网泡沫、金融危机等都是例证。

2.企业价值评估应用领域的拓展

长期以来,人们关注企业价值的大小,主要是由于企业并购活动的存在。企业价值评估服务于企业的产权转让和产权交易。但是,随着企业价值评估理论与方法的不断发展,企业价值评估的业务范围已经由传统的企业并购领域拓展到其他领域,如为员工持股计划服务的评估、以公平鉴定为目的的评估、经济损失的评估等。

3.企业价值评估方法的不断创新

20世纪40年代开始的信息技术革命,特别是20世纪80年代兴起的高科技革命,导致知识经济的全面崛起,从而也对企业价值评估技术提出了新要求。

传统企业价值评估方法是对已经实施或者正在规划的投资项目进行预测,但却对未来的投资机会束手无策,因此无法解释高科技企业为何在发展初期的微利状态下仍能获得超乎寻常的高股价。于是,如何对高科技企业进行合理的估价就成为企业价值评估的难点。比如,谷歌母公司Alphabet 2016年2月1日公布2015年第四季度财报,各项指标超出市场预期。受此利好消息影响,当天盘后交易时段,该公司股价猛涨,涨幅一度达到8%,最终上涨近6%,最新股价超过795美元。该公司各类股票的合并市值达到5 550亿美元,超过苹果的5 340亿美元,一跃成为全球市值最高的公司。但是,华尔街分析师认为Alphabet未来52周内的最高市值可达7 340亿美元,而苹果则预计可达11 000亿美元——如实现,将成为首个市值突破万亿美元大关的公司。亿万富翁和激进投资人Carl Icahn就曾在2015年5月公开表示,苹果的股价"被严重低估"了,该股票的合理交易价格应该为每股240美元左右。依此价格计算,苹果的市值则高达13 000亿美元。

1972年,布莱克-斯考尔斯(Black-Scholes)期权定价模型的提出,使期权定价理论获得了飞速发展,同时给企业价值评估提供了一种新思路。高新技术企业的特点是要么不成功,丧失掉初始投资,要么取得巨大成功,获得极高水平的报酬率。这种状况与期权定价所适用的条件非常吻合,于是期权定价的方法被广泛引入高新技术企业价值评估中,成为企业价值评估方法的一大创新。

(三)我国企业价值评估的现状

资产评估行业在我国起源于20世纪80年代末期,但得益于引进资产评估的初衷就是满足企业价值评估的需要,企业价值评估这个独立分支得到了迅猛发展。改革开放时期,在对国有企业进行战略性重组和规范化股份制改革的背景下,资产评估机构的主要业务来源于国有资产评估。随着改革开放的深入进行,企业价值评估行业作为一种独立的社会中介服务行业,在短短十几年的时间里得到了长足的发展,行业的从业人员已经达到了数十万人,评估机构也达到3 000多家,累计评估项目20多万项,被评估资产价值多达40 000多亿元。企业价值评估在促进国有企业的现代企业制度建立等方面发挥了重要的作用,在资本市场产权交易的中介服务中已具有不可替代的地位。

2016年7月2日,全国人民代表大会常务委员会发布《中华人民共和国资产评估法》(以下简称《资产评估法》),自2016年12月1日起实施。《资产评估法》首次确立了资产评估行业的法律地位,对资产评估行业的发展具有里程碑式的重要意义。《资产评估法》的颁布有助于建立与现代市场体系相适应的资产评估法律制度,是完善市场经济体制、促进市场经济健康发展的迫切需要。同时,随着国有企业改革的深化和混合所有制经济的发展,国有企业和非公有制企业之间的资产转让、并购、重组、股权交易较为频繁,为防止国有资产流失、维护公共利益、保护各种所有制资本的合法权益,我们也需要依法有序、客观公正的资产评估。

目前,市场经济正在我国如火如荼地发展,它的国际发展进程扩展了中国企业价值评估市场的吸引力,表现为企业价值评估业务多元化。评估业务呈现的多样化不仅仅是因为资本权益主体的多元化,除了国有资产外,更有大量的民营资本、外商投资等,同时,随着以信息产业为主导、以高新技术为推动力的新经济时代的到来,新的产业类型、大量高新技术企业的出现以及崭新的经济运行模式等都给资本的运行带来了更多的风险和变数,这是以往以资产为基础的成本途径评估思路所无法胜任的,必然对企业价值评估行业提出新的挑战。

在机遇与挑战并存的关键时刻,中国资产评估协会2004年发布的《企业价值评估指导意见(试行)》明确了企业价值评估的对象,肯定了收益法在企业价值评估中的合理性,打破了成本法在企业价值评估中一统天下的局面。这是我国企业价值评估发展过程中一个十分重要的转折点。

2011年12月30日，为规范注册资产评估师执行企业价值评估业务的行为，维护社会公共利益和资产评估各方当事人的合法权益，中国资产评估协会在总结《企业价值评估指导意见（试行）》实施经验的基础上，结合评估理论和实践的发展，制订并颁布了《资产评估准则企业价值》。该准则自2012年7月1日起开始施行，同时废止2004年发布的《企业价值评估指导意见（试行）》。这意味着我国的企业价值评估发展又进入了一个新的阶段。此后，中国资产评估协会多次修订完善准则。2017年，中国资产评估协会对《资产评估准则企业价值》进行了修订，制定了《资产评估执业准则-企业价值》，规定自2017年10月1日起施行，同时废止了2011年发布的《资产评估准则—企业价值》。2018年，中国资产评估协会对《资产评估执业准则-企业价值》进行了修订，并规定自2019年1月1日起实施。

总而言之，随着市场经济的发展，我国的企业价值评估业务不再仅仅围绕改革开放初期的企业改制，评估方法也不再局限于以往不论实际情况如何、拿来即用的资产基础法。可以预见的是，资本市场的收购兼并，企业的剥离重组，金融企业的抵押担保、保险业务，交易咨询，课税评估，员工期权评估，租赁资产转让，特别是网络公司、高新技术企业、新型传媒企业、文化体育产业等新的评估业务领域将促进企业价值评估行业从理论到实践有一个更大的发展。

二、企业价值评估的含义与特点

企业价值评估从本质上讲是对企业这个资产综合体的持续获利能力的评定估算。但在评估实务中，我们需要根据评估目的和委托方的要求，进一步明确企业价值评估的具体内涵或者说评估对象。根据中国资产评估协会2018年修订的《资产评估执业准则——企业价值》第二条对企业价值评估的定义，企业价值评估是指资产评估机构及其资产评估专业人员遵守法律、行政法规和资产评估准则，根据委托对评估基准日特定目的下的企业整体价值、股东全部权益价值或者股东部分权益价值等进行评定和估算，并出具资产评估报告的专业服务行为。

企业整体价值（Business Enterprise Value）是企业总资产价值减去企业负债中的非付息债务价值后的余值，或用企业所有者权益价值加上企业的全部付息债务价值表示。

企业股东全部权益价值（Total Equity Value）即所有者权益价值或净资产价值。

企业股东部分权益价值（Partial Equity Value）即企业一部分股权的价值，或股东全部权益价值的一部分。在企业价值评估实务中，一般是在得到股东全部权益价值后再确定部分权益价值。但是由于存在控股权溢价和少数股权折价的因素，因此，股东部分权益价值并不必然等于股东全部权益价值与股权比例的乘积。评估人员应当在适当及切实可行的情况下考虑由于控股和少数股权等因素产生的溢价或折价，并应在评估报告中披露是否考虑了控股权和少数股权等因素产生的溢价或折价。

企业价值评估具有以下特点：第一，评估对象是由多个或多种单项资产组成的资产综合体;第二,评估的标的是该综合体的持续获利能力,而非各单项资产价值的加总;第三,企业价值评估是典型的整体性评估。

三、企业价值评估在经济生活中的重要性

自20世纪90年代以来,企业价值评估已不局限于以企业产权变动为目的,而是扩展到企业评价和管理以及职员股票期权计划等方面。

（一）以产权交易为目的的企业价值评估

1. 以公司上市为目的

在企业IPO时,投资银行和IPO企业之间的最重要的协议是达成公司股票的发行价。股票发行企业往往希望发行价高一些,以便筹集到更多的资金;而投资银行则更多地考虑如何在尽量短的时间内将股票售出。因此,投资银行在确定IPO股票发行价格时,需要考虑几方面的因素:拟上市公司的经营业绩、股市的行情、相类似上市公司的股价等。但股票发行定价的基础是拟上市公司经营业绩（获利能力）所决定的股票内在价值。通过对企业价值评估,就可形成一个价格区间,然后通过市场将这个价格区间变成一个市场能够接受的价格。

2. 以企业并购为目的

在当今激烈的市场竞争中,公司管理者已经将兼并与收购视为保持企业竞争力的关键手段。在并购过程中,对目标公司的价值评估非常重要。无论是在选择目标公司,还是在决定报出多高价或接受多高价时,企业价值评估都是并购决策合理性的基础。

3. 以为高新技术企业筹资为目的

风险投资是推动高新技术产业发展的重要力量。但是,处于创业期的高新技术企业要想获得风险资本的支持,其投资价值必须得到风险投资者的认可。风险投资者对风险投资企业的价值判断,往往需要通过评估机构对拟投资的高新技术企业的价值进行评估,以评估结论作为投资决策的参考。

（二）以企业价值管理为目的的企业价值评估

以开发企业潜在价值为主要目的的企业价值管理正在成为现代企业管理的新潮流。管理人员的业绩越来越多地取决于他们在提高公司价值方面的贡献。企业价值管理强调对企业整体的分析、评估和管理,它不同于传统的对企业各部门的管理,而是通过制定企业发展战略和行动计划来保证企业的经营决策有利于增加企业股东的财富。在企业价值管理下,企业价值与公司的重大决策,如投资新项目、融资策略、红利政策等是密切相关的,需要企业管理人员通过所掌握的财务数据预测企业发展前景,提高利用企业现有资产在未来创造财富的能力。

（三）以实施职员股票期权计划为目的的企业价值评估

近些年来,职员股票期权计划（Employee Stock Ownership Plans,ESOP）越来越流行。这就大大增加了每年进行公司价值评估的需要。美国ESOP协会规定,实行ESOP的私营公司应该至少每年评估一次股票价值。同时,一个公司在决定是否启用ESOP,或面临一个涉及ESOP的重要交易时,通常也需要进行企业价值评估。

综上所述,在现代市场经济中,企业价值评估的目的有多种,如何估算一个企业的价值已不仅仅是评估机构专业评估人员的事,同时也是一个需要经理、法官以及制定与公司运营有关的政策的政府官员所直接关心的实际问题。

四、企业价值评估的范围界定

(一)从产权的角度界定企业价值评估范围

从产权的角度界定,企业价值评估的范围应该是企业产权所涉及的全部资产。包括企业产权主体自身拥有并投入经营的部分、企业产权主体自身拥有但未投入经营的部分、虽不为企业产权主体自身占用及经营但可以由企业产权主体控制的部分,如全资子公司、控股子公司以及非控股公司中的投资部分,企业拥有的非法人资格的派出机构、分部及第三产业,企业实际拥有但尚未办理产权的资产等。在实务操作中,具体界定企业价值评估资产范围的依据有三条:一是企业有关产权转让或产权变动的协议、合同、章程中规定的企业资产变动的范围;二是企业有关资产产权证明、账簿、投资协议、财务报表;三是对国有企业而言,若产权变动需要报批,以上级主管部门批复文件所规定的评估范围为准。

(二)从有效资产的角度界定企业价值评估的具体范围

企业价值评估的标的是企业的获利能力。企业获利能力是企业全部资产中的有效资产共同作用的结果。因此在对企业整体进行评估时,需要将企业资产范围内的有效资产与对整体获利能力无贡献的溢余资产进行正确的界定与区分,并且对溢余资产进行处理。

其中,有效资产是指企业中正在运营或虽未正在运营但具有潜在运营能力,能够对企业盈利能力做出贡献、发挥作用的资产。溢余资产是指企业中不能参与生产经营、不能对企业盈利能力做出贡献的非经营性资产、闲置资产,以及虽然是经营性资产,但在被评估企业已失去经营能力和获利能力的资产总称。

五、企业价值评估的信息资料搜集

企业价值评估中的信息资料收集是做好企业价值评估的一项重要工作,是合理评价企业价值与规避评估风险的基础。评估人员可以根据本次企业价值评估中所选择的价值类型以及评估途径和方法,收集与本次企业价值评估相关的、有针对性、有用的信息资料。

根据企业价值评估相关准则的要求以及评估实践经验,企业价值评估需要收集的信息资料主要涉及三方面:企业内部信息、企业经营环境信息、市场信息。

(一)企业内部信息

与企业价值评估相关的企业内部信息主要包括企业的法律文件、财务信息、经营信息、管理信息和其他信息。

1.企业的法律文件

企业的法律文件主要有公司章程、企业各项规章制度以及各种补充修改文件;企业重要经营协议合同,包括供货、销货、特许经营、技术转让、房屋设备租赁、银行贷款、保险、劳动协议合同等。

2.企业的财务信息

企业的财务信息主要是企业的财务报表,包括:近几年的资产负债表、损益表、现金流量表,企业的资产清单,同年及上年度的企业纳税记录,从评估基准日算起的过渡期报表以及以前年度同期比较报表。

3.企业的经营信息

企业的经营信息包括:企业概况,如企业的历史沿革、类型、规模、主要产品或服务,行业竞争地位等;企业的客户与原料供应商的信息;企业对未来经营的预算以及企业的资本需求信息,如资本性支出、递延的维修费用以及营运资金的需求等。

4.企业的管理信息

企业的管理信息主要有企业机构组织示意图、主要领导人简介、人力资源管理模式等。

5.企业其他信息

企业其他信息主要包括:企业以往股权变动情况;企业资产价值依据文件,如最近财产税务评估报告或因其他目的而做过的资产评估报告;或有负债,或有负债表外的债务情况,包括尚未判决的经济案件以及其他情况的债务;税务信息等。

(二)企业经营环境信息

企业经营环境信息主要是指与企业经营发展密切相关的宏观经济信息以及产业信息。

1.宏观经济信息

宏观经济信息包括当前国家经济发展趋势、经济增长速度、全球经济发展趋势以及国家的宏观经济政策等。

2.产业经济信息

产业经济信息包括产业在国民经济中的地位和作用,产业发展趋势与增长速度,产业的准入制度,产业的布局与市场分割状况,产业技术指标、经济指标和财务指标等。

(三)市场信息

企业价值评估所需要的市场信息大致可分为两个方面。一方面是指被评估企业生产产品或提供服务的市场情况,尤其是同行业之间的竞争程度。企业未来的获利能力和持续经营时间是由企业之间、产品之间的竞争来决定的。另一方面是指资本市场上的相关信息,主要有与被评估企业相同、相似上市公司的市场价格、投资回报率、各种价值比率,与被评估企业相同、相似的并购企业交易价格、投资回报率、各种价值比率等。

第二节　现金流折现模型

一、现金流折现模型原理

经典财务理论认为,任何公司股票的内在价值应等于持有该股票所获得的现金回报的现值,其基本模型是:

$$V = \sum_{t=1}^{\infty} \frac{FCF_t}{(1 + k_e)^t} \tag{10-1}$$

式中,V表示内在价值;FCF_t表示持有股票在第t期获得的股权现金流量;K_e表示折现率,即权益资本成本。

资本成本是公司筹集和使用资本所付出的代价。例如,公司向银行支付的借款利息和向股东支付的股利等。这里的资本是指企业所筹集的长期资本,包括股权资本和长期债权资本。债务资本成本是企业向银行等金融机构所支付的利息以及筹集贷款和发行债券过程中的手续费、佣金等;股权资本成本则包括分配给投资者的股利以及发行股票过程中的手续费和佣金。

(一)债务资本成本的计算

根据企业所得税法的规定,企业债务的利息允许从税前利润中扣除,从而可以抵免企业所得税。因此,公司实际负担的债务资本成本率应当考虑所得税因素,即:

$$K_d = R_d(1 - T) \tag{10-2}$$

式中,K_d为税后债务资本成本;R_d为税前债务资本成本;T为企业所得税税率。

【案例10-1】　兴华公司欲从银行取得一笔长期借款1 000万元,手续费0.1%,年利率5%,期限3年,每年结息一次,到期一次还本。该公司所得税税率为25%。该笔贷款的资本成本测算如下:

$$K_d = 1\,000 \times 5\% \times (1 - 25\%) / [1\,000 \times (1 - 0.1)] = 3.75\%$$

(二)股权资本成本的计算

估算股权资本成本的方法有很多,最常用的是资本资产定价模型(Capital Asset Pricing Model,CAPM)。

CAPM用方差来度量不可分散风险,并将风险与预期收益联系起来。任何资产不可分散的风险都用β系数来描述,并相应地计算出权益的机会成本。权益资本成本的计算公式如下:

$$K_e = R_f + \beta(R_m - R_f) \tag{10-3}$$

式中,K_e为股权资本成本;R_f为无风险收益率;R_m为市场组合收益率;β为权益系统性风险。

在这个模型中,关键是要确定无风险收益率、计算风险溢价值。一般而言,在具体模型测定时采用国债利率作为无风险收益率,采用指数收益率作为市场组合收益率,而β系数则反映的是单个企业的系统风险。β一般不需要自己计算,目前有很多金融中介机构都会定期计算并公布β系数。

【案例10-2】 已知某股票的β值为1.5,市场组合收益率为10%,无风险收益率为6%,则该股票的资本成本为:

$$K_e = 6\% + 1.5 \times (10\% - 6\%) = 12\%$$

(三)加权平均资本成本的计算

资本成本反映的是债权人和股东所要求的必要报酬率,但是由于股票的风险高于债券,因此股权资本成本要高于债务资本成本。鉴于此,为了反映公司的总体资本成本水平,通常以各种长期资本的比例为权重,对股权和债务资本成本进行加权平均测算,即加权平均资本成本K_w,即

$$K_w = W_e \times K_e + (1 - W_e) \times K_d \qquad (10\text{-}4)$$

式中,K_e和K_d分别表示股权资本成本和债务资本成本;W_e表示股权资本在总资产中所占的比例。

【案例10-3】 ABC公司现有长期资本总额10 000万元,其中长期借款2 000万元,权益资本8 000万元。长期借款的资本成本为6%,权益资本的资本成本为12%,则该公司的资本成本可按如下两步测算:

第一步,计算各种长期资本的比例:

$$长期借款资本比例 = 2\,000/10\,000 = 20\%$$

$$权益资本比例 = 8\,000/10\,000 = 80\%$$

第二步,测算加权平均资本成本:

$$K_w = 6\% \times 0.2 + 12\% \times 0.8 = 10.8\%$$

股东获得现金的形式有两种:一种是以股利的形式获得现金;另一种是以公司当期创造的股权现金流作为股东的现金流入。根据这两种不同的现金形式,现金流折现模型又可以分为股利折现法和股权现金流量折现法。

二、股利折现法

根据式(10-1),如果用DIV表示预计未来现金股利,则股票价值应表示如下:

$$股权价值V = \sum_{t=1}^{\infty} \frac{DIV_t}{(1 + K_e)^t} \qquad (10\text{-}5)$$

从式(10-5)可以看出,采用股利折现法评估公司股票价值的核心在于确定公司所采用股利政策。

(一)固定股利政策下的股票价值评估

采用固定股利政策意味着公司每年的股利保持DIV_t不变,则股票价值为:

$$V = \frac{DIV_0}{K_e} \qquad (10\text{-}6)$$

式中,K_e为折现率,即公司的股权资本成本。

【案例10-4】 ABC公司采用固定股利政策,每年支付0.2元/股的现金股利,假定该公司的折现率为10%,则该公司的股票价格应为:

$$P = 0.2 / 10\% = 2(元 / 股)$$

（二）固定增长的股利政策下的股票价值评估

采用固定增长的股利政策意味着公司的股利保持固定增长速度,假定公司股利的每年增长率为1,则式(10-5)可以变为:

$$V = \frac{DIV_1}{K_e - g} \tag{10-7}$$

式中,DIV_1项为股票评估时点下一期的股利;K_e为折现率;g为股利增长率。

【案例10-5】　ABC公司采用固定增长的股利政策,上期现金股利为0.2元/股,股利增长率为5%,假定该公司的折现率为10%,则该公司的股票价格应为:

$$P = 0.2 \times (1 + 5\%) / (10\% - 5\%) = 4.2(元 / 股)$$

【案例10-6】　在第1年年初,ABC公司成立,全部为股权融资,并将全部现金9 000万元投入购买固定资产。预计第1年折旧前经营利润(以现金方式获得)为5 000万元,第2年为6 000万元,第3年为7 000万元。公司将所有经营利润以股利形式发放,且股利无须纳税。在第3年年末,公司终止经营,且没有残余价值。假设该公司的股权资本成本为10%,则公司股票价值评估如表10-1所示。

表10-1　ABC公司的股票价值评估(股利折现法)

	股利(百万元)	折现系数	股利现值(百万元)
第1年	50	0.909	45.45
第2年	60	0.826	49.56
第3年	70	0.751	52.57
股票价值			147.58

三、股利现金流量折现法

股利现金流量(FCFE)的计算如下:

$FCFE$ = 实体现金流量 – 债务现金流量

= 营业现金净流量 – 净经营性长期资产收益率 –

(税后利息费用 – 净金融负债增加)

= 税后经营利润 – 折旧与摊销 – 经营营运资本增加 –

(净经营性长期资产增加 + 折旧与摊销) – (税后利息费用 – 净负债增加)

【案例10-7】　承例10-6,由于没有负债,因此股权现金流量等于折旧前的经营利润,公司股票价值评估见表10-2。

表10-2　ABC公司的股票价值评估(股利现金流量折现法)

	股利(百万元)	折现系数	股利现值(百万元)
第1年	50	0.909	45.45
第2年	60	0.826	49.56
第3年	70	0.751	52.57
股票价值			147.58

对比表10-1和表10-2可以发现,股利折现法和股权现金流量折现法的评价结果是一致的。

采用股权现金流量折现法进行股票价值评估包括以下几个步骤:

第1步:在较短的预测期(通常是5～10年)预测股权现金流量;

第2步:在简单假设的基础上预测第1步预测期以后的股权现金流量;

第3步:将股权现金流量按折现率进行折现。

然而,在实际应用中,一般会根据股权现金流量的预测情况分为两阶段评估和三阶段评估两种。

(一)两阶段价值评估法

两阶段增长模型假设自由现金流量的增长分两个阶段:第一阶段增长较快,称为预测期;第二阶段增长较慢,且增长率不变,称为后续期。在两阶段模型中,股权现金流量在第一阶段以 g 为增长率增长至第 n 期,从第 $n+1$ 期开始维持 g_n 增长率。如果用 $FCFE_1$ 表示第1年的股权现金流量,按照每年 g 的增长率则第 n 年的股权现金流量为 $FCFE_1(1+g)^{n-1}$。从第 $n+1$ 年起,股权现金流量保持在 g_n 的增长速度,因此从第 $n+1$ 年开始,股权现金流量在第 n 期的现值为:

$$PV_n = \frac{FCFE_1(1+g)^{n-1}(1+g)_n}{K_e - g_n} \tag{10-8}$$

然后将第1期至第 n 期的股权现金流量折现,其现值为:

$$PV = \frac{FCFE_1}{1+K_e} + \frac{FCFE_1(1+g)}{(1+K_e)^2} + \cdots + \frac{FCFE_1(1+g)^{n-1}}{(1+K_e)^n} +$$
$$\frac{FCFE_1(1+g)^{n-1}(1+g)_n}{(K_e - g_n)(1+K_e)^n} \tag{10-9}$$

$$= \frac{FCFE_1\left(1 - \frac{(1+g)^n}{(1+K_e)^n}\right)}{K_e - g} + \frac{FCFE_1(1+g)^{n-1}(1+g)_n}{(K_e - g_n)(1+K_e)^n}$$

式中,$FCFE_1$ 表示第1年的股权现金流量;g 表示第一阶段快速成长期的增长速度;g_n 表示第二阶段的增长速度;K_e 为股权资本成本。

(二)三阶段价值评估法

价值评估的三阶段法是假设公司在发展过程中要经历三个阶段:高增长阶段、增长率下降的过渡阶段和增长率保持不变的稳定阶段。三阶段模型与产品生命周期理论一致,认为在新产品推出初期,市场增长空间大,收益增长会保持较高的速度;随着产量的稳定,收益增长速度会下降;最后公司的收益会保持在一个稳定的增长率上。假设第1期至第 m 期,股权现金流量保持 g_1 的初始增长率;第 m 期至第 n 期是增长率逐渐下降的阶段,增长率为 g_2;从 n 期开始增长率稳定在 g_3,因此三阶段的现值如下:

(1)第1期至第 m 期的现值 PV_1 为:

$$PV_1 = \frac{FCFE_1}{1+K_e} + \frac{FCFE_1(1+g)}{(1+K_e)^2} + \cdots + \frac{FCFE_1(1+g)^{m-1}}{(1+K_e)^m} \tag{10-10}$$

(2)第 $m+1$ 期至第 n 期的现值 PV_2 为:

$$PV_2 = \frac{FCFE_1(1+g)^{m-1}(1+g_2)}{(1+K_e)^{m+1}} + \frac{FCFE_1(1+g)^{m-1}(1+g_2)^2}{(1+K_e)^{m+2}} + \cdots +$$

$$\frac{FCFE_1(1+g)^{m-1}(1+g_2)^{n-m}}{(1+K_e)^n} \tag{10-11}$$

（3）第 n 期以后的现值 PV_3 为：

$$PV_2 = \frac{FCFE_1(1+g)^{m-1}(1+g_2)^{n-m}(1+g_3)}{(1+K_e)^n(K_e-g_3)} \tag{10-12}$$

则三阶段模型的现值 $PV=PV_1+PV_2+PV_3$

第三节　剩余收益折现模型

上一节中的股利折现法和股权现金流量折现法都是基于持有股票所获得的现金流量收入的价值评估方法。股利与收益之间存在直接联系。如果除了所有者投入资本和撤资之类的资本交易以外,所有者权益的变化都可以通过利润表反映,也即不存在不通过利润表而直接计入所有者权益的项目,则第1年年末现有股东权益的预计账面价值（BVE_1）就是年初账面价值（BVE_0）加上预计净利润（NI_1）减去预计股利（DIV_1）。这种关系可以重新表述为：

$$DIV_1 = NI_1 + BVE_0 - BVE_1 \tag{10-13}$$

将式（10-13）代入股利折现模型,重新整理后可以得到新的股票估值模型：

$$V = BVE_0 + \sum_{t=1}^{\infty} \frac{NI_t - K_e \times BVE_{t-1}}{(1+K_e)^t} \tag{10-14}$$

式中,BVE_0 为年初股东权益账面价值;NI_t 为第 t 期的净利润;K_e 为股权资本成本。

由于 $NI_t - K_e \times BVE_{t-1}$ 是会计上所讲的剩余收益,因此式（10-14）又称为剩余收益估值模型。

剩余收益估值模型的最大特点是该模型是以收益为基础的价值评估方法,而不是以现金流量为基础。剩余收益估值模型的含义在于:如果企业只能取得权益账面价值所要求的收益率,那么投资者也不会愿意投入多于权益账面价值的资金;如果收益高于或低于正常水平,那么投资者的投资就应该高于或低于权益的账面价值。因此,企业市场价值与权益账面价值之间的差额取决于企业获得超额收益的能力。为了更好地说明剩余收益估值模型的价值评估方法,仍以例10-6的ABC公司为例进行说明。

【案例10-8】　假设ABC公司的固定资产采用直线法折旧,那么在未来3年中,会计收益每年都会比股利低3 000万元。ABC公司的期初账面价值、收益额、股权资本成本、剩余收益及价值评估见表10-3。

表10-3　ABC公司的股票价值评估（剩余收益估值模型）

	期初账面价值（百万元）	收益（百万元）	股权资本成本（百万元）	剩余收益（百万元）	折现系数	剩余收益现值（百万元）
第1年	90	20	9	11	0.909	10.00

续表

	期初账面价值（百万元）	收益（百万元）	股权资本成本（百万元）	剩余收益（百万元）	折现系数	剩余收益现值（百万元）
第2年	60	30	6	24	0.826	19.82
第3年	30	40	3	37	0.751	27.79
累计剩余收益现值						57.61
加：期初账面价值						90
股票价值						147.61

表10-2和表10-3的评估结果大致相当，ABC公司的估值结果均约为147百万元。

【案例10-9】 以利泰公司的财务预测数据为基础，采用剩余收益估值模型对利泰公司的股票进行估值。利泰公司20×4年至20×8年的预测剩余收益见表10-4，以剩余收益为基础的股票估值见表10-5。

表10-4　利泰公司预测的剩余收益　　　　　　　　　　　单位：万元

	20×4	20×5	20×6	20×7	20×8
税后利润	144.20	148.65	162.56	177.76	195.53
期初股东权益	412.81	468.18	524.35	576.78	634.47
$K_e(\%)$	10	10	10	10	10
剩余收益	102.92	101.84	110.12	120.08	132.09

表10-5　利泰公司的股票估值（剩余收益估值模型）　　　　　单位：万元

		20×4	20×5	20×6	20×7	20×8
剩余收益		102.92	101.84	110.12	120.08	132.09
20×9年以后的剩余收益在20×8年的现值						1 684.15
复利现值系数		0.91	0.83	0.75	0.68	0.62
各年度剩余收益的现值（万元）		93.56	84.17	82.73	82.02	1 127.74
各年度剩余收益现值之和（万元）	1 470.22					
期初净资产（万元）	412.81					
股权价值（万元）	1 883.03					
每股价值（元）	18.83					

一般来说，剩余收益估值模型的结果与股权现金流量折现法的结果不同。这主要是因为不同的方法采用了不同的假设所致。

第四节　价格乘数估值模型

一、主要价格乘数指标

价格乘数是一种以乘数形式计量的价格尺度,通过它可以为不同企业或不同股票之间的比较提供基准。常用的价格乘数有三个指标,分别是市盈率、市净率和市销率。

(一)市盈率

市盈率是最常用的评估股价水平是否合理的指标之一,它等于每股市价除以每股收益(EPS)。计算时,股价通常取最新收盘价,而EPS选取时,如果选取已公布的上年度EPS计算,则称为历史市盈率;而如果按市场对当年或下一年的EPS的预期值计算,则称为未来市盈率或预估市盈率。

假设某股票的市价为24元/股,而过去12个月的每股收益为3元,则市盈率为8(24/3)。该股票被视为有8倍的市盈率,即每付出8元可分享1元的盈利。投资者计算市盈率,主要用来比较不同股票的价值。若某股票有较高的市盈率,则意味着:第一,市场预测其未来的盈利增长速度快;第二,该企业一向能获得可观盈利,但在前一个年度出现过特殊的支出项目,盈利降低;第三,该只股票出现价格泡沫;第四,该企业有特殊的优势,比如技术创新,能保证在低风险情况下持续盈利;第五,市场上可供选择的股票有限股价维持高位。理论上,股票市盈率越低,越值得投资。

市盈率是很具参考价值的股市指标,容易理解且数据容易获得,但也有不少缺点:第一,市盈率与收益直接对应,收益越高,市盈率越低,而企业的收益是不稳定的。对于业绩非常稳定的企业,用当前市盈率来评估简单易行;而对于业绩不稳定的企业,当前市盈率极不可靠,很低的当前市盈率也未必代表低估,很高的当前市盈率也未必代表高估。第二,对于面临重大事项的企业,用当前市盈率或者历史平均市盈率来估值是不可行的,应当结合重大事件的影响程度或者是重大事件的确定性来评估企业价值。第三,由于行业特点的原因,有些行业的公司市盈率比较高,比如,医药行业因为拥有更为稳定增长的盈利预期,整个行业的市盈率都会高于机械制造等行业的市盈率,而高科技类的企业则更甚。第四,对于具有某种爆发性增长潜力的行业或者企业,通常意义的市盈率估值方法往往不适用。例如微软公司,即使你有机会可以在其上市之初购买它的股票,但也很有可能因它极高的当前市盈率而不会购买。对于某些有可能成就卓越的企业,如果其行业属于可实现爆发性增长,那么,无疑不宜轻易用市盈率去评估它。第五,对于当前业绩高速增长而市盈率低的现象同样也要警惕。可以说,对于绝大部分企业来说,维持一个超过30%的增长率都是极其困难的,因此,投资者应对那些业绩增长数倍而导致的当前市盈率低得诱人的公司谨慎考虑。第六,对于一些具有很大的潜在资产重估的企业,市盈率法也不太可行。资产重估可能导致企业资产价值的大幅提升或者大幅降价。第七,对于很多公用事业的企业,比如铁路、公路,普遍都会处于一个比较低的市盈率估值状态,因为这些企业的成长性不佳。投资者将公用事业类股票的低市盈率与科技类股票的高市盈率比较是不合适的,跨行业比较是一个很大的误区。第八,对于暂时陷入亏损状态的企业,也不适合用市盈率评估,应更多地考虑其亏损状况的持续时间或是否会变好、恶化等问题。

(二)市净率

市净率等于每股市价除以每股净资产。市净率可用于投资分析。每股净资产是股票的账面价值,是用成本计量的,而每股市价是这些资产的当前价值,是证券市场上交易的结果。市价高于账面价值时,说明企业资产的质量较好,有发展潜力;反之则说明资产质量差,没有发展前景。在评估高风险企业以及企业资产大部分为实物资产的企业时,市净率特别受到重视。

(三)市销率

市销率等于每股市价除以每股销售收入。与市盈率和市净率相比,市销率主要强调收入在企业估值中的重要性。收入分析是评估企业经营前景至关重要的一步。没有销售,就不可能有收益。市销率主要用于创业板的企业或高科技企业。例如在纳斯达克上市的公司不要求有盈利业绩,因此无法用市盈率对股票投资的价值或风险进行判断,则可用市销率进行评判。

市销率指标的主要优点有:第一,不会出现负值,对于亏损企业和资不抵债的企业,可以计算出一个有意义的价值乘数;第二,比较稳定、可靠,不容易被操纵;第三,对价格政策和企业战略变化敏感,可以反映这些变化的后果。

市销率的主要缺点有:第一,不能反映成本的变化,而成本是影响企业现金流量和价值的重要因素之一;第二,只能用于同行业对比,不同行业的市销率对比没有意义。

第三,不能剔除关联销售的影响。关联销售是指上市公司与其关联方之间的销售收入,上市公司可能会通过关联销售进行盈余管理创造收入。因此关联销售可能会导致市销率指标偏低。

二、价格乘数估值模型

价格乘数估值模型(又称相对估值模型)之所以被分析师广泛采用,主要是由于该方法的简便性。与股利折现法、股权现金流量折现法不同,以价格乘数为基础进行价值评估,不需要对一些重要参数如增长率、权益资本成本等进行详细的预测。

价格乘数估值法主要分为三个步骤:

第1步:选择相应的价格乘数,如市盈率、市净率或市销率;

第2步:选择可比企业,计算可比企业的价格乘数;

第3步:将可比企业的价格乘数与被分析企业的业绩指标(如每股收益、每股净资产或每股销售收入)相乘得到被分析企业的股票价格。

【案例10-10】 A公司共发行股票1 000万股,20×6年A公司的净资产为5 000万元,销售收入10 000万元,实现净利润1 000万元。为了评估A公司的股票价值,分析师选取了与A公司同行业、规模相近的B公司作为可比企业。已知同时期B公司的市盈率为18,市净率为3.5,市销率为1.9。采用价格乘数估值模型评估A公司的股票价格如表10-6所示。

表10-6　采用价格乘数估值模型估计A公司股票价格

业绩指标	价格乘数		A公司股票价格
每股收益	1元/股	18	18元/股
每股净资产	5元/股	3.5	17.5元/股
每股销售收入	10元/股	1.9	19元/股

　　价格乘数估值模型尽管计算简便,但是在实际应用中并不如看起来那么简单。一方面,可比企业往往很难找到;另一方面,需要针对不同的被分析企业选择合适的价格乘数。

（一）选择可比企业

　　理想状况下,可比企业的最佳选择是与被分析企业具有类似经营和财务特点的企业,因此实践中可比企业的选择一般是同行业、规模近似的企业。例如,如果采用价格乘数估值模型评估中国工商银行的股票价值,可比企业应是银行业企业,同时考虑到企业规模、股权结构等因素,最终可选的可比企业应是中国银行、中国建设银行、中国农业银行等国有大型商业银行。表10-7是这几家银行2016年年末的价格乘数比较。

表10-7　2016年年末四大国有商业银行主要价格乘数（A股）比较

	市盈率	市净率	市销率
中国工商银行	5.73	0.83	2.42
中国银行	6.37	0.77	2.15
中国农业银行	5.64	0.81	2.11
中国建设银行	5.91	0.87	2.27

　　但是,即使行业划分得很细,确定可比企业通常也很困难。很多企业都是跨行业经营,因此很难找到精确的可比企业。同时,同行业中企业也常常具有不同的战略、成长性和利润率,这又给选择可比企业增加了难度。如以空调行业为例,格力电器和美的电器占据了中国空调市场50%的市场份额,但当我们分析格力电器的股票价格时以美的电器作为可比企业则会存在一定问题,美的电器除了空调以外还生产各类小家电,是一个多元化的家电企业,而格力电器则是主要生产空调产品的家电企业,因此很难直接将两者进行比较。

　　解决上述问题有两种方法,第一种方法是将该行业中所有的企业平均化,该方法的隐含假定是平均化可以消除各种不可比性,这样被评估企业就可以与行业中的"基准"数据进行比较了。若采用这种方法对中国工商银行进行价值评估,则相应的市盈率、市净率和市销率应是其他三家银行的平均数,分别是5.99、0.82和2.21。第二种方法是只关注行业内最相似的企业。若采用这种方法对中国工商银行进行价值评估,分析师会选择他认为与中国工商银行最相似的银行的市盈率、市净率或市销率进行价值评估。

（二）价格乘数计算中存在的问题

　　由于价格乘数的计算采用某时期股票价格除以相应的业绩指标,因此存在两个关键问题：一是某些业绩较差的公司往往会得到较高的价格乘数；二是业绩指标的波动往往会引发相应价格乘数的波动。

1. 业绩较差公司的价格乘数

当公司业绩较差时，价格乘数的分母变小导致价格乘数增大，尤其是分母选用流量指标，如每股收益或每股销售收入时，这种现象更为普遍。更极端地，当流量指标（主要是每股收益）为负时，价格乘数为负，就会失去其估值的意义。

2. 业绩波动对价格乘数的影响

股价和业绩指标的波动都会导致价格乘数的波动。上文介绍的三个价格乘数指标——市盈率、市净率和市销率中，由于企业净资产的波动幅度相对盈余的波动幅度要小，因此市净率的一大好处就是可以修正市盈率指标波动过大的缺陷。但是在2006年实施新会计准则后，企业净资产的波动也大幅度增加了。

【案例10-11】　南京高科净资产的剧烈波动

南京高科，2006年年报显示其当时每股净资产不过4.108元，而从2007年开始火箭式增长：一季度为6.818元，二季度为7.577元，三季度为10.724元，年报更高达20.85元，不过一年净资产就增长了407%，如此增速实在令人瞠目结舌。

南京高科的每股净资产之所以会出现如此火箭式增长，仔细看年报，根源在于金融类股权投资。2006年年末，南京高科的非流动资产为26.55亿元，其中可供出售金融资产为14.38亿元，长期股权投资为5.40亿元，两者合计19.78亿元，占非流动资产的比例为74.5%。而当年南京高科的净资产不过24.86亿元，两类金融投资占净资产的比重高达79.57%。到了2007年年末，南京高科的非流动资产为91.73亿元，暴增245.5%。其中可供出售金融资产为82.61亿元，长期股权投资为5.32亿元，两者合计87.93亿元，占到非流动资产的96%。南京高科净资产为73.03亿元，两类金融投资占净资产的比重达120%。

对于可供出售金融资产规模的暴增，南京高科年报的解释是"报告期内参股公司南京银行股份有限公司发行上市，公司持有的股权确认为可供出售金融资产，以及公司持有的其他上市公司股权公允价值增加"。

那么南京高科到底持有哪些上市公司股票，为其带来如此高的收益率呢？再看年报我们可以发现，包括3 060万股中信证券、6 592万股栖霞建设和2.052亿股南京银行。这三者在2007年因为上市和股价变动原因造成的公允价值变动额度就将近75亿元。

但是也应注意到，年报数据采用了2007年12月28日的股价来计算上述股权的价值。但是不过三个多月，上述股票的股价已经发生了天翻地覆的变化。截至2008年4月15日，中信证券股价下跌35.08元，带来10.73亿元的市值减少；栖霞建设股价下跌7.82元，带来5.15亿元的市值减少；南京银行下跌4.7元，带来9.64亿元的市值减少，三者累计产生的市值减少高达25.52亿元，而2007年年末南京高科的净资产不过73.03亿元。这意味着若仅考虑这三只股票的市值减少，南京高科的净资产就要缩水34.94%，每股净资产也将因此变为13.56元。

第五节　估值模型的比较

前面已经讨论了三类估值模型,即现金流折现模型(包括股利折现法和股权现金流量折现法)、剩余收益估值模型和价格乘数估值模型。相对而言,价格乘数估值模型比较简单,但当公司业绩较差和业绩波动较大时,应用价格乘数估值模型就会不准确。股利折现法、股权现金流量折现法和剩余收益估值模型本质上而言都是一种折现估值方法,因此,并不能武断地认为某种方法必然优于另一种方法,本节主要讨论这三者之间的差异。

一、关注的内容不同

上述三种价值评估方法基于不同的思路进行价值评估,采用不同估值模型进行估值的分析师所应关注的问题有所差异。股利折现法关注从估值日往后的企业每年的现金股利的发放情况,分析师需要关注企业过往的股利政策及其变化情况、盈利能力及现金流水平才能做出判断;股权现金流量折现法需要分析师预测利润表,并预测营运资本和长期资产的变化,以预测未来的股权现金流量;采用剩余收益估值模型的分析师则无须关注企业的现金流变化情况,仅需花时间分析历史利润表和资产负债表,对模型中需要的会计变量进行预测。从这个意义上讲,剩余收益估值模型要比另两种折现估值方法更为简单。

二、现值的含义不同

从股利折现模型、股权现金流量折现模型和剩余收益估值模型的简单结果可以发现,股利折现模型和股权现金流量折现模型中,公司的价值评估就是折现模型的现值,但是对于剩余收益估值模型而言,折现现值仅仅是公司价值的一部分(还有一部分是期初的权益账面价值)。现金流折现模型(股利折现法和股权现金流量折现法)和剩余收益估值模型的最主要不同体现在:剩余收益估值模型认为在权责发生制会计处理过程中可能已经做了一部分的价值评估工作;而现金流量折现模型则直接从现金流量变化出发,不考虑会计处理方法的影响。

因此,剩余收益估值模型的有用性取决于权责发生制下会计处理过程是否很好地反映了企业的未来现金流量。当权责发生制下的会计处理过程"无偏",此时企业的收益出现异常仅仅是企业的投入资本所获得的经济租金的结果,因而采用剩余收益估值模型是最方便的。进一步地,将预测期扩展到企业预计接近于完全竞争市场中的均衡状态时,此时每个企业都只能获得正常收益,剩余收益为零,因此现值也为零。在此种情况下,企业的所有价值都反映在预测期当期的账面价值上。

本章小结

　　企业的根本目标是追求价值最大化,这也是企业管理的核心。但是,究竟是什么原因使价值成为企业管理核心的呢? 在管理的实践中应该怎样实现企业价值最大化呢? 如何知道在管理过程中是否实现了这个目标呢? 企业价值评估的存在可以让我们解决这些问题。那么,何为企业价值评估呢? 它为何有如此神奇的力量? 了解它的历史以及发展概况是认识其本质的关键。利用财务报表进行企业价值评估的方法很多,本章主要介绍了常用的三种方法:现金流折现模型、剩余收益折现模型和价格乘数估值模型。

　　财务理论认为,企业价值应该与企业未来资本收益的现值相等。企业未来收益可用股利、净利润和净现金流量等表示。不同的表示方法反映的企业价值内涵是不同的。利用净现金流量作为资本收益进行折现,被认为是较理想的价值评估方法,因为净现金流量与以会计为基础计算的股利及利润指标相比,能更全面、精确地反映所有价值因素。

　　剩余收益估值模型的最大特点是该模型是以收益为基础的价值评估方法,而不是以现金流量为基础。剩余收益估值模型的含义在于:如果企业只能取得权益账面价值所要求的收益率,那么投资者也不会愿意投入多于权益账面价值的资金;如果收益高于或低于正常水平,那么投资者的投资就应该高于或低于权益的账面价值。因此,企业市场价值与权益账面价值之间的差额取决于企业获得超额收益的能力。

　　价格乘数估值模型(又称相对估值模型)与股利折现法、股权现金流量折现法不同,其不需要对一些重要参数如增长率、权益资本成本等进行详细的预测。价格乘数估值法主要分为三个步骤:首先,选择相应的价格乘数,如市盈率、市净率或市销率;其次,选择可比企业,计算可比企业的价格乘数;再次,将可比企业的价格乘数与被分析企业的业绩指标(如每股收益、每股净资产或每股销售收入)相乘得到被分析企业的股票价格。这种方法之所以被分析师广泛采用,主要是由于该方法的简便性,但是在实际应用中并不如看起来那么简单。一方面,可比企业往往很难找到;另一方面,需要针对不同的被分析企业选择合适的价格乘数,这些都是在实务操作中需要着重注意的问题。

思考题

1.什么是股权现金流量? 如何计算?

2.两阶段和三阶段价值评估法的含义是什么?

3.什么是剩余收益估值模型?

4.现金流折现模型与剩余收益估值模型的区别是什么?

5.什么是价格乘数? 常用的价格乘数指标有哪些?

6.请简述价格乘数估值模型操作步骤。

7.请简述在使用价格乘数估值模型估算企业价值时如何选择可比企业。

8.使用价格乘数估值模型估算时计算中存在哪些问题?

9.什么是资本成本?

10.如何计算债务资本成本?

11.如何应用资本资产定价模型计算股权资本成本?

12.什么是加权平均资本成本? 加权平均资本成本的作用是什么?

13.请比较现金流折现模型、剩余收益估值模型和价格乘数估值模型三者之间的差异。

🔷 案例讨论与分析

【材料1】国药股份公司价值分析

要求:

(1)请根据第九章案例分析材料二中所示国药股份的财务情况,结合现金流量分析国药股份的综合财务状况,并定性评价其价值。

(2)假如你是投资者,你对国药股份的评价如何?

(3)假如你是银行风险控制人员,你对国药股份的评价又如何?

(4)请简述财务报表在企业价值评估中的作用。

【材料2】中国石油天然气股份有限公司价值评估

要求:

请根据第九章所示中国石油天然气股份有限公司的财务情况,若2020年该公司市场行情看涨,能够形成乐观的市场环境,销售收入在2019年基础之上增长5%。请采用本章所介绍的估值方法分别计算中国石油天然气股份有限公司在乐观情况下的股票价值:

(1)股权现金流量折现法

(2)剩余收益折现模型

(3)价格乘数估值模型

参考文献

［1］ 王化成，支晓强，王建英.财务报表分析[M].3 版.北京：中国人民大学出版社，2022.

［2］ 王东红.财务报表分析[M].北京：中国人民大学出版社，2022.

［3］ 张新民，钱爱民.财务报表分析[M].5 版.北京：中国人民大学出版社，2021.

［4］ 张先治，陈友邦.财务分析[M].大连：东北财经大学出版社，2020.

［5］ 迟国华.财务分析[M].北京：中国人民大学出版社，2020.

［6］ 李昕，孙艳萍.财务报表分析[M].大连：东北财经大学出版社，2021.

［7］ 马丁.弗里德森.财务报表分析[M].4 版.北京：中国人民大学出版社，2016.

［8］ 詹姆斯.瓦伦，等.财务报表分析[M].8 版.北京：中国人民大学出版社，2020.

［9］ 文杨.一本书读懂财务报表——财务报表分析从入门到精通[M].北京：中国华侨出版社，2014.